Eustace Mullins

BLUT UND GOLD

Die Geschichte des CFR

OMNIA VERITAS®

Eustace Clarence Mullins
(1923-2010)

BLUT UND GOLD
Die Geschichte des Council on Foreign Relations

1952

Blood and Gold, History of the Council on Foreign Relations

Ins Deutsche übersetzt und herausgegeben von Omnia Veritas Limited

OMNIA VERITAS®

www.omnia-veritas.com

KAPITEL 1

Revolutionen werden nicht von der Mittelschicht gemacht. Sie werden entweder vom Abschaum eines Volkes gemacht, also von den Lenins und den Trotzkis, oder sie werden von der Oligarchie an der Spitze gemacht. In Amerika sind wir Zeugen der letzteren, der Mitglieder einer Oligarchie, die ihr Ideal einer kollektivistischen Regierung fördern. Die Einwanderer, die die Kontrolle über unser Geldsystem, unsere Schwerindustrie und unsere Arbeitskräfte erlangt haben, sind die Oligarchen, die die neue Gesellschaft in Amerika schaffen. Es ist eine von Marx und Lenin geplante Gesellschaft, eine Gesellschaft, in der unsere Religion und unsere politischen Institutionen keinen Platz haben.

Der Council on Foreign Relations ist diese Oligarchie. Er ist das politische Entscheidungsgremium oder Politbüro für marxistische Gruppen in den Vereinigten Staaten. Durch das System der ineinander greifenden Direktorien, dasselbe System, mit dem sie die Konkurrenz im Bankwesen und in der Industrie verdrängt haben, haben die Abgesandten und Angestellten der Frankfurter Bankiers die Bereiche Bildung und Propaganda übernommen. Die Mitglieder des Council on Foreign Relations kontrollieren eine Vielzahl von politischen Nebenorganisationen, die sich der marxistischen Propaganda verschrieben haben und deren wichtigster Spross das Institute of Pacific Relations ist.

Die langjährige Adresse des Council on Foreign Relations, 45 East 65th St., New York City, ist auch die Adresse der Woodrow Wilson Foundation, deren Direktor Alger Hiss war, die Adresse der American Association for the League of Nations und die Adresse der American Association for the United Nations.

Aus dem Council on Foreign Relations Handbook von 1936 erfahren wir, dass

„Am 30. Mai 1919 trafen sich mehrere führende Mitglieder der Delegationen der Pariser Friedenskonferenz im Hotel Majestic in Paris, um die Einrichtung einer internationalen Gruppe zu besprechen, die ihre jeweiligen Regierungen in internationalen Angelegenheiten beraten sollte. Die Vereinigten Staaten wurden (natürlich inoffiziell) von General Tasker H. Bliss aus der Bankiersfamilie und Col. Edward Mandel House vertreten. Großbritannien wurde inoffiziell durch Lord Robert Cecil, Lionel Curtis, Lord Eustace Percy und Harold Temperley vertreten. Bei diesem Treffen wurde beschlossen, die vorgeschlagene Organisation „Institute of International Affairs" zu nennen. Auf einer Sitzung am 5. Juni 1919 beschlossen die Planer, dass es am besten wäre, getrennte Organisationen zu haben, die miteinander kooperieren. Folglich gründeten sie den Council on Foreign Relations mit Sitz in New York und eine Schwesterorganisation, das Royal Institute of International Affairs in London, das auch als Chatham House Study Group bekannt ist, um die britische Regierung zu beraten. Eine Tochterorganisation, das Institute of Pacific Relations, wurde gegründet, um sich ausschließlich mit fernöstlichen Angelegenheiten zu befassen. Weitere Organisationen wurden in Paris und Hamburg gegründet, wobei die Hamburger Zweigstelle den Namen Institut für Auswärtige Politik und die Pariser Zweigstelle den Namen Centre d'Études de Politique Étrangère trug und sich in der 13 rue du Four, Paris VI, befand."

Einer dieser Gründer des Council on Foreign Relations, Dr. James T. Shotwell, sprang in die Bresche, um sein Ratsmitglied Alger Hiss als Präsident der Carnegie Endowment for International Peace zu ersetzen, als Hiss wegen Lügen über seine Karriere als sowjetischer Spion inhaftiert wurde.

Die wichtigste Tochtergesellschaft des Council on Foreign Relations, das Institute of Pacific Relations, war kürzlich Gegenstand einer umfassenden Untersuchung durch den Senatsunterausschuss für innere Sicherheit unter der Leitung von Senator Pat McCarran. Nach monatelangen Ermittlungen und der Vernehmung Dutzender zuverlässiger Zeugen veröffentlichte der Ausschuss einen 226-seitigen Bericht, in dem er feststellte, dass das Institut eine kommunistische Frontorganisation ist, die sich der marxistischen Weltrevolution verschrieben hat. Es war nachweislich der Hauptfaktor für die Kapitulation Chinas vor dem Kommunismus. Senator McCarran wurde durch eine entschlossene und bösartige persönliche Attacke gegen ihn in den gelben liberalen Zeitschriften *The Nation* und *New Republic* sowie durch die Spende großer Summen an seinen Gegner bei den Wahlen in Nevada durch Arthur Goldsmith aus New York, den Leiter der Anti-Defamierungsliga von B'nai Brith, gestört. *Die Nation* wurde viele Jahre lang durch Gelder von Maurice Wertheim, Seniorpartner des internationalen Bankhauses Hallgarten Co, New York, unterstützt, das seinen Ursprung in Frankfurt, Deutschland, hat. Die Mittel der neuen Republik stammen aus dem Vermögen des verstorbenen Williard Straight, Partner von JP Morgan Co. Sein Sohn Michael Straight ist Herausgeber der Zeitschrift. Michael Strait ist Mitglied der sozialistischen Gruppe der Royal Economic Society of London. Später werden wir zeigen, welche Rolle JP Morgan Co bei der Unterstützung der kommunistischen Weltrevolution gespielt hat.

Das Institut für Pazifische Beziehungen wurde nach den Regeln der Kommunistischen Internationale gegründet. Auch es hatte sein internationales Sekretariat mit Zweigstellen in den wichtigsten Ländern. In Russland wird die Abteilung von A. S. Swandze geleitet. Ihr Generalsekretär. Edward C. Carter vermerkt in seinem Biografieband „Who's Who in America" von 1946, dass er mit der höchsten russischen Auszeichnung, dem Orden des Roten Banners der Arbeit, ausgezeichnet wurde. Alger Hiss ist ein Direktor des Instituts.

Die Macht des Rates für Auswärtige Beziehungen ist so groß, dass er bei den Anhörungen zu seiner Tochtergesellschaft, dem Institute of Pacific Relations, nicht ein einziges Mal erwähnt wurde. Das Institut zählt zu seinen Mitgliedern und finanziellen Unterstützern. Der dritte im Bunde ist John D. Rockefeller, der die Familientradition der Finanzierung kommunistischer Gruppen fortsetzt, und der führende Intellektuelle des Instituts ist Philip C. Jessup, jetzt stellvertretender Delegierter der US-Regierung bei den Vereinten Nationen. Der bekannte Mitreisende Joseph Barnes ist ebenfalls Mitglied des Instituts. Barnes wurde vor kurzem als der Mann entlarvt, der General Eisenhowers profitables und steuerhinterziehendes Millionenwerk „Crusade in Europe" verfasst hat, in dem die Namen von Eisenhowers wichtigsten Helfern in London, Rifkin, Schiff und Warburg, durch Abwesenheit glänzen.

Das führende Genie der Organisation des Rates für Auswärtige Beziehungen war 1919 in Paris Baron Edmond de Rothschild, das älteste Mitglied der Familie Rothschild. Damals, im Alter von 80 Jahren, war diese Organisation die Krönung des Lebenswerkes von Baron de Rothschild. Die Direktoren. Und die Mitglieder des Rates zeigen seinen Einfluss. Der Rat gruppierte sich um die Partner von Kuhn, Loeb Co. in New York. Rothschilds Hauptvertreter in den Vereinigten Staaten. Im Handbuch des Council on Foreign Relations von 1920 werden die Vorstandsmitglieder wie folgt aufgeführt:

- Ehrenvorsitzender Elihu Root. Seniorpartner der Firma Root, Winthrop und Stimson, Rechtsanwälte für Kuhn, Loeb Co. Root verdiente sich seinen Platz in der kommunistischen Ruhmeshalle durch seine Mission nach Russland im Jahr 1918 mit 20 Millionen Dollar in bar für die leninistische Regierung.
- Schatzmeister Frank N. Doubleday, Präsident des Verlagshauses Doubleday, Page. Dieses Haus, ein Hauptvertreter des Internationalismus, beschäftigte die Söhne des Botschafters in Großbritannien Walter Hines Page. Arthur W. Page war Herausgeber der Zeitschrift „World's Work", und Frank C. Page wurde später Vizepräsident der International Telephone and Telegraph Corporation.
- Vorsitzender des Finanzausschusses war Alexander Hemphill von der Wall-Street-Bankgesellschaft Hemphill Noyes. Der Exekutivausschuss bestand aus Otto Kahn, Partner von Kuhn, Loeb Co. Richard Washburn Child, der besonderer Assistent von Frank Vanderlip (Präsident der National City Bank) war, als Vanderlip während des Ersten Weltkriegs Berater des US-Finanzministeriums für Kriegsfinanzierung war. Child wurde später Herausgeber der Zeitschrift Colliers und F. Kingsbury Curtis, Anwalt an der Wall Street.

Dies waren die Verantwortlichen des neuen Unternehmens, das die Regierung der Vereinigten Staaten in auswärtigen Angelegenheiten von New York aus beraten sollte. Allerdings ernannte der Rat 1920 einen Vertreter für Washington, John Hays Hammond. Er war früher Chefingenieur des Hauses Rothschild und zu dieser Zeit beratender Ingenieur der Guggenheim Enterprises mit einem Jahresgehalt von 600.000 Dollar.

Im Handbuch für die 1920er Jahre wurde die Absicht des Rates wie folgt klar dargelegt:

> „Der Zweck des Rates ist es, das internationale Denken in den Vereinigten Staaten zu fördern, mit bestehenden internationalen Organisationen zusammenzuarbeiten und deren Einfluss und Aktivitäten zu koordinieren.

Der Rat war so erfolgreich bei der Anregung des internationalen Denkens, dass die Vereinigten Staaten heute Mitglied der Vereinten Nationen sind. Was waren die internationalen Organisationen, die der Rat koordinieren wollte? Diese Frage ist leicht zu beantworten. 1920 gab es nur zwei internationale politische Organisationen, die in den Vereinigten Staaten tätig waren. Es waren die zionistischen Weltorganisationen und die Kommunistische Internationale.

Das Credo des Council on Foreign Relations, der Internationalismus, wurde am besten von seinem Vordenker, Nikolai Lenin, Diktator des kommunistischen Russlands, ausgedrückt, der in Band zehn seiner ausgewählten Werke, Seite 4, in der Übersetzung von J. Feinberg, schrieb:

> „Es gibt eine und nur eine Art von Internationalismus, nämlich mit ganzem Herzen für die Entwicklung der revolutionären Bewegung und des revolutionären Kampfes im eigenen Land zu arbeiten und durch Propaganda, Sympathie und materielle Hilfe einen solchen Kampf und eine solche Linie in jedem Land ohne Ausnahme zu unterstützen."

So einflussreiche Mitglieder des Council on Foreign Relations wie Alger Hiss, Edward C. Carter und Frederick V. Field haben Lenins Definition von Internationalismus erfüllt. Die Mitgliederliste des Rates von 1920 zeigt, dass Kuhn Loeb der Kern der Organisation war. Neben Otto Kahn im Exekutivkomitee waren Jacob Schiff, Mortimer Schiff und Paul Warburg weitere Partner im Rat. Zu den bekannten Mitgliedern gehören Lewis Lichtenstein Strauss von der US-Atomenergiekommission, John M. Schiff, Präsident der Boy Scouts of America, und Benjamin Buttenwieser, stellvertretender US-Hochkommissar für Deutschland.

Das Frankfurter Bankhaus Speyer und Co. wurde durch James Speyer, Leiter der New Yorker Niederlassung des Unternehmens, und William F. Sands vertreten, der heute die historische Abteilung der School for Foreign Service an der Georgetown University in Washington, DC, leitet.

Die Frankfurter Bankiers J. und W. Seligman Co. wurden von Earle Bailie vertreten, der berühmt wurde, als er Juan Leguia, dem Sohn des peruanischen Präsidenten, 415.000 Dollar Bestechungsgeld gab, um diese Nation zu ermutigen, während der Orgie der 20er Jahre einen Kredit zu akzeptieren. Henry S. Bowers; Henry C. Breck von der

American Society of International Law; Albert Strauss von der Friedenskommission; Frederick Strauss, Drahtzieher der milliardenschweren Holdinggesellschaft Electric Bond and Share. Norman H. Davis, Präsident des Rates bis zu seinem plötzlichen Tod im Jahr 1944; Broderick Haskell; Alex I. Henderson; und der heutige Spross des Hauses, Eustace Seligman, Rechtspartner der Dulles-Brüder in der Wall-Street-Firma Sullivan and Cromwell.

Das Bankhaus Lazar Frere wurde im Rat vertreten durch Eugene Meyer, Eigentümer der *Washington Post* und des Radiosenders WTOP, George Blumenthal, Frank Altschul und Thomas W. Childs, Leiter der britischen Einkaufsmission in den USA während des Zweiten Weltkriegs.

Die Anwaltskanzlei Cravath und Henderson trat die Nachfolge von Root, Winthrop und Stimson als Rechtsberater von Kuhn, Loeb Co. an, als Root und Henry L. Stimson sich dem öffentlichen Dienst widmeten. Zu den Partnern von Cravath und Henderson im Rat gehören Paul Cravath, S. Parker Gilbert, Russell C. Leffingwell, Thomas K. Finletter, der jetzt Sekretär der Luftwaffe ist, John J. Mccloy, ehemaliger Präsident der Weltbank und jetzt US-Hochkommissar in Deutschland, und Nicholas Kelley, der von 1918 bis 1920 im War Loan Staff des US-Finanzministeriums für Kredite an ausländische Regierungen zuständig war, die sich auf etwa 20 Milliarden Dollar beliefen.

Das internationale Bankhaus Lehman Brothers wurde im Rat durch Senator Herbert Lehman, Arthur Lehman, Robert Lehman, Arthur Bunker, Bruder von Ellsworth Bunker (Präsident der National Sugar Co und derzeitiger US-Botschafter in Italien) und Philip D. Wilson vertreten. Die riesige Holdinggesellschaft der Lehmans, die Lehman Corporation, ist vertreten durch Thomas A. Morgan, den Vorstandsvorsitzenden von Vickers, Dorsey Richardson von der Friedenskommission, Alexander Sachs, den selbsternannten Urheber des Atombombenprojekts, und John L. Simpson.

Die Mitgliederliste des Rates von 1920 enthielt Orden der gleichen Bankenclique wie Leopold Frederick, ehemals Neuwirth, ein Einwanderer aus Jugoslawien, der im Finanzministerium von Österreich-Ungarn tätig war, bis er beschloss, ein Schnellboot nach Amerika zu nehmen. Hier wurde er Schatzmeister der Firma Baruch-Meyer, der Yukon Gold Co. und Schatzmeister des größten Unternehmens der Familie Guggenheim, der American Smelting and

Refining Co. Als typisches Mitglied von Amerikas neuer Oligarchie war er auch Direktor der National City Bank of New York.

Henry Morgenthau, Ehemann von Babette Guggenheim. Ein Spediteur, Vermieter der Harlemer Slums, gab Morgenthau Kapital, um sich mit Jacob Schiff in die Equitable Life Assurance Society einzukaufen, und Morgenthau wurde Direktor der Mitglieder der Bamberger Del Mar Gold Mines und Schatzmeister des Democratic National Committee. Er gab Woodrow Wilson genug Geld, um den Posten des US-Botschafters in der Türkei zu erhalten, während sich die sozialistischen Zionisten in Istanbul versammelten, um ihre Pläne zur Auslösung der bolschewistischen Revolution in Russland zu vollenden.

Jacob Gould Sherman, Botschafter in Deutschland von 1924 bis 1933. Oscar Strauss aus der Familie, der die R. H. Macy Co. gehört. Strauss hatte eine herausragende Karriere als Staatsdiener in der demokratischen Tradition. Strauss, der Vorgänger von Morgenthau als Botschafter in der Türkei, wurde 1910 zum Leiter der US-Einwanderungskommission ernannt. Bald nach seiner Ernennung begannen sich die Einwanderungsbeamten darüber zu beschweren, dass bestimmte Organisationen, insbesondere das American Jewish Committee, bei jeder Ablehnung eines Einwanderers aufgrund von Analphabetismus oder Geisteskrankheit Einspruch in Washington einlegten, wo die Zulassung des Abgelehnten angeordnet wurde. Die Proteste der Einwanderungsbehörden wurden von Strauss ignoriert. Als diese Einwanderer in den Zeitungen als Anführer von New Yorker Kriminellen auftauchten, drohte ihre Affäre zu einem landesweiten Skandal zu werden. Präsident Wilson setzte Oscar Strauss ab und ersetzte ihn durch Oscar Nagel, der vielen der abgelehnten Einwanderer weiterhin Einlass gewährte. Die langfristige Wirkung der Strauss-Politik zeigte sich in den Kefauver-Anhörungen zur Kriminalität.

Abraham I. Elkus, Botschafter in der Türkei von 1916-1919, Treuhänder des Baron de Hirsch Fonds, dem Grundkapital der zionistischen Bewegung.

Frank A. Vanderlip, Präsident der National City Bank.

Maurice Oudin, Vizepräsident von International General Electric, und Direktor der National City Bank.

Edwin W. Price Jr., Präsident von General Electric.

So zeigen der Vorstand und die Mitglieder des Council on Foreign Relations von 1920, dass er von den entschlossensten Internationalisten in den Vereinigten Staaten gegründet wurde, Kuhn, Loeb Co. die Baruch-Interessen, die Guggenheim-Interessen und ihre Kollegen bildeten den Rat, der nach 1920 die dominierende Rolle in der Außenpolitik der USA übernehmen sollte. Gegenwärtig ist er vor allem als Förderer der parteiübergreifenden Außenpolitik bekannt, die das Zweiparteiensystem Ihrer Republik zerstört und Oberst Robert McCormick veranlasst hat, die Amerikanische Partei vorzuschlagen. Da sowohl General Eisenhower als auch Adlai Stevenson Mitglieder des CFR waren, hat Oberst McCormick zu Recht behauptet, dass sie sich in allen wichtigen Fragen einig waren.

Der CFR brauchte nicht lange, um einen für seine wichtige Aufgabe geeigneten Sitz zu finden. Das prächtige Stadthaus von Charles Pratt, Schatzmeister von Standard Oil of New Jersey, 45 East 65th St. New York, wurde dem Rat von seinem Sohn Harold Pratt zur Verfügung gestellt.

Die Liste der Männer, die den Rat seit 1920 geleitet haben, beweist, dass er seine Aufgabe als politische Organisation der Rothschilds beibehalten hat. Die vollständige Liste lautet wie folgt:

1- Paul Warburg, Direktor von 1921 bis zu seinem Tod im Jahr 1932.
2- Otto Kahn, Direktor von 1921 bis 1934.
3- Frank Altschul von Lazard Freres, Direktor seit 1934.
4- Stephen Duggan, Gründer des Institute for International Education, einer geheimnisvollen Gruppe. Duggan ist seit 1921 Direktor. Sein Sohn Laurence Duggan, der in kommunistischen Kreisen bekannt war, starb unter mysteriösen Umständen in New York, einen Tag bevor er in Washington befragt werden sollte.
5- Paul D. Cravath, Direktor von 1920 bis 1932.
6- Isaiah Bowman, Direktor seit 1921. Bowman, der 1919 Leiter der territorialen Abteilung der Friedenskommission war, ist seit vielen Jahren Präsident der John Hopkins University.
7- Philip C. Jessup, Direktor seit 1934.
8- Hamilton Fish Armstrong, Direktor seit 1928, Chefpublizist des Rates. 1950 schrieb er ein Buch, das den kommunistischen Revolutionär Tito, Diktator von Jugoslawien, verherrlichte: „Tito und Goliath".

9- Norman H. Davis, Direktor von 1921 bis zu seinem plötzlichen Tod im Jahr 1944.
10- Allen W. Dulles, Direktor seit 1927. Er war 1919 Rechtsberater der Amerikanischen Friedenskommission, wurde Leiter der Abteilung für Nahost-Angelegenheiten des Außenministeriums und trat 1926 zurück, um mit seinem Bruder John Foster Dulles in der Anwaltskanzlei Sullivan and Cromwell zu arbeiten. Als einer der Oligarchen mit einer Vorliebe für Anonymität haben die Zeitungen der Großstädte die Anweisung, Dulles' Namen nicht zu erwähnen. Er ist stellvertretender Direktor der Central Intelligence Agency und ihr eigentlicher Chef sowie Präsident des CFR. Allen W. Dulles war Direktor des Bankhauses J. Henry Schroder Co., dessen Kölner Filiale in den 1930er Jahren Hitlers persönliche Konten verwaltete, und gehörte während des Zweiten Weltkriegs dem Office of Strategic Services an, wo er häufig mit deutschen Wirtschaftsführern in der Schweiz konferierte. Im Juni 1950 wurde berichtet, dass die CIA zwei Agenten entlassen hat, weil sie dabei erwischt wurden, wie sie Informationen über arabische Truppenstärken an die israelische Regierung weitergaben. Die Angelegenheit wurde totgeschwiegen, und nur die John S. Knight Papers brachten die Geschichte, wahrscheinlich durch ein Versehen ihrerseits.
11- Russel C. Leffingwell von Cravath und Henderson, der während der „L'Affaire Meyer" für das US-Finanzministerium und seit den 1920er Jahren für JP Morgan Co. tätig war.
12- Walter Lippmann, Kolumnist und Propagandist für den Rat.

Diese Liste der Direktoren des Rates zeigt, wie Kuhn, Loeb die Gruppe seit ihrer Gründung fest im Griff hatte. Eines ihrer Hauptziele, die Auferlegung eines Schweigegebots für die Mitglieder der amerikanischen Kommission für Friedensverhandlungen im Jahr 1918, ist ihr gelungen. Sie alle haben seither zufriedenstellende Karrieren im Bankwesen, im Bildungswesen und im Journalismus gemacht, und sie haben über ihre Taten in Paris bemerkenswert geschwiegen. Der Rat hat sich einer kriminellen Verschwörung schuldig gemacht, um die Wahrheit über den Vertrag von Versailles und die Art und Weise, wie er den Zweiten Weltkrieg ausgelöst hat, zu verbergen. Wäre diese Wahrheit dem amerikanischen Volk mitgeteilt worden, wären wir niemals von Franklin D. Roosevelt in den Krieg zur Rettung des Kommunismus verraten worden.

1922 gab der CFR seine Vierteljahresschrift „Foreign Affairs" heraus, die zur Pflichtlektüre für Universitätsstudenten der Außenbeziehungen gehört. Die Seiten von „Foreign Affairs" waren offen für die Ansichten der führenden Mitglieder der kommunistischen Führung Russlands, aber sie waren immer verschlossen gegenüber allen Kritikern des Internationalismus. Schaut man sich eine Ausgabe von „Foreign Affairs" an, so findet man in der Ausgabe vom Juli 1932 einen Artikel „The War in the Far East; a Soviet View" von Karl Radek, dem Propagandachef der Kommunistischen Internationale. In der Juli-Ausgabe 1947 findet sich ein Artikel von Eugene Varga, dem Chefökonom der Sowjetunion. Artikel von amerikanischen Historikern, die die Internationalisten kritisierten, wie die verstorbenen Charles Beard, Harry Elmer Barnes oder Charles Gallan Tansill, sucht man jedoch vergeblich.

Der CFR hat wenig Kontakt zu den hysterischen Komikern, die die unteren Ränge der Kommunistischen Partei Amerikas bilden. Der Rat ist mit intellektueller Propaganda und dem Diktat der US-Außenpolitik beschäftigt, während die unteren Elemente als Ablenkung von der Arbeit des Rates dienen. Zu den derzeitigen Mitgliedern des Rates gehören so bekannte Kommunisten oder Sympathisanten der Kommunisten wie der inhaftierte Verräter Alger Hiss, Frederick V. Field, der ebenfalls im Gefängnis sitzt, Owen Lattimore, dem jetzt eine Anklage wegen Meineids droht, Edward C. Carter vom Institute of Pacific Relations sowie der verstorbene Laurence Duggan, der verstorbene Harry Dexter White, der ebenfalls plötzlich starb, als er vom House Unamerican Activities Committee befragt wurde (er war Morgenthaus Assistent im US-Finanzministerium und wurde in die Übergabe der Schatzplatten an Russland verwickelt), Philip C. Jessup, General Dwight Eisenhower, der den Suworow-Orden von Stalin erhalten hat und der einzige Ausländer ist, der jemals neben Stalin auf Lenins Grab während einer jährlichen Sportparade stand, Lauchlin Currie, ein führender kommunistischer Agent und persönlicher Assistent von Franklin D. Roosevelt, der jetzt aus dem Land geflohen ist, Corliss Lamont und Cord Meyer, Jr.

Nach dem Zweiten Weltkrieg weitete der Rat seine Arbeit erheblich aus. Nachdem Alger Hiss und die Woodrow Wilson Foundation das Stadthaus in der 65th St. verlassen hatten, zog die Exekutive des Rates in ein aufwendiges und bequemeres Quartier in der 1 East 68th St. gegenüber dem russischen Konsulat. Mit seinen unbegrenzten Mitteln führt der Rat weitreichende Propagandaprojekte durch, unterhält eine

Reihe alter Pariser Kumpel in bequemen Pfründen, gibt die Zeitschrift „Foreign Affairs" heraus und ist an weiteren Projekten beteiligt, über die nur wenig bekannt ist. Das Geld wird von den internationalen Bankhäusern je nach Bedarf vorgestreckt, und der Rat musste sich nie an die Öffentlichkeit wenden, um Mittel zu erhalten.

Um sicherzustellen, dass an den Universitäten und in den Regierungsbüros keine unfreundlichen Stimmen zu hören sind, veröffentlicht der Rat jedes Jahr einen umfangreichen Band mit dem Titel „The United States in World Affairs" (Die Vereinigten Staaten in der Weltpolitik), der die Version des Rates über die politischen Entwicklungen des Jahres wiedergibt. Eine weitere jährliche Publikation ist das „Politische Handbuch des Jahres", das von der Exekutive des Rates herausgegeben wird und allen Presseverbänden, Hochschulen und Regierungsstellen als Standardwerk zur Verfügung gestellt wird. Die Publikationen des CFR haben ein einzigartiges Monopol auf dem Gebiet der internationalen Information.

Der New Yorker Kritiker, Dr. Emanuel Josephson, veröffentlichte kürzlich einen Angriff auf den Rat mit dem Titel „Rockefeller International", der ausgezeichnete Informationen darüber enthält, wie viel Geld die Rockefeller-Stiftung zur Förderung des Kommunismus in Amerika ausgegeben hat. Josephson ignoriert die Kuhn-Loeb-Ursprünge des Rates, und er scheint auch nicht zu wissen, dass die Rothschilds und Jacob Schiff das Geld für das Rockefeller-Imperium bereitstellten. Vielleicht soll Rockefeller der neue heidnische Sündenbock für die Übel der Welt sein, wie es JP Morgan von 1900 bis 1950 war.

Ich bin Herrn Josephson für die Geschichte von Murray I. Garfein zu Dank verpflichtet. Garfein, einem prominenten Mitglied des CFR. Obwohl der Rat aus den angesehensten kriminellen Anwälten und Bankern der Wall Street bestand, nahm er auch Murray I. Garfein, der Anwalt, der mit Gouverneur Thomas Dewey die Freilassung von Lucky Luciano aus dem Gefängnis arrangierte, damit Luciano nach Italien gehen konnte, um von dort aus den weltweiten Drogenhandel zu steuern. Dewey jedoch blieb hier. Rauschgift und Homosexualität waren die wichtigsten Instrumente der Kommunistischen Internationale, weil beide Laster die Menschen in ihren Bann ziehen. Claude Cockburn hat über den geschickten Einsatz von Rauschgift in Berlin durch die Kommunisten während des Machtkampfes zwischen den Nazis und den Kommunisten im Jahr 1933 geschrieben, während die Märchenwelt des Außenministeriums unter Welles, Biddle und Acheson viel dazu beiträgt, die schlaffe Haltung dieser Behörde gegenüber der sowjetischen Aggression zu erklären.

Der CFR hat eine Vielzahl von Zusammenschlüssen hervorgebracht, die entschlossen sind, die amerikanische Republik zu zerstören. Einige dieser psychopathischen Bündnisse sind das Institute of International Education, Atlantic Union, Inc. das Committee on the Present Danger, die Woodrow Wilson Foundation, der Twentieth Century Fund, die World Peace Foundation und die English-Speaking Union. Der jüngste Erfolg des Rates ist die Gründung der Ford Foundation mit einem Fonds von 500 Millionen Dollar zur Förderung des Internationalismus, wie er von Lenin gefordert wurde. Paul Hoffman von der von Lehman geleiteten Studebaker Corporation und Robert Hutchins von der von Rockefeller finanzierten Universität von Chicago sind für diesen Fonds verantwortlich. Das Vermögen, das der robuste amerikanische Patriot Henry Ford aufgebaut hatte, wurde ihnen übergeben, um das zu finanzieren, was er am meisten verachtete, nämlich die Ambitionen der hasserfüllten Schar von Einwanderern, die aus den mediterranen Slums und den stinkenden Rattenhöhlen Mittel- und Osteuropas herbeigeströmt sind.

KAPITEL 2

Der Hamburger Zweig der Rothschild-Politikgruppe, das Institut für Auswärtige Politik, wurde 1919 in die Hände von Dr. Albrecht Mendelssohn-Bartholdy, Mitglied der deutschen Delegation bei der Friedenskonferenz, gelegt. Im Jahr 1933 beschloss die NS-Regierung, dass Dr. Mendelssohn-Bartholdy eine andere, weniger gefährliche Arbeit finden sollte. Botschafter William Dodd schreibt in seinem „Tagebuch", das 1940 bei Harcourt Brace erschien,

> „18. November 1933: Dr. Mendelssohn-Bartholdy, ein großer Völkerrechtler und Professor an der Hamburger Universität, der kürzlich entlassen wurde, weil sein Großvater Jude war, obwohl er selbst Christ ist, kam zu mir. Als er ging, diktierte ich einen Brief an die Carnegie Institution in New York, in dem ich um die Bewilligung der Höhe seines Gehalts für zwei Jahre bat.

So verbreitet Dodd die nützliche Propaganda, dass Mendelssohn-Bartholdy wegen Antisemitismus entlassen wurde, statt der Wahrheit, dass er der Leiter einer gefährlichen internationalen Organisation war, die eine Bedrohung für die innere Sicherheit Deutschlands darstellte. Hitler erklärte dem deutschen Volk, dass seine Notlage auf das Verbrechen von Versailles zurückzuführen sei. Als Beteiligter an diesem Verbrechen müsse Mendelssohn-Bartholdy entlassen werden. Die Carnegie-Institution, die ihre Mittel der Spionage und der Revolution widmet, ist jedoch gerne bereit, dem guten Doktor zu helfen.

Der französische Zweig wurde der Leitung von Baron Edmond de Rothschild überlassen. Es ist die britische Gruppe, das Royal Institute of International Affairs, die uns hier beschäftigt. Das Haus Rothschild hat sich offen mit dem Royal Institute verbunden. Nicht nur, dass seine größten Investitionen regelmäßig in der jährlichen Liste der Firmenabonnenten auftauchten, die 400.000 Dollar pro Jahr für die Arbeit des Instituts spendeten, sondern N. M. Rothschild und Söhne führte die Liste dieser Abonnenten an, einer der seltenen Fälle, in denen dieser ehrwürdige Name in der Öffentlichkeit erscheinen durfte.

Mit der Gründung des Royal Institute of International Affairs und seiner Tochtergesellschaften machte das Haus Rothschild einen großen Schritt nach vorn, um seinen langfristigen Plan der Weltherrschaft zu verwirklichen. Bis dahin hatte das Haus seinen Einfluss auf Geldangelegenheiten beschränkt, wobei es Geld geschickt hinter den politischen Kulissen einsetzte. Paul Emden schreibt in seiner lobenden Geschichte „Jews of Britain", Sampson and Low, 1944, Seite 357, dass

> „Auf der von Amerika 1891 in Brüssel einberufenen Internationalen Währungskonferenz war England durch Alfred de Rothschild vertreten. Durch einen Antrag, der sich stark gegen den Bimetallismus richtete, wurde er sofort eine zentrale Figur unter den Delegierten."

Es kam nicht oft vor, dass ein Rothschild in der Öffentlichkeit auftrat, um die Ziele des Hauses zu erreichen. Der Kampf gegen den Bimetallismus war ein verzweifelter und erfolgreicher Versuch, die Kontrolle über die Währungssysteme zu bewahren, indem man die Nationen am Goldstandard der Geldausgabe festhielt, der ein Monopol der Rothschilds war. Dieser Kampf verursachte die Panik von 1893 in den Vereinigten Staaten und zwang den Senat, den Bimetallismus in diesem Land aufzugeben. Der Kampf wurde bis 1896 fortgesetzt und beherrschte den Wahlkampf in jenem Jahr. Das war die letzte Chance für die Amerikaner, einen Präsidenten zu wählen, der ihre Interessen vertrat. William Jennings Bryan führte eine edle Kampagne gegen die barbarische Anbetung des Goldenen Kalbes, aber die Agenten von Rothschild besiegten ihn. Seit 1896 haben wir keinen einzigen Kandidaten für die Präsidentschaft der Vereinigten Staaten gehabt, der nicht vom Haus Rothschild übergangen wurde.

Cortis zweibändige Biographie der Familie Rothschild ist ein bewundernswertes Nachschlagewerk, das interessanter ist als mancher Abenteuerroman. Corti erzählt uns, wie der alte Münzhändler Mayer Amschel Rothschild vor dem Kurfürsten von Hannover zitterte, bis er das Geld in die Hände bekam, das der Kurfürst von Hessen hinterlassen hatte, das Gold, das England für hessische Söldner bezahlte, die in der amerikanischen Revolution von 1776 gegen die Patrioten kämpften. Aus diesem schmutzigen Tauschhandel mit bezahlten Mördern ging der Anstoß für das böse Haus Rothschild hervor. Der alte Mayer Amschel verlieh dieses Geld zu Wucherzinsen, und es wuchs so schnell, dass er in wenigen Jahren zum Hoffinanzier der Könige Europas wurde. Er hatte fünf Söhne. Salomon Mayer blieb im Haus der Familie in Frankfurt, Deutschland, und seine Brüder wanderten aus, um neue Chancen zu nutzen. Mayer gründete eine Bank in Wien, wo er 1815 den Wiener Kongress beherrschte, Nathan Mayer ging nach London, wo er bald der prominenteste unter den Schurken des Hofes wurde, Karl Mayer ging nach Neapel, und James Mayer ging nach Paris. Von James gibt es eine Notiz von Bray Hammond im *Quaterly Journal of Economics* vom August 1947, in der er einen Brief von James de Rothschild an Nicholas Biddle von der Philadelphia-Familie zitiert, in dem er sich bereit erklärt, weitere sieben Millionen Francs vorzustrecken, um die schwankende Zweite Bank der Vereinigten Staaten zu stützen, die die junge Republik 1830 fast in einen Bürgerkrieg geführt hatte, als Präsident Andrew Jackson die Regierungsgelder aus ihr abzog und sagte: „Der sicherste Ort für das Geld der Regierung ist in den Taschen des Volkes."

Eine Biographie von James' Sohn, Baron Edmon de Rothschild, der die hier behandelten Rothschild-Politikgruppen gründete, ist von großem Interesse. „Baron Edmond de Rothschild", von David Druck, wurde 1928 in New York privat gedruckt. Die Einleitung stammt von Nathan Straus aus der Diplomatenfamilie, die Eigentümerin von Macy's in New York ist. Straus war der Drahtzieher hinter dem entsetzlichen Misserfolg von Senator Estes (Atlantic Union) Kefauver bei der Nominierung der Demokraten für die Präsidentschaft.

> „Im Jahr 1850, schreibt Druck, hatte James de Rothschilds Vermögen die 600-Millionen-Marke erreicht. Nur ein Mann in Frankreich besaß mehr. Das war der König, dessen Vermögen 800 Millionen betrug. Das Gesamtvermögen aller Bankiers in Frankreich war um 150 Millionen geringer als das von James de Rothschild. Dies verlieh ihm natürlich eine ungeheure Macht, die sogar so weit ging, dass er Regierungen stürzen konnte, wann immer er es wollte. Es ist zum Beispiel bekannt, dass er die Regierung von Premierminister Thiers gestürzt hat."

Es ist auch bekannt, dass er versuchte, die amerikanische Regierung von Präsident Jackson zu stürzen, aber in diesem zähen alten Pionier fand er einen ebenbürtigen Gegner und zog sich in seine Grafschaftsräume in Paris zurück, um den Bürgerkrieg von 1860-1865 zu planen. Für das Haus Rothschild ist Krieg Gelddiplomatie mit anderen Mitteln.

Das Royal Institute of International Affairs steht unter der Schirmherrschaft Seiner Majestät des Königs von England. Alle Premierminister und Vizekönige der Kolonien seit 1923 waren Ehrenpräsidenten dieses Instituts. In der Geschichte des Instituts, „Chatham House", von Stephen King-Hall, 1933, heißt es

> „Der Prinz von Wales nahm gnädigerweise das Amt des Besuchers an. Diese Ernennung stellte sicher, dass das Institut niemals zu Partei- oder Propagandazwecken pervertiert werden konnte."

Seine Schwesterorganisation, der Council on Foreign Relations, steht ebenfalls über der Partei- und Fraktionspolitik. Die Angelegenheiten der internationalen Bankiers stehen über den Angelegenheiten der einfachen Bürger und ihren politischen Überzeugungen. King-Hall sagt uns auch, dass

> „Im Jahr 1926 erhielt das Institut eine königliche Charta, was sehr wichtig war, weil es bedeutete, dass in Zukunft keine Charta an ein anderes Institut für einen ähnlichen Zweck vergeben werden konnte.

Das Monopol, die Regierung in ihrer Außenpolitik zu beraten, war sehr wichtig. Wenn überhaupt, würde Chaos folgen, aber das Haus Rothschild sagte 10 Downing St, was die Außenpolitik sein sollte. Der gute alte Windbeutel Churchill war eine gute Tarnung für sie.

Zu den Gründern des Königlichen Instituts gehörte Oberstleutnant R. W. Leonard, der 1923 sein Haus, Chatham House, am 10 St. James Square, London, zur Verfügung stellte, das seither der Hauptsitz des Instituts ist. Es ist eine der wichtigsten Adressen der Welt. Leonard hatte für die Rothschilds in Kanada Eisenbahnen und Stromversorgungsunternehmen entwickelt. Weitere Gründer des Royal Institute waren Sir Otto Beit aus der Bankiersfamilie Speyer, der Direktor der Rothschild's British South Africa Co. und der Rhodesia Railways war; P. A. Molteno, Sohn des Premiers der Kapkolonie; John W. Wheeler-Bennett, der von 1944-1945 politischer Berater von General Eisenhower in London war (British Who's Who 1950); Viscount Astor, Vorsitzender der Times Publishing Co, Direktor der Barclay Bank und der Hambros Bank; Sir Julien Cahn; und Sir Abe Bailey, Hauptvertreter der Rothschild-Gold- und Diamanteninteressen in Südafrika. Der fabelhafte Reichtum der Witwatersrand-Minen provozierte den Burenkrieg, gab uns Winston Churchill und finanzierte die außenpolitischen Gruppen der Rothschilds in der ganzen Welt.

Stephen King-Hall erzählt uns, dass Bailey 5000 Pfund pro Jahr spendete. Beit und Molteno leisteten einen großen Beitrag, und das britische Dominion und die Kolonien, die von der Carnegie Corporation of New York gegründet wurden, gaben 3000 Dollar pro Jahr. Die größte einzelne Geldquelle war jedoch die Rockefeller Foundation, die über mehrere Jahre hinweg jährlich 40.000 Dollar spendete.

Die Spenden der Firmenabonnenten, die King Hall nicht aufschlüsselt, machen das Budget des Royal Institute von 400.000 Dollar pro Jahr aus. Das Institut listete 1936 als Firmenabonnenten die Nathan Mayer Rothschild Söhne und ihre Tochtergesellschaften auf, darunter die British South African Co, die Bank of England, die Nachrichtenagentur Reuters, Prudential Assurance Co, die Sun Insurance Office Ltd und Vickers-Armstrong Ltd. Weitere Zeichner waren die Bankhäuser J. Henry Schroder Co., Lazard Freres Morgan Grenfell (JP Morgan), Erlangers Ltd und E. D. Sassoon Co. mit ihren Tochtergesellschaften, die als Chartered Bank of India, Australia and China angegeben werden, sowie die Ottoman Bank. Die Liste der Abonnenten bleibt von Jahr zu Jahr weitgehend gleich.

Der aufmerksame Beobachter kann nicht umhin, sich zu fragen, warum eine Organisation mit so edlen Ursprüngen und Zielen, die von so unanfechtbaren Bankhäusern finanziert wird, es für notwendig hält, ihre Aktivitäten in internationalen Angelegenheiten geheim zu halten. Das Königliche Institut macht seine Sitzungen nur wenig oder gar nicht publik, was auch für seine Schwesterorganisation, den Rat für Auswärtige Beziehungen, und deren wichtigste Tochtergesellschaft, das Institut für Pazifische Beziehungen, gilt. Dennoch haben beide einen enormen Einfluss auf die Außenpolitik.

King Hall schreibt auf Seite 85 von „Chatham House", dass

> „Die Konferenzen des Institute of Pacific Relations sind völlig inoffiziell. Seit 1927 hat Chatham House zu jeder IPR-Konferenz eine britische Gruppe entsandt. Im Jahr 1931 war ihr Vorsitzender Archibald Rose, 1933 Sir Herbert Samuel."

Der Verrat an China war auch inoffiziell. Owen Lattimore reiste häufig nach England, um vor dem Royal Institute zu sprechen. Am 5. Mai 1936 sprach er über „Russisch-japanische Beziehungen" und am 12. März 1936 über „Japans Kontinentalpolitik", die die Rothschild-Investitionen in China bedrohte. Am 9. Oktober 1936 hielt Dr. Chaim Weizmann vor dem Royal Institute einen Vortrag über das heutige

Palästina, und am 30. März 1936 referierte Maitre Rubinstein über „Das Flüchtlingsproblem", das in Großbritannien eine Wirtschaftskrise verursachte. Eine Minderheit wanderte aus Deutschland aus und landete in großer Zahl an den Ufern Englands, das bei allem guten Willen nur einen Teil von ihnen aufnehmen konnte.

1946, als ganz Asien unmittelbar unter dem Druck des Sowjetimperiums und seines Programms der hemisphärischen Solidarität stand, spielte das Royal Institute die Gefahr im Fernen Osten herunter. In ihrer Veröffentlichung „The Pattern of Pacific Security, 1946" erklärten die Experten des Royal Institute, dass

> „Die Gruppe hält die Gefahr einer pan-asiatischen Bewegung, die sich direkt gegen den Westen richtet, für gering.

Diese Propaganda, die als Arbeitspolitik an Großbritanniens Auslandsbeamte verteilt wurde, lullte deren Ängste vor dem Kommunismus in Asien effektiv ein. Im Jahr 1952 gab Großbritannien alle Investitionen in China auf.

„Chatham House" definiert das Königliche Institut als „ein inoffizielles und unpolitisches Gremium, das 1920 gegründet wurde, um das wissenschaftliche Studium internationaler Fragen zu fördern und zu erleichtern".

Dies ist eine heiklere Aussage als die seiner Schwestergruppe, des Council on Foreign Relations, die ganz offen den Wunsch hatte, das internationale Denken zu fördern und die bestehenden internationalen Organisationen zu koordinieren. King-Hall macht sich nicht die Mühe, uns zu informieren, dass das Royal Institute eine Schwestergruppe in Amerika hat.

Das Königliche Institut sympathisiert mit Russland, und der Grund dafür wird in seiner Veröffentlichung „International Trade" von A. J. Barnouw aus dem Jahr 1943 genannt. Auf Seite 21 informiert uns Herr Barnouw, dass

> „Die Union der Sozialistischen Sowjetrepubliken ist die einzige Nation, die potenziell wohlhabend sein könnte.

Kein Wunder, dass die Rothschilds die westlichen Demokratien im Stich lassen.

KAPITEL 3

Frankfurt, Deutschland, ist das Rom der modernen Zivilisation. Von Frankfurt aus gingen die großen internationalen Bankhäuser aus, die ihren Einfluss über die ganze Welt verbreiteten. Das Haus Rothschild und seine Tochtergesellschaften Kuhn, Loeb Co. aus New York, Lazard Freres aus New York, London und Paris und JP Morgan Co aus New York, London und Paris. Andere internationale Bankhäuser, die ihren Ursprung in Frankfurt haben, waren Hallgart Co, Ladenburg Thalmann, J. und W. Seligman und Speyer Brothers. Diese Bankhäuser und ihre Kontrolle über die weltweite Goldversorgung ersetzten allmählich die Religion Christi durch die Anbetung des goldenen Kalbes. Die Güte des Antlitzes Christi verschwand, und an seine Stelle trat der Glanz des gehörnten Tieres der Barbarei, das die Ära der Weltkriege und der Massenschlächtereien an Frauen und Kindern einleitete. Der Antichrist wurde auf die Erde zurückgebracht.

Die Frankfurter Bankhäuser umspannten die beiden dominierenden politischen Bewegungen des 20.th Jahrhunderts, den Weltkommunismus und den Weltzionismus. Jede dieser Bewegungen beansprucht die Demokratie als ihr besonderes Merkmal, jede von ihnen funktioniert auf der Grundlage des Goldstandards der Geldausgabe, und jede von ihnen vertritt den Grundsatz des Internationalismus. Es mag diejenigen überraschen, die den Kommunismus als den Feind der Bankiers betrachten, dass die marxistische Wirtschaftslehre das orthodoxeste der zeitgenössischen Systeme ist. Wie Trotzki in „Die Geschichte der russischen Revolution" schrieb,

> „Gold ist die einzige Grundlage für Geld".

Im *Economic Journal* vom März 1914 schrieb Israel Cohen einen Artikel mit dem Titel „Economic activity of modern jewry", der wie folgt lautet,

> „Dank ihrer Verstreuung in den verschiedenen Ländern rund um das Mittelmeer und dem Gefühl der rassischen Solidarität, das sie verband, hatten sie außergewöhnliche Möglichkeiten, sich im internationalen Handel zu engagieren. Die jüdische Finanzwelt investierte in der zweiten Hälfte des 19. Jahrhunderts beträchtliche Summen in den Bau von Eisenbahnen[th] , die Pereire's in Nordfrankreich, die Bischoffenheim's in Belgien, die Bleichroder's in Deutschland, Baron de Hirsch in der Türkei und Kuhn Loeb Co. in den Vereinigten Staaten, die Sassoons, die 'Rothschilds des Ostens', schufen ein Netzwerk von Banken von Bagdad bis Shanghai. Gegenwärtig wird der Handel mit Edelmetallen in der ganzen Welt hauptsächlich von jüdischen Bankiers geleitet, die den Wechselkurs zwischen den einzelnen Ländern weitgehend bestimmen. Ein weiterer wichtiger Tätigkeitsbereich, in dem Juden in wachsender Zahl vertreten sind, sind die freien Berufe und der Staatsdienst."

An den Börsen der Welt hört man oft den Spruch, dass die Rothschilds das Gold, die Sassoons das Silber und die Guggenheims das Kupfer kontrollieren. Dieses Sprichwort wird durch die Bände bestätigt, in denen die Direktoren der Unternehmen aufgeführt sind, die diese Metalle fördern.

Die internationalen Bankiers von Frankfurt kamen zur gleichen Zeit an die Macht, als die Republik der Vereinigten Staaten geboren wurde. Den in Holland aufgenommenen Anleihen, mit denen die amerikanische Revolution finanziert wurde, ist es zu verdanken, dass in unserer Verfassung verankert ist, dass alle Menschen frei und gleich geboren sind. Dies war eine bemerkenswerte Abkehr von den Restriktionen gegen Juden in Europa. Das Gebäude des Schatzamtes wurde 1812 von den Briten niedergebrannt, so dass der Ursprung der Darlehen in Washington nicht mehr nachvollzogen werden kann, aber es ist anzunehmen, dass sie von denselben Stellen stammten, die Robespierre und Mirabeau in der Französischen Revolution finanzierten. Beide Revolutionäre waren ausgesprochene Verfechter der jüdischen Rechte. Juden durften damals nicht an der Regierung beteiligt sein oder sich in Unternehmen engagieren, in denen sie Christen ausnutzen konnten. In Amerika waren sie nie irgendwelchen Beschränkungen unterworfen. Dennoch haben sich unsere jüdischen Bürger immer als unterdrückte Minderheit betrachtet, und es gibt in den Vereinigten Staaten etwa 350 Organisationen, die sich den Juden widmen, und zwar als eine Druckgruppe, die nichts mit den anderen

Bürgern gemein hat. Die meisten dieser Organisationen werden von ihren Unternehmern als profitable Schläger geführt.

Im Jahr 1837 kam August Belmont als offizieller Vertreter des Hauses Rothschild nach New York. Im Jahr 1861 enthüllte er den Plan der Rothschilds, Amerika in zwei Wochendemokratien zu spalten, als er sich weigerte, Lincoln Geld für die Mobilisierung zu leihen, es sei denn zu dem unerhörten langfristigen Zinssatz von 25 %. Lincolns Finanzminister Salomon P. Chase finanzierte die Unionsarmee durch die Ausgabe von Greenbacks, woraufhin sich die New Yorker Banken weigerten, diese mit Gold einzulösen, was 1863 zu einer Krise führte. In der Person von Nicholas Biddle hatten die Rothschilds einen weiteren wertvollen Verbündeten. Ihr wertvollster Agent jedoch begann 1869 seine Karriere für die Rothschilds, ohne seine Hintermänner zu verraten. Er war JP Morgan. Gustavus Myers erzählt in seiner „History of the Great American fortunes" Modern House, wie Junius P. Morgan von George Peabody and Co, während des gesamten Krieges verräterisch mit dem Haus Rothschild in London zusammenarbeitete. Sein Sohn John Pierpont Morgan machte während des Bürgerkriegs 30.000 Dollar Gewinn durch den Verkauf von fehlerhaften Karabinern an die US-Regierung, was das Haus Rothschild dazu veranlasste, ihn zu ihrem Agenten für den Erwerb von US-Eisenbahnbesitz zu ernennen. In der Folge wurde er zum wichtigsten internationalen Vertreter des Hauses, das nach 1890 nur noch selten erwähnt wurde. Die Zweigstellen von JP Morgan Co in Europa, Drexel Morgan Co in London, Morgan Harjes Co in Paris sowie Drexel Co in Philadelphia und JP Morgan in New York wickelten die großen internationalen Transaktionen ab, die früher das Monopol des Hauses Rothschild waren. Der Grund dafür ist offensichtlich. Morgan war ein nichtjüdisches Haus. Es hat nie einen jüdischen Partner gehabt. Alle anderen internationalen Bankhäuser waren jüdisch. Deshalb konnte JP Morgan Co. alle Schlagzeilen in der internationalen Finanzwelt machen.

Im Jahr 1828 ernannte das Haus Rothschild Samuel Bleichröder zu seinem Vertreter in Deutschland. Bleichröder wurde der Finanzberater von Bismarck während der Konsolidierung Deutschlands als Nation. Sein Titel war Preußischer Staatsbankier. Während des Deutsch-Französischen Krieges von 1870 war Baron Edmond de Rothschild der persönliche Bankier von Napoleon III. von Frankreich, und sein Angestellter Samuel Bleichröder war der persönliche Bankier von Bismarck von Deutschland.

Als Bleichröder starb, wurde sein Platz von Max Moritz Warburg eingenommen, der drei Söhne hatte: Max, Paul Moritz und Felix Warburg. Felix und Paul emigrierten nach New York, Max blieb in Deutschland als Bankier des Kaisers. F. W. Wile, Berlin-Korrespondent der Londoner *Daily Mail,* veröffentlichte 1914 sein Buch „When around the Kaiser", in dem er schreibt,

> „Ballin von Hamburg steht in der gleichen Beziehung zum Kaiser wie jene Berater einer anderen Generation zu ihren Herrschern und Regierungen - Rothschild von Paris zu Napoleon III. und Bleichröder von Berlin zu Kaiser Wilhelm I. und Bismarck."

Eigentlich war Ballin nur der Strohmann für Max Warburg. Ballin war der Chef der Hamburg-Amerikanischen Linie und des Germanischen Lloyd's, beides Dampferlinien, an denen Max Warburg die Mehrheitsbeteiligung hielt. Max Warburg war die treibende Kraft hinter dem Kaiser während des Ersten Weltkriegs, aber das konnte nicht öffentlich bekannt gegeben werden, weil sein Bruder Paul Warburg als Gouverneur des Federal Reserve Board in Washington war. Daher wurde Albert Ballin als inoffizieller Premierminister des Kaisers bekannt gemacht. Als Max Warburg 1919 als Leiter der deutschen Finanzdelegation zur Versailler Pease-Konferenz kam, waren die Zeitungen sehr rücksichtsvoll und druckten nicht die Tatsache ab, dass Max' Bruder Paul zu Hause bleiben musste, weil es nicht geht, dass ein Bruder die Alliierten und ein anderer Deutschland vertritt.

Als die M. M. Warburg Co. aus Hamburg und Amsterdam die Verwaltung der Rothschild-Grundstücke in Deutschland übernahm, begann sie, Eisenbahngrundstücke in den Vereinigten Staaten aufzukaufen. *Newsweek* vom 1. Februar 1936 vermerkte

> „Abraham Kuhn und Solomon Loeb waren um 1850 Gemischtwarenhändler in Lafayette, Indiana. Wie in neu besiedelten Regionen üblich, wurden die meisten Geschäfte auf Kredit getätigt. Sie fanden bald heraus, dass sie Bankiers waren, und vergaßen allmählich die Waren und zogen nach Westen. In Cincinnati erhielten sie durch den Bürgerkrieg beträchtliche Unterstützung. 1867 gründeten sie die Kuhn, Loeb Co in New York und nahmen einen jungen Deutschen, Jacob Schiff, als Partner auf. Nach zehn Jahren war Jacob Schiff Chef von Kuhn, Loeb, nachdem Kuhn gestorben und Loeb in den Ruhestand getreten war. Schiff hatte wichtige finanzielle Verbindungen in Europa. Unter seiner Leitung brachte das Haus europäisches Kapital in Kontakt mit der amerikanischen Industrie, die es damals dringend benötigte. Die

> Union Pacific hatte eine Menge Geld verbraucht. Die Eisenbahn konnte keine Rendite erwirtschaften. Die Panik von 1893 setzte dem Ganzen die Krone auf. Dieser Misserfolg war ein Segen für Kuhn, Loeb. Durch die Finanzierung von E. H. Harrimans Plänen für eine neue Union Pacific etablierte sich das Unternehmen als wichtigster Geldgeber der amerikanischen Eisenbahnen."

Jacob Schiff aus Frankfurt hatte wichtige finanzielle Verbindungen, das Haus Rothschild und die M. M. Warburg Co. Er nahm Paul und Felix Warburg als Partner auf, und Kuhn, Loeb wurde zum größten Eigentümer von Eisenbahnen in den Vereinigten Staaten und kontrollierte laut einem TNEC-Bericht 1939 immer noch 53 % der Gesamtfahrleistung. Newsweek stellt fest, dass Kuhn, Loeb durch den Bürgerkrieg eine beträchtliche Hilfe erhielten und dass die Panik von 1893 ein Segen für sie war. Die Geschichte der Rothschilds und Kuhn, Loeb ist die Geschichte von Kriegen und Paniken. Ohne die Aussicht auf einen Weltkrieg oder eine große Depression würde Kuhn, Loeb seine Türen schließen. Die Panik von 1893 legte für die Vereinigten Staaten einen unflexiblen Goldstandard fest und lieferte die Union Pacific in die Hände von E. H. Harriman und seinem Herrn Jacob Schiff. Wie war dies erreicht worden? Ganz einfach, indem in einem kritischen Moment an der New Yorker Börse hundert Millionen Dollar in Gold von New York nach Montreal verschoben wurden, woraufhin Kuhn, Loeb ihre ausstehenden Kredite einforderten. Die Zinssätze für das Geld stiegen auf 25 %, eine schreckliche Geldpanik wurde ausgelöst, und Jacob Schiff bekam, was er wollte. Dann wurden die hundert Millionen Dollar in Gold aus Montreal zurückgebracht, und der Markt war wieder normal.

Viele unserer Neuankömmlinge erhielten erhebliche Hilfe durch den Bürgerkrieg, insbesondere die Familie Lehman. Die drei Lehman-Brüder lebten bei Ausbruch des Bürgerkriegs in Atlanta, Georgia. Sie verteilten sich strategisch: Einer blieb in Atlanta, der andere zog nach Montgomery, Alabama, und der dritte ging nach New York. Während des gesamten Krieges verschifften die beiden Süd-Lehmans Baumwolle nach England, während der Nord-Lehman mit Goldlieferungen, die in New York ankamen, für sie sammelte. Nach dem Krieg schien der Süden unrentabel zu sein, und so gingen alle Lehman nach New York. Mit ihren Goldgewinnen aus dem Krieg eröffneten sie das Bankhaus Lehman Brothers. Der Spross des Hauses, Herbert Lehman, lernte, dass der Krieg eine sehr bequeme Aufgabe sein konnte. Während des Ersten Weltkriegs diente er in Washington als

Verantwortlicher für den Nachschub und wurde für seine Tapferkeit bei der Unterzeichnung von Frachtaufträgen mit der Distinguished Service Medal ausgezeichnet. Seitdem ist er ein prominentes Mitglied der American Legion.

Die Panik von 1893 war das Signal für die übrigen Frankfurter Bankiers, dass sie die Kontrolle über das amerikanische Währungssystem gewonnen hatten, und sie stürzten sich auf die Gewinne. Lazard Freres, das Familienunternehmen von Eugene Meyer, eröffnete sein New Yorker Büro 1893 auf dem Höhepunkt der Panik und spezialisierte sich auf internationale Goldbewegungen. J. and W. Seligman eröffnete sein New Yorker Büro im Jahr 1894. Die Firma Seligman ergriff 1898 ihre große Chance, als die USS Maine im Hafen von Havanna in die Luft flog, sehr zur Überraschung der Spanier. Theodore Roosevelt eilte nach Kuba, um einen Angriff anzuführen, der vor der Tür des Weißen Hauses endete, und als sich der Rauch verzogen hatte, besaß das Haus von J. und W. Seligman die Eisenbahnen und Zuckerplantagen Kubas.

Zu dieser Zeit führte ein junger Mann namens Winston Churchill einen erbarmungslosen Krieg gegen die Buren in Südafrika, die ihre Heimat gegen die Uitlander verteidigten, eine Horde deutscher Juden, die es auf die reichen Diamanten- und Goldminen des Witwatersrand abgesehen hatten. Die internationalen Nachrichtendienste widmeten sich dem Lobgesang auf Roosevelt und Churchill, die nach jedem moralischen oder juristischen Rechtssystem als Banditen hingerichtet worden wären. Mit dieser Publicity begann für diese beiden Aggressoren eine lebenslange Karriere im Dienste der jüdischen Bankiers. Das ist die schmutzige Basis des Ruhmes.

Die Nachrichtendienste wurden von den Frankfurter Bankern als geschäftliche Notwendigkeit ins Leben gerufen und kontrolliert. Kent Cooper schrieb in der Zeitschrift *Life* vom 13. November 1944 einen Artikel mit dem Titel „Freedom of Information“, in dem er sagte,

> „Vor und während des Ersten Weltkriegs gehörte die große deutsche Nachrichtenagentur Wolff dem europäischen Bankhaus Rothschild, das seinen Hauptsitz in Berlin hatte. Ein führendes Mitglied der Firma war auch der persönliche Bankier von Kaiser Wilhelm. Was im kaiserlichen Deutschland tatsächlich geschah, war, dass der Kaiser Wolff benutzte, um sein Volk so zu binden und zu erregen, dass es begierig auf den Ersten Weltkrieg war. Zwanzig Jahre später,

> unter Hitler, wurde das Muster wiederholt und von der DNB, Wolffs Nachfolgern, enorm vergrößert."

Als geschätzter Präsident der Associated Press scheint es unmöglich, dass Kent Cooper eine solche Ansammlung von Irrtümern öffentlich druckt. Allen Behörden zufolge hatte das Haus Rothschild nie seinen Hauptsitz in Berlin. Der persönliche Bankier des Kaisers, dessen Namen Cooper nicht nennt, war Max Warburg, der nie öffentlich als Mitglied der Firma Rothschild bekannt war. Noch wichtiger ist, dass Cooper die Agentur Wolff genau des Verbrechens beschuldigt, das die Associated Press von 1933 bis 1941 begangen hat, als die Associated Press durch ihre stark gefärbten und oft gefälschten Berichte über die politischen Absichten Deutschlands ein Kriegsfieber in den Vereinigten Staaten auslöste. Alle veröffentlichten Pläne der Nazi-Regierung, die von Hitler gewissenhaft befolgt wurden, sahen einen Vorstoß nach Osten vor, den Drang nach Osten gegen Russland, der von ihrer Wissenschaft der Geopolitik festgelegt wurde. Zu diesem Zeitpunkt verbreitete Cooper seine Propaganda in *Life*, einer Publikation von *Time*, Inc., die 1923 von JP Morgan Co. finanziert und fünf Jahre lang wegen ihres Propagandawertes mit einem geringen Betrag herausgegeben wurde.

Paul Emden, der englische Historiker und offizielle Biograph des englischen Judentums, veröffentlichte sein Standardwerk „Jews of Britain", Sampson Low, London, 1944. Auf Seite 357 schreibt er über Reuter,

> „Julius Reuter, der sich in England einbürgern ließ, führte seine Agentur bis 1865 als Familienbetrieb und gründete dann die Reuter Telegraph Agency. Der Herzog von Sachsen-Coburg-Gotha hatte ihm 1871 den erblichen Titel eines Barons verliehen; eine besondere Bewilligung von Königin Victoria im Jahre 1891 gab ihm und seinen Nachkommen die Erlaubnis, diesen Titel im Vereinigten Königreich zu führen, und so wurde der Mann, der von Geburt an Israel Beer war, Baron Julius de Reuter. Es ist nur natürlich, dass die Juden an der Entwicklung von Nachrichtendiensten in der ganzen Welt einen entscheidenden Anteil hatten - als Finanziers und Kaufleute hatten sie den immensen Wert frühzeitiger und zuverlässiger Informationen längst erkannt. Sein erstaunlich gut ausgebauter Nachrichtendienst, eines der Geheimnisse seines anhaltenden Erfolgs an der Börse, ermöglichte es Nathan de Rothschild, der britischen Regierung die ersten Nachrichten von Waterloo zu überbringen. Die Rothschilds mochten es, Nachrichten

> vor allen anderen zu erhalten. Eines der herausragenden Merkmale der Reuter-Berichte war, dass sie 1865 der bedeutenden Nachricht von der Ermordung Abraham Lincolns zwei Tage voraus waren. In Europa gab es drei wichtige Telegrafenagenturen: Reuters in London, Havas in Paris und Wolff in Berlin. Havas war ein französischer Jude, und von Wolff wird allgemein angenommen, dass er Jude war.“

Sir Roderick Jones, langjähriger Chef von Reuters, veröffentlichte seine Autobiographie „A life in Reuters“, Hodder and Stoughton, 1951. Er erzählt uns, dass Reuter als Israel Ben Josphat Beer, Sohn des Rabbiners Samuel Beer aus Cassel, Deutschland, geboren wurde und dass Reuter 1859 eine Vereinbarung mit seinen Rivalen Wolff und Havas unterzeichnete. Havas sollte Südamerika bekommen, die drei sollten sich Europa teilen, und Reuter sollte den Rest der Welt bekommen. Diese Vereinbarung, die glücklicherweise kurz vor dem Ausbruch des amerikanischen Bürgerkriegs geschlossen wurde, hatte bis 1914 Bestand. Während dieser Zeit stand Associated Press in Amerika unter der Kontrolle von Jacob Schiff, dessen Firma Kuhn, Loeb alle Aktienemissionen für Western Union Telegraph abwickelte und immer drei Partner im Vorstand hatte. Western Union wiederum kontrollierte Associated Press.

Sir Roderick erhielt seine Ausbildung bei Louis Weinthal, der in „The Story of the Cape to Cairo Railway“ ausführlich darüber schreibt, wie das Haus Rothschild Cecil Rhodes und sein Imperium finanzierte. Jones erzählt uns in „A Life in Reuters“, dass

> „Gegen Ende des Jahres 1895 wurde das schwelende und unbedeutende Feuer der politischen Unzufriedenheit in Johannesburg von der Transvaal National Union und den Goldminenbesitzern zu einer nach außen hin vorzeigbaren Flamme der Revolution entfacht. Es wurde ein Uitlanders-Reformkomitee gegründet, dessen innerer Vorstand aus John Hays Hammond, Lionel Philipps (einem der Chefs der Gold- und Diamantenminenfirma Eckstein-the Corner House), George Farrar, dem Chef der East Rand Property Mines, und Oberst Frank Rhodes, dem Bruder von Cecil Rhodes, dem Premierminister vom Kap, bestand. Percy Fitzpatrick war der Sekretär. Das allgemeine Komitee bestand aus sechzig weiteren prominenten Bürgern, darunter Abe Bailey und Solly Joel.“

John Hays Hammond war der leitende Bergbauingenieur des Hauses Rothschild. Paul Kruger, das Oberhaupt der Burenrepublik, verurteilte ihn wegen Verschwörung zum gewaltsamen Umsturz der Regierung zum Tode und ließ ihn gegen Zahlung einer Geldstrafe von 120.000 Dollar frei. Danach wurde er Chefingenieur der Guggenheim-Immobilien mit einem Jahresgehalt von 600.000 Dollar und später Vertreter Washingtons im Council on Foreign Relations. Sein Sohn. Er ist ein berüchtigter Weggefährte der Kommunisten in New York.

Das Geld für den Rat und die ihm angeschlossenen Organisationen stammte hauptsächlich aus den Gold- und Diamantenfeldern Südafrikas. Sir Abe Bailey, auf dessen Namen die meisten Rothschild-Interessen im Witwatersrand schließlich registriert wurden, war der wichtigste Baker des Royal Institute of International Affairs.

Wie Sir Roderick Chef von Reuters wurde, ist ein Juwel für sich. Nachdem er treu unter Weinthal gedient hatte, erzählt er uns, dass

> „Am 28. April 1915 erschoss sich der Chef der Agentur, Baron Herbert de Reuter. Ursache war der Zusammenbruch der Reuters Bank, die von Baron Julius de Reuter aufgebaut worden war, um heimlich Auslandsüberweisungen abzuwickeln."

Da sich England damals im Krieg mit Deutschland befand, hielt man es für unklug, einen weiteren deutschen Juden zum Leiter der Agentur zu ernennen, und so ernannten die Direktoren Sir Roderick Jones zu ihrem Chef. Er trat schließlich unter Umständen zurück, die, wie er sagt, nicht öffentlich gemacht werden können. Das ist sehr wahrscheinlich.

KAPITEL 4

Der zweimalige Präsident der Vereinigten Staaten, Woodrow Wilson, war einer der unbeliebtesten Männer, die je dieses Amt bekleidet haben. Ein arroganter Campus-Diktator, der nie in der Lage war, mit reifen Männern umzugehen. Ansehen in der Welt der Bildung und später in der Welt der Politik erlangte er nur, indem er sich eifrig für die New Yorker Vertreter der Frankfurter Bankiers prostituierte. Als Präsident der Princeton University erregte Wilson zunächst deren wohlwollende Aufmerksamkeit durch seinen hysterischen Krieg gegen die Burschenschaften. Die Studenten waren der Meinung, dass sie das Recht hätten, sich ihre Verbindungen selbst auszusuchen, auch wenn dies bedeutete, dass sie einige der Sprosse der eingewanderten Bankiers ausschließen mussten. Wilson geriet in blinde Wut, als sich die Studenten seinen Grundsätzen der „Gleichheit" widersetzten, und verbot die Burschenschaften in Princeton, ein Verbot, das bis zum heutigen Tag andauert.

Frank Vanderlip, der Nachfolger von James Stillman als Präsident der National City Bank, erzählt in seiner Autobiographie „Vom Bauernjungen zum Finanzier", dass er und Stillman Wilson 1910 zum Stapellauf einluden, um ihn zu überprüfen. Stillman, der sich gegenüber Carter Barron damit gebrüstet hatte, er wisse, wer die USS Maine in die Luft gesprengt habe, sagte, Wilson würde es tun, aber er sei kein großer Mann. Wilson setzte seine Kampagne des Kriechens vor den Wohlhabenden fort, bis er sie davon überzeugt hatte, dass er vertrauenswürdig war und ihre Interessen über die Rechte des Volkes stellen würde. Während der Panik von 1907 hatte er ihnen seine Treue erklärt, als er verkündete, dass wir die Nation einem Rat von sieben Männern unter der Leitung von JP Morgan übergeben sollten, damit es keine Panik mehr geben würde. Das war richtig. Wenn Morgan das Land so leiten könnte, wie er es für das Haus Rothschild wollte, würde es nie wieder eine Panik geben. Die Tatsache, dass Morgan und Schiff die Panik von 1907 in einem Jahr mit guten Ernten und allgemeinem

Wohlstand nur deshalb ausgelöst hatten, um in der Wirtschaftswelt ein Klima zu schaffen, das es ihnen ermöglichte, ein „Währungsreform"-Gesetz zu erlassen, das ihnen die ständige Kontrolle über das Geld und den Kredit der Vereinigten Staaten gab, wurde von Woodrow Wilson ignoriert.

1911 war Woodrow Wilson der erste prominente Pädagoge, der den von Paul Warburg von Kuhn, Loeb Co. verfassten und im Programm der Republikanischen Partei enthaltenen Aldrich-Plan begrüßte. Im Jahr 1912 wurde Woodrow Wilson zum Präsidenten gewählt und unterzeichnete den Federal Reserve Act, die Version des Aldrich-Plans der Demokratischen Partei. Da der Aldrich-Plan in der Öffentlichkeit als Wall-Street-Bankengesetz auf Widerstand stieß, wurde er von Paul Warburg in aller Eile umgestaltet und von der Demokratischen Partei als Federal Reserve Act vorgelegt, und Wilson, der glühende Verfechter des republikanischen Aldrich-Plans, wurde zum demokratischen Präsidentschaftskandidaten und setzte den Federal Reserve Act in Kraft.

Bei den Senatsanhörungen des Unterausschusses für das Justizwesen 1914 fragte Senator Bristow Paul Warburg.

> „Ich habe Sie so verstanden, dass Sie am Samstag sagten, Sie seien Republikaner, aber als Herr Roosevelt kandidierte, wurden Sie zu einem Sympathisanten von Herrn Wilson und unterstützten ihn?"
>
> **Paul Warburg**, Ja.
>
> **Senator Bristow**, während Ihr Bruder Felix Warburg Taft unterstützt hat?
>
> **Paul Warburg**: Ja."

Die Präsidentschaftswahlen von 1912 sind ein schönes Beispiel dafür, wie die eingewanderten Bankiers die amerikanische Demokratie steuern. Obwohl Präsident Taft viel beliebter war als der kalte und zynische Wilson, hatte sich Taft die Feindschaft von Kuhn, Loeb Co, Archie Butt zugezogen. Assistent der Präsidenten Theodore Roosevelt und Taft im Weißen Haus, beschreibt den Vorfall auf Seite 625 seiner „Letters", veröffentlicht von Doubleday Doran, 1930, wie folgt

> „Gerade jetzt fordert Schiff, dass Präsident Taft den Vertrag von 1832 mit Russland aufkündigt und droht ihm mit der Feindseligkeit der Juden, sollte er sich weiterhin weigern, auf ihre Forderungen einzugehen. Er und eine Reihe von Juden kamen vor einigen

> Abenden ins Weiße Haus und sagten dem Präsidenten praktisch, dass das gesamte jüdische Volk dieses Landes sich nicht nur seiner Wiederwahl widersetzen, sondern auch den Kandidaten der Demokraten unterstützen würde, wer auch immer das sein mag, wenn er diesen Vertrag nicht aufhebt."

Dieser Vorfall wird vom B'nai Brith-Führer Simon Wolf in seiner Autobiographie „Präsidenten, die ich kannte" ausführlich beschrieben. Wolf, der 1865 im Zusammenhang mit dem Tod von Abraham Lincoln verhaftet wurde, war mit allen Präsidenten von Lincoln bis Wilson persönlich bekannt.

Um die Wahl Wilsons zu sichern, wurde die Technik des „Teile und Herrsche" angewandt. Theodore Roosevelt, der Favorit von J&W Seligman Co, wurde aus dem Ruhestand geholt, um als progressiver Kandidat anzutreten und die Republikanische Partei zu spalten. Am Ende erhielt Taft sechs Wahlmännerstimmen. Der Schatten der B'nai Brith-Missbilligung hing über seinem Sohn Robert Taft auf dem republikanischen Parteitag von 1952, als es Rifkin und Warburg gelang, General Eisenhower die Nominierung zu verschaffen.

Obwohl Wilson als Kandidat des einfachen Mannes propagiert wurde und Dollarscheine für seine Ausgaben erbeten wurden, nennt „the road to the White House", Princeton University Press 1951, als Wilsons wichtigste Geldgeber Jacob Schiff, Henry Morgenthau senior, Samuel Untermeyer und Cleveland H. Dodge von der National City Bank. Bernard Baruch verwaltete die Gelder für Wilson und unterzeichnete eine Reihe von Schecks über 25.000 bis 50.000 Dollar, die während des Wahlkampfes 1912 benötigt wurden. Dies war jedoch nicht sein eigenes Geld. Er war lediglich der Leiter des Wilson Trust Fund.

An zweiter Stelle nach dem Federal Reserve Act stand Wilsons Klärung der mexikanischen Situation. Die Firma Bleichröder aus Berlin war einer der ersten und größten Investoren in mexikanische Anleihen gewesen, und Kuhn Loeb Co. übernahm deren Management. Mexiko war unter Porfirio Diaz bankrott gegangen und eine Revolution war notwendig, um die Schulden zu finanzieren und die Dividenden der Bleichröder-Anleihen wiederherzustellen. Folglich wurde 1911 in Mexiko die erste erfolgreiche kommunistische Revolution der Geschichte durchgeführt. Die Grundbesitzer wurden massakriert und ihr Land an die Bauern verteilt. Doch die Bauern brauchten Maultiere und Saatgut. Da sie kein Geld hatten, verpfändeten sie ihr Land an die Banken. Oft gab es Tequila statt Maultiere, so dass das Land schnell in den Händen von noch weniger Menschen als vor der Revolution konzentriert wurde. Das war der Kommunismus. Die Bauern hatten weniger als je zuvor und arbeiteten härter als vor dem Siegeszug des Marxismus. Kuhn und Loeb erhielten ihre Dividenden von der neuen Regierung, und Porfirio Diaz zog sich nach Paris zurück, um in Luxus zu leben. Paul Warburg, Jacob Schiff und Jerome Hanauer wurden Direktoren der mexikanischen Staatsbahn. Eugene Meyer junior entwickelte große Kupferminen in Chihuahua, und J&W Selligman Co entwickelte dort öffentliche Versorgungseinrichtungen. (Verzeichnis der Direktoren von New York City, 1912).

Jacob Schiff, der Kopf hinter der Rockefeller-Expansion von Standard Oil, war jedoch besorgt über die Zukunft der Rockefeller-Besitztümer in Mexiko. Ein hartes Eingreifen aus Washington war erforderlich. Percy N. Furber, Präsident von Oil Fields of Mexico Ltd, erklärte Carter Barron, dem führenden Finanzreporter in New York, dass

> „Die mexikanische Revolution wurde in Wirklichkeit von H. Clay Peirce ausgelöst, der 35 % der Pierce-Waters Oil Co. besaß, von denen Standard Oil die anderen 65 % hielt. Pierce war ein vertraulicher Gefolgsmann von Rockefeller. Er wollte sich meinen Besitz aneignen."

Peirce verlangte von Diaz, dass dieser die Steuer auf Ölimporte aufhebt, damit Standard Oil Produkte aus den USA zum Verkauf in Mexiko einführen kann. Diaz weigerte sich, und die Revolution folgte. Peirce stellte das Geld für die erfolgreiche Revolution von Francisco Madero zur Verfügung. Weder Peirce noch sonst jemand hatte erwartet, was danach geschah. Madero wurde am 18. Februar 1913 von Victoriano Huerta hingerichtet. Huerta war der Handlanger der britischen Erdölinteressen. Inzwischen hatte das revolutionäre Fieber das ganze Land erfasst. Andere Revolutionäre, einige mit, andere ohne Unterstützung der Ölmänner, zogen ins Feld. Im Norden Mexikos führten Carranza und Pancho Villa Armeen gegen Huerta an. Das war eine großartige Gelegenheit für die Verkäufer von Cleveland H. Dodge's, Remington Arms Co und Winchester Arms Co.

Präsident Wilson hatte freundlicherweise ein Embargo gegen Waffenlieferungen nach Mexiko verhängt, was die Möglichkeit eröffnete, sie zu doppelt so hohen Preisen zu schmuggeln. Dies war Dodge jedoch zu langsam, und am 12. Februar 1914 brachte er Wilson dazu, das Embargo aufzuheben und sofort Waffen im Wert von 1.000.000 Dollar an Carranza zu liefern, den er als Nachfolger von

Huerta ausgewählt hatte. Wilson hatte sich von Anfang an hartnäckig geweigert, die Huerta-Regierung anzuerkennen. Doch Dodge und andere, die große Anteile an Mexiko hatten, waren angesichts des Ausmaßes der revolutionären Flut alarmiert und schlugen vor, Huerta die amerikanische Anerkennung zu gewähren, wenn er versprach, Wahlen abzuhalten. Dies würde den Ölmännern die Möglichkeit geben, einige freundliche lokale Beamte zu kaufen, was alles war, was sie wollten. Ein entsprechendes Memo wurde von Julius Krutschitt, dem Vorsitzenden der Southern Pacific Railroad, an Colonel House weitergeleitet, und House brachte es zu Wilson. Dieses Memo wurde von D. J. Haff, einem Anwalt aus Kansas City, verfasst und von Dodge's Firma Phelps Dodge genehmigt, bevor es nach Washington geschickt wurde, sowie von Greene Cananea Cooper (Guggenheim) und E. L. Doheny von der Mexican Oil Co. Haff wurde daraufhin zu einer Besprechung mit Wilson einbestellt und ihm von Dodge vorgestellt, dessen Zustimmung beim Präsidenten immer weit reichte. Es gab einen zwingenden Grund, warum Huerta die Anerkennung verweigert werden sollte, wenn er sich weigerte, Befehle aus Washington entgegenzunehmen, und das tat er auch. Der Grund war einfach, dass er von Lord Cowdray, dem Chef der britischen Ölinteressen in Mexiko, die von der Samuel-Familie kontrolliert wurden, gewaltsam anstelle von Standard Oil's Madero eingesetzt worden war. In der Tat schwor Wilson in der Mitteilung an Sir Edward Grey, den damaligen britischen Außenminister, dass er Huerta, den die britische Regierung und verschiedene ihrer Satelliten in aller Eile anerkannt hatten, absetzen würde. Erst zu Beginn des Jahres 1914 gab Wilson die Hoffnung auf, Huerta unter die Fuchtel von Dodge und der National City Bank zu bringen. Eine Reihe von Provokationen machte die neue Stimmung in Washington deutlich. Neben den umfangreichen Waffenlieferungen an Huertas Gegner Carranza kam es zu dem Zwischenfall in Tampico. Eine Reihe amerikanischer Seeleute wurde in Tampico angelandet, angeblich, um die Wasser- und Gasvorräte aufzufüllen. Sie wurden von Huertas-Truppen verhaftet, aber nach einem heftigen Protest aus Washington wurden sie freigelassen. In Washington herrschte große Verwunderung. Dann bestand Wilson darauf, dass Huerta vor der amerikanischen Flagge salutierte und sich entschuldigte. Huerta weigerte sich. Nach internationalem Recht gab es keinen Anlass, einen förmlichen Salut zu verlangen. In seiner Arroganz befahl Wilson der Marine, für Standard Oil zu arbeiten, und am 21. April 1914 beschossen amerikanische Kriegsschiffe Vera Cruz, um ein deutsches Schiff daran zu hindern, Nachschub für Huerta anzulanden.

Es gab viele zivile Opfer und große Sachschäden. Am 25. Juli 1914 gab Huerta zu, dass die Chancen gegen ihn zu groß waren, und floh auf seine Bankkonten, ausgerechnet in New York. Venustiano Carranza übernahm das Amt im Namen der National City Bank. An der US-Grenze. General Pershing, verwandt mit Jules S. Bache von der New Yorker Börse, hielt Pancho Villa in der Bucht fest, während Carranza seine Macht festigte.

Für die obige Darstellung bin ich vor allem Ferdinand Lundbergs „America's Sixty Families", Vanguard Press, 1938, und Carter Barons Erinnerungen an die Wall Street zu Dank verpflichtet. Die Episode könnte Dutzende Male wiederholt werden, wenn man die zahlreichen Revolutionen des 20.th Jahrhunderts nacherzählt, von denen jede ein historischer Beweis dafür ist, dass J&W Seligman seine milliardenschweren Investitionen in öffentliche Versorgungsbetriebe und Zucker in Südamerika, die Beute des Spanisch-Amerikanischen Krieges und Samuel Zemurray von der Palestine Economic Cooperation seine Interessen bei der United Fruit Co. in Mittelamerika schützte. Diese Episoden haben die Legende vom „Dollar-Imperialismus" der Vereinigten Staaten in Südamerika geschaffen. Unsere lateinamerikanischen Nachbarn sollten darüber informiert werden, dass die meisten Amerikaner die arrogante Ausbeutung Südamerikas durch die Zemurrays, Seligmans und Warburgs beklagen.

Kein Präsident vor Woodrow Wilson hat die Minderheit, die seinen Wahlkampf finanziert hat, so sehr bevorzugt. Die offiziellen Ernennungen von Woodrow Wilson während seiner beiden Amtszeiten lesen sich wie das Who's Who des amerikanischen Judentums, mit den Namen von Morgenthau, Warburg, Meyer, Baruch, Brandeis, Frankfurter, Strauss, Nagel, Goldenweiser und Hunderten von anderen. Die Geschichte von Wilsons Herrschaft wurde verdunkelt, und Licht auf seine geheimen Aktivitäten, die Verschwörungen von Colonel Edward Mandell House und Sir William Wiseman von Kuhn, Loeb Co. und die zwielichtigen Machenschaften der wurzellosen Einwanderer, denen er gerne die höchsten Ämter in der amerikanischen Regierung übertrug, wird nur gelegentlich durch ein bisschen Biographie hier und eine verirrte Seite mit Informationen dort geworfen. Eine von Wilsons ungeheuerlichsten Missachtungen seines Amtseides wurde 26 Jahre lang unter bereitwilliger Mitwirkung der Nachrichtendienste absolut geheim gehalten, wie Paul Emden in seinem maßgeblichen Werk „Jews of Britain" auf Seite 310 schreibt,

> „Im April 1918 kam es infolge einer großen Baumwollspekulation zu einem Ansturm auf Bombay, und es wurde Geld im Wert von 1.372.000 Pfund abgehoben. Amerika allein konnte helfen, aber seine riesigen Silbervorräte mussten als Deckung gegen seine eigene Papierdollarwährung erhalten werden. In dieser entsetzlichen Verlegenheit kam Lord Reading (Rufus Isaacs) zur Rettung. Sein starker Einfluss auf Präsident Wilson bewirkte, dass sich die Regierung in Washington und die Kongressabgeordneten aller Parteien gemeinsam bemühten, dieser Situation zu begegnen, indem sie ein Gesetz ohne Diskussion oder praktisch ohne Diskussion verabschiedeten, da jede Debatte über das Thema ernsthaft gewesen wäre. Die Maßnahme wurde in einer rekordverdächtig kurzen Zeitspanne verabschiedet. Es wurde in wenigen Tagen zum Gesetz, und riesige Millionen Unzen Silber wurden über den Ozean nach Indien geschickt, einfach weil Amerika sah, wie notwendig es in diesem besonderen Moment war, dem britischen Empire zu helfen. Davon wurde nichts bekannt gemacht. In der Tat erschien nichts in den Zeitungen. Einige Zeitungen wussten davon, aber sie haben es nicht erwähnt. Soweit mir bekannt ist, habe ich die erste öffentliche Erklärung dazu abgegeben."

Bei dieser fast unglaublichen Geschichte drängen sich viele Fragen auf. Die Vereinigten Staaten, die sich mitten in einem großen Krieg befinden, stoppen alle Gesetze, um ein geheimes Gesetz zu verabschieden, mit dem Silber nach Indien geschickt werden soll, weil einige Spekulanten dort eine Währungskrise verursacht haben. Kein Kongressabgeordneter wagt es, darüber zu debattieren oder sich dagegen auszusprechen, keine Zeitung fühlt sich verpflichtet, über eine so aufregende Geschichte zu berichten, und die Schlüsselfigur ist ein schattenhafter Außerirdischer, dessen Hintergrund später erläutert wird. Man würde gerne ein paar Minuten mit Herrn Emden verbringen, um diese Seite zu klären. Warum musste das Gesetz unbedingt ohne Debatte verabschiedet werden? Selbst unser Kriegseintritt wurde im Kongress debattiert. Wer waren die Spekulanten, die die Krise in Bombay verursacht haben? Und warum sollten die Währungsprobleme Indiens einen absoluten und geheimen Vorrang vor allen im Kongress der Vereinigten Staaten anhängigen Angelegenheiten erhalten? Aber vielleicht hat uns Herr Emden schon zu viel gesagt.

KAPITEL 5

Kriege werden von Menschen gemacht. Das 20. Jahrhundert[th] war ein schändlicher und fast einhelliger Versuch von Historikern und Wirtschaftswissenschaftlern, angeführt von den Schurken aus Harvard und der Universität von Chicago, alle Persönlichkeiten und Fakten bei der Darstellung der Zeitgeschichte zu vermeiden. Diese Schurken sind der von Karl Marx vorgegebenen Linie gefolgt, wonach alle Ereignisse abstrakt als ökonomische Konvulsionen der Massen dargestellt werden sollen. Während die Massengeschichte unter ökonomischen Gesichtspunkten behandelt werden kann, muss die Individualgeschichte Zeit, Ort und Gesellschaft einbeziehen, und diese Faktoren sind es, die die marxistischen Parteihistoriker zu vermeiden lernen. So enthalten die zahlreichen Bücher über den Ersten Weltkrieg, die Friedenskonferenz von Versailles oder die Weltwirtschaftskrise von 1929-1933 im Durchschnitt eine Tatsache pro 10.000 Wörter. Der Rest ist ein völlig zielloses Geschwafel über soziale Zwänge, die „Missetaten des Kapitalisten“, bei dem jede Erwähnung der Frankfurter Bankiers durch Abwesenheit glänzt, und „die wirtschaftlichen Spannungen unserer Zeit“.

Dieses Gefasel wird unseren Universitätsstudenten vier Jahre lang von Inkompetenz eingebläut. Kein Wunder, dass sie nie wieder ein Buch lesen. Was wirklich bedauerlich ist, ist die fast flächendeckende Abtrünnigkeit der Professoren, die sich in Kenntnis der Tatsachen absichtlich mit diesem Gefälle in den Druck begeben und Meineide leisten. Sie werden so wenig bezahlt, dass man kaum sagen kann, dass sie bestochen werden. Ihre Selbstentwertung dauert nur so lange, bis jemand den Mut hat, die Wahrheit zu sagen, und das scheint in der Tat ihr einziger Zweck zu sein, die Tatsachen so lange zu verschleiern, bis die Verbrecher nicht mehr belangt werden können. Harvard, Columbia und Chicago leisten Nachhutarbeit zum Schutz der internationalen Bankiers, die den Nazismus und den Kommunismus finanzierten, um aus den Weltkriegen Profit zu schlagen.

Ein junges und selbstbewusstes Deutschland, das durch einen leichten Sieg über ein uneiniges Frankreich im Jahr 1870 Selbstvertrauen getankt hatte, träumte von der Eroberung Europas. An der Seite Kaiser Williams ermutigte sein persönlicher Bankier Max Warburg diesen Traum. Unter Warburgs Vorgänger Samuel Bleichröder hatte Deutschland mit der Reichsbank das am stärksten zentralisierte Bankensystem der Welt geschaffen, das 1910 als einzige Zentralbank in der Lage war, einen Krieg in großem Stil zu finanzieren. Bis 1914 hatte Max Warburgs Bruder Paul Warburg das amerikanische Finanzwesen im Federal Reserve System zentralisiert, so dass die Vereinigten Staaten in der Lage waren, alle Nationen zu finanzieren, die die Alliierten im Ersten Weltkrieg bildeten. Die Hauptaufgabe einer Zentralbank ist die Kriegsfinanzierung.

Wie 1939 träumte Deutschland 1914 von einem Blitzkrieg, einem Blitzkrieg. Der Kaiser wusste, dass er die beste Kriegsmaschine der Welt besaß. Max Warburg versicherte ihm, dass er das beste Bankensystem der Welt besaß. Deutschland, das an ein gesamteuropäisches Reich dachte, in dem England der einzige ernsthafte Gegner war, konnte sich 1914 wie 1939 nicht vorstellen, dass die Vereinigten Staaten gegen es vorgehen würden. Weder in wirtschaftlicher noch in politischer Hinsicht war Amerika an einer von Deutschland dominierten paneuropäischen Föderation interessiert. Einen entscheidenden Beweis dafür liefert Henry Morgenthau in „Secret of the Bosporus", dem Bericht über seine Erfahrungen in der Türkei als Botschafter der Vereinigten Staaten. Er berichtet von seinem Gespräch mit dem deutschen Botschafter, Baron Wangenheim, der ihm 1915 als Neutraler bereitwillig erzählte, wie Deutschland alles auf den schnellen Krieg gesetzt habe. Sollten die Aussichten auf einen baldigen Sieg schwinden, würde Deutschland einen Waffenstillstand anstreben und für eine bessere Gelegenheit aufrüsten. Morgenthau erwähnte die Möglichkeit einer amerikanischen Beteiligung gegen Deutschland. Dies verblüffte Wangenheim. „Warum", fragte er, „sollte Amerika Deutschland angreifen?"

„Für ein moralisches Prinzip", antwortete Morgenthau, der Harlemer Slum-König, der sich an den Beiträgen der armen Neger mästete. Doch wie immer bei den Morgenthaus dieser Welt ging es um praktischere Überlegungen. Im Jahr 1915 ging es in erster Linie darum, die Welt für die Demokratie des Kommunismus und ihren Zwilling, die Demokratie des Zionismus, sicher zu machen.

Der deutsche Bundeskanzler während des Ersten Weltkriegs war von Bethmann-Hollweg. Moritz Bethmann, sein Vorfahre, war zur Zeit von Mayer Amschel Rothschild der führende Finanzier Frankfurts gewesen. Die Bethmanns und Rothschilds hatten geheiratet, um den deutschen Kanzler hervorzubringen. Deutschland hatte das Gold, die Armeen und eine hochproduktive industrielle Kriegsmaschinerie. Es fehlte ihm jedoch an bestimmten lebenswichtigen Chemikalien, Nahrungsmitteln und Rohstoffen. Zu Beginn des Krieges verfügte es nur über Vorräte für sechs Monate, z. B. Zucker, Kohle, Wolfram und Nitrate. Angesichts der Tatsache, dass die Pläne bis Dezember 1916 nicht verwirklicht werden konnten, riet der deutsche Generalstab dem Kaiser, um Frieden zu ersuchen. Im August 1916 wollten Max Warburg, der damalige Chef des deutschen Geheimdienstes, und Reichskanzler von Bethmann-Hollweg von einer Friedensklage nichts wissen. Amerika stehe auf der Seite Deutschlands, sagten sie und verwiesen auf die Arbeit von Jacob Schiff und James Speyer in New York, um dies zu beweisen. Mit ihrer Hilfe könne Deutschland die Alliierten leicht besiegen. Was den dringend benötigten Nachschub anbelangt, so kamen Hunderte von Tonnen an Lebensmitteln aus Belgien. Die Ergebnisse von Herbert Hoovers Kommission für die Hilfe für Belgien, die eigentlich Hoover-Kommission für die Hilfe für Deutschland heißen sollte. Ohne die von Hoovers Kommission gelieferten Lebensmittel hätte Deutschland 1916 um den Waffenstillstand bitten müssen, und der Krieg wäre in zwei statt in vier Jahren zu Ende gewesen.

Eine patriotische englische Krankenschwester in Belgien, Edith Cavell, war entsetzt über den eklatanten Verrat der Hoover-Operation und versuchte, die britische Regierung zu informieren, was zu einer der traurigsten Tragödien des Krieges führte. Man hatte Milliarden von Dollar auf die Fortsetzung des Krieges für weitere zwei Jahre gesetzt. Sollte Deutschland im Winter 1916 fallen, bedeutete dies für die Baruchs, Warburgs und Guggenheims, die im Sommer 1916 alles auf die Ausweitung der Kriegsproduktion gesetzt hatten, den Verlust des größten Teils ihres Vermögens. Franklin D. Roosevelt wäre angeklagt worden, weil er die Zahl der Aufträge für die Marine verdoppelt hatte, was in den vom Kongress bewilligten Mitteln für dieses Ministerium nicht vorgesehen war, und eine aufkeimende politische Karriere wäre beendet worden. Hunderte von Männern verdienten ihr Geld mit dem Schmuggel von Kohle und Zucker nach Deutschland. Der von den amerikanischen Steuerzahlern bezahlte Zucker wurde nachts heimlich verladen und auf den Schiffen der Königlich Spanischen Linie nach

Spanien verschifft. Von Spanien aus wurde er mit dem Zug in die Schweiz gebracht, angeblich zur Herstellung von Schokolade, und von der Schweiz aus ging er für 0,60 Dollar pro Pfund nach Deutschland.

Eine Frau bedrohte dieses große Gefüge des Verrats, und diese Frau, die Krankenschwester Edith Cavell, wurde auf Befehl des deutschen Oberkommandos in aller Eile hingerichtet, und zwar durch eine direkte Mitteilung von Max Warburg, dem Chef des deutschen Geheimdienstes. Diese Hinrichtung wurde als hervorragende Gelegenheit genutzt, um den Krieg, den sie angedroht hatte, voranzutreiben. Nicht nur, dass die Informationen über die Kommission zur Befreiung Belgiens abgeschnitten wurden, auch die Zeitungen in Amerika titelten wochenlang über die Gräueltat. Es war eine vom Himmel gesandte Methode, das amerikanische Volk in Kriegsfieber zu versetzen.

Max Warburg bereitete Lenin und Trotzki auf ihre Reise nach Moskau und die bolschewistische Revolution vor, die Russland aus dem Krieg werfen und Deutschland an einer Front gegen Frankreich und England kämpfen lassen würde. Selbst nachdem Wilson Amerika in den Krieg gebracht hatte, würde es Monate dauern, bis es seine Waffen mobilisieren konnte, und mindestens ein Jahr, bevor es eine Armee nach Übersee schicken konnte. All dies war in den Büros von M. M. Warburg Co in Hamburg, in den Büros von Baron Alfred de Rothschild in London und in den Büros von Kuhn, Loeb Co in New York bekannt. Die Schwerindustrie konnte sich auf zwei weitere Kriegsjahre einstellen, und für diese Zusicherung starb Edith Cavell.

Während sich das deutsche Volk darauf einstellte, zwei Jahre lang langsam zu verhungern, und während die Armeen aller Mächte in den Schützengräben Frankreichs festgefahren waren, bereiteten einige kluge und skrupellose Männer den Eintritt Amerikas in den Krieg vor. Eine Organisation von Wall-Street-Bankern unter der Leitung von Isaac Seligman von. J. And W Seligman Co. hatte 1906 eine Organisation namens American Association for International Conciliation gegründet. Bis 1915 wurde diese Organisation als Carnegie-Liga zur Durchsetzung des Friedens bekannt. Unter der Leitung des Anwalts Elihu Root von Kuhn, Loeb bestand die Liga aus Edward Filene, dem Bostoner Kaufhausmillionär, der sein Vermögen dem 20th Century Fund zur Förderung des Kommunismus vermachte, Rabbi Stephen Wise, dem zionistischen Einfluss auf Präsident Wilson, John Hays Hammond, Ingenieur für die Rothschilds und Guggenheims, Isaac Seligman Perry

Belmont, Sohn des offiziellen amerikanischen Vertreters des Hauses Rothschild, und Jacob Schiff von Kuhn Loeb Co. Aus dieser Gruppe ging der Council on Foreign Relations hervor. Ihre Mitglieder nutzen 1916 ihren Einfluss, um die Titelseiten der amerikanischen Großstadtzeitungen und der Kabeldienste ausschließlich den professionellen Kriegshetzern zu widmen. Der größte Teil der Propaganda wurde von Cleveland H. Dodge, der die Überlebenden des Lusitania-Fonds organisierte (die Lusitania war mit Munition der zwielichtigen Remington Arms Co. beladen), und Herbert Hoover, dem Leiter der Commission for the Relief of Belgium, geliefert. Ihre Propaganda war schamlos und kindisch. Zwischen den Geschichten über deutsche U-Boote, die mit Maschinengewehren auf hilflose Schwimmer im Wasser schossen, und den Erzählungen über die Hunnen, die in Belgien Babys auf ihren Bajonetten hüpften, gibt es wenig zu wählen. Es genügt zu sagen, dass Dodge und Hoover den Ersten Weltkrieg für den Zionismus gewonnen haben. Amerika war entflammt, und als Wilson eine Kriegserklärung gegen Deutschland verlangte, wurde sie ihm von einem Kongress gewährt, in dem sich nur eine Handvoll Lafollettes, Norrises und Rankins weigerten, ihre Namen für immer zu beschmutzen.

Sir Roderick Jones gibt uns in „A Life in Reuters" auf Seite 200 einen intimen Einblick in die Geschichte,

> „Wir speisten im Privatsaal des Windham Clubs (Jones General Smuts, Sir Starr Jameson und Walter Hines Page, der damals amerikanischer Botschafter in Großbritannien war), in dem zwanzig Jahre später die Bedingungen für die Abdankung von König Edward VIII. festgelegt wurden. Wir kamen auf die Frage des Kriegseintritts der Vereinigten Staaten zu sprechen, auf den Großbritannien und Frankreich so geduldig gewartet hatten. Dr. Page teilte uns daraufhin unter dem Siegel der Verschwiegenheit mit, dass er an diesem Nachmittag vom Präsidenten eine persönliche Mitteilung erhalten habe, aufgrund derer er bestätigen könne, dass die Würfel endlich gefallen seien. Folglich konnte er uns nicht ohne Erregung versichern, dass sich die Vereinigten Staaten innerhalb einer Woche nach diesem Datum im Krieg mit den Mittelmächten befinden würden. Die Versicherung des Botschafters war auf den Tag genau richtig. Wir dinierten am Freitag, dem 30. März. Am 2. April ersuchte Präsident Wilson den Kongress, den Kriegszustand mit Deutschland zu erklären. Am 6. April befanden sich die Vereinigten Staaten im Krieg.

General Smuts von den Diamantenfeldern Südafrikas war ein lebenslanger und bewusster Verfechter des Weltstaates, den das Haus Rothschild so sehnlichst wünscht. Im letzten Jahr seines Lebens sagte er dem Kongressabgeordneten George Holden Tinkham, selbst Großinvestor in südafrikanischen Goldminen, dass sein Leben verschwendet worden sei. Wie andere Diener der internationalen Bankiers, insbesondere der verstorbene Henry L. Stimson, ging Smuts krank von seiner Schuld und dem Gespenst eines Dritten Weltkriegs in den Tod.

Sir Starr Jameson von dieser Lunchgruppe vertrat die finanziellen Interessen des Hauses Rothschild in der britischen Regierung, und Sir Roderick Jones selbst war der Chef des Rothschild-Informationsdienstes. Dies waren die Männer, denen Walter Hines Page zum ersten Mal von seinem Erfolg berichtete, sein Volk in den Krieg zu verraten.

KAPITEL 6

Während des gesamten Ersten Weltkriegs operierte eine geheime internationale Regierung, bestehend aus Colonel Edward Mandel House, dem persönlichen Abgesandten von Woodrow Wilson, Sir William Wiseman, Partner bei Kuhn, Loeb und damals als Verbindungsoffizier zwischen Amerika und England für die britische Regierung tätig, und Rufus Isaacs, Lord Reading, Lord Chief Justice von England und später Botschafter von England in den Vereinigten Staaten, außerhalb aller anerkannten parlamentarischen Verfahren. Colonel House bemerkt in seinen Memoiren, dass er, Wisemen und Isaacs es als ihre Freiheit ansahen, die regulären Regierungswege zu umgehen, und dies natürlich im Interesse des „Kriegsgewinns".

Oberstleutnant Norman Thwaites, ehemaliger Privatsekretär des New Yorker Verlegers Joseph Pulitzer, war während des Ersten Weltkriegs Leiter des britischen Geheimdienstes in den Vereinigten Staaten. In seinen Memoiren, „Velvet and Vinegar", Grayson and Grayson, London, 1932, schreibt er:,

> „In den Jahren 1917-1920, als heikle Entscheidungen zu treffen waren, habe ich oft Herrn Otto Khan konsultiert, dessen ruhiges Urteilsvermögen und fast unheimliche Voraussicht in Bezug auf politische und wirtschaftliche Tendenzen sich als äußerst hilfreich erwiesen. Ein weiterer bemerkenswerter Mann, mit dem ich eng verbunden war, ist Sir William Wiseman, der Berater der britischen Delegation bei der Friedenskonferenz in amerikanischen Angelegenheiten und Verbindungsoffizier zwischen der amerikanischen und der britischen Regierung während des Krieges war. Wiseman und ich waren, glaube ich, ein nützliches Team, als wir 1916 und danach versuchten, die Machenschaften des Feindes in Amerika einzudämmen... Als Teilhaber des Bankhauses Kuhn Loeb Co. Dieses Land hat seine Dienste für eine Zeit lang verloren... Lassen Sie mich hier erwähnen, dass, was auch immer die Interessen

> des jüdischen Leiters von Herrn Kahns Firma Kuhn Loeb Co, der internationalen Bankiers, gewesen sein mögen, der angeblich definitiv pro-deutsch war, und des verstorbenen Herrn Mortimer Schiff, der angeblich auf dem Zaun saß und auf den Sprung der Katze wartete, Herr Otto Kahn keinen Fehler machte. Er war eindeutig und von ganzem Herzen pro-alliiert und vor allem pro-britisch. Er wusste, dass die Seite, auf die sich England gestellt hatte, gewinnen würde."

Die Büros von Kuhn, Loeb Co, New York, müssen Schauplätze furchtbarer Auseinandersetzungen gewesen sein, so könnte man meinen, wenn man die weit auseinander liegenden und unverrückbar gegensätzlichen politischen Ansichten der Partner betrachtet. Im Jahr 1912, so erfuhren wir bei den Senatsanhörungen von 1914, unterstützten Paul Warburg und Jacob Schiff den Wahlkampf von Wilson, Felix Warburg unterstützte Taft, und Otto Kahn war ein leidenschaftlicher Verfechter von Theodore Roosevelt. Kuhn Loeb während des Ersten Weltkriegs bietet ein noch erstaunlicheres Bild. Jacob Schiff und Paul Warburg taten alles, was sie konnten, um die Interessen Deutschlands zu fördern. In den Jahren 1915 und 1916 weigerte sich Paul Warburg als Gouverneur des Federal Reserve Board, dem Federal Reserve System zu gestatten, Rabatte auf nach Großbritannien zu liefernde Munition zu gewähren - ein Beschluss des Federal Reserve Board vom 2. April 1915. Otto Kahn und Sir William Wiseman waren die treuesten Anhänger der britischen Krone, während Felix Warburg zu sehr mit der Konsolidierung der Zionistischen Organisation Amerikas beschäftigt war, um sich darum zu kümmern, wer den Krieg gewann.

Doch inmitten all dieser gewaltigen Parteinahme wurden die Geschäfte von Kuhn Loeb Co. wie gewohnt weitergeführt. Keiner der Partner trat zurück. In der Tat ist nicht überliefert, dass es jemals wirkliche Differenzen zwischen ihnen gab. Die verschiedenen Nationen und politischen Anliegen, für die sich die Partner einsetzten, waren eher Investitionen. Es mag eine freundschaftliche Rivalität zwischen Otto Kahn und Jacob Schiff darüber gegeben haben, welcher dressierte Floh, Großbritannien oder Deutschland, den Krieg gewinnen würde, aber die Gewinne von Kuhn, Loeb Co. wären in beiden Fällen etwa gleich hoch gewesen.

In seinen Memoiren schreibt Lloyd George, der englische Premierminister aus dem Krieg, Folgendes,

> „Sir William Wiseman war ein junger Offizier, der unserer Botschaft in Washington zugeteilt war, wo er bemerkenswerte Fähigkeiten als Diplomat entwickelte. Aber in dieser Zeit begann er, eine beträchtliche Rolle bei der Glättung der Beziehungen mit der amerikanischen Regierung zu spielen.

Sir Cecil Spring-Rice, britischer Botschafter in den Vereinigten Staaten während der ersten Kriegsjahre, war ein ständiger und genauer Kritiker von Kuhn Loeb Co. In „The letters. Of friendships of Sir Cecil Spring-Rice", Constable, 1929, zitiert von Charles Callan Tansill in „America Goes to War", Little, Brown, 1938, finden wir, dass Botschafter Spring-Rice sein tiefes Bedauern darüber ausdrückte, dass Lord Reading, Rufus Isaacs, 1915 zum Leiter der britischen Finanzmission in den Vereinigten Staaten gewählt worden war. Denn „er misstraute den Juden eindeutig" und „es wäre notwendig, Großbritannien trotz seiner selbst zu retten". Auf Seite 122 des Buches von Tansill finden wir das,

> „Am 23. November 1916 hatte Colonel House ihm geschrieben, dass Kuhn Loeb einen Kredit an bestimmte deutsche Städte in Erwägung ziehen würde, ähnlich dem, der den Städten in Frankreich gewährt worden war. Am folgenden Tag schickte der Präsident einen eiligen Brief an den Oberst, in dem er ihn bat, 'Kuhn, Loeb Co durch Herrn Schiff, der sich meiner persönlichen Freundschaft sicher sein kann, die Andeutung zu übermitteln, dass unsere Beziehungen zu Deutschland jetzt in einem sehr unbefriedigenden und zweifelhaften Zustand sind und dass es zu diesem Zeitpunkt höchst unklug wäre, ein Darlehen zu riskieren'."

Präsident Wilson fungiert in diesem Fall als Tippgeber für den internationalen Bankier Schiff. Er ist der Meinung, dass der Kredit ein geringes Risiko darstellt. Das ist der einzige Faktor, den sowohl Wilson als auch Schiff in Betracht ziehen würden.

Aus den Briefen von Spring-Rice, die auch von Tansill zitiert werden, ist ein Brief an Sir Valentine Chirol vom 3. November 1914 wie folgt,

> „Paul Warburg, fast verwandt mit Kuhn, Loeb Co und Schiff, ist ein Bruder des bekannten Max Warburg aus Hamburg, ist ein Mitglied des Federal Reserve Board oder besser gesagt DAS Mitglied. Er kontrolliert vor allem die Finanzpolitik der jemenitischen Regierung, und Page und Blacket hatten vor allem mit ihm zu verhandeln. Natürlich war es genau so, als würde man mit Deutschland verhandeln. Alles, was gesagt wurde, war deutsches Eigentum. Das Ergebnis war, dass man dachte, die getroffenen

> Vereinbarungen seien zum Vorteil der deutschen Banken, und die christlichen Banken waren eifersüchtig und verärgert."

Tansill zitiert auch einen Brief von Spring-Rice an den britischen Außenminister Sir Edward Grey vom 25. August 1914. Gegenstand der Diskussion war der kühne Versuch, die Hamburger Amerikalinie unter die Flagge der Vereinigten Staaten zu bringen, ein Vorschlag, der seinem Hauptaktionär Max Warburg logisch erschien. Seine Brüder Paul und Felix in New York konnten sich um das Geschäft kümmern, während Deutschland sich im Krieg mit England befand. Spring Rice sagt,

> „Es ist kein sehr angenehmes Geschäft. Das Unternehmen ist vor allem eine deutsche Regierungsangelegenheit... Der Kaiser selbst ist ein großer Aktionär, ebenso wie das große Bankhaus Kuhn Loeb, New York. Ein Mitglied dieses Hauses ist soeben in eine sehr verantwortungsvolle Position berufen worden, obwohl er gerade erst eingebürgert wurde. Er ist geschäftlich mit dem Finanzminister verbunden, der der Schwiegersohn des Präsidenten ist."

Es handelte sich um Paul Warburg vom Federal Reserve Board, der 1912 eingebürgert wurde, um von Washington aus die Geldpolitik zu steuern. Der Schwiegersohn des Präsidenten, William G. McAdoo, war ein alter Kuhn-Loeb-Mann, der 1904 von ihnen als erster Präsident der Hudson Manhattan Railroad ausgewählt worden war, für die sie die gesamte Anleiheemission aufgelegt hatten.

Die Äußerungen von Botschafter Spring-Rice über Kuhn Loeb Co. lösten im britischen Außenministerium Bestürzung und Verbitterung aus. Im Jahr 1917 leitete Rufus Isaacs, Lord Reading, eine weitere britische Einkaufsmission in den Vereinigten Staaten. Spring-Rice wurde kaltschnäuzig beiseite geschoben. Isaacs und Wiseman wickelten alles direkt mit Colonel House ab, und bald fiel die Axt; Isaacs, der im September 1917 in Washington eintraf, löste Spring-Rice im Januar 1918 offiziell als britischer Botschafter in den Vereinigten Staaten ab. Einen Monat später starb Sir Cecil Spring-Rice plötzlich und unerwartet in Ottawa, Kanada, auf dem Weg zurück nach Großbritannien. Hätte er gelebt, hätte er einige interessante Geschichten über Isaacs und Wiseman erzählen können.

In Harold Nicolsons Biografie des JP Morgan-Partners „Dwight Morrow", Harcourt, Brace, 1935, finden wir, dass Lord Reading 1915 in finanzieller Mission nach New York geschickt wurde „und viele Gespräche zwischen ihm und den Morgan-Partnern in seinem

Apartment im Biltmore Hotel stattfanden". Leider werden wir nicht mit Zitaten aus diesen Gesprächen bedacht. Isaacs, Lord Reading, war eine jener schattenhaften und einflussreichen Persönlichkeiten, die die englische Politik im 20th Jahrhundert beherrschten. Einige Versuche einer Biographie über ihn wurden auf diesen Seiten anhand von „All These Things" von A. N. Field aus Neuseeland unternommen, aus dem Geschenk-Exemplar von Fields Buch, das der Library of Congress von H. L. Mencken geschenkt wurde.

> „Der Bruder von Rufus Isaacs war geschäftsführender Direktor von Marconi Wireless Ltd. Isaacs war damals Generalstaatsanwalt unter Asquith. Unmittelbar nach der Marconi-Untersuchung wurde Isaacs zum Lord Chief Justice ernannt und als Lord Reading in den Adelsstand erhoben. Am 25. Januar 1910 war Godfrey Isaacs zum Geschäftsführer der Marconi Co. ernannt worden. Dr. Ellies Powell, Redakteur der *Londoner Financial News,* sah sich zu der Vermutung veranlasst, „Isaacs habe keine Erfahrung im Bereich der drahtlosen Kommunikation". Während L. J. Maxse, Redakteur der *National Review,* schrieb: „Nichts in seiner etwas wechselhaften Karriere deutet auf seine Eignung für eine so hohe und verantwortungsvolle Position hin; es ist nicht leicht, erfolgreiche Unternehmen zu entdecken, mit denen er zuvor verbunden war."

Godfrey Isaacs förderte 1922 die British Broadcasting Company, die aus seinen Manipulationen an Marconi hervorging. Die anderen Hauptakteure in der Marconi-Affäre waren Lloyd George, Sir Herbert Samuel aus der Familie, die die Samuel Montague Co. leitet, die von Lord Swaythling finanziert wird, dessen Cousin Sir Edwin Montague als Staatssekretär für Indien den Plan entwickelte, Indien eine demokratische Regierung zu geben. Und Sir Matthew Nathan. Der Verkauf der kooperierenden Unternehmen American Marconi Ltd und Canadian Marconi Ltd in den Vereinigten Staaten wurde im März 1912 durch eine Vereinbarung zwischen Paul Warburg und Godfrey Isaacs abgewickelt. Warburg, dessen Firma Kuhn, Loeb alle Aktienemissionen für Western Union Telegraph abwickelte, wurde der amerikanische Vertreter von Isaacs. Harry Isaacs und Lloyd George waren stark involviert. Im Oktober 1912 kam der Skandal ans Licht. Dr. Ellies Powell, Herausgeber der *London Financial News,* hielt am 4. März 1917 in der Queen's Hall in London eine Rede über einige Aspekte der Marconi-Affäre.

> „Zu Beginn des Krieges durften viele tausend deutsche Reservisten nach Deutschland zurückkehren, obwohl unsere Flotte sie hätte

aufhalten können. Deutsche Einzelpersonen, Firmen und Unternehmen handelten weiterhin nur in britischem Namen, trieben ihre Schulden ein und finanzierten zweifellos den deutschen Militarismus. In dem Moment, in dem die Deutschen unser Eigentum durch Zeppelinbomben zerstörten, zahlten wir ihnen Geld, anstatt ihren Besitz als teilweisen Ausgleich für den entstandenen Schaden zu nehmen. Im Januar 1915 kam es zu der bösartigen Entscheidung von Lord Reading und dem Berufungsgericht, wonach die Kaiser and Little Wilhelm Ltd. ein gutes britisches Unternehmen war, das in der Lage war, die eigenen Untertanen des Königs vor dessen eigenen Gerichten zu verklagen. Es dauerte achtzehn Monate, bis dieses ungeheuerliche Urteil vom Oberhaus aufgehoben werden konnte. Irgendein lauernder Einfluss verhinderte die sofortige Verabschiedung eines Gesetzes, um den Fehler von Lord Reading und seinen Kollegen zu korrigieren. Die so genannte „British Company", die sich aus deutschen Bestandteilen zusammensetzte, wurde achtzehn Monate lang in ihrem obszönen Triumph belassen. Erst 1916, zwei Jahre nach Ausbruch des Krieges, wurde die Befugnis erteilt, das feindliche Unternehmen zu liquidieren. Die ununterbrochene Tätigkeit der Frankfurter Metallkrake in diesem Land ist kein Zufall. Die letzte Regierung hat uns mit dem eitlen Gerede von der „Beseitigung" des deutschen Elements bei Merton's, einer der mit der Frankfurter Metallkrake verbundenen Firmen, hinters Licht geführt. Oscar Legendbach wurde nur durch Oscar Lang ersetzt, und Heinrich Schwartz war nur verschwunden, um Harry Ferdinand Stanton Platz zu machen - derselbe Mann unter einem anderen Namen! Lassen Sie mich einen reißerischen Fall analysieren, der die öffentliche Empörung und den Zorn in die Tiefe gelenkt hat. Ich meine das dreiste Überleben der deutschen Banken. Wir befinden uns nun seit fast drei Jahren im Krieg, doch ihre Türen sind immer noch offen. Sie schickten große Mengen von Goldbarren nach Deutschland, nachdem der Krieg begonnen hatte... (Powell kritisiert dann die Marconi-Episode). Das Marconi-Unternehmen ist das Gehirn des Krieges. Über es werden alle unzähligen Mandate vom Zentrum in Whitehall zu jedem Teil unserer unendlichen Kampflinie hin- und hergeschickt. Wenn Bernstorff ein geheimes Funkgerät in Washington hatte, glauben Sie dann, dass es kein geheimes Funkgerät in England gibt? Wenn wir im Marconi-Hintergrund entweder irgendeinen deutschen Einfluß oder irgendwelche Geheimnisse erkennen können, die als Mittel deutschen Drucks auf irgendeine Persönlichkeit des englischen öffentlichen Lebens benutzt werden könnten, dann haben wir es mit etwas zu tun, das eine Quelle der größten Gefahr sein kann. Ich sage Ihnen auch, dass während des großen Spiels von 1912 nicht weniger als 50.000 amerikanische Marconi-Aktien an Jacob Schiff gingen, den prodeutschen Intriganten in den Vereinigten Staaten, der alles in seiner Macht stehende getan hat, um einen Frieden zu deutschen Bedingungen herbeizuführen. Mit Schiff war ein Simon Siegman in dieses Geschäft verwickelt. Ich habe absichtlich und im vollen Bewusstsein meiner Verantwortung gesagt, dass ein Zehntel der Marconi-Geschäfte dem Scheinausschuss, der 1913 zur Untersuchung tagte, offengelegt wurde. Betrachten wir jedenfalls ein Merkmal des Bildes - das Vorhandensein eines gemeinsamen Fonds von 250.000 amerikanischen Marconi-Aktien, aus dem die Teilnehmer an diesem riesigen Glücksspiel die für den Abschluss der Transaktion erforderlichen Zahlen schöpften. Schiff und Siegman auf der anderen Seite des Atlantiks tätigten ihre Lieferungen aus diesem Fonds. Auf dieser Seite stellte er die Aktien zur Verfügung, mit denen der damalige Generalstaatsanwalt Isaacs, der heutige Lord Chief Justice, handelte. Während der gesamten Zeit der Verhandlungen zwischen der Regierung und Marconi wurden immense Transaktionen mit Marconi-Aktien von einem Mr. Ernest Cameron, 4 Panton St. Haymarket, durchgeführt. Beachten Sie, dass ich Ihnen einen Namen und eine Adresse nenne. Cameron unterhält eine bescheidene Sprachproduktionsakademie. Ende April 1912 hatte er über 800 englische Marconi-Aktien bei verschiedenen Brokern offen. Beim ersten Hauch von Politik im Hintergrund wurde Camerons riesiges Konto für 60.000 Pfund von Godfrey Isaacs, dem Bruder des damaligen Generalstaatsanwalts, übernommen. Nichts von Camerons Geschäften wurde dem Marconi-Ausschuss offengelegt... Die Geschäfte wurden über Solomon and Co abgewickelt. Der Seniorpartner von Solomon und Co. war ein eingebürgerter Österreicher namens Breisach. Diejenigen, die im vergangenen Dezember 1917 bereit waren, die Friedenspläne von Speyer und Schiff zu fördern, haben nichts von ihrer boshaften Neigung verloren."

Dies war der wichtigste Hintergrund des Mannes, der Sir Cecil Spring-Rice als Botschafter in den Vereinigten Staaten ablöste. Eine letzte Ehre blieb Isaacs: das Amt des Vizekönigs von Indien. Nicht ein einziges Mal nannte eine Zeitung den Familiennamen von Lord Reading während seiner Anwesenheit in Amerika. Das war unvoreingenommene Berichterstattung, jene Informationsfreiheit, die die Rothschild-Vereinten Nationen der ganzen Welt geben wollen.

Als erstes Zeichen dafür, dass er in der Lage sein könnte, Amerika an N. M. Rothschild, Sons of London, auszuliefern, setzte Woodrow Wilson einen Rat für nationale Verteidigung ein, der aus sieben Männern bestand. Erstaunlicherweise waren nur drei von ihnen Juden. Es waren Bernard Baruch, Julius Rosenwald, der Multimillionär und Chef von Sears Roebuck, der die Rosenwald-Stiftung gründete, um die rassistische Agitation in den Vereinigten Staaten zu fördern, und der radikale Samuel Gompers, der so viel dazu beitrug, die amerikanische Arbeiterschaft in die Hände diktatorischer jüdischer kommunistischer Gewerkschaftsführer zu liefern.

Da wir von niemandem angegriffen wurden, bestand der Council of National Defense nicht sehr lange. Die meisten seiner Funktionen wurden in das War Industries Board integriert, das die absolute Macht über die amerikanische Schwerindustrie hatte. Bernard Baruch wurde von Woodrow Wilson zum Leiter des War Industries Board ernannt. William L. White berichtet in seiner kürzlich erschienenen Biographie über Bernard Baruch, dass Baruch 50.000 Dollar für Wilsons Wahlkampf 1916 gespendet hatte. Es war logisch, dass Wilson ihm die amerikanische Schwerindustrie übertrug. Es war ein gutes Geschäft, und Baruch war dafür bekannt, Geschäfte zu machen.

Carter Field berichtet in seiner Biografie „Bernard Baruch, Park Bench Statesman", McGraw Hill 1944, dass Samuel Untermeyer, der Anwalt der Guggenheims, zu Baruch kam, um ihn nach seinem Honorar für die Übernahme von Tacoma Smelting und Selby Smelting and Lad für American Smelting and Refining von Darius Ogden Mills zu fragen. Eine Million, sagte Baruch, und er bekam sie. Er, Jacob Schiff, Senator Nelson Aldrich und John D. Rockefeller Jr. schlossen sich zusammen, um die Continental Rubber Corp. zu gründen, aus der später die Intercontinental Rubber Corp. wurde. Field berichtet, dass Baruch und Eugene Meyer Jr. 1915 für ein Angebot von 400.000 Aktien der Alaska Juneau Gold Mining Co. warben, in dem es hieß, dass „alle Aktien, die nicht von der Öffentlichkeit gezeichnet werden, von E. Meyer Jr. und B. Baruch übernommen werden". Diese gewinnbringende Partnerschaft erhielt während des Ersten Weltkriegs einen offiziellen Status, als Wilson Baruch das War Industries Board und Eugene Meyer Jr. die War Finance Corporation übertrug, die 700 Millionen Dollar auslieh. Mit Paul Warburg, der bereits Gouverneur des Federal Reserve Board war, vervollständigte Wilson das Trio, das Amerika während des Ersten Weltkriegs tatsächlich regierte. Da alle drei Juden waren, ist es schwer zu verstehen, wie jemand behaupten konnte, dass Juden in Amerika diskriminiert wurden. Anhand der Liste von Wilsons Ernennungen könnte man jedoch leicht feststellen, dass gebürtige Amerikaner diskriminiert wurden. In Frankreich waren sie als Kanonenfutter geeignet, aber in Washington war kein Platz für sie. Wilson besetzte die Regierungsämter mit seinem eigenen Stamm, den Lehmans, Frankfurters, Strausses und Baruchs.

Carter Field erzählt uns, dass das Personal des War Industries Board unter Baruch zu einer glücklichen Familie wurde, die über die Jahre hinweg jährliche Zusammenkünfte abhielt. Sie bildeten den Kern von Baruchs persönlichem Gefolge, aus dem er immer dann schöpfte, wenn er jemanden nach Washington schicken musste. Die Regierung bezahlte für Baruchs Aufbau eines äußerst loyalen persönlichen Mitarbeiterstabs. Eugene Meyer tat dasselbe mit seinem Stab der War Finance Corporation, der mit ihm in die Federal Farm Loan Board und weiter in die Reconstruction Finance Corporation ging.

Seine persönliche Meinung, so Field, ist, dass „Baruch in der Hughes-Administration enorm wichtig gewesen wäre, wenn Hughes in der knappen Wahl von 1916 gewählt worden wäre, sowohl bei der Führung des Krieges als auch beim Zustandekommen des Friedens". Field sagt uns nicht, wie viel Baruch zum Wahlkampf von Hughes beigetragen hat. Baruch bewies, dass die Partner von Kuhn Loeb nicht die einzigen waren, die es verstanden, beide Seiten zu unterstützen.

Über Wilsons Wertschätzung für Baruch sagt Carter Field: „Zum einen bewunderte Wilson Baruch nicht nur, er liebte ihn. Mrs. Wilson macht diese spezifische Aussage in ihren Memoiren. Dies war eine großzügige Wertschätzung von Mrs. Wilson für einen Rivalen. Über Baruchs inoffizielle Macht in der ersten Wilson-Regierung sagt Field: „Unter diesem seltsamen Mantel der Anonymität übte Baruch in jenen frühen Wilson-Tagen eine sehr ungewöhnliche Art von politischer Macht aus. Er wurde von den meisten Leutnants Wilsons kultiviert, die schnell herausfanden, dass er mehr für sie tun konnte, als wenn sie sich direkt an Wilson gewandt hätten. Natürlich gab es für all dies keine Öffentlichkeit.

Sicherlich nicht. Die Nachrichtendienste haben nie die Bereitschaft gezeigt, dem Volk zu sagen, wer das Land regiert. Carter Field muss jedoch ein sehr naiver Mann sein, wenn er glaubt, dass dies eine ungewöhnliche Art von politischer Macht sei. Seine Bewunderung für Baruch lässt ihn glauben, dass der Wall-Street-Spekulant auf die Idee gekommen ist, einen dummen Handlanger einzusetzen, der seine

Befehle auf demokratische Weise ausführt. Field sollte die Bibel lesen und feststellen, dass die Juden dies tun, seit sie Haman gehängt haben, weil er sich ihnen widersetzte.

Carter Field erzählt uns auch, dass „Baruch schließlich die Idee einer Reparationskommission für das amerikanische Komitee zur Aushandlung des Friedens nach dem Waffenstillstand billigte." Es ist sicherlich hilfreich zu wissen, wer dafür verantwortlich war, da eine Reihe von Historikern, nicht zuletzt Herbert Hoover, der Reparationskommission die Hauptschuld am Zweiten Weltkrieg zugewiesen haben.

Baruch begann als bescheidener „Waschmann" an der Wall Street, der die Aktienkurse für die großen Marktteilnehmer nach oben und unten schwankte, indem er an der Londoner Börse kaufte und verkaufte, die vier Stunden früher öffnete als die New Yorker Börse. Um dies von New York aus zu tun, musste Baruch jahrelang um 1:00 Uhr morgens aufstehen. Es gibt immer noch New Yorker, die sich daran erinnern, wie er sich zur Arbeit schlich, wenn sie von einem ausgelassenen Abend nach Hause kamen. Da die New Yorker Börse zum Schlusskurs der Londoner Börse öffnete, brauchte Barack nur ein paar Aktien in London zu verkaufen oder zu kaufen, um den Kurs in New York so zu verändern, wie seine Arbeitgeber es wollten. Nach einigen Jahren arbeitete er mit Jacob Schiff, den Warburgs und den Guggenheims zusammen, bis er deren Größe erreicht hatte.

Bei den Anhörungen des Knie-Ausschusses im Jahr 1934 gab Baruch sein Einkommen für 1916 mit 2.301.028,03 Dollar an, wovon er 261.169,91 Dollar Steuern zahlte. Dies ist die letzte bekannte Steuer, die er gezahlt hat. Seitdem haben eine Bank in Holland und eine Bank in Frankreich seine immensen Transaktionen in Fremdwährungen abgewickelt, und ihre Gewinne unterliegen in den Vereinigten Staaten nicht der Einkommensteuer. Andere internationale Bankiers arbeiten auf die gleiche Weise. Baruch hatte einige gute Jahre, seit 1916, insbesondere 1923, dem Jahr der Markinflation in Deutschland. Baruch äußert jetzt seine Abscheu vor der Inflation, aber er hat keinen Grund, diese zu bedauern.

Baruch sagte 1934 auch aus, dass „ich während des Krieges drei große Investitionen getätigt habe: Alaska-Juneau Gold Mining Co, Atolia Mining Co und Texas Gulf Sulphur." Atolia Mining war damals der weltgrößte Wolframproduzent, und Baruch erzählte dem Ausschuss virtuos, dass die Regierung nie eine Unze Wolfram gekauft habe.

Keiner der Korrespondenten, die über die Anhörungen berichteten, machte sich die Mühe, seinen Lesern mitzuteilen, dass Wolfram das wichtigste Metall für die Herstellung von Stahl ist. An jeder Tonne Stahl oder Stahlerzeugnissen, die die Regierung während des Ersten Weltkriegs kaufte, erhielt Baruch über Atolia seinen Anteil. Auch Schwefel ist eine Schlüsselchemikalie in der Schwerindustrie. Als Leiter des War Industries Board konnte Baruch dafür sorgen, dass seine Firmen bevorzugt wurden. Was die Goldminengesellschaft anbelangt, so ist seit langem bekannt, dass Gold ein Schlüsselmetall in Kriegen ist. Sein Partner, Eugene Meyer, war Leiter der War Finance Corporation, so dass Baruch bei dieser Investition gut abgesichert war.

„Joe Tumulty and the Wilson Era" (Joe Tumulty und die Ära Wilson) von einem Herrn Blum, veröffentlicht von Houghton Mifflin, 1951, ist der Versuch einer Biographie von Wilsons Sekretär Tumulty. Blum erwähnt, dass die Republikaner im Kongress McAdoo, R. W. Bolling, der Wilsons Schwager war, und Bernard Baruch beschuldigten, aufgrund ihres Insiderwissens über die Pläne der Regierung bei Börsengeschäften zu profitieren. Es konnte niemand gefunden werden, der es wagte, auszusagen, und die Anklage wurde nicht erhoben. Carter Field erwähnt die lustige Begebenheit von 1916, die auch in einem *New Yorker* Profil von Baruch festgehalten ist. Am 12. Dezember 1916 übermittelte Bundeskanzler von Bethman-Hollweg einen Friedensvorschlag an England, und auf der Website[th] erklärte Lloyd George, dass es für England keine Friedensverhandlungen geben werde. Mit dieser beruhigenden Information stiegen die Kurse an der New Yorker Börse. Dennoch verkaufte Baruch Leerverkäufe von US-Stahl und setzte Millionen von Dollar auf eine Vermutung, dass der Stahlpreis fallen würde. Natürlich hatte er keine Insiderinformationen. Am 21. Dezember[st] richtete Woodrow Wilson ein Schreiben an alle Kriegsparteien und bot an, als Vermittler für Friedensgespräche zu fungieren. In der Weltpresse wurde dieses stabile Fallen als Zeichen für den bevorstehenden Frieden hochgespielt.

Der Stahl stürzte förmlich ab, und Baruch machte an einem Tag einen Gewinn von 750.000 Dollar. Seinen Biographen zufolge betrug sein Gesamtgewinn für die dreitägige Operation 1.000.000 $. Carter Field schiebt die Schuld an dieser Episode Jacob Schiff und Otto Khan zu. Immerhin sind sie jetzt tot und Baruch lebt noch.

Die eigenmächtigen Methoden von Bernard Baruch, die Industrie des Landes zu leiten, lösten weit verbreitete Beschwerden aus. Der

Kongress war damals noch nicht im Amt, und es wurde ein Sonderausschuss des Repräsentantenhauses gebildet, um ihn zu untersuchen. Baruch beschrieb sich ihnen gegenüber als Spekulant und sagte,

> „Ich hatte wahrscheinlich mehr Macht als irgendein anderer Mann im Krieg, das ist zweifellos wahr."

Über seinen Aufstieg an der Seite von Woodrow Wilson sagte er,

> Ich bat um ein Gespräch mit dem Präsidenten. Ich erklärte ihm so eindringlich wie möglich, dass ich über die Notwendigkeit der Mobilisierung der Industrien des Landes zutiefst besorgt sei. Der Präsident hörte sehr aufmerksam und freundlich zu, wie er es immer tut, und das nächste, was ich hörte, war, dass einige Monate später meine Aufmerksamkeit auf diesen Rat für nationale Verteidigung gelenkt wurde.
>
> **Herr Graham**: Hat der Präsident irgendeine Meinung dazu geäußert, ob es ratsam ist, das von Ihnen vorgeschlagene System anzunehmen?
>
> **Baruch**: Ich glaube, ich habe das meiste gesagt.
>
> **Mr. Graham**: Haben Sie ihn mit Ihrer Überzeugung beeindruckt, dass wir in den Krieg eintreten werden?
>
> **Baruch**: Das habe ich wahrscheinlich.
>
> **Mr. Graham**: War das Ihre Meinung zu diesem Zeitpunkt?
>
> **Baruch**: Ich dachte, wir würden in den Krieg hineingezogen werden. Ich dachte, der Krieg würde kommen, lange bevor er kam.
>
> **Mr. Jeffries**: Dann hat das System, das Sie eingeführt haben, der Lukens Steel and Iron Co. nicht den Gewinn beschert, den die niedrig produzierenden Unternehmen hatten?
>
> **Baruch**: Nein, aber wir haben den anderen 80 % weggenommen.
>
> **Mr. Jeffries**: Das Gesetz hat das getan, nicht wahr?
>
> **Baruch**: Das war die Regierung.
>
> **Mr. Graham**: Was haben Sie mit dem Wort „wir" gemeint?
>
> **Baruch**: Das war die Regierung. Entschuldigung, aber ich meinte wir, der Kongress.

Mr. Graham: Sie meinen, dass der Kongress ein entsprechendes Gesetz verabschiedet hat?

Baruch: Ja, Sir.

Mr. Graham: Hatten Sie etwas damit zu tun?

Baruch: Nein, gar nichts.

Mr. Graham: Dann würde ich an Ihrer Stelle das Wort ‘wir’ nicht verwenden.

Obwohl der Graham-Ausschuss Baruch eine strenge Rüge erteilte, konnte man weder bei ihm noch bei seinem Partner Eugene Mayer, Jr. etwas erreichen.

Baruchs Klientel des War Industries Board bestand aus einer Clique von Wall-Street-Juden, die ihn als ihren Anführer, seinen persönlichen Assistenten, vorantrieben, und von da an war sein persönlicher PR-Mann Herbert Bayard Swope, leitender Redakteur der *New York World*, die eine der besten Zeitungen des Landes war. Sie ist jetzt das *World-Telegram*. Zu den Männern, denen Swope bei der *New York World* zu Ruhm und Reichtum verhalf, gehörten Charles Michelson, Redenschreiber des verstorbenen Franklin Roosevelt, und Elliott Thurnston, Leiter der Öffentlichkeitsarbeit des Federal Reserve Board. Gleichzeitig war er Washington-Korrespondent für die Welt. Baruchs zweiter Assistent war Clarence Dillon, der laut Who’s Who in American Jewry als Sohn von Samuel Lapowitz in Victoria, Texas, geboren wurde. Dillons International Banking House of Dillon, Reed wurde zum Hauptagenten für Baruchs geheimnisvolle Operationen. Ebenfalls mit Baruch im War Industries Board waren Isador Lubin, Chef der Produktionsstatistik, der heute eine wichtige Figur im Forum kommunistischer Diplomaten ist, das als Vereinte Nationen bekannt ist; Leo Wolman, stellvertretender Chef der Produktionsstatistik, Edwin F. Gay, Vorsitzender von Planung und Statistik, später Präsident von Schiff’s *New York Post*, eine wichtige Figur im Council on Foreign Relations; und Harrison Williams, der millionenschwere Frontmann für Baruchs öffentliche Versorgungsbetriebe. Ebenfalls erwähnenswert im War Industries Board sind James Inglis, der spätere Leiter der Security Exchange Commission, und General Hugh Johnson, der spätere Leiter der National Recovery Administration unter Roosevelt. Baruch arbeitete auch eng mit Felix Frankfurter zusammen, dem Wiener Juden, der Vorsitzender des War Labor Policies Board war und die Zionistische Weltorganisation auf der Friedenskonferenz von 1918-

1919 vertrat. Frankfurter gehörte ebenfalls zu den Ausländern, die erst nach dem Gemetzel in Frankreich ankamen, aber sie müssen den Krieg geliebt haben, denn sie sorgten dafür, dass es einen weiteren geben würde. Frankfurter konnte im Zweiten Weltkrieg nicht dienen, weil er Mitglied des Obersten Gerichtshofs war. Ich habe nicht den Namen eines einzigen bedeutenden Zionisten finden können, der in einem der beiden Weltkriege getötet oder auch nur erschreckt wurde.

Jacob Schiff war 1905 vom japanischen Mikado für seine Dienste bei der Finanzierung des japanischen Krieges gegen Russland mit einem Orden ausgezeichnet worden, als Gold, das Theodore Roosevelt dem US-Schatzamt entnommen hatte, um JP Morgan für den Panamakanal zu bezahlen, quer durch das Land verschifft und von San Francisco nach Japan geschickt wurde. Aus dem Artikel im *Quarterly Journal of Economic,* in dem diese Transaktion beschrieben wird, geht nicht hervor, wie Herr Schiff in die Sache hineingeriet, aber es wäre für jeden schwierig gewesen, 1905 einen Krieg zu führen, ohne Kuhn Loeb Co.

Da die Hauptaufgabe von JP Morgan Co. darin bestand, den Namen Rothschild aus den Finanznachrichten herauszuhalten, wurde die Firma Morgan zum Sündenbock für die Intrigen des Ersten Weltkriegs gemacht. Seitdem haben die Kommunisten die aufgeblähte Gestalt Morgans als Symbol für den kapitalistischen Kriegstreiber benutzt. Natürlich sind alle Kapitalisten und die kommunistische Propaganda Nichtjuden. Die Kuhn, Loeb Co. wurde in kommunistischen Publikationen nie angegriffen, obwohl sie seit 1920 in der internationalen Finanzwelt viel bedeutender war als JP Morgan Co. Harold Nicholsons „Dwight Morrow" zitiert Thomas Lamont, Seniorpartner von Morgan, mit den Worten,

> „Unser Unternehmen war zu keinem Zeitpunkt neutral. Von Anfang an taten wir alles, was wir konnten, um zur Sache der Alliierten beizutragen. Zumindest war das Haus Morgan frei von jenen rätselhaften Variationen politischer Loyalitäten, die das Schwesterhaus Kuhn, Loeb Co. kennzeichneten, das im Ersten Weltkrieg nicht nur auf beiden Seiten spielte, sondern gleichzeitig die Revolution in Russland und die Konterrevolution in Polen finanzierte. Nicolson erzählt uns, dass Morrow der Hauptlieferant von Pershing war und ihn ständig in Frankreich begleitete, ebenso wie ein anderer Partner von Morgan, Martin Egan, der vor dem Ersten Weltkrieg eine geheimnisvolle Karriere auf den Philippinen mit dem britischen Geheimdienstagenten Sir Willmot Lewis

gemacht hatte und plötzlich in der Weltfinanz aufstieg. Egan wurde einer der ersten Direktoren von Time, Inc.

Bei den Senatsanhörungen von 1914 hatte Senator Bristow Paul Warburg gefragt,

> Wie viele dieser Partner (von Kuhn, Loeb Co.) sind amerikanische Staatsbürger? Oder sind sie alle amerikanische Staatsbürger?
>
> **Warburg**: Sie sind alle amerikanische Staatsbürger mit Ausnahme von Mr. Kahn. Er ist ein britischer Staatsbürger.
>
> **Senator Bristow**: Er war einmal ein Kandidat für das Parlament, nicht wahr?
>
> **Warburg**: Es war die Rede davon. Es war vorgeschlagen worden, und er hatte es im Kopf".

Es wäre interessant zu wissen, warum den Briten die parlamentarische Brillanz von Otto Kahn vorenthalten wurde. Aus irgendeinem Grund beschloss er, sich nicht an der öffentlichen Debatte zu beteiligen. Paul Warburg erwähnte bei diesen Anhörungen, dass die M. M. Warburg Co. in Hamburg 1796 gegründet worden war, und er sagte über sich selbst,

> „Ich ging nach England, wo ich zwei Jahre lang blieb, zunächst in der Bank- und Diskontfirma Samuel Montague Co. Danach ging ich nach Frankreich, wo ich in einer französischen Bank arbeitete.
>
> **Senator Bristow**: Welche französische Bank war das?
>
> **Warburg**: Es handelt sich um die Russische Bank für Außenhandel, die eine Vertretung in Paris hat."

Vielleicht knüpfte er dort die Kontakte, die es ihm ermöglichten, Trotzki 1916 mit einer beträchtlichen Geldsumme und seinem Segen aus New York zu schicken.

Während Paul Warburg Gouverneur des Federal Reserve Board war, war sein Bruder Max Warburg Chef des deutschen Geheimdienstes und persönlicher Bankier des Kaisers. Sir William Wiseman war Verbindungsoffizier zwischen der britischen und der amerikanischen Regierung. Otto Kahn spielte eine inoffizielle Rolle als politischer und wirtschaftlicher Berater der britischen Beamten in Washington, und andere Partner von Kuhn, Loeb Co. und ihre Mitarbeiter waren in der Hauptstadt mit anderen Angelegenheiten beschäftigt. Wenn man sich die Liste ansieht, drängt sich die Frage auf, wie wir den Ersten Weltkrieg ohne Kuhn, Loeb Co. hätten führen können. Die Antwort darauf ist, dass es nicht nur unmöglich gewesen wäre, den Krieg zu führen, sondern dass ohne die fähigen internationalen Geheimdienste ein solcher Krieg gar nicht hätte beginnen können.

Neben den bereits erwähnten Partnern war Kuhn, Loeb Co. während des Ersten Weltkriegs auch durch den Partner Jerome Hanauer in Washington vertreten, der zum stellvertretenden Finanzminister mit Zuständigkeit für Liberty Loans ernannt worden war. Als Direktor der Hudson Manhattan Railroad war Hanauer auch Direktor der National Railways of Mexico, der Westinghouse International Corp und Dutzender anderer großer Unternehmen. Sein Schwiegersohn, der Kuhn, Loeb-Partner Lewis Liechtenstein Strauss, war Privatsekretär von Herbert Hoover, während Hoover während des Krieges Leiter der US-Lebensmittelbehörde war, und war der Kopf hinter Hoovers Rückkehr in die Seriosität nach einer entsetzlichen Karriere im Ausland, die von einer Reihe von Biographen bewundernswert dokumentiert wurde.

Die Kanzlei Cravath und Henderson war seit einigen Jahren Rechtsberater von Kuhn, Loeb Co. Paul Cravath und Paul Warburg gingen 1917 auf eine Sondermission nach England, während die beiden fähigsten Männer von Cravath, S. Parker Gilbert und Russell C. Leffingwell, nach Washington eilten, um Unterstaatssekretäre des Finanzministeriums zu werden, die für Kriegsanleihen zuständig waren. Ihre Arbeit wird in dem Bericht des Repräsentantenhauses von Eugene Meyer beschrieben. Sowohl Gilbert als auch Leffingwell kehrten nach dem Krieg zu Cravath und Henderson zurück und wurden zu Partnern der JPMorgan Company befördert. Beide waren prominent im Council on Foreign Relations vertreten. Der Partner von Cravath and Henderson, Nicholas Kelley, war während des Krieges ebenfalls im Finanzministerium für die Vergabe von Krediten an ausländische Regierungen zuständig.

Während Felix Warburg in Beratungen mit Richter Brandeis über die Zukunft Palästinas vertieft war, müssen die Büros von Kuhn Loeb die meiste Zeit des Krieges leer gewesen sein, mit Ausnahme von Jacob Schiff und seinem Sohn Mortimer, die damit beschäftigt waren, Kredite an Deutschland zu arrangieren und dafür zu sorgen, dass Lenin und Trotzki genug Geld hatten, um eine anständige Revolution durchzuführen. Zweifellos litten die Einkommen der Partner von Kuhn und Loeb unter dieser Hingabe an den Sieg im Krieg. Sicherlich ist ihr Beitrag zu den Kriegsanstrengungen nie ausreichend gewürdigt worden, aber das ist eher auf Bescheidenheit als auf andere Gründe zurückzuführen. Es gibt keine einzige Biographie über einen dieser zurückhaltenden Männer. Die Informationen über ihre Aktivitäten stammen fast ausschließlich aus so trockenen Bänden wie Who's Who in American Jewry und dem New York City Directory of Directors.

Herbert Lehman eilte nach Washington, um seine Dienste anzubieten, als die Vereinigten Staaten in den Krieg stürzten. Prompt wurde er als Oberst in den Generalstab der Armee berufen. Er konnte jedoch nicht an der Front eingesetzt werden. Seine administrativen Fähigkeiten verlangten nach einem Schreibtischjob, und so wurde er Leiter der Abteilung für Einkauf, Lagerung und Verkehr der American Expeditionary Forces, wo ihm die dankbare Republik für seinen unerschrockenen Mut die Distinguished Service Medal verlieh. Er war in Washington, als die AEF nach Frankreich segelte, und er war da, als sie zurückkehrte. Das war Heldentum auf höchstem Niveau. Sein Assistent war Sylvan. Stroock, der größte Filzhersteller der Welt und ein bekannter Philanthrop für jüdische Organisationen. Es war nicht Stroocks Schuld, wenn sich einige dieser Wohltätigkeitsorganisationen als kommunistische Tarnorganisationen entpuppten. Stroock beschreibt sich selbst im Who's Who in American Jewry mit dem zivilen Rang eines Colonel, was immer das auch sein mag.

Warburg wurde in „The Federal Reserve"[1] ausführlicher behandelt, aber keine Studie über den Ersten Weltkrieg wäre vollständig ohne die Aufzeichnungen der Regierung über die Aktivitäten von Eugene Meyer als Leiter der War Finance Corporation. Meyer, der heute Eigentümer der gelben, liberalen *Washington Post ist,* die immer noch Tränen über die Verfolgung von Alger Hiss vergießt, ist auch der größte Aktionär von Allied Chemical and Dye Corp, einem der vier großen Chemiekonzerne, die den Handel durch Verflechtungen, insbesondere mit der von Warburg kontrollierten Firma I.G. Farben, kontrollieren. Das *Fortune Magazine* stellte in einem Artikel über Allied Chemical and Dye fest, dass das Unternehmen seine Aktien noch nie der Öffentlichkeit zum Kauf anbieten musste, so groß ist die Nachfrage nach ihnen bei den Fachleuten an der Wall Street. *Fortune* berichtet auch, dass 93 Millionen Dollar des 143 Millionen Dollar schweren Kapitals in Staatsanleihen angelegt sind. Dies ist eine höchst interessante Information angesichts der folgenden Zitate aus dem Bericht Nr. 1635 des Repräsentantenhauses, 68th Kongress, zweite Sitzungsperiode, 2. März 1925, „Vorbereitung und Vernichtung von Staatsanleihen", vorgelegt von Louis McFadden, Vorsitzender des House Banking and Currency Committee und Vorsitzender des Select Committee zur Untersuchung der Vernichtung von Staatsanleihen, Seite zwei dieses Berichts besagt,

---

[1] Siehe *The Secrets of the Federal Reserve,* Omnia Veritas Ltd, www.omnia-veritas.com.

„Bis zum 1. Juli 1924 wurden 2314 Paar doppelte Anleihen und 4698 Paar doppelte Kupons im Wert von 50 bis 10.000 Dollar eingelöst. Einige dieser Duplikate sind auf Irrtum und andere auf Betrug zurückzuführen. Es ist in der Tat ein schwerwiegender Vorwurf, dass Eugene Meyer einer Agentur vorstand, die Betrug in Höhe von 10.000 Dollar pro Stück bedruckten Papiers beging. Herr Meyer, dem der Washingtoner Fernsehsender WTOP gehört, könnte eine interessante Detektivgeschichte über die doppelten Anleihen präsentieren. Auf Seite 6 wird er direkter beschuldigt.

„Diese Transaktionen des Schatzamtes vor dem 30. Juni 1920, einschließlich der Abrechnungen für Käufe und Verkäufe, die von der War Finance Corporation durchgeführt wurden, wurden weitgehend vom geschäftsführenden Direktor der War Finance Corporation geleitet, und die Abrechnungen mit dem Schatzamt wurden hauptsächlich von ihm mit den stellvertretenden Sekretären des Schatzamtes vorgenommen. Aus den Büchern geht hervor, dass die Grundlage des von der Regierung gezahlten Preises für Anleihen im Wert von über 1.894 Millionen Dollar, die das Schatzamt über die War Finance Corporation erwarb, nicht der Marktpreis war, sondern die Kosten der Anleihe zuzüglich Zinsen, und die Elemente, die in die Abrechnung einflossen, wurden im Schriftverkehr nicht offengelegt. Der geschäftsführende Direktor der War Finance Corporation, Eugene Meyer Jr., erklärte, dass er und der stellvertretende Finanzminister sich auf den Preis geeinigt hätten und dass es sich lediglich um eine willkürliche Zahl gehandelt habe, die von einem stellvertretenden Finanzminister für die von der War Finance Corporation gekaufte Anleihe festgelegt worden sei. Während des Zeitraums dieser Transaktionen und bis vor kurzem unterhielt der Geschäftsführer der War Finance Corporation, Eugene Meyer, Jr. in seiner privaten Eigenschaft ein Büro in der Wall Street Nr. 14, New York City, und verkaufte über die War Finance Corporation Anleihen im Wert von etwa 70 Millionen Dollar an die Regierung und kaufte über die War Finance Corporation auch Anleihen im Wert von etwa 10 Millionen Dollar und genehmigte die Rechnungen für die meisten, wenn nicht alle dieser Anleihen in seiner offiziellen Eigenschaft als Geschäftsführer der War Finance Corporation. Als diese soeben erwähnten Transaktionen dem Ausschuss in öffentlicher Sitzung offengelegt wurden, erschien der Geschäftsführer vor dem Ausschuss und erklärte, dass die Bücher der War Finance Corporation zwar die Tatsache offenlegten, dass für diese Transaktionen Provisionen gezahlt wurden, diese aber wiederum an die vom Geschäftsführer ausgewählten Makler gezahlt wurden, die die von seinem

Maklerhaus erteilten Aufträge ausführten, und gab nach dieser Offenlegung gegenüber dem Ausschuss zu, dass der Geschäftsführer die Firma Ernst und Ernst, Wirtschaftsprüfer, mit der Prüfung der Bücher der War Finance Corporations beauftragt hatte, die nach Abschluss der Prüfung dieser Bücher dem Ausschuss berichteten, dass alle Gelder, die das Maklerhaus des Geschäftsführers erhalten hatte, verbucht worden waren. Während die oben erwähnten Wirtschaftsprüfer gleichzeitig mit der Prüfung durch den Ausschuss ihre nächtliche Prüfung durchführten, entdeckte Ihr Ausschuss, dass in den Büchern über diese Transaktionen Änderungen vorgenommen wurden, und als der Schatzmeister der Kriegsfinanzierungsgesellschaft darauf aufmerksam gemacht wurde, gab er gegenüber dem Ausschuss zu, dass Änderungen vorgenommen wurden. In welchem Umfang diese Bücher während dieses Prozesses geändert wurden, konnte der Ausschuss nicht feststellen. Nach Juni 1921 wurden Wertpapiere im Wert von etwa 10 Milliarden Dollar vernichtet."

So beschäftigte Eugene Meyer eine Firma von Buchhaltern Ernst und Ernst, die nachts eifrig die Aufzeichnungen änderten, um Meyers Missetaten zu vertuschen, während der Ausschuss des Repräsentantenhauses tagsüber Ermittlungen durchführte. Die Kongressabgeordneten hätten wissen müssen, dass die Überprüfung der Meyers und Ernsts ein 24-Stunden-Job war.

Für einen Bruchteil der Summen, die Eugene Meyer während seiner Amtszeit als Geschäftsführer der War Finance Corporation veruntreut hat, sind Männer öffentlich in Ungnade gefallen, aus ihren Ämtern entlassen, ihr Eigentum beschlagnahmt und zu langen Haftstrafen verurteilt worden. Die Schamlosigkeit eines Mannes, der ein öffentliches Amt bekleidet und in seinem Privatgeschäft Staatsanleihen im Wert von 80 Millionen Dollar kauft und an sich selbst verkauft, ist in den Chroniken der Korruption in der Welt ohne Beispiel. Es würde die Vorstellungskraft überfordern, einen solchen Mann zu verleumden. Wenn der Landwirtschaftsminister aufgedeckt würde, dass er 80 Millionen Dollar oder 8 Millionen Dollar oder 800.000 Dollar an der Rohstoffbörse auf die Zukunft von Weizen oder Baumwolle gesetzt hat, was wäre die Folge? Es wäre ein Skandal, der sogar die Regierung eines Harry Truman stürzen würde, der anscheinend nur zu Dieben und Verrätern hält. Doch Eugene Meyer hat es getan und ist mit der gleichen Moral zu einem der einflussreichsten Zeitungsverleger des Landes aufgestiegen. Die gelbe liberale *Washington Post* hat noch keinen Kommunisten in Washington entdeckt. Eugene Meyer wurde erst sieben Jahre später für seine Misswirtschaft mit öffentlichen Geldern gerügt, und das auch nur, weil seine Machtgier ihn dazu brachte, die Regierung zu stören, indem er plante, die Bundesanstalt für landwirtschaftliche Kredite zu übernehmen. Eine Reihe von Kongressabgeordneten aus landwirtschaftlichen Bezirken, die seinen Werdegang kannten, befürchteten zu Recht, dass er die Agrarwirtschaft des Landes gefährden würde, wenn er dieses Amt erhielt. Dennoch bekam er, was er wollte, und Coolidge legte die Bauern Amerikas in die Hände dieses Mannes. Seitdem wurden Millionen von Farmern in den Bankrott getrieben und von ihrem Land vertrieben, um in den Fabriken zu arbeiten. War es, weil Meyer und die Warburgs diese billigen Landarbeiter für ihre Chemiefabriken brauchten?

Angesichts dieser veröffentlichten Beweise für unübertroffene Korruption, die von der so genannten öffentlichen Presse nie zur Kenntnis genommen wurden, ernannte Präsident Coolidge Eugene Meyer zum Vorsitzenden des Federal Farm Loan Board, Präsident Hoover ernannte ihn zum Vorsitzenden des Board of Governors des Federal Reserve Board, Franklin Roosevelt behielt ihn in der Reconstruction Finance Corporation, und 1946 wurde er zum ersten Präsidenten der Weltbank ernannt. Dies ist ein Erfolgsrezept, das die Aufmerksamkeit aller jungen Amerikaner verdient, eine Karriere im öffentlichen Dienst, die sich über 30 Jahre erstreckt und in der Eugene Meyer zu einem der zehn mächtigsten Männer der Welt geworden ist.

Die Zusammenfassung des Hausberichts Nr. 1635, Seite 14, folgt:

> „Anstatt die Anleihen direkt zu kaufen, beauftragte das Schatzamt die War Finance Corporation mit diesem Zweck, und anstatt die gekauften Anleihen sofort an das Schatzamt zu übergeben, häufte die War Finance Corporation große Mengen von Anleihen an, hielt sie und kassierte fast 28 Millionen an Zinsen vom Schatzamt. Und obwohl das Ways and Means Committee bei der Ausarbeitung des Liberty Loans Act die Rechnungslegung des Schatzamtes dahingehend änderte, dass es dem Schatzamt untersagt war, Anleihen unter dem Nennwert zu verkaufen, betrieb die War Finance Corporation einen umfangreichen Handel mit diesen Anleihen auf dem Markt zu einem Preis, der unter den Kosten lag, und verkaufte dieselbe Ausgabe von Anleihen am selben Tag zu einem Preis, der um mehrere Dollar pro 100 Stück niedriger war als der, zu dem sie sie an das Schatzamt verkaufte, und verkaufte sie darüber hinaus oft zu einem höheren Preis an das Schatzamt, als die Anleihen gekostet hatten. Eugene Meyer Jr., Geschäftsführer der

War Finance Corporation, und Russell C. Leffingwell und S. Parker Gilbert, stellvertretende Staatssekretäre des Finanzministeriums, einigten sich auf den Preis, den die Regierung für Anleihen im Wert von über 1 Milliarde 894 Millionen Dollar zahlte, die von der War Finance Corporation gekauft worden waren, wobei die Grundlage dieses Preises nicht der Marktpreis und nicht die Kosten der Anleihe waren und in der Korrespondenz nicht offengelegt wurden. Herr Meyer erklärte, er und Herr Leffingwell hätten sich auf den Preis geeinigt, und es handele sich lediglich um eine von Herrn Leffingwell willkürlich festgelegte Zahl (in Bezug auf die vor dem 30. Junith 1920 von der War Finance Corporation gekauften Anleihen 99 %). Der Geschäftsführer der War Finance Corporation unterhielt in seiner privaten Eigenschaft ein Büro in der Wall Street Nr. 14 in New York City, verkaufte der Regierung Anleihen im Wert von etwa 70 Millionen Dollar und kaufte außerdem über die War Finance Corporation Anleihen im Wert von etwa 10 Millionen Dollar und genehmigte die Rechnungen dafür in seiner offiziellen Eigenschaft."

Der Bericht des Ausschussvorsitzenden MacFadden ist offensichtlich antisemitisch, da er Eugene Meyer, den Spross des internationalen Bankhauses Lazard Freres, den französischen Hauptvertreter des Hauses Rothschild, bloßstellt. Jahrhunderts aus Frankreich in die Vereinigten Staaten kam und ein New Yorker Büro für Lazard Freres einrichtete, in dem Eugene Meyer Jr. bis 1901 beschäftigt war, als er das heute berühmte Büro, Eugene Meyer Jr. Company, in der Wall Street 14 in New York City gründete. Der Abgeordnete MacFadden und andere Kongressabgeordnete erschienen zu den Senatsanhörungen über die Eignung von Eugene Meyer als Gouverneur des Federal Reserve Board im Jahr 1931 und gaben ein viel schädlicheres Zeugnis ab, das in „The Federal Reserve" erscheint, aber Korruption ist in einer Demokratie keine Disqualifikation für ein öffentliches Amt. Präsident Hoover ernannte ihn trotzdem. Hoover und Meyer hatten im Wesentlichen den gleichen Hintergrund, was den Umgang mit dem Geld anderer Leute betraf. Die nationale Presse, die auf die Werbeeinnahmen der Allied Chemical and Dye Corporation und ihrer Tochtergesellschaften bedacht war, schwieg diskret über die persönlichen Probleme von Eugene Meyer, der 1931 vom Senat bestätigt wurde und die Leitung des Federal Reserve Board übernahm. Anstand in öffentlichen Ämtern gab es in der Hauptstadt unserer Nation nicht mehr. Die Skandale, die 1950 aufgedeckt wurden, begannen nicht 1950, sondern mit der Missachtung aller Bemühungen, ehrliche Männer in die Regierung zu bringen, von 1900 bis heute.

KAPITEL 7

Aufgrund der Zentralisierung des amerikanischen Geld- und Bankwesens im Federal Reserve System, aufgrund der Zentralisierung der Nachrichten in den Telekommunikationsdiensten und aufgrund der Zentralisierung der Schwerindustrie in riesigen, miteinander verflochtenen Konzernen, die von den Frankfurter Bankiers, die ihre Aktienemissionen verwalteten, für internationale Ziele manövriert werden konnten, wurde das amerikanische Volk dazu verleitet, in den Ersten Weltkrieg zu ziehen. Es war ein Krieg, der sie nicht direkt betraf, ein Krieg, der keine denkbare Bedrohung für ihr politisches oder wirtschaftliches System darstellte, und ein Krieg, der nie den Tod eines Amerikaners in einer Schlacht auf amerikanischem Boden zur Folge hatte. Die hysterische Hetze, für die Herbert Hoover und Cleveland H. Dodge verantwortlich waren, versetzte das amerikanische Volk in einen Rausch gegen eine Nation, die nie die Hand gegen uns erhoben hatte, eine Nation, die einen großen Teil des stabilsten und produktivsten Teils unserer Bevölkerung gestellt hatte, die Farmer des landwirtschaftlichen Kernlandes unseres Mittleren Westens. Die Deutschen, die bei der Besiedlung der Indianergebiete Pionierarbeit geleistet hatten, sahen sich nun in Gebieten, in denen sie die ersten weißen Siedler waren, Hass und Misstrauen ausgesetzt.

Rückblickend scheint der Erste Weltkrieg eines der lächerlichsten Kapitel unserer Geschichte gewesen zu sein. Mit Sicherheit hat er Amerika die Verachtung aller europäischen Nationen eingebracht. Dieser Krieg wurde wie ein staatliches College-Fußballspiel geführt, und es war kein Zufall, dass ein kurzsichtiger College-Professor in den Vorsitz berufen wurde, um das Spiel zu leiten. Während Kuhn, Loeb. Co. und Eugene Meyer und Co. die Ersparnisse des amerikanischen Volkes für Kriegsanleihen und Freiheitsanleihen an sich rissen, die man durchaus als Warburg Bonds und Meyer Loans bezeichnen könnte, häuften andere Einwanderer im Goldrausch ein Vermögen an, um die

Streitkräfte zu versorgen. Als Leiter des War Price-Fixing Committee legte Bernard Baruch fest, welcher Preis für das Wolfram der Atolia Mining Co. gelten sollte, deren Hauptaktionär Bernard Baruch war.

Für die Schwerindustrie war der Erste Weltkrieg nicht nur ein einträgliches Unterfangen, sondern auch eine unübertroffene Gelegenheit zur Vervollkommnung und Konsolidierung internationaler Vereinbarungen. Während des gesamten Krieges trafen sich deutsche Industrielle mit französischen, englischen und amerikanischen Industriellen, in Schweden, der Schweiz und Amerika. Französische Geschäftsleute reisten ins Ruhrgebiet, deutsche Bankiers reisten nach Frankreich, und mehr als die Hälfte der Frankfurter Spekulanten wanderten während des Krieges nach England aus. Wie ein Historiker ironisch bemerkte: „Nur die Soldaten waren im Krieg".

Vier Jahre lang erhielt Deutschland Kohle über Belgien, Zucker über die Schweiz und Chemikalien über Schweden, während Frankreich Stahl aus Deutschland erhielt und England die deutsche Industrie refinanzierte. Erst 1932 kam ein Großteil dieses Materials ans Licht, als die meisten Länder der Welt durch die Intrigen um den Goldstandard, die den Zusammenbruch von 1929-1933 herbeiführten, in den Bankrott getrieben worden waren und Russland das klägliche Scheitern des ersten Fünfjahresplans erlebte. Keines der westlichen Länder hatte Geld für die Rüstung, und Russland war kaum in der Lage, seine Kommissare mit dem Lebensnotwendigen zu versorgen. Ein Abrüstungsfieber erfasste die Welt. Erbsenbewegungen beschäftigten die Energien der nervösen Verrückten, die später als Kommunisten entlarvt wurden. Pazifistische Literatur wird in vielen Sprachen veröffentlicht. Die Skandale des Ersten Weltkriegs wurden von Dutzenden eifriger und ehrgeiziger Journalisten aufgedeckt, von denen die meisten nach 1936 mit dem Schreiben von Kriegspropaganda ein besseres Auskommen fanden. Abrüstung war die Parteilinie der Kommunistischen Partei, des Council On Foreign Relations und anderer Gruppen, die von den internationalen Bankiers finanziert wurden.

Der Einfluss dieser Bücher und der öffentlichen Meinung lässt sich an der Tatsache ablesen, dass 1935, als die letzten von ihnen die einfachen Steuerzahler schockierten, die Welt bereits auf ein Wiederaufrüstungsprogramm eingeschwenkt war. Dennoch enthalten diese Bücher nützliche Fakten. Aufgrund des kommunistischen Hintergrunds der meisten ihrer Autoren wird die rassische Identität der

Kriegsverbrecher sorgfältig ignoriert. Paul Emden sagt uns jedoch in seinem Buch „Jews of Britain" auf Seite 232, dass

> „Das erste bedeutende Kapital der Royal Dutch Shell Corporation wurde von Samuel Bleichroder bereitgestellt. Die Asiatic Petroleum Co. wurde zu gleichen Teilen von der Royal Dutch Shell und den Rothschilds gezeichnet. Viscount Bearsted (Walter H. Samuel) folgte seinem Vater als Vorsitzender der Shell Trading and Transport Co. nach, in der er vierzig Tochtergesellschaften vertrat. Außerdem war er zusammen mit Baron Antony de Rothschild Direktor der Alliance Assurance Co.".

Die Samuel-Familie, so Emden, hat die totale Kontrolle über Shell behalten, den zweitgrößten Ölkonzern der Welt, von dem in der Weltpresse immer wieder behauptet wurde, er werde von dem verstorbenen Sir Henri Deterding kontrolliert, der ihn für die Samuel-Familie verwaltete. Die Samuels blieben von der Öffentlichkeit unbemerkt, obwohl sie im zwanzigsten Jahrhundert die zweitmächtigste Familie Englands waren, die nur von den Rothschilds übertroffen wurde. Churchill war lange Zeit ein Liebling der Samuels. Als er 1915 Erster Admiral der Flotte wurde, stellte er die britische Marine von Kohle auf Öl um.

Emden erwähnt auch Lord Melchett, Sir Alfred Mond und Lord Reading bei der Gründung der Imperial Chemical Industries of Great Britain, einer der Big Four, die die chemische Industrie der Welt kontrollieren. Die anderen sind Meyer's Allied Chemical and Dye, Warburg's I. G. Farben und Dupont. Zwei Weltkriege haben die engen Beziehungen, die Verflechtungen und Handelsabkommen dieser vier Konzerne und ihrer unzähligen Tochtergesellschaften kaum beeinträchtigt. Zweifellos werden sie den Dritten Weltkrieg in gegenseitiger Wertschätzung und Rücksichtnahme auf die Interessen des anderen überleben. Imperial Chemical fusionierte 1915 die Brunner Mond Chemical Co. mit der Nobel Industries, dem internationalen Sprengstoffkonzern. Da dies mitten im Krieg geschah, war einer der erstaunlichsten und am besten dokumentierten Beweise für internationale Zusammenarbeit in der Wirtschaft zwischen Kriegsparteien erforderlich. Das Hamburger Fremdenblatt veröffentlichte am 15. Mai 1915 eine Anzeige über den Tausch von Aktien der Nobel Ltd. aus England gegen Aktien der Nobel Co. aus Hamburg. Die englischen Aktionäre zahlten 1.500.000 Pfund für den Aktienumtausch, der 1.800.000 Aktien umfasste. In der Anzeige, die in

George Seldes' „Iron, Blood, and Profits" Harpers, 1934, zitiert wird, heißt es

> „Ankündigung des Umtausches von Stammaktien der Nobel Dynamite Trust Ltd, London, gegen Aktien der Dynamit Aktiengesellschaft, vormals Alfred Nobel Co., Hamburg. Diese Vereinbarung soll rückwirkend zum 1. Januar 1914 gelten."

Seldes' Buch beschreibt auch die Gründung des Harvey-Panzerplatten-Kartells im Jahr 1916 mit Leon Levy als größtem Anteilseigner und Direktor; weitere Mitglieder waren die Deutsche Bank in Berlin, Edouard Saladin in Frankreich und Baron Oppenheim in Köln - ein weiteres Beispiel für internationale Freundschaft inmitten des Blutvergießens. Seldes kritisiert auch andere Aspekte der Durchführung des Gemetzels aus Profitgründen. Auf Seite 88 stellt er fest,

> „das unangenehme Gerücht, dass Foch, Haig, Pershing, der Kronprinz Wilhelm und andere Hauptquartiere auf Karten und Notizen verzeichnet waren, die von den Feinden während des Krieges ausgetauscht wurden. Generäle sterben im Bett."

Die tschechoslowakische Firma Skoda, die französische Firma Schneider Creusot, die englische Firma Vickers und die deutsche Firma Loewe waren die europäischen Rüstungsunternehmen, die während des Ersten Weltkriegs zur gegenseitigen Zufriedenheit zusammenarbeiteten. Schneider Creusot wurde von der Bank von Frankreich kontrolliert, die ihrerseits von der Familie de Wendel und dem Haus Rothschild kontrolliert wurde. Im Jahr 1914 löste Schneider Creusot mit dem Kauf der russischen Munitionsfabrik Putiloff in St. Petersburg in ganz Europa einen Alarm aus. Der Treuhänder für die betreffenden Schuldverschreibungen war die Royal Exchange Assurance Ltd. in London, eine der ältesten Rothschild-Versicherungsgesellschaften, bei der Thatcher Brown von Brown Brothers Harriman, Partner von Verteidigungsminister Robert A. Lovett und dem Verwalter der gegenseitigen Sicherheit W. Averell Harriman, seit vielen Jahren als Direktor aufgeführt ist.

Richard Lewinsohn schreibt in seiner ausgezeichneten Biographie „Zaharoff, the Mystery Man of Europe", Lippincott, 1929, dass,

> „Im Vorstand der Nickel Co. Zaharoff saß neben den Vertretern des Hauses Rothschild."

Zaharoff war der beste Verkäufer für die Big Four der Munitionswelt. Er hatte nichts mit ihren Finanzen und wenig mit ihrer Organisation zu tun. Er war der größte Kriegstreiber der Welt und wurde von den Rothschilds mit Millionenbeträgen als Verkäufer für Vickers und seine Tochtergesellschaften bezahlt. Er wurde zum Sündenbock für die Abrüstungswut und erhielt viel kostenlose Publicity, was seinen Wert für seine Arbeitgeber zweifellos steigerte. Es ist schwierig, jemanden zu finden, der bei den Rothschilds beschäftigt ist und jemals durch die Veröffentlichung von Skandalen über sie geschädigt wurde.

Richard Lewinsohn sagt in seinem rückblickenden Buch „The Profits of War", E. P. Dutton, 1937, dass die Rothschilds internationalen Einfluss vor allem durch ihre Gewinne aus den napoleonischen Kriegen erlangten, ein Punkt, der durch die Arbeit von Corti deutlich gemacht, aber nicht so pointiert ausgedrückt wurde. Lewinsohn sagt auch,

> „Unter Metternich willigte Österreich nach langem Zögern endlich ein, die finanzielle Führung des Hauses Rothschild zu übernehmen."

Wie andere Reiche, die die finanzielle Führung der Rothschilds akzeptierten, hat auch Österreich-Ungarn aufgehört zu existieren. Metternich war der erste prominente Staatsmann Europas, der der Anziehungskraft des Rothschild-Geldes erlag, einer aus einer langen Liste, die nun Wilson, Churchill und Roosevelt umfasst.

In der von der Union for Democratic Control, London, 1934, herausgegebenen Broschüre „The Secret International" heißt es, dass Vickers im Jahr 1807 die Naval Construction and Armament Co. und die Maxim Nordenfeldt Guns and Ammunitions Co. kaufte. Dieser Zusammenschluss, der damals als Vickers Sons and Maxim bekannt war, belieferte beide Seiten während des Russisch-Japanischen Krieges von 1905. Anschließend schlossen sie sich mit der S. Loewe Co. zusammen, dem größten Munitionshersteller in Deutschland, und Loewe wurde Direktor von Vickers. Die Rothschild-Kontrolle über Vickers wird durch die Verflechtung der Direktoren von Vickers mit Direktoren anderer Rothschild-Unternehmen deutlich. Sir Herbert Lawrence, Direktor von Vickers im Jahr 1934, war auch Direktor der Bank of Rumania Ltd, der Sun Assurance Office Ltd, der Sun Life Assurance Co. und der Ottoman Bank (unter der Kontrolle von Sassoon), bei der Sir Herbert Vorsitzender des Londoner Ausschusses war. Sun Life war eine der ersten Rothschild-Unternehmungen im Versicherungsbereich und hat immer noch zwei Rothschilds im Vorstand ihrer Baltimore-Gesellschaft. Die Bank of Rumania ist ebenfalls ein langjähriges Tochterunternehmen von N. M. Rothschild Sons of London. Ein weiterer Direktor von Vickers war Sir Otto Niemeyer, Direktor der Bank von England und der Anglo-Iranischen Bank (Sassoon). Die Bank von England, deren Direktor Alfred de Rothschild zweiunddreißig Jahre lang war, ist ein Synonym für das Haus Rothschild. Ein dritter Direktor war Sir Vincent Caillard, Präsident des Ottoman Debt Council und Finanzexperte für den Fernen Osten. Er war einer der Hauptakteure bei den Verhandlungen zwischen Theodor Herzl, dem Führer der Zionisten, und dem Sultan der Türkei über die Finanzierung der türkischen Staatsschulden im Gegenzug für einen zionistischen Staat in Palästina. (*Theodor Herzl*, von Jacob DeHaas). Doch bevor die Verhandlungen abgeschlossen werden konnten, brach der Weltkrieg aus, und die Zionisten warteten auf die Balfour-Erklärung.

Zu den internationalen Bankiers, die bei Kriegsausbruch beschlossen, das feudale Deutschland für immer zu verlassen, gehörte Baron Edgar Speyer vom Frankfurter Bankhaus Gebrüder Speyer. Edgar Speyer ging 1915 nach New York, kehrte über den Atlantik nach Großbritannien zurück, wo er lernte, dass sein dicker Akzent ihm in den wohlhabenderen Kreisen Großbritanniens nicht schaden würde, und ließ sich nach 1916 in London nieder. In New York hatte sein Bruder James Speyer zu dieser Zeit den Sohn des deutschen Botschafters in den Vereinigten Staaten, Graf Bernstorff, in seinem Büro. Speyer und Schiff waren die beiden unermüdlichsten Pro-Deutschen in New York.

Auch Baron Bruno von Schroder ließ sich während des Krieges in England nieder, weil es dort sicherer war als in Deutschland. Sein Familienunternehmen J. Henry Schroder Co. richtete Büros in London und New York ein. Es behielt seine deutsche Niederlassung als J. Stein Bankhaus in Köln, das zum persönlichen Bankier von Adolf Hitler wurde, nachdem dieser Diktator von Deutschland wurde. Das Haus Schroder, eines der vier wichtigsten internationalen Bankhäuser, ist bis vor einigen Jahren völlig unbeachtet geblieben. James Stewart Martin hat viel über seinen Einfluss und über einen seiner Direktoren, Allen W. Dulles, den heutigen Leiter der Central Intelligence Agency und des Council On Foreign Relations, geschrieben.

Das Fortune Magazine vom März 1945 gibt uns einen Einblick in die Art und Weise, wie die internationalen Elemente unterwegs waren und jede Gelegenheit nutzten, die der Krieg ihnen bot. „L'affaire Dreyfus", in vollem Umfang abgedruckt, wie folgt:

> „1938 stellte die Londoner Börse die Regel auf, dass Dividenden und Gewinnausweise gleichzeitig veröffentlicht werden müssen. Diese Regel wurde von der britischen Celanese, dem 60 Millionen Dollar schweren Bruder der amerikanischen Celanese, einem Hersteller von synthetischen Garnen und wichtigen Chemikalien, eklatant verletzt. Am 1. Dezember letzten Jahres kündigte die Geschäftsführung eine Dividende von 15 % auf Stammaktien an, die erste Ausschüttung auf Stammaktien. Der Kurs der Aktie, der zuvor stetig gestiegen war, stieg noch weiter an. Am 11. Dezember gab das Unternehmen dann eine Gewinnaufstellung heraus, aus der hervorging, dass die Gewinne des Jahres 1944 nur einen Bruchteil dieser Dividende ausmachten, die größtenteils aus Steuerrücklagen stammte, die aufgrund eines Steuerausgleichs mit der britischen Regierung verfügbar waren. Die Aktien fielen drastisch. Der Aufschrei der verärgerten Anleger war so groß, dass sich der ehrwürdige Börsenausschuss gezwungen sah, eine beispiellose öffentliche Rüge zu erteilen. Auf dem Höhepunkt der *Dreyfus-Affäre* starb der alte Henry Dreyfus, Mitbegründer des Unternehmens, in seinem Londoner Haus. Der gebürtige Schweizer war 1916 auf Einladung der britischen Regierung nach England gekommen, um die Herstellung von nicht entflammbarem Celluloseacetat für Flugzeugflügel zu überwachen. Er blieb und organisierte die British Celanese, die 1924 das erste erfolgreiche synthetische Garn herstellte. Etwa zur gleichen Zeit war sein Bruder Camille Dreyfus federführend an der Gründung der American Celanese Corporation beteiligt."

Die Familie Dreyfus wurde mit Hilfe der britischen Regierung zu einem der drei großen Unternehmen der internationalen Zellwollindustrie, zu denen auch Dupont und Bemberg gehörten. Im *Who's Who in American Jewry* gibt sich Camille Dreyfus als Präsident der American Celanese, die heute Celanese Corporation of America heißt, und als Direktor der Canadian Celanese Corporation zu erkennen.

Die Familie Bemberg ließ sich in Argentinien nieder, wo Otto Bemberg starb und ein immenses Vermögen hinterließ. Peron griff schließlich mit Erbschaftssteuern ein, und eine breit angelegte Kampagne gegen ihn, vor allem in den Luce-Publikationen *Time* und *Life*, veranlasste ihn, diese in Argentinien zu verbieten. Der Fall Bemberg wurde von Luce nicht aufgegriffen. Es war nur so, dass er auf einmal eine heftige Abneigung gegen die Regierung Peron empfand. Ihr Einfluss setzte sich durch Dr. Gainza Paz, Herausgeber der Zeitung *La Prensa* in Buenos Aires, fort. Schließlich sah sich Peron gezwungen, die Zeitung zu schließen, um den Hetzreden gegen ihn ein Ende zu setzen, und die amerikanische Presse, sofern man sie noch als amerikanisch bezeichnen kann, legte einen Trauertag ein. Dr. Paz genießt jetzt eine lukrative Vortragsreise durch die Vereinigten Staaten.

KAPITEL 8

Während die internationalen Bankiers während des Krieges 1914-1918 ihre Beteiligungen an der Schwerindustrie vieler Länder ausbauten, festigten sie auch den Einfluss der beiden neuen Regierungsphilosophien, des internationalen Kommunismus und des internationalen Zionismus, die sie als Antwort auf das zwanzigste Jahrhundert propagiert hatten. Jahrhunderts propagierten. Beide Philosophien würden ihren Interessen dienen, da sie sich beide dem Umsturz aller bestehenden nationalen Regierungen in der Welt verschrieben hatten.

Folglich nahmen die Agenten des Kommunismus und die Agenten des Zionismus, bei denen es sich oft um dieselben Personen handelte, am Ersten Weltkrieg nicht teil, soweit es um die nationalen Interessen der Krieg führenden Parteien ging. Sie reisten ungehindert zwischen den kriegführenden Nationen hin und her, in der Absicht, ihre langfristigen Pläne für die Weltmacht zu verwirklichen. Insbesondere die Zionistische Weltorganisation rechnete schon seit einiger Zeit mit einem bevorstehenden Weltkrieg, wie der Artikel „When Prophets Speak" von Litman Rosenthal in den American Jewish News vom 19. September 1919 bezeugt. Rosenthal beschreibt eine Episode auf dem Sechsten Zionistenkongress im August 1903, auf dem Max Nordau, der zweite Kommandant der zionistischen Bewegung, zu Rosenthal sagte

> „Herzl weiß, dass wir vor einer gewaltigen Umwälzung der ganzen Welt stehen. Bald wird eine Art Weltkongreß einberufen werden, und England wird dann das Werk fortsetzen, das es mit seinem großzügigen Angebot an den Sechsten Kongreß begonnen hat; lassen Sie mich Ihnen die folgenden Worte sagen, als ob ich Ihnen die Sprossen einer Leiter zeige, die nach oben und nach oben führt; Herzl, der Sechste Zionistenkongreß, der künftige Weltkrieg, die Friedenskonferenz, auf der mit Hilfe Englands ein künftiges Palästina geschaffen werden wird."

Nordaus Prophezeiung trat genau so ein, wie er es vorausgesagt hatte, aber das war nicht so bemerkenswert, weil es für den politischen Strategen völlig vorhersehbar war. Vielen Beobachtern, die zwischen 1885 und 1914 in Europa unterwegs waren, war klar, dass der gewaltige Druck, den die industrielle Revolution erzeugte, nur durch einen weltumspannenden Konflikt abgebaut werden konnte, so wie der Druck von 1952 nur durch den unvermeidlichen Dritten Weltkrieg abgebaut werden kann. Um die Jahrhundertwende konnten die Völker Europas nur wenig von den großen technologischen Fortschritten profitieren, weil ihre Währungssysteme, die immer noch durch den Goldstandard, das Monopol des Hauses Rothschild, eingeschränkt waren, keine Möglichkeit fanden, die in Massen produzierten Güter an die Bevölkerung zu verteilen. Folglich musste sich die Schwerindustrie der Produktion von Kriegsgütern zuwenden, da diese durch eine Kriegswirtschaft verteilt werden konnten. In „The Federal Reserve" habe ich einen Artikel aus dem Quarterly Journal of Economics abgedruckt, der beweist, dass Europa bereits 1887 für einen kontinentalen Konflikt bereit war. Die Tatsache, dass er bis 1914 verschoben werden musste, als das Federal Reserve System in der Lage war, die Alliierten zu finanzieren, machte ihn nur noch schlimmer, als er dann kam.

Außerdem wollten die kriegsmüden und demoralisierten Völker der kriegführenden Nationen auf der Friedenskonferenz von 1919 nichts anderes als Frieden. Sie wollten einen unmöglichen Frieden, während die Zionisten mit einer Reihe konkreter Forderungen nach jüdischen Rechten in den europäischen Ländern und nach der Errichtung einer jüdischen Heimstätte in Palästina auftraten. Sie wollten etwas, das unmöglich zu bekommen war, und sie haben es bekommen.

Israel Cohen nennt in seinem im Schicksalsjahr 1929 veröffentlichten Buch „The Progress of Zionism" (Der Fortschritt des Zionismus) die beiden Ziele der zionistischen Bewegung, die seiner Meinung nach so alt ist wie das jüdische Volk. Erstens sollte der Zionismus die Assimilierung der Juden an ein anderes Volk verhindern und die positive nationale Identität der jüdischen Nation aufrechterhalten, bis sie ihr eigenes Land erhielten, und das zweite Ziel war die Errichtung eines jüdischen Nationalstaats. Die Anti-Assimilationshaltung ist auch Teil des offiziellen kommunistischen Programms und basiert auf dem Verständnis, dass die erste Loyalität des Juden dem Weltjudentum gilt und seine zweite Loyalität der Nation, in der er sich gerade aufhält. Dies ist eine wichtige Definition, denn Cohen bezeichnet damit den verstorbenen Richter Brandeis und den jetzigen Richter Felix Frankfurter vom Obersten Gerichtshof der Vereinigten Staaten als Meineidige. Beide waren prominente Zionistenführer, als sie ihren Amtseid ablegten; in der Tat waren beide nur professionelle Zionisten. Dennoch haben beide geschworen, die Gesetze der Vereinigten Staaten ohne geistige Vorbehalte zu befolgen und aufrechtzuerhalten. Brandeis erklärte in seinen Schriften und Reden wiederholt, dass für den Juden nichts wichtiger sei als der Zionismus. Das bedeutete, dass die Gesetze und Gebräuche der Vereinigten Staaten hinter der Zukunft Israels zurücktraten.

Es gibt zahlreiche Beweise dafür, dass der Zionismus die Kraft war, die den Druck ausübte, um die Vereinigten Staaten in den Ersten Weltkrieg zu ziehen. Amerikanische Zionistenführer schlossen mit England den Handel ab, dass Amerika im Gegenzug für die Balfour-Erklärung, die eine jüdische Heimstätte in Palästina vorsah, in den Krieg hineingezogen werden würde. England war froh, dieses Geschäft machen zu können, denn es hatte es schwer, den Krieg zu gewinnen, vor allem wegen der vielen Speyerer, Schroder und kleineren Deutschen in England, die täglich Kontakt zu ihrem Heimatland hielten.

1919 veröffentlichte die Zionist Organization of America ein Buch mit dem Titel „The American War Congress and Zionism" (Der amerikanische Kriegskongress und der Zionismus), das die unverblümte und positive Parteinahme für die zionistische Bewegung von vielen unserer höchsten Regierungsbeamten enthält, einschließlich der Erklärungen von einundsechzig Senatoren und zweihundertneununddreißig Repräsentanten, insgesamt dreihundert Männern, die 1917 für den Krieg mit Deutschland stimmten. Jedes dieser dreihundert Mitglieder Ihres Kriegskongresses hat sein äußerstes persönliches Interesse und seine Bewunderung für die zionistische Weltbewegung zum Ausdruck gebracht. Dieses Buch allein klagt die Zionisten für unsere Beteiligung an dem blutigen Konflikt von 1914-1918 an, aber es gibt noch viel mehr Beweise von den zionistischen Führern selbst. Der prominenteste Sprecher der Zionist Organization of America war viele Jahre lang Rabbi Stephen Wise, der persönliche Freund der Präsidenten Woodrow Wilson und Franklin Roosevelt. In seiner Autobiographie „Challenging Years", Putnams 1949, Seite 186, schreibt er, dass,

> „Verstärkt durch die grenzenlose Großzügigkeit von Baron Edmond de Rothschild entwickelten sich die Kolonien in Palästina. Unsere Regierung ermöglichte es dank Präsident Wilson und

> Marineminister Josephus Daniels, den Juden in Palästina Geld und Lebensmittel zukommen zu lassen, und erlaubte sogar den Einsatz von Kriegsschiffen zu diesem Zweck."

Das war logisch genug. Warum sollten wir unsere Kriegsschiffe nicht nutzen, um Vorräte nach Palästina zu schicken, obwohl wir sie für den Krieg brauchten? Man kann sich nur wundern, warum Josephus Daniels nicht zum Präsidenten ernannt wurde. Sein stellvertretender Marineminister bei dieser Operation war Franklin Roosevelt, der die Früchte dieser Hilfe für Palästina in vier Präsidentschaftswahlen erntete.

Rabbi Wise sagt, dass Wilson am 31. August 1918 einen Brief an ihn richtete, in dem es hieß,

> „Ich freue mich über die Gelegenheit, meine Genugtuung über die Fortschritte der zionistischen Bewegung in den Vereinigten Staaten und den verbündeten Ländern zum Ausdruck zu bringen."

Die Formulierung ist hier wichtig. Wilson erwähnt die alliierten Länder, weil, wie Frank E. Manuel in seinem Buch „Realities of American-Palestine Relations" aufzeigt, Deutschland mit mehreren Angeboten um die Unterstützung der Zionisten warb. Es verlor die Zionisten und verlor den Krieg.

Im „Achten Kreuzzug" erfahren wir, dass die Zionisten 1916 heimlich ihr Hauptquartier von Berlin nach London verlegten und die Deutschen aufgaben. Rudolf Steiner, ein wichtiger Abgesandter der Bewegung, reiste während des gesamten Krieges zwischen London und Berlin hin und her, trotz polizeilicher Vorschriften. Professor Otto Warburg, ein Cousin der Bankiersfamilie, war 1911 Präsident der Zionistischen Weltorganisation geworden, als es noch so aussah, als ob Deutschland sein gesamteuropäisches Reich erreichen könnte. Sobald den Internationalen klar wurde, dass Deutschland sich in einem langwierigen Krieg nicht selbst versorgen konnte, begannen die Zionisten mit der Verlagerung nach London. Unter Warburg war Köln eine Zeit lang das Hauptquartier der Bewegung gewesen. Jessie Sampter sagt im „Guide to Zionism", Seite 80, über Jacobson, einen der Direktoren,

> „Als er sah, dass Köln nicht mehr das Zentrum der zionistischen Politik sein konnte, verließ Jacobson die Stadt und ging nach Kopenhagen, wo er in einem neutralen Land den Zionisten durch die

> Übermittlung von Informationen und Geldmitteln von praktischem Nutzen sein konnte."

In Unkenntnis der Millionen von Männern, die an den Fronten Europas im Todesgriff gefangen waren, zogen die Zionisten in den belagerten Hauptstädten ein und aus, um ihrer Machtgier nachzugehen. Obwohl sie sich nicht an den Kämpfen beteiligten, gewannen die Zionisten den Frieden, was allen Kriegern eine Lehre sein sollte.

1914 hatten sich die Zionistischen Aktionskomitees in der ganzen Welt verbreitet. Einer der Gründer der Bewegung, Dr. Schmarya Levin aus Berlin, kam während des Krieges in die Vereinigten Staaten, wo er Louis Brandeis in seinem Glauben unterrichtete. Brandeis unterrichtete daraufhin Woodrow Wilson, der sich revanchierte, indem er seinen Lehrer zum Richter am Obersten Gerichtshof machte.

Rabbi Wise sagt auf Seite 186 von „Challenging Years",

> „Ich hatte die Gelegenheit genutzt, um Präsident Wilson noch vor seinem Amtsantritt einen ziemlich umfassenden Überblick über den Zionismus zu geben. Von Beginn seiner Amtszeit an wussten Brandeis und ich, dass wir in Woodrow Wilson einen verständnisvollen Sympathisanten für das zionistische Programm und die zionistischen Ziele hatten und immer haben würden. Brandeis, insbesondere nach seiner Übernahme der Leitung des Zionistischen Provisorischen Komitees, hat es zusammen mit mir und anderen verstanden, zionistische Probleme mit dem Präsidenten zu diskutieren. Während der gesamten Zeit erhielten wir warme und ermutigende Hilfe von Oberst House, einem engen Freund des Präsidenten und seinem inoffiziellen Außenminister. House machte unsere Sache nicht nur zum Gegenstand seiner ganz besonderen Sorge, sondern diente auch als Verbindungsoffizier zwischen der Wilson-Administration und der zionistischen Bewegung."

Wise hat uns einen echten Abschnitt der Geschichte geliefert. Endlich finden wir etwas, an das Woodrow Wilson wirklich geglaubt hat, den Zionismus, und wir entdecken die wahre Rolle des allgegenwärtigen Oberst House, dem Verbindungsoffizier zwischen Wilson und der Zionistischen Weltorganisation.

Der größte Teil der öffentlichen Beamtenschaft Großbritanniens sprang während des Krieges auf den zionistischen Zug auf, und diejenigen, die es nicht taten, wurden entweder schnell von der Öffentlichkeit vergessen, da ihre Namen und Bilder nicht mehr in den Zeitungen erschienen, oder, wenn sie zu einflussreich waren, um durch die Schweigebehandlung beseitigt zu werden, starben sie plötzlich, wie der verstorbene Botschafter in den Vereinigten Staaten, Sir Cecil Spring-Rice.

Außenminister Arthur Balfour war einer der eifrigsten Zionisten in England. Man hätte ihn für das neue Christentum halten können, wenn man die Zahl seiner Auftritte auf zionistischen Plattformen und die Inbrunst seines Eifers betrachtet. Schließlich veröffentlichte er ein Buch mit seinen zionistischen Reden, „Großbritannien und Palästina", obwohl Palästina eigentlich im Titel an erster Stelle stehen müsste, wie es bei ihm der Fall war. Am 12. Juli 1920 hielt Balfour auf einer öffentlichen Demonstration der englischen Zionistenföderation, deren Vorsitzender Lord Alfred de Rothschild war, eine Rede,

> „Ich bin seit langem überzeugter Zionist".

Das war genau so, als sollte sich unser heutiger Außenminister Dean Acheson hinstellen und öffentlich sagen: „Ich bin seit langem ein überzeugter Zionist", was er in der Tat sein könnte, denn er war 1921-1922 Privatsekretär von Richter Louis Brandeis, als Brandeis Chef der Zionistischen Organisation Amerikas war. Zionisten haben eine Art, sich in auswärtigen Angelegenheiten zurechtzufinden. Balfour hielt auch eine Rede „Zehn Jahre danach", die er am 10. November 1927 vor den Beamten der Anglo-Palästina-Bank im Hotel Cecil in London hielt, in der er sagte

> „Es ist wahr, dass ich einer der ältesten britischen Zionisten bin.

Dies ist eine äußerst vernichtende Aussage, da der Zionismus ebenso wie der Kommunismus absolute Loyalität verlangt. Mitglieder beider Bewegungen können nicht loyal gegenüber der Nation ihres Geburtsortes sein. Und doch ist ein solcher Mann für die auswärtigen Angelegenheiten eines großen Reiches zuständig. In den Händen der Zionisten ist es leicht zu verstehen, warum Großbritannien innerhalb weniger Jahre den größten Teil eines Reiches verloren hat, das es über einen Zeitraum von Jahrhunderten aufgebaut hat.

Die verhängnisvollen Beweise für den zionistischen Einfluss in den Vereinigten Staaten liegen auf der Hand, und viele Beweise für die Schuld der Zionisten an unserer Verwicklung in den Ersten Weltkrieg finden sich in der Biographie „Brandeis, A Free Man's Life" von Alpheus T. Mason, Viking Press, 1946. Mason, Professor an der Princeton University, erzählt uns, dass Brandeis' Vater ein Einwanderer war, der 1848 ein Empfehlungsschreiben der Rothschilds bei sich trug, um sich über mögliche Investitionen in Amerika zu informieren; dass er durch den Verkauf von Getreide an beide Seiten während des Bürgerkriegs reich wurde, als er sein Geschäft in der Grenzzone von Louisville, Kentucky, gegründet hatte; und dass sein Sohn sich eine teure Harvard-Ausbildung leisten konnte.

Mason zitiert die *Zeitschrift Truth*, herausgegeben von George R. Conroy in Boston, aus der Ausgabe vom 165. Dezember 1912 wie folgt,

> „Herr Schiff ist Chef des großen privaten Bankhauses Kuhn, Loeb, das die Rothschild-Interessen auf dieser Seite des Atlantiks vertritt. Er wurde als Finanzstratege bezeichnet und war jahrelang der Finanzminister der großen unpersönlichen Macht, die als Standard Oil bekannt ist. Er war Hand in Hand mit den Harrimans, den Goulds und den Rockefellers bei all ihren Eisenbahnunternehmen und ist zur dominierenden Macht in der Eisenbahn- und Finanzwelt Amerikas geworden. Brandeis wurde aufgrund seiner großen Fähigkeiten als Anwalt und aus anderen Gründen, die später noch erläutert werden, von Schiff als das Instrument ausgewählt, mit dem er seine Ziele in Neuengland zu erreichen hoffte. Seine Aufgabe war es, eine Agitation zu betreiben, die das öffentliche Vertrauen in das New-Haven-System untergraben und einen Preisverfall bei den Wertpapieren herbeiführen sollte, so dass sie auf dem Markt für die Zerstörer zum Kauf angeboten wurden. Der Kampf in Neuengland ist einfach Teil einer weltweiten Bewegung. Es ist der jahrhundertelange Kampf um die Überlegenheit zwischen Juden und Nichtjuden. Schiff ist bei seinem Volk als „Prinz in Israel" bekannt. Er hat Millionen an jüdische Wohltätigkeitsorganisationen gespendet und ist, immer das jiddische Sprichwort 'Wer das Geld hat, hat die Macht' vor Augen, stets um den Fortschritt seiner Rasse in finanzieller Hinsicht besorgt, in der Überzeugung, dass sie am Ende die Welt beherrschen wird."

Über Brandeis' opportunistische Übernahme des Zionismus, nachdem er in seinem Wunsch nach öffentlicher Anerkennung in der New-Haven-Verschwörung beschnitten wurde, sagt Mason,

> „Erst der Besuch von DeHass in South Yarbrough im August 1912 weckte das Interesse von Brandeis am Zionismus. Sie berieten sich auf Bitten von William G. McAdoo über Mittel für den Wahlkampf der Demokraten. DeHass erwähnte Louis Dembitz als „edlen Juden", einen prominenten Zionisten und Brandeis' Onkel und Namensvetter, und begann dann mit dem Thema, das ihm am

> meisten am Herzen lag, dem Zionismus. Er erzählte von seiner britischen Herkunft und von dem Einfluss, den er auf Senator Henry Cabot Lodge ausüben konnte. Dass ein obskurer, in London geborener Jude die Sympathie des starrköpfigen Senators gewinnen konnte, machte Brandeis neugierig. Im Jahr 1912 reiste Brandeis durch das ganze Land und sprach für den Zionismus."

Es ist interessant, dass das Thema Zionismus im Zusammenhang mit dem Problem der Mittelbeschaffung für die Wilson-Kampagne von 1912 aufkam und dass Samuel Untermeyer, der prominente Zionistenführer, einer der größten Spender für Wilsons Fonds war. Auf jeden Fall waren die Würfel gefallen. Die Zionisten brauchten Brandeis, um der Bewegung in Amerika ein gewisses Ansehen zu verschaffen. Obwohl er von den demokratischen Politikern wegen seiner Bereitschaft, sich für antisoziale Anliegen einzusetzen, als gefährliche Person angesehen wurde, hatte er sich aufgrund seiner enormen Einkünfte aus seiner Tätigkeit als Anwalt für Gesellschaftsrecht den Respekt der jüdischen Bevölkerung Amerikas erworben. Sein Eintreten für den Zionismus bedeutete den Wendepunkt für dessen Schicksal in Amerika. Mos Juden hatten ihn nur als eine Bewegung betrachtet, die aufgrund ihrer radikalen Pläne und der öffentlichkeitswirksamen Art ihrer umherstreifenden Anhänger eher Antisemitismus hervorrufen würde, als dass sie den Juden, die in Amerika wohlhabend und glücklich waren, helfen würde. Doch Brandeis ergriff den Zionismus als Chance, die politische Macht zu erlangen, die ihm in der stabilen Gesellschaft Neuenglands verwehrt geblieben war. Seine dominante Führung zwang nach und nach die Mehrheit der amerikanischen Juden wider besseres Wissen in die zionistische Bewegung.

Obwohl Brandeis nicht am Elften Zionistischen Weltkongress in Wien teilnehmen konnte, schickte er eine Botschaft, in der er die jüdische Einwanderung nach Palästina in Erwartung der Unterstützung durch die amerikanische Regierung anmahnte. Diese Botschaft und seine Reisen führten zu seiner Wahl zum Vorsitzenden der Provisional Zionist Organization of America, der späteren Zionist Organization of America. Mason zitiert einen Brief von Brandeis an seinen Bruder Alfred vom 15. April 1915.

> „Zionistische Angelegenheiten sind jetzt die wirklich wichtigen Dinge im Leben".

Zu dieser Zeit wurde er dank Samuel Untermeyer als Kandidat für den Obersten Gerichtshof gehandelt. Der Sohn von Wilsons Geliebter war in eine Veruntreuungsaffäre verwickelt, und nach einigen Verhandlungen stellte Untermeyer die erforderlichen 150.000 Dollar zur Verfügung, mit der Zusage, dass Brandeis die nächste freie Stelle am Gerichtshof erhalten würde. Da Rufus Isaacs Lord Chief Justice von England war, würde Wilson ihnen zeigen, dass wir genauso demokratisch sind wie die Engländer. Diese Ernennung bedeutete, dass die Zionistische Organisation von Amerika respektabel werden würde.

Auf Seite 448 schreibt Mason, dass,

> „Im Mai 1915 hörte Brandeis, dass Rufus Isaacs und Sir Herbert Samuel den Zionismus in Erwägung zogen und dass Lloyd George und Balfour dem Zionismus deutlich positiv gegenüberstanden."

Da Lloy George alles befürworten würde, was Isaacs befürwortete, oder seine Marconi-Aktien verlieren würde, ist es nicht verwunderlich, dass er den Zionismus befürwortete. Balfour gründete natürlich wie Franklin Roosevelt seine gesamte politische Karriere auf ein fanatisches Festhalten am Zionismus.

Mason zitiert einen Brief von Brandeis an Abram I. Elkus, US-Botschafter in der Türkei, vom Dezember 1916 (Seite 452).

> „Der Zionismus nimmt seinen Platz in der öffentlichen Diskussion ein und ist eines der Probleme, die der Krieg für uns lösen wird."

Der Plan der Zionisten bestand darin, Amerika in den Krieg zu ziehen.

Auf der gleichen Seite zitiert Mason einen Brief von Oberst House an Rabbi Wise vom 7. Februar 1917.

> „Ich hoffe, dass der Traum, den wir haben, bald Wirklichkeit werden kann.

Dies war nur wenige Wochen vor der Kriegserklärung Wilsons an Deutschland.

Mason erzählt uns, dass Wilson Brandeis am 28. Januar 1916 zum Richter am Obersten Gerichtshof ernannte. Diese Ernennung eines opportunistischen Anwalts, der noch nie vor einer Methode zurückgeschreckt war, sein politisches und finanzielles Vermögen zu vermehren, diente nur einem einzigen Zweck: dem Aufbau einer festen zionistischen Bewegung in Amerika. Es löste landesweit Bestürzung unter den nichtjüdischen Anwälten aus, denn der Titel wurde zu Recht als der Anfang vom Ende für eine der von Thomas Jefferson erwähnten

„checks and balances" in unserer Regierung vorausgesehen. Es war ein Todesstoß für unsere Verfassung und unser Rechtssystem. Was Wilson begonnen hatte, vollendete Franklin Roosevelt, so dass es die Öffentlichkeit nicht mehr interessierte, als Truman dazu kam, seine mittelmäßigen Parteischreiber Tom Clark und Fred Vinson in den Obersten Gerichtshof zu berufen.

Brandeis, schreibt Mason, galt in der Geschäftswelt nicht als guter Bürger. Er war als professioneller Agitator und professioneller Zionist bekannt, und auch sein beträchtliches Vermögen hatte ihm in Neuengland, wo Geld noch nicht alles war, keinen Respekt verschafft. Folglich wurde Wilson heftig dafür kritisiert, dass er einen unwürdigen Mann für ein sehr würdevolles Amt ausgewählt hatte. Die gelbe, liberale Presse, die sich gerade zu Wort meldete, sprang wie eine hungrige Katze zu Brandeis' Verteidigung auf. Sowohl Frances Perkins als auch Walter Lippmann hatten ihre Anfänge in diesem Streifzug. Sie füllten die Spalten der New Republic vom 18. März 1916 mit ihrer sirupartigen Anbetung des Millionärs Brandeis. Es war eine goldene Gelegenheit für viele Verfechter des Zionismus, sich zu erkennen zu geben und eine lange und erfolgreiche Karriere mit günstiger Publicity zu beginnen.

Der Senat befand sich durch Wilsons verräterisches Vorgehen in einer sehr unangenehmen Lage. Dieses Gremium war noch in der Lage, ein Gefühl für die öffentliche Verantwortung zu zeigen, und so wurde die Ernennung einige Monate lang diskutiert. Eine Zustimmung zu dieser Ernennung würde bedeuten, dass die Senatoren die Missbilligung aller anständigen Menschen im Lande auf sich ziehen würden, aber anständige Menschen beeinflussen keine Wahlen. Die Angst hat gesiegt. Sollten sie sich weigern, würde jeder Senator, der die Ernennung ablehnt, bei der nächsten Wahl mit der geballten Wut der jüdischen Bevölkerung konfrontiert werden, und in der amerikanischen Politik weiß man: „Die Hölle hat keine Wut wie ein verachteter Hebräer". Außerdem bedeutete dies die automatische Entfremdung von dem, was man scherzhaft die öffentliche Presse nennt, und so stimmte der Senat am 5. Juni 1916 der Ernennung von Brandeis zu.

Am selben Tag schrieb Wilson an Henry Morgenthau senior, wie von Mason zitiert,

> „Ich bin erleichtert und erfreut über die Bestätigung durch den Senat. Ich habe noch nie einen Auftrag mit solcher Genugtuung unterschrieben wie diesen."

Während der Debatte im Senat über seine Nominierung reiste Brandeis durch das Land, um über den Zionismus zu sprechen, was die Unterstützung für seine Nominierung zum Obersten Gerichtshof verstärkte.

Mason sagt, dass der einzige Jude, dem zuvor ein Sitz im Obersten Gerichtshof angeboten wurde, Judah P. Benjamin war. Präsident Fillmore bot Benjamin die Ernennung an, der jedoch ablehnte, weil er bereits von den Rothschilds als Schatzmeister der Konföderation während des bevorstehenden Bürgerkriegs verpflichtet worden war.

„Auf die Nachricht von seiner Bestätigung hin", so Mason auf Seite 452, „trat Brandeis als Vorsitzender der Provisional Zionist Organization zurück, aber dieser Rückzug war mehr Schein als Sein... Er gab seine Mitgliedschaft in der National Economic League und alle seine Verbindungen zur Harvard Law School auf. Sein jüngstes Interesse - der Zionismus - ging weiter... Zionisten aus aller Welt kamen einzeln und in Gruppen zu ihm. Seine tägliche Post brachte ihm Nachrichten aus Palästina, Berichte und noch mehr Berichte. Er hielt die Hand des Kapitäns an der Pinne des amerikanischen Zionismus und unterstützte die Mack-Brandeis-Gruppe unter der Führung von Richter Julian Mack und Robert Szold herzlich, als sie der Lipsky-Clique die Führung entriss."

Macks juristischer Sekretär war zu dieser Zeit ein junger Mann namens Max Lowenthal, der während der Truman-Besetzung die zionistische Innere Mission im Weißen Haus leitete.

Auf Seite 595 identifiziert Mason Brandeis erneut positiv als Führer der zionistischen Bewegung während der Jahre, in denen er als Richter am Obersten Gerichtshof der Vereinigten Staaten tätig war. Mason sagt,

> „Brandeis war nun der „elder stateman" des Zionismus in Amerika".

Mason merkt auf Seite 452 an, dass,

> „Der Eintritt Amerikas in den Krieg schien den Zionismus in den Köpfen der hiesigen Führer zu verankern".

Nachdem Amerika wie gefordert geliefert hatte, fuhr Großbritannien mit den Plänen für eine jüdische Heimstätte in Palästina fort und ignorierte dabei die Tatsache, dass dies den britischen Einfluss im Nahen Osten mit Sicherheit zunichte machen würde, wie es auch geschehen ist. Mason sagt,

> „Am 25. April 1917 telegrafierte James de Rothschild aus London, dass die Pläne ein jüdisches Palästina unter britischem Schutz vorsahen.

Brandeis hatte Arthur Balfour im Mai 1915 zu einem Mittagessen ins Weiße Haus eingeladen. „Sie sind einer der Amerikaner, die ich kennenlernen wollte", sagte Balfour zu Brandeis. Das Weiße Haus war zu dieser Zeit das offizielle Hauptquartier der zionistischen Bewegung in Amerika, wo House, Wilson, Wise und Brandeis in den hektischen Tagen der Balfour-Erklärung ein und aus gingen. Brandeis telegrafierte Louis de Rothschild,

> „Ich hatte ein zufriedenstellendes Gespräch mit Herrn Balfour, auch mit unserem Präsidenten. Dies ist nicht zur Veröffentlichung bestimmt."

Mason berichtet dann, dass Brandeis Mitte September in Washington mit Lord Northcliffe und Rufus Isaacs Lord Reading zu Mittag aß, „mit denen er zweifellos über Zionismus sprach".

Mason merkt an, dass Norman Hapgood am 10. Januar 1917 aus London an Brandeis schrieb,

> „Hoover ist der interessanteste Mann, den ich kenne. Sie werden seine Erfahrung in der Diplomatie und im Finanzwesen genießen."

Später erzählt uns Mason, dass,

> „Ende Januar hielt sich Hoover in den Vereinigten Staaten auf, um Mittel für die Hilfe für das hungernde Belgien zu erbitten, und Anfang Februar sprach er mit Richter Brandeis. Brandeis arrangierte eine Konferenz mit Senator Bristow und Minister McAdoo, die zu Hoovers Ernennung zum US-Lebensmittelverwalter führte."

Für Brandeis' Position zum Zionismus und das Problem seiner mythischen Loyalität zu den Vereinigten Staaten haben wir reichlich Material, ein Buch mit seinen Reden, veröffentlicht von der Zionist Organization of America, „Brandeis on Zionism".

In einer Rede über „Das jüdische Problem" im Juni 1915, die in seinem Buch zitiert wird, sagte Brandeis vor dem Östlichen Rat der Reformrabbiner,

> „Organisiert euch, organisiert euch, organisiert euch, bis jeder Jude in Amerika aufstehen muss und mit uns zusammen gezählt wird."

Auf Seite 74 dieses Buches schreibt Brandeis, dass „Demokratie ein zionistisches Konzept ist". Seltsamerweise betrachteten Lenin und Marx die Demokratie als das besondere Attribut des Kommunismus. Brandeis verdeutlicht seine Idee jedoch mit den folgenden Sätzen: „Der Sozialismus ist auch ein zionistisches Ziel."

Auf Seite 75 sagt Brandeis: „Die zionistische Bewegung ist im Wesentlichen demokratisch": Nur Juden müssen sich bewerben.

Brandeis erinnert uns auf Seite 80 daran, dass „der Zionismus nicht aus dem Krieg hervorgegangen ist. Er war schon vorher vital und aktiv".

Am Vorabend seiner Ernennung zum Obersten Gerichtshof, am 2. Januar 1916, sagte Brandeis vor den Knights of the Zion Club in Chicago,

> „Es gibt nichts, was für einen Juden heute interessanter sein sollte als die Ereignisse des Zionismus. Deine eigene Selbstachtung, deine eigene Pflicht verlangt, dass du einer zionistischen Organisation beitrittst."

Am 7. Juli 1916, nach seiner Bestätigung durch den Senat, sagte Richter Brandeis vor der Federation of American Zionists in Philadelphia,

> „Unsere Arbeit kann nur dann erfolgreich sein, wenn wir die grundlegende Basis des Zionismus, die Demokratie des jüdischen Volkes, anerkennen und ihr gerecht werden. Auf ihnen ruht die Pflicht, die zionistische Bewegung zu verbreiten."

Die Tätigkeit von Brandeis während der vielen Jahre seiner Amtszeit am Obersten Gerichtshof war jederzeit ein ausreichender Grund für seine Amtsenthebung, wenn es in Amerika eine Kraft gegeben hätte, die stark genug war, sich dem Zionismus entgegenzustellen. Dies gilt auch für seinen Nachfolger im Zionismus und am Obersten Gerichtshof, Richter Felix Frankfurter. Die Frankfurters betonen, wie wichtig es ist, auf beiden Seiten zu stehen, denn während der gute Richter erhaben auf der Richterbank saß, war sein Bruder Otto ein Gewohnheitsverbrecher, der einige Jahre lang als Gast des Staates Iowa im Staatsgefängnis von Anamosa untergebracht war. Nach seinem Abschluss wurde Otto als ausreichend für den Staatsdienst ausgebildet angesehen, und er wurde umgehend auf einen wichtigen Posten in Paris in der Economic Co-Operation Administration unter Senator Lehman's Handlanger Paul Hoffman berufen.

Die Balfour-Erklärung, das Ergebnis jahrelanger internationaler Ränkespiele, forderte die Errichtung einer jüdischen Heimstätte in Palästina unter dem offiziellen Schutz Großbritanniens. Hinter den Kulissen wurde den Zionisten noch viel mehr versprochen, aber Großbritannien war nicht in der Lage, diese ungeschriebenen Versprechen einzuhalten, was die Zionisten dazu veranlasste, das Land in den 1930er Jahren für sein Versagen zu rügen. In Sampter's „Guide to Zionism", Seiten 85-86, wird berichtet, dass

> „Der Wortlaut der Balfour-Deklaration stammte aus dem britischen Außenministerium, aber der Text war in den Büros der Zionisten in Amerika und England überarbeitet worden. Die Balfour-Erklärung wurde in der von den Zionisten gewünschten Form verfasst."

Für die genaueste Darstellung dieser Geschichte internationaler Bestechung vor dem Hintergrund eines Weltkriegs muss ich mich an „The Realities of American-Palestine Relations" wenden. Von Frank E. Manuel, Public Affairs Press, 1949. Auf Seite 116 sagt Manuel,

> „Wilsons Interesse am Zionismus wurde langsam von Louis Brandeis genährt, einem der Männer, die ihm in den ersten Jahren der Regierung am nächsten standen und der zur Schlüsselfigur für die zukünftige amerikanische Intervention in Palästina wurde.

Auf Seite 117,

> „Brandeis war kein Mann der halben Sachen. 'Zionistische Angelegenheiten sind jetzt die wirklich wichtigen Dinge im Leben', schrieb er seinem Bruder Alfred am 25. April 1915. Er schob Argumente über doppelte Loyalität beiseite und verkündete kategorisch, dass die Loyalität zu Amerika verlange, dass jeder amerikanische Jude ein Zionist werde."

Dies war ein Argumentationsprozess, der es wert war, am Obersten Gerichtshof verankert zu werden. Die Loyalität zu Amerika verlangte von seinen Bürgern, eine fremde Philosophie anzunehmen, die Vorrang vor amerikanischen Idealen hatte. Es ist bedauerlich, dass die meisten von Brandeis' heftigeren Briefen, in denen er den Zionismus predigt, eingezogen und vernichtet wurden.

Auf Seite 136 erklärt Manuel, dass,

> „Die Juden von Thessaloniki spielten eine Rolle beim Aufstand der Jungtürken, und der Finanzminister Dschawid war von der Rasse her ein Jude, von der Religion her aber ein Mohammedaner.

So betrachtet ein Jude einen anderen Juden immer noch als Juden, auch wenn dieser eine andere Religion angenommen hat. Sollte ein Christ einen Juden als Juden bezeichnen, nachdem er Mohammedaner oder eine andere Religion angenommen hat, die er annehmen muss, um in der Welt voranzukommen, so wäre dies blanker Antisemitismus.

Auf Seite 154 sagt Manuel über den Ersten Weltkrieg,

> „Das amerikanische Außenministerium begann, die Ausschreitungen gegen die Juden für eine psychologische Kriegsführung zu nutzen. Zunächst verfolgten sie ein begrenztes Ziel und konzentrierten sich auf die Moral der Juden in Österreich und Deutschland. Mit diesem Ziel vor Augen schlugen sie Großbritannien diskret vor, dass die Fakten über die Gräueltaten in Palästina den Juden der Mittelmächte über die Juden in neutralen Ländern wie der Schweiz mitgeteilt werden sollten."

Manuel wies darauf hin, dass unser Außenministerium viele Jahre lang eine eindeutig antipalästinensische Politik verfolgte, aber unter Wilson wurde dies alles geändert. Es sollte unnötig sein, Manuels Beobachtung die Tatsache hinzuzufügen, dass das Außenministerium, das bis zum unglücklichen Aufkommen von Wilson die angesehenste der Regierungsbehörden war, bald verwahrloste und mit verschiedenen im Ausland geborenen Arten von Radikalen gefüllt wurde, ein Prozess, der in seiner systematischen Reorganisation als eine kommunistische Zelle unter Roosevelt von 1933 bis 1945 gipfelte.

Auf Seite 160 erklärt Manuel, dass,

> „In den Jahren 1916 und 1917 gruppierten sich Mitglieder des britischen Kriegskabinetts, vertreten durch ihren Direktor für Angelegenheiten des Nahen Ostens, Sir Mark Sykes, und englische Zionisten um Dr. Chaim Weizmann, einen Emigranten aus Russland und damaligen Dozenten für Chemie an der Universität Manchester. Während des Krieges wurden die amerikanischen Zionisten um Brandeis über die Fortschritte der Londoner Gespräche zwischen den Zionisten und dem britischen Kriegskabinett informiert. Sie akzeptierten Weizmanns faktische Führung bei den Verhandlungen, auch wenn er keinen offiziellen Status im Vorstand der Zionistischen Weltorganisation hatte. Vor 1917 verlieh diese amerikanische Unterstützung Weizmann in den Augen der Briten, die auf eine Beteiligung der Vereinigten Staaten am Krieg hofften, einen großen Wert; auch nach dem Eintritt Amerikas war die Entwicklung der Begeisterung in den Vereinigten Staaten für den

> europäischen Krieg noch immer ein wichtiges Anliegen der britischen Führung. Der damalige Premierminister Lloyd George sagte 1937 vor der Royal Commission aus, dass die Förderung der Kriegsanstrengungen der amerikanischen Juden eines der Hauptmotive war, die die Mitglieder des Kabinetts in einer schweren Zeit des europäischen Krieges dazu bewegten, für die Balfour-Erklärung zu stimmen. T. E. Lawrence bezeichnete die Balfour-Erklärung als Bezahlung für die Unterstützung der amerikanischen Juden und der russischen Revolutionäre.

Paul Emden hat darauf hingewiesen, dass Weizmanns Macht im Zionismus auf seiner Unterstützung durch Mond und Melchett von Imperial Chemical beruhte, für die er ein hochprofitables Giftgas entwickelt hatte.

Manuel zitiert auch Rabbi Wise mit den Worten, dass Präsident Wilson ihm im Juni 1917 sagte, dass die Juden und die Armenier zwei Nationen seien, die nach dem Krieg sicher wiedergeboren würden. Diese Aussage ist in leicht abgewandelter Form auch in der Ausgabe des Zionistischen Bulletins vom 5. Mai 1920 abgedruckt:

> „Auf einer Veranstaltung am Sonntag, dem 2. Mai, in New York sagte Rabbi Stephen Wise, dass Präsident Wilson ihm kurz vor dem Kriegseintritt der Vereinigten Staaten gesagt habe, dass zwei Länder niemals an die mohammedanischen Apachen zurückgehen dürften: das christliche Armenien und das jüdische Palästina."

Das christliche Armenien ist gegenwärtig ein hochindustrialisierter Staat des atheistischen Russlands, aber das jüdische Palästina ist erfreulicherweise jüdischer denn je.

Auf Seite 166 erklärt Manuel, dass,

> „Während seiner Reise in die Vereinigten Staaten im Mai 1917 hatte Balfour mit Brandeis über den Zionismus und seine Perspektiven gesprochen. In einem seiner privaten Gespräche mit Wilson informierte Balfour den Präsidenten in „persönlicher" und nicht in offizieller Funktion über geheime Verträge zwischen den Alliierten, die Palästina betreffen. Am 15. Mai telegrafierte Brandeis an Louis de Rothschild in London, dass er ein zufrieden stellendes Gespräch mit Balfour und dem Präsidenten geführt habe, dass diese Nachricht aber nicht zur Veröffentlichung bestimmt sei. Die Gespräche über ein jüdisches Palästina wurden entweder direkt zwischen Mitgliedern der Brandeis-Gruppe und dem Präsidenten oder durch die Vermittlung von Oberst House ohne Wissen von Außenminister

> Lansing geführt. Es war nicht ungewöhnlich, dass Wilson internationale Politik formulierte, ohne seinen Außenminister zu konsultieren."

Dies war ein Präzedenzfall, der von Wilsons Stellvertreter Franklin Roosevelt ernsthaft verfolgt wurde. Es wurde darauf hingewiesen, dass Roosevelts Außenminister Hull oft nicht wusste, welche Politik wir in einer bestimmten Frage verfolgten, bis er die Washington Post von Eugene Meyer las, die von Roosevelt immer vorab über die Außenpolitik informiert wurde. Angesichts dieser Schmach verließen die anständigen Mitglieder des Außenministeriums das Ministerium und überließen es Roosevelt und seinen kommunistischen Protegés Currie, Lattimore und Hiss.

„Die Realitäten der amerikanisch-palästinensischen Beziehungen" enthält einen der äußerst fesselnden Aspekte der Geschichte, den die marxistischen Historiker der Parteilinie lieber ignorieren. Auf Seite 170 finden wir das,

> „Edelman erfuhr, dass die Zionisten sogar versucht hatten, mit dem Vatikan zu verhandeln, indem sie anboten, jüdischen finanziellen und politischen Einfluss zu nutzen, um eine Vertretung des Vatikans auf der Friedenskonferenz im Austausch für die katholische Unterstützung des zionistischen Programms zu organisieren. Am 13. Februar 1918 erstellte der britische Geheimdienst ein Memorandum über die Haltung der feindlichen Regierungen gegenüber dem Zionismus, in dem das Karassosystem beschrieben wurde, ein auf deutsches Betreiben hin unternommener Versuch der Türken, den Juden in Palästina bestimmte autonome Rechte zu gewähren. Das Memo kam zu dem Schluss, dass die britische zionistische Politik immer noch einen deutlichen Vorsprung vor den türkischen und deutschen Versuchen hatte, die Juden der Welt zu umwerben."

Wie müssen die Juden gelacht haben, als sie sahen, wie die großen Nationen des Ostens und des Westens sich mit Vorschlägen um ihre Gunst bemühten. Nach jahrhundertelangem Leben im Ghetto muss dies für den verwundeten hebräischen Geist wie Balsam aus Gilead gewesen sein.

Manuel sagt uns auf Seite 168, dass,

> „Zu Beginn des Jahres hatte House ekstatisch an Rabbi Wise geschrieben: 'Ich hoffe, dass unser Traum bald Wirklichkeit wird.'

> Für die zionistischen Freunde des Präsidenten hatte Col. House immer eine angenehme Ausstrahlung."

Die Gewerkschaftsbewegung kam in den Demokratien zeitgleich mit dem Aufstieg des Kommunismus und des Zionismus an die Macht. Dubinsky nahm den hilflosen Arbeitern in den Bekleidungsgewerkschaften Hunderttausende von Dollar ab und schickte sie nach Palästina. Arthur Creech Jones, Unterstaatssekretär von Großbritannien, schrieb in „British Labor and Zionism",

> „Seit vielen Jahren bin ich der zionistischen Bewegung in Großbritannien sehr eng verbunden.

KAPITEL 9

Wie die Propheten des Zionismus hatten auch die Vertreter des Kommunismus viele Jahre lang einen Weltkrieg als ihre Chance zur Machtergreifung in vielen Ländern vorausgesehen. Jahrzehntelang war die marxistische Dialektik gepredigt worden, dass ein universeller Konflikt das Signal für die Arbeiter der Welt sein würde, sich zu weigern, sich gegenseitig zu bekämpfen, ihre Waffen niederzulegen und sich gegen ihre kapitalistischen Unterdrücker zu wenden. Doch 1914, im entscheidenden Moment, standen die Arbeiter der Welt noch immer unter dem Einfluss solch altmodischer Konzepte wie Rasse und Nationalität, und der Kommunist beschloss, in die Bildungssysteme aller Länder einzudringen, um diese ketzerischen Überzeugungen auszurotten. In der Zwischenzeit bot der Erste Weltkrieg eine hervorragende Gelegenheit, einige ihrer Ideen von totalitärer staatlicher Kontrolle über die Bevölkerung in die Tat umzusetzen. Die Rationierungstechniken und andere polizeistaatliche Methoden, die von Bernard Baruch in Amerika und von Max Warburg in Deutschland geleitet wurden, boten ein gutes Training für die Bürokratie des zukünftigen sozialistischen Weltstaates.

Politische Veränderungen sind teuer. Manchmal kosten sie Menschenleben, manchmal kosten sie nur Eigentum, aber immer kosten sie Geld. Daher war es schon immer die Aufgabe der Geldherren, politische Bewegungen, die Aussicht auf Erfolg haben, vorherzusehen und zu kontrollieren. Eine Investition in eine neue politische Bewegung ist sowohl eine Versicherung für den vorhandenen Besitz als auch eine Spekulation auf den Erwerb von mehr. In „The Federal Reserve“ habe ich beschrieben, wie die Reformbewegung in den Vereinigten Staaten in den ersten Jahren des zwanzigsten Jahrhunderts aufgekauft und korrumpiert wurde.

Da der Kommunismus ein Frontalangriff auf die Finanz- und Eigentumsfürsten war, wurden die fortschrittlicheren dieser Fürsten zu den wichtigsten Geldgebern der neuen Bewegung, und von diesen Fürsten führten die Herren des Hauses Rothschild alle anderen an. Die Aufgabe, Kapital für die kommunistischen Agitatoren bereitzustellen, fiel der Firma Kuhn, Loeb Co. New York, und M. M. Warburg Co. in Hamburg, Deutschland.

Eine Partei, die Bankiers angreift, kann von einem Bankier dazu benutzt werden, seine Rivalen zu unterwerfen und zu kontrollieren, und genau das haben die Rothschilds mit dem Kommunismus getan. Trotz seiner Tiraden änderte Hitler zwischen 1933 und 1945 nichts am deutschen Bankensystem.

Bei ihrer Gründung war die Kommunistische Partei eine abendliche Diskussionsgruppe französischer Arbeiter in Paris, ein Club, der den Juntos ähnelte, die Benjamin Franklin hierzulande ins Leben gerufen hatte, und der in jeder Hinsicht typisch für das aufgeklärte und sich selbst hinterfragende Nachleben der Rationalisten des 18. Zu dieser Gruppe gehörte auch der verbitterte und verstoßene Sohn eines Frankfurter Bankiers, Karl Marx. Marx war angewidert vom Kapitalismus, vom Judentum, von seiner Frau und von der Gesellschaft im Allgemeinen. In der Tat hat noch niemand etwas entdeckt, das ihm gefiel. Dieser verärgerte Psychopath fand in der französischen Arbeitergruppe eine Möglichkeit, seine Unzufriedenheit zu verbreiten, und indem er sie sich gegenseitig an die Gurgel ging, wurde er bald zum Anführer der Diskussionen der Arbeiter. Die Technik des Teilens und Eroberns hatte ihren ersten kommunistischen Erfolg gehabt.

Eine zweite marxistische Technik wurde bald in Paris angewandt, nämlich bittere und hysterische Beschimpfungen gegen jeden, der den Führer kritisierte. Dies war eine Weiterentwicklung der paranoiden Überzeugung von Marx, dass die Nachhut gesichert werden müsse, die Lenin 1917 durch den Abschluss des Krieges mit Deutschland beschwor, sobald die Bolschewiki die Macht ergriffen hatten.

In Paris stieß Marx bald auf einen alten Bekannten, den untadeligen Sohn eines deutschen Fabrikanten, Friedrich Engels. Engels, ein träger Anthropologe und ideologischer Revolutionär, hatte lange Studien über die Geschichte der Familie als soziale Gruppe durchgeführt. Er war zu dem Schluss gekommen, dass die Familie abgeschafft werden müsse, was Marx faszinierte, da dies bedeutete, dass der Staat die vollständige Kontrolle über das Kind übernehmen konnte. Im Jahr 1848 veröffentlichten Marx und Engels das Kommunistische Manifest, ein Programm mit zehn Punkten. Der zweite Punkt dieses Programms, eine stark gestaffelte Einkommenssteuer, wurde von Präsident Woodrow Wilson in das Gesetz der Vereinigten Staaten aufgenommen, der am 23. Dezember 1913 auch den Federal Reserve Act unterzeichnete, der Punkt fünf des Kommunistischen Manifests erfüllte, in dem eine zentralisierte Staatsbank gefordert wurde. Die anderen Punkte wurden von Franklin Roosevelt in den 1930er Jahren unter dem Deckmantel seiner Maßnahmen für die „soziale Sicherheit" in die Tat umgesetzt.

Die kommunistische Bewegung wurde in Europa viele Jahre lang weitgehend ignoriert, außer von sozialen Außenseitern am Rande der Gesellschaft, bis zum Ersten Zionistenkongress in Basel, Schweiz, am 29. August 1897. Zweihundertsechs Delegierte kamen aus der ganzen Welt, um Theodor Herzl bei der Vorstellung seines Programms zuzuhören. Innerhalb weniger Monate nach diesem Treffen begannen die Kommunisten mit einem hektischen Expansionsprogramm, für das sie über reichlich Geld verfügten. Obwohl sich der Marxismus hauptsächlich mit den Problemen des modernen Industriestaates befasste, wurde Russland, das am wenigsten industrialisierte Mitglied der europäischen Gemeinschaft, zu seinem Hauptziel. Das lag daran, dass Russland die größte jüdische Bevölkerung der Welt hatte, und die historische Unruhe dieser Minderheit war immer ein fruchtbarer Boden für jede revolutionäre Bewegung. Außerdem hatten die Warburgs und die Rothschilds in der letzten Hälfte des 19. Jahrhunderts Kapital nach Russland fließen lassen, um den Bau von Eisenbahnen und Fabriken zu finanzieren, und um die Jahrhundertwende war Russland eine von Frankfurter Bankiers kontrollierte Wirtschaftskolonie. Die Ölfelder waren zwischen den Nobels und den Rothschilds aufgeteilt, Kalonymous Wolf Wissotsky war als russischer Teekönig bekannt, und Baron Guinzburg, der Mäzen von Litvinoff, hatte ein Zuckermonopol erworben. Die russische Aristokratie war sich sehr wohl bewusst, dass ihre Herrschaft durch den Aufstieg einer neuen Vertrauensaristokratie bedroht war, aber sie hatte keine Antwort auf die Frage „Wohin mit Russland?"

Der Kommunismus ist eine Vertrauensregierung. Dieser Aspekt des gegenwärtigen politischen Systems Russlands wurde von unseren Wirtschaftswissenschaftlern stillschweigend behandelt, weil sich in den Vereinigten Staaten eine parallele Entwicklung vollzog. In Rußland gibt es einen Gold-Trust, einen Stahl-Trust usw., und die Leiter dieser Trusts sind die eigentlichen Machthaber in der Sowjetregierung. Die Probleme der öffentlichen Verwaltung werden von designierten Beamten behandelt, die eine direkte Autorität über die russischen

Bürger haben, aber nur eine verfassungsmäßige Autorität über die Trusts. Eine solche verfassungsmäßige Autorität ist, wie die Amerikaner zu ihrem Leidwesen gelernt haben, ein Luxus, der nur nach dem Belieben derjenigen, die die Macht haben, in Anspruch genommen werden kann.

Über die Rolle, die Kuhn, Loeb Co. bei der kommunistischen Revolution in Russland spielte, gibt es umfangreiche Unterlagen. In einem Bericht des US-Marinegeheimdienstes vom 12. Dezember 1918 wird Paul Warburg als jemand genannt, der große Geldsummen für Lenin und Trotzki verwaltet hat.

Cholly Knickerbocker, Gesellschaftskolumnist in vielen Zeitungen, schrieb in seiner Kolumne vom 3. Februar 1949, die in der Hearst-Kette erschien,

> „Heute schätzt selbst Jacob Schiffs Enkel John Schiff, ein prominentes Mitglied der New Yorker Gesellschaft, dass der alte Mann etwa 20 Millionen Dollar für den endgültigen Triumph des Bolschewismus in Russland versenkt hat."

Dieser Enkel des Finanziers der Russischen Revolution ist heute Präsident der Pfadfinderorganisation Boy Scouts of America, die kürzlich wegen ihrer kommunistischen Unterwanderung kritisiert wurde.

Ein weiteres Mitglied von Kuhn, Loeb, Otto Kahn, geboren in Mannheim, Deutschland, arbeitete bei der Deutschen Bank in Berlin und bei Speyer Brothers in London, bevor er in die Vereinigten Staaten kam, und wurde 1897 Partner von Kuhn, Loeb. Er wird heute in Russland mit einer besonderen Verehrung betrachtet. Niemand hat jemals herausfinden können, welches Land oder welche Länder, wenn sie wollten, ihn als Staatsbürger beanspruchen könnten. Der Journalist Hannen Swaffer schrieb im *London Daily Herald* vom 2. April 1934,

> „Ich kannte Otto Kahn, den Multimillionär, seit vielen Jahren. Ich kannte ihn, als er ein patriotischer Deutscher war. Ich kannte ihn, als er ein patriotischer Brite war. Ich kannte ihn, als er ein patriotischer Amerikaner war. Als er ins Unterhaus einziehen wollte, trat er natürlich der 'patriotischen' Partei bei."

Der englische Diplomat Lord D'Abernon schrieb in seinen „Memoiren", dass Kahns Schwager, Herr Felix Deutsch, der Leiter der Deutschen Elektrizitätsgesellschaft (A.E.G.) war, die den bolschewistischen Revolutionär Krassin finanziert hatte und mit der Walter Rathenau vor seiner Ermordung verbunden war. Nach der Markinflation von 1923 fiel die A.E.G. in die Hände von Bernard Baruch, dessen International General Electric Corporation unter Gerard Swope die A.E.G. auch während des Hitler-Regimes kontrollierte. Lord D'Abernon behauptete auch, dass das Haus von Otto Kahn ein Treffpunkt für bolschewistische Agenten war.

Die französische Zeitung *Figaro* beschrieb in ihrer Ausgabe vom Juni 1931 die großartige Behandlung, die Frau Otto Kahn bei ihrem Besuch in Russland in diesem Monat zuteil wurde. Sie wurde wie ein königlicher Gast gefeiert, Truppen der Roten Armee säumten die Straße, als sie in Moskau einfuhr, und die höchsten Beamten der sowjetischen Regierung wetteiferten miteinander, um ihr die Ehre zu erweisen. Es wurde ein großes diplomatisches Abendessen gegeben, und mehrere glanzvolle diplomatische Empfänge belebten die normalerweise triste gesellschaftliche Saison in Moskau. Auf diese Weise wurde Europa vor Augen geführt, dass auch der Kommunismus seine internationale Aristokratie hat, deren Mitglieder für sich die Anmut und das Ansehen der von ihnen ermordeten Herren und Damen beanspruchen.

Anlässlich des anschließenden Besuchs von Frau Otto Kahn in Russland schrieb der *London Star* am 23. Juli 1935,

> „Nach ihrem Besuch in Russland vor einigen Jahren wurde ihr von einer französischen Zeitung eine unheilvolle politische Bedeutung unterstellt. In Wahrheit interessiert sich Frau Kahn für Russland, und wenn sie nach Leningrad reist, wird sie offiziell vom großen Stalin persönlich empfangen."

Oberst Ely Garrison schreibt in seinem Buch „Roosevelt, Wilson und der Federal Reserve Act", dass Max Warburg im Februar 1917 in Stockholm mit dem russischen Minister Protopopoff zusammentraf, um die Pläne für die Revolution fertigzustellen. Aus irgendeinem Grund, den er nicht preisgibt, bemüht sich Leo Trotzki, zu leugnen, dass Kuhn, Loeb und Co. irgendetwas mit der russischen Revolution zu tun hatten. Diese Aussage, die in Trotzkis „Geschichte der Russischen Revolution" erscheint, steht in direktem Widerspruch zu vielen Zeitungen und Zeitschriften, die über die Tatsachen berichteten, darunter die *New York Times*, die in ihrer Ausgabe vom 24. März 1917 auf der Titelseite über die Massenversammlung der Freunde der Russischen Freiheit am Vorabend in der Carnegie Hall in New York City berichtete. Diese

Versammlung war einberufen worden, um die Revolution in Russland zu feiern, und wurde von Rabbi Wise geleitet, der seine Zeit gleichermaßen zwischen Zionismus und Kommunismus aufteilte. Es war eine turbulente und fröhliche Angelegenheit, bei der es schwierig war, die Ordnung aufrechtzuerhalten. Der Hauptredner war George Kennan, der den begeisterten Zuhörern erzählte, wie er 1905 tonnenweise kommunistische Literatur an russische Offiziere verteilt hatte, die von den Japanern gefangen gehalten wurden. „Diese Literatur", sagte er, „wurde durch die Großzügigkeit eines Mannes bezahlt, den Sie alle kennen und lieben, Jacob Schiff." Dann verlas Kennan ein Telegramm von Jacob Schiff, das aus White Sulphur Springs, West Virginia, geschickt wurde, wo Schiff in einem teuren Kurort zur Kur war. In dem Telegramm drückte Jacob Schiff seine Freude über das Eintreten des Ereignisses aus, auf das sie so lange hingearbeitet hatten, und bedauerte aufrichtig, dass er nicht dabei sein konnte.

Der Mann auf der Titelseite der *New York Times*, George Kennan, sollte sterben, bevor sein Namensvetter, Protegé und Neffe zum US-Botschafter in Russland ernannt wurde. *Who's Who in America*, 1922-23, listet George Kennan als Leiter des Western-Union-Büros in Cincinnati während des Bürgerkriegs auf, ging 1965 als Forscher und Telegrafeningenieur nach Sibirien, war 1866-68 Superintendent beim Bau der Russisch-Amerikanischen Telegrafenlinie, leitete 1877-86 das Washingtoner Büro der Associated Press, untersuchte 1885-86 das russische Exilsystem in Sibirien, berichtete 1905 für das Outlook Magazine über den Russisch-Japanischen Krieg, war Autor von „E. H. Harriman's Far Eastern Relations" und einer zweibändigen Biographie über E. H. Harriman.

Harriman war Jacob Schiff's Strohmann für Kuhn, Loeb's Erwerb der Union Pacific Eisenbahn und anderer Güter. Wie bereits erwähnt, kontrollierte Kuhn, Loeb die Western Union, die ihrerseits die Associated Press kontrollierte. Was George Kennan nicht ins *Who's Who* aufnahm, war die Tatsache, dass er von 1885 bis 1916 Jacob Schiff's persönlicher Agent in Russland war, nachdem er seine Loyalität zu Kuhn, Loeb im Washingtoner Büro der Associated Press bewiesen hatte. Er unternahm für Schiff zahlreiche Reisen nach Russland, verwaltete große Geldsummen, die er je nach Bedarf an revolutionäre Gruppen in Russland übergab, und gab sich sogar in der *New York Times* als Abgesandter von Schiff in kommunistischer Mission zu erkennen.

Sein Neffe, George Kennan, war in Russland sehr angesehen, und es ist nicht verwunderlich, dass die Nachricht von seiner Ernennung im Washington, D.C. Evening Star vom 26. Dezember 1951 mit der Schlagzeile „Russia Approves Nomination of Kennan as Ambassador" (Russland billigt die Ernennung von Kennan zum Botschafter) vermerkt wurde.

Die Geschichte der internationalen Kommunistischen Partei vom Jahr des Zionistenkongresses, 1897, bis zum Jahr ihres Erfolges in Russland, 1917, ist die Geschichte der Macht des Geldes, um Volksregierungen zu korrumpieren und zu stürzen. Der Zar von Russland war zwar ein Feudalherr, wurde aber von seinen Untertanen sehr geliebt, und die Kommunisten ermordeten ihn bald nach ihrer Machtergreifung auf brutale Weise, denn sie wussten, dass ihre revolutionäre Verschwörung wenig Chancen hatte, ihren Sieg zu behalten, solange er lebte.

Im Jahr 1905 hätten die Kommunisten in Russland beinahe die Revolution durchgeführt. Sie scheiterten, weil sie sich nicht auf die Macht vorbereitet hatten, und nicht an der konzertierten Opposition der Zarenregierung. Der Einfluss des deutschen Geldes in Russland hatte das Land gespalten, so dass der Zar nach 1900 nie wirklich regierte. Er hielt die Macht in einer Halbwelt der Hofintrigen in St. Petersburg, die wenig mit dem Geschehen im Rest des Landes zu tun hatte. Den Saboteuren, die sich selbst überlassen waren, gelang es, den Hintergrund für die Oktoberrevolution zu schaffen, und einer dieser Saboteure war Maxim Litwinoff. Letzterer trat in jenen glorreichen Tagen der russisch-amerikanischen Koalition auf, als die Zionisten und Kommunisten in der ganzen Welt alles hatten, was sie vom amerikanischen Volk wollten, und dennoch nicht zufrieden waren. Amerikanische Jungs wurden auf weit entfernten Schlachtfeldern abgeschlachtet, um die imperialistischen Träume Joseph Stalins und die Vision eines Weltreichs, die Chaim Weizmann verfolgte, voranzutreiben, aber solange die amerikanische Republik als politische Einheit bestand, waren Stalin und Weizmann unzufrieden.

Litvinoff, so Pope, wurde als Meer Wallach, Sohn von Moses Wallach und Anna Perlo, geboren. Sein Vater wurde 1881 ins Gefängnis geworfen, weil er sich mit ausländischen Elementen verschworen hatte, die Russland feindlich gesinnt waren. Obwohl Pope sie nicht benennt, können wir uns vorstellen, was diese ausländischen Elemente waren. Die beginnenden revolutionären Tendenzen des jungen Wallach wurden vom russischen Zuckerkönig, Baron Guinzburg, gefördert, der ihn zum Leiter einer seiner Fabriken machte und ihn dann nach Großbritannien schickte. Hier wurde Wallach im Britischen Museum von einem gewissen Blumenfeld mit Lenin bekannt gemacht.

Pope erzählt uns, dass die Waffen für die Revolution von 1905 von der deutschen Firma Schroeder Co. geliefert wurden. Wallach, jetzt Litvinoff, hatte Ivy Low geheiratet, die Nichte der englischen Journalisten Sir Sidney und Sir Morris Low.

Eine weitere geheimnisvolle Figur in den frühen Tagen des Weltkommunismus war ein gewisser Ashberg. Der *London Evening Star* vom 6. September 1948 beschrieb diesen Mann wie folgt,

> „Kürzlich besuchte Herr Ashberg ein geheimes Treffen in der Schweiz mit Schweizer Regierungsvertretern. Diplomatische Kreise beschreiben Herrn Ashberg als den sowjetischen Bankier, der Lenin und Trotzki 1917 große Summen vorgestreckt hat. Zur Zeit der Revolution gab Herr Ashberg Trotzki Geld von der Nya Banken in Stockholm, um die erste Einheit der Roten Armee auszurüsten."

Herr Ashberg gehörte zu den vier oder fünf Spitzenleuten in der sowjetischen Regierung, obwohl sein Name in den letzten dreißig Jahren ein Dutzend Mal nicht in der Weltpresse auftauchte. Die letzte Gelegenheit, bei der sein Name verschwiegen wurde, war sein Versuch, 1950 eine Reisegenehmigung für die US-Zone in Deutschland zu erhalten. Selbst der stellvertretende Hochkommissar Benjamin Buttenweiser von Kuhn, Loeb Co. wagte es nicht, eine solche Genehmigung zu erteilen, und Ashberg musste sich damit begnügen, seine Abgesandten in unsere Zone zu schicken.

Der Hintergrund der russischen Revolution von 1917 liest sich wie ein billiger Roman. Die Bankiers Ashberg, Warburg und Schiff, normalerweise die vorsichtigsten Männer bei ihren Investitionen, hatten jahrelang Gelder an unbedeutendes Gesindel verteilt, das in Europa mit vagen Träumen von der Errichtung eines kommunistischen Staates in Russland umherzog. Oft entgingen Lenin und Trotzki nur durch Zufall einer jahrelangen Inhaftierung in dem einen oder anderen Land, aber wenn dies geschehen wäre, hätten die Bankiers sie abgeschrieben und sich jemand anderen geholt, denn es gab viele von ihnen in Europa. Man konnte sie am Ufer jedes großen Seehafens oder in den Slums jeder Industriestadt aufspüren.

Zumindest einmal rettete ein hoher Regierungsbeamter Trotzki vor dem Gefängnis. 1916 wurde Trotzki, geboren als Lew Bronstein, in Halifax,

Neuschottland, wegen Anstiftung zum Aufruhr ins Gefängnis geworfen. Er befand sich auf dem Weg nach New York zu einer letzten Konferenz mit Warburg und Schiff, bevor er zusammen mit dem Kontingent der „East Side", die das Parlament des neuen Russlands bilden sollte, nach Europa zurückkehrte. Zwischen New York und London wurden hektische Telegramme ausgetauscht, und die bedauernswerte Schöpfung von Rufus Isaacs, Premierminister Lloyd George, wies die Behörden in Halifax per Telegramm an, Trotzki freizulassen und ihn auf die Reise zu schicken. Es ist nicht übertrieben zu sagen, dass dieser Befehl das politische Bild der Welt, wie wir sie kennen, veränderte. Trotzki bildete die Truppen der Roten Armee aus und führte sie an, deren Waffen in einem entscheidenden Moment die Übernahme der Ministerien in der Oktoberrevolution ermöglichten.

Diese erstaunliche Zusammenarbeit wichtiger Funktionäre kennzeichnete das langsame Voranschreiten der heimatlosen Revolutionäre durch das kriegsführende Europa zu ihrem Ziel. Wernadskij, in seinem „Leben von Lenin, dem roten Diktator", Yale University Press, 1931, Seite 140,

> „Im Herbst 1915 verkündete der deutsch-russische Sozialdemokrat Parvus (Israel Lazarevitch), der früher in der Revolution von 1905 aktiv gewesen war, in der von ihm in Berlin herausgegebenen Zeitung 'Die Glocke' seine Mission, 'als geistiges Bindeglied zwischen den bewaffneten Deutschen und dem revolutionären russischen Proletariat zu dienen'."

Auf Seite 151 sagt Vernadsky,

> „Während des Krieges war Helphand Parvus damit beschäftigt, die deutschen Armeen in großen Mengen zu versorgen, und so flossen beträchtliche Geldbeträge durch seine Hände."

Auf Seite 155 erklärt Vernardsky, dass,

> „Ein Eisenbahnwaggon, in dem sich Lenin, Mertov und andere Exilanten befanden, wurde am 8. April 1917 an den Zug angehängt, der von der Schweiz nach Deutschland fuhr. Am 13. April schiffte sich Lenin auf dem Dampfer ein, der von Sassnotz nach Schweden fuhr. Die Reise durch Deutschland dauerte also mindestens vier Tage."

Aufgrund seiner guten Kontakte zu den Militärbehörden wurde Parvus mit der heiklen Aufgabe betraut, die militärische Freigabe für Lenins Auto durch das kriegsgeplagte Deutschland durchzuführen. Als Lenin

Russland erreichte, erklärte ihn die Kerenski-Regierung sofort zum Geächteten, und er tauchte unter. Während die Provisorische Regierung vor sich hin dümpelte, blieb Lenin auf der Flucht und perfektionierte seine Pläne für die Oktoberrevolution. Im September 1917 veröffentlichte er einen Artikel mit dem Titel „Die drohende Katastrophe", in dem er seine Pläne zur Errichtung eines totalitären Staates darlegte. Dieser Artikel scharte die Radikalen um sich. Trotzki kam mit Aschbergs Geld, um die Rote Armee auszurüsten, Stalin sicherte sich die Unterstützung des russischen Judentums, das er in den Jahren, in denen Lenin und Trotzki durch Europa zogen, organisiert hatte, und die Bühne war bereitet für die skrupelloseste Bande der modernen Geschichte.

Die Oktoberrevolution in Russland war eine Machtergreifung, die durch wenig Kämpfe und Blutvergießen gekennzeichnet war. Trotzki berichtet, dass an diesem Tag nur wenige Straßenbahnen den Betrieb einstellten. Eine Gruppe von Männern, die wusste, was zu tun war, besetzte die Staatsbank, das Propagandaministerium, das Telefonamt und das Telegrafenamt; das war alles, was getan werden musste.

Nachdem die Oktoberrevolution vollendet war, begann das Blutvergießen. Lenin, Trotzki und Stalin waren entschlossen, ihre Macht zu behalten, und sie taten dies, indem sie jeden ausrotteten, der ihnen Konkurrenz machen könnte. Nachdem sie all ihre potenziellen Gegner ausgelöscht hatten, gingen sie aufeinander los, ein blutiger Prozess, an dessen Ende Stalin als einziger Überlebender der Oktoberrevolution stand.

Das schmutzigste Ereignis im Programm des geplanten Massenmords war die Zusammenarbeit der jüdischen Kollegen aus England mit dem brutalen Abschlachten des Zaren, seiner Frau und seiner kleinen Töchter in Jekaterinburg. Keiner der Revolutionäre fühlte sich sicher, solange der Zar am Leben war. Lenin wusste sehr wohl um die Verehrung, die die russischen Bauern für das „Väterchen von ganz Russland" empfanden. Viele Diplomaten in Amerika und England kannten Lenins Absicht und versuchten, den Zaren und seine Familie zu retten, stießen aber in ihren eigenen Regierungen auf eine Mauer. Der amerikanische Kongressabgeordnete Louis T. MacFadden, Wickham Steed, Herausgeber der *Londoner Times,* und Sir George Buchanan, britischer Botschafter in Russland, gehören zu denjenigen, die uns Aufzeichnungen über ihre Versuche hinterlassen haben, den Zaren zu retten und wie sie vereitelt wurden.

Beim ersten Auftauchen der Revolutionäre lud Premierminister Lloyd George am 23. März 1917 den Zaren und seine Familie ein, in Großbritannien Asyl zu suchen. Der Zar war ein Cousin des britischen Königshauses. Die Geschichte, wie Lloyd George auf Druck von Sir Herbert Samuel und Rufus Isaacs Lord Reading gezwungen war, diese Einladung zurückzunehmen, wird in dem Buch „Dislocation of an Empire" von Buchanans Tochter erzählt und durch Kerenskis „Murder of the Romanov" von 1935 bestätigt. Die britische Königsfamilie konnte nicht protestieren und wartete stumm, bis ihre Cousins von den Revolutionären massakriert wurden. In den hundert Jahren der Rothschild-Dynastie hatte Großbritannien einen langen Weg nach unten zurückgelegt.

In einem Sonderinterview mit einem Reporter der *New York Times* am 19. März 1917 bezeichnete der prominente zionistische Anwalt Louis Marshall die russische Revolution als das größte Weltereignis seit der Französischen Revolution. Im Anschluss daran feierten Rabbi Wise, George Kennan und die anderen Freunde der russischen Freiheit in der Carnegie Hall.

Präsident Woodrow Wilson begrüßte die Revolutionäre am 2. April 1917 vor dem Kongress mit der Erklärung,

> „Hier ist ein geeigneter Partner für eine Ehrenliga."

Seine unverhohlene Bewunderung für die Terroristenführer Russlands wurde jedoch nicht vom ganzen Land geteilt, und Kuhn, Loeb mussten sechzehn Jahre auf die Wahl von Franklin Roosevelt warten, bevor sie von den Vereinigten Staaten die offizielle Anerkennung für ihr blondes Kind, das kommunistische Russland, erhalten konnten.

Wilson begrüßte auch die russische Revolution als einen Triumph der Freiheit. Wie er sich zu einem Ereignis äußern konnte, bei dem ein Volk seine einheimische Regierung verlor und der rücksichtslosen Tyrannei einer fremden Minderheit ausgeliefert wurde, ist schwer zu verstehen, da er mit den Tatsachen gut vertraut war.

Eine der merkwürdigsten Episoden der amerikanischen Geschichte kam versehentlich ans Licht und wurde prompt wieder verschlossen, und zwar in den Congressional Hearings On Russian Bonds, 1919, Library of Congress listing HJ 8714.U5. Diese Anhörungen enthalten den Finanzbericht über Woodrow Wilsons Ausgaben für die 100.000.000 Dollar, die ihm der Kriegskongress als besonderen Kriegsfonds bewilligt hatte. Die Erklärung, die von seinem Sekretär

Joseph Tumulty abgegeben wurde, ist auch im Congressional Record vom 2. September 1919 enthalten. Die Beträge sind in runden Zahlen angegeben und enthalten Posten in Höhe von insgesamt zwanzig Millionen Dollar, die von der Sondermission von Elihu Root in Russland im Jahr 1918 ausgegeben wurden.

Diese Mission war eine der dunklen Seiten unserer Geschichte. Die Leninisten hatten ihre Mittel vergeudet und brauchten Dollar, um ihre Herrschaft zu stabilisieren. An wen sollten sie sich wenden, wenn nicht an ihren mächtigen Freund im Weißen Haus, Woodrow Wilson? Er schickte Elihu Root, den Rechtsberater von Kuhn Loeb und ehemaligen Außenminister, sofort mit 20 Millionen Dollar aus seinem Sonderkriegsfonds für die Leninisten los. Obwohl in Washington ein gewisses Murren darüber herrschte, dass das Geld der Steuerzahler dem berühmtesten Revolutionär der Welt zur Verfügung gestellt werden sollte, handelte es sich um ein demokratisches Verfahren. Der Kongress hatte Wilson das Geld bewilligt, damit er es nach eigenem Ermessen ausgeben konnte, und was könnte wichtiger sein als die russische Revolution?

Ein weiterer Herr, der für seine Unterstützung der leninistischen Regierung in der entscheidenden Stunde nie ausreichend gewürdigt wurde, ist der verstorbene Oberst Raymond Robins, Leiter der Rotkreuz-Mission in Russland in den Jahren 1917 und 1918. Unter Henry P. Davison, Partner von J.P. Morgan Co., sammelte das Rote Kreuz während des Ersten Weltkriegs 370 Millionen Dollar in bar. Robins war mit Millionen dieses Geldes in Russland, als Lenin es brauchte, wie Ferdinand Lundberg in „America's Sixty Families" sowie Kahn und Seghers in „The Great Conspiracy Against Russia", 1946, bewundernswert dokumentiert haben.

Lenin, Trotzki und Stalin wussten, wie man die Macht durch Bomben und durch Ideen erlangt. Sie setzten beides in den langen Jahren ihres Siegeszuges erfolgreich ein, aber irgendwann musste die Revolution zu Ende gehen, und Stalin war der einzige, der stabil genug für die Verwaltungsarbeit war. Der hysterische Intellektuelle Trotzki und der neurotische Pöbler Lenin waren von geringem Nutzen, nachdem sich der Staub in Russland gelegt hatte. Stalin nutzte Trotzkis militärische Ambitionen, um die Rote Armee aufzubauen, und Lenins Talente als Redner dienten dazu, auf den frühen Sowjetkongressen einige der wichtigeren Punkte zu vermitteln, aber als diese Dinge erledigt waren, wurde deutlich, dass Stalin den Sowjets die Befehle gab. Es dauerte nicht lange, bis Stalin beschloss, dass Lenin für Russland tot nützlicher wäre. Trotzki beschuldigt Stalin direkt, Lenin langsam zu Tode vergiftet zu haben, und es gibt keinen Grund, dies anzuzweifeln. Die Kommunisten sind seit Jahren dafür bekannt, dass sie Drogen und Gifte einsetzen, um ihre Ziele zu erreichen, insbesondere im Fall von Kardinal Mindszenty. Wie dem auch sei, Lenin verkümmerte auf mysteriöse Weise und starb, und Trotzki sah die Handschrift an der Wand und floh ans Schwarze Meer. Seine Angst war so groß, dass er es nicht wagte, zu Lenins Beerdigung zurückzukehren, und in den Augen der sowjetischen Führung bedeutete dies das Ende seiner Macht.

Doch Trotzki ließ sich nicht so leicht abschütteln. Er war einer der Großen Drei und kontrollierte die Rote Armee. Stalin hatte die Sowjets fest in seiner Hand und vereitelte eine Intrige nach der anderen, bis Trotzki aufgab und auf die Insel Prinkipo floh, wo er die Nachricht von seiner Verbannung aus Russland erhielt. Damit begann er jene seltsame Reise von Kontinent zu Kontinent, die 1940 in Mexiko mit einer Axt im Schädel endete. Trotzki, der stets gut finanziert war, reiste mit einem großen Gefolge und sorgte überall, wo er ankam, für große Kontroversen. Sein kurzer Aufenthalt in Norwegen, das ihm 1937 Zuflucht bot, ging in die Geschichte ein, denn der norwegische Justizminister, wenn man ihn so nennen darf, war Trygve Lie. Stalin brachte seinen Unmut darüber zum Ausdruck, dass Trotzki so nahe bei Russland untergebracht war, und Lie, den Trotzki als ehemaliges Mitglied der Kommunistischen Internationale identifizierte, wies den heimatlosen Revolutionär bereitwillig aus. Für diese gute Tat wurde Lie schließlich mit der Verleihung des Amtes des Generalsekretärs der Vereinten Nationen belohnt.

Es gab einen beträchtlichen Aufschrei der diplomatischen und politischen Führer in Europa, die den Hintergrund der Kommunisten kannten. Viele von ihnen zögerten nicht, aufzustehen und ihre Gefühle zum Ausdruck zu bringen, und einer von ihnen war der Senator M. Gaudin de Villaine, der sich am 13. Mai 1919 im französischen Senat wie folgt äußerte,

> „Die russische Revolution und der Große Krieg von 1914-1918 sind nur Phasen der höchsten Mobilisierung der kosmopolitischen Mächte des Geldes, und dieser höchste Kreuzzug des Goldes gegen die Christen ist nicht mehr und nicht weniger als das wütende Streben des Juden nach der Weltherrschaft. Es ist die jüdische Hochbank, die in Russland die von Kerenski vorbereitete und schließlich von den Lenins, Trotzkis und Sobelsohns fortgesetzte

> Revolution angezettelt hat, wie gestern den kommunistischen Staatsstreich in Ungarn, denn der Bolschewismus ist nichts anderes als eine talmudische Umwälzung. Die russische Revolution war eine jüdische Revolution, die von Deutschland, der Wiege des modernen Weltjudentums, unterstützt wurde, und die Bolschewiki, die Vollstrecker der blutigen russischen Agonie, sind alle, mehr oder weniger, von der Rasse des Judas. Diese Tatsache haben auch die am wenigsten des Antisemitismus verdächtigen Zeitungen erkannt. Durch die Verbindung von Großkapital und Bolschewismus schickt sich das Judentum an, die Welt zu erobern - so die Vorhersage einer deutschen Zeitschrift, der *Deutschen Tagezeitung*, die schreibt: „Mit der möglichen Ausnahme von Lenin wird der Bolschewismus von Juden geleitet". In welchem Land auch immer, die Revolution verstärkt den jüdischen Einfluss. Die Juden nutzen die bolschewistische Anarchie mit geschickter Kraft aus. Als das revolutionäre Russland vor Deutschland kapitulierte, zwang Deutschland es, das russische Gold abzugeben. Warum haben wir seit dem Waffenstillstand nicht die gleichen Vorkehrungen getroffen? Angesichts der spartakistischen Drohungen wurde das Gold der deutschen Banken in Frankfurt gesammelt. Immer die gleichen geheimnisvollen Einflüsse! Frankfurt! Das ist das Heilige Ghetto, wo es noch die alte, aussätzige Hütte mit dem Zeichen des Roten Schildes gibt! (Rothschild)"

Französische Zeitungen berichteten, dass sich der französische Senat am Ende dieser Rede in einem gewaltigen Tumult auflöste, einem Tumult, den alle Kriegswirren in dieser gesetzgebenden Körperschaft nicht zu verursachen vermocht hatten. Die Rede wurde von den internationalen Nachrichtendiensten ignoriert und war weder in England noch in Amerika bekannt. Dies war die letzte bemerkenswerte öffentliche Äußerung von Senator Villaine.

Offizielle Dokumente des Senats der Vereinigten Staaten belegen die Aussagen von Senator Villaine. U.S. Senate Document 62, 66th Congress, 1st session, enthält Hunderte von Seiten mit Aussagen amerikanischer Zeugen der russischen Revolution, die über die Rede des Senators hinausgehen. Empörte und mutige Amerikaner zögerten nicht, ihr Leben in die Waagschale zu werfen, indem sie über die wirklichen Kräfte, die in Russland am Werk waren, aussagten. Rev. Charles A. Simons, Pfarrer der Methodist Episcopal Church in Petrograd von Februar 1907 bis zum 6. Oktober 1918, sagte am 12. Februar 1919 vor dem Senatsausschuss für das Justizwesen aus,

> „Es gab Hunderte von Agitatoren, die sich auf die Spuren von Trotzki-Bronstein begaben und aus der Lower East Side von New York herüberkamen. Einige von uns waren von Anfang an von dem starken jiddischen Element in dieser Sache beeindruckt, und es stellte sich bald heraus, dass mehr als die Hälfte der Agitatoren in dieser sozialistisch-bolschewistischen Bewegung Jiddische waren."
>
> SENATOR NELSON: Hebräer?
>
> SIMONS: Sie waren Hebräer, abtrünnige Juden. Ich möchte nichts gegen Juden als solche sagen. Ich sympathisiere nicht mit der antisemitischen Bewegung, habe es nie getan und werde es wohl auch nie tun. Aber ich bin der festen Überzeugung, dass diese Sache jiddisch ist, und dass eine ihrer Grundlagen in der East Side von New York zu finden ist.
>
> SENATOR NELSON: Trotzki kam in jenem Sommer aus New York herüber, nicht wahr?
>
> SIMONS: Das tat er. Im Dezember 1918, unter dem Vorsitz eines Mannes namens Apfelbaum (Zinoviev), waren von 388 Mitgliedern zufällig nur zehn echte Russen, mit Ausnahme vielleicht eines Mannes, der ein Neger aus Amerika ist und sich Professor Gordon nennt, und 265 der nördlichen Kommune-Regierung, die im alten Smolny-Institut sitzt, kamen von der Lower East Side von New York, 265 von ihnen. Ich möchte erwähnen, dass, als die Bolschewiki an die Macht kamen, in ganz Petrograd sofort jiddische Proklamationen, große Plakate und alles auf Jiddisch vorherrschten. Es wurde sehr deutlich, dass dies nun eine der großen Sprachen Russlands werden sollte, und die echten Russen waren natürlich nicht sehr erfreut darüber."

William Chapin Huntingdon, Handelsattaché der US-Botschaft in Petrograd, bezeugte dies,

> „Die Führer der Bewegung sind, so würde ich sagen, zu zwei Dritteln russische Juden. Die Bolschewiki sind Internationalisten, und sie waren nicht an den besonderen nationalen Idealen Russlands interessiert."

Nicht alle amerikanischen Beamten, die während der Revolution in Russland waren, sagten bei den Senatsanhörungen freiwillig aus. Diejenigen, die sich in Schweigen hüllten, blieben im Außenministerium und wurden zu hochgeschätzten und wichtigen Verwaltungsbeamten und wurden in den Rat für auswärtige

Beziehungen aufgenommen. Dazu gehörten Norman Armour, Sekretär der US-Botschaft in Petrograd von 1917 bis 1918, der zum Botschafter in Spanien ernannt wurde, und Dewit C. Poole, Geschäftsträger in Russland von 1917 bis 1919, der von 1941 bis 1945 zum Leiter der Abteilung für ausländische Nationalitäten des Office of Strategic Services und zum Leiter der Abteilung für russische Angelegenheiten des Außenministeriums ernannt wurde. Er war Vorsitzender des Beirats der School of Public Affairs in Princeton und wurde im Frühjahr 1945 zum Mitglied der streng geheimen Mission in Deutschland ernannt. Er ist Mitglied des Institute of Pacific Relations sowie des Council On Foreign Relations und Herausgeber der Bobbs-Merrill Publishing Co.

Die Senatsanhörung von 1919 enthielt Hunderte von Seiten mit sensationellem Material, das wegen der Gefahr für unsere Religion und unsere Republik in aller Öffentlichkeit hätte bekannt gemacht werden müssen. Dennoch wurden sie von der Presse totgeschwiegen. Gibt es irgendeinen Grund, daran zu zweifeln, wer diese Presse kontrolliert?

Zu Beginn dieser Senatsanhörungen bekam Präsident Woodrow Wilson aus Angst davor, dass die entscheidende Rolle, die er beim Erfolg der Bolschewiki gespielt hatte, ans Licht kommen könnte, einen Anfall von Hysterie und teilte Baruch telefonisch mit, dass er beabsichtige, die Anhörungen zu stoppen. Baruch, stets das Rückgrat des nervösen Schwächlings, der heute als großer Mann verehrt wird, warnte Wilson, nichts dergleichen zu tun. Er überzeugte Wilson, dass eine solche Aktion nur die Aufmerksamkeit auf die Anhörungen lenken würde, die dann totgeschwiegen würden, und das taten sie auch, und zwar so erfolgreich, dass es in diesem Land nur zwei Orte gibt, an denen sie zu finden sind.

Die Zeitschrift *Asia* kommentierte dies in ihrer Ausgabe vom März 1920,

> „In allen bolschewistischen Institutionen sind die Leiter Juden. Der sowjetische Kommissar für das Volksschulwesen, Grunberg, kann kaum Russisch sprechen. Die Juden sind in allem erfolgreich und erreichen ihre Ziele. Sie wissen, wie man befiehlt und erhalten völlige Unterwerfung. Aber sie sind stolz und verächtlich gegenüber allen, was das Volk gegen sie aufbringt. Gegenwärtig herrscht unter den Juden eine große nationalreligiöse Inbrunst. Sie glauben, dass die verheißene Zeit der Herrschaft der Auserwählten Gottes auf Erden kommt. Sie haben das Judentum mit einer universellen Revolution in Verbindung gebracht. Sie sehen in der Ausbreitung

der Revolution die Erfüllung der Heiligen Schrift: Wenn ich auch mit allen Völkern, in die ich dich zerstreut habe, ein Ende mache, so will ich doch nicht mit dir ein Ende machen."

The *American Hebrew* veröffentlichte in seiner Ausgabe vom 10. September 1920 einen Leitartikel, der eine Warnung und eine Bedrohung für Amerika darstellte, wie folgt,

> „Der Jude hat den Kapitalismus mit seinem Arbeitsinstrumentarium, dem Bankensystem, entwickelt. Eines der beeindruckenden Phänomene dieser beeindruckenden Zeit ist die Revolte des Juden gegen den Frankenstein, den sein eigener Geist erdacht und gestaltet hat. Diese Errungenschaft, der russische Umsturz, der als das überschattende Ergebnis des Ersten Weltkriegs in die Geschichte eingehen sollte, war weitgehend das Ergebnis jüdischen Denkens, jüdischer Unzufriedenheit und jüdischer Bemühungen um Wiederaufbau. Das rasche Überwinden der destruktiven Phase der russischen Revolution und ihr Eintritt in die konstruktive Phase ist ein auffälliger Ausdruck des konstruktiven Genies jüdischer Unzufriedenheit. Was der jüdische Idealismus und die jüdische Unzufriedenheit in Russland so kraftvoll zustande gebracht haben, dazu neigen dieselben historischen Qualitäten des jüdischen Geistes und Herzens in anderen Ländern. Soll Amerika, wie das Russland der Zaren, den Juden mit dem bitteren und unbegründeten Vorwurf überziehen, ein Zerstörer zu sein, und ihn so in die Lage eines unversöhnlichen Feindes versetzen? Oder soll Amerika sich des jüdischen Genies bedienen, wie es sich des besonderen Genies jeder anderen Rasse bedient? Das ist die Frage, die das amerikanische Volk zu beantworten hat."

Ja, *amerikanischer Hebräer*, das ist die Frage, die das amerikanische Volk beantworten muss. Sollen wir den Terrorismus Ihres Polizeistaates akzeptieren, oder sollen wir das Erbe der Freiheit und unseren unbändigen Stolz auf die Freiheit des Einzelnen verteidigen, die für unsere Rasse charakteristisch sind?

Die russische Zeitung *On To Moscow* veröffentlichte in ihrer Ausgabe vom September 1919 einen Artikel, in dem es hieß, dass,

> „Man darf nicht vergessen, dass das jüdische Volk, das jahrhundertelang von Königen und Zaren unterdrückt wurde, das wahre Proletariat ist, die wahre Internationale, die kein Land hat."

Weitere Informationen über die Russische Revolution finden Sie im *Zionistischen Bulletin*, der offiziellen Publikation der Zionistischen

Weltorganisation. Am 1. Oktober 1919 berichtete das *Zionist Bulletin*, dass,

> „Meir Grossman, Mitglied des Zionistischen Zentralkomitees und der Jüdischen Nationalversammlung in der Ukraine, erklärte, dass die Mehrheit des jüdischen Volkes hinter den Zionisten stehe. Die jüdischen Massen standen fest hinter der zionistischen Organisation. Ende 1918 führten die Wahlen in der Ukraine zu solchen jüdischen Erfolgen, dass die Verwaltung der zentralen autonomen Organe an die Zionisten übergehen musste. Die Jüdischen Komitees haben also einen großen Sieg errungen. Über die Zukunft der zionistischen Organisation in Russland und in der Ukraine brauchen wir uns keine Sorgen zu machen. Sie hat die Diktatur und die Gewaltherrschaft der Zaren überlebt; sie wird neue Wege und Mittel finden, um weiter für Palästina zu arbeiten. Die heroischen Taten der jüdischen Kommunisten werden in die Geschichte des jüdischen Volkes eingehen."

Die jüdischen Kommunisten erklärten ganz offen, dass sie für Palästina arbeiteten. Während der Verherrlichung von Marx ist der ideologische Führer des politischen Zionismus, Dr. Nathaniel Syrkin, den nichtjüdischen Studenten unbekannt geblieben. Syrkin, dessen Schriften über den sozialistischen Zionismus und den nationalistischen Sozialismus um die Jahrhundertwende einen großen Teil der von Russland 1918, Deutschland 1933 und Israel 1950 übernommenen Regierungsstruktur lieferten, veröffentlichte 1898 sein Hauptwerk, „Essays on Socialist Zionism". In der Einleitung zu diesem Werk heißt es:,

> „Für Syrkin waren Sozialismus und Zionismus zwei Aspekte ein und derselben Sache - des jüdischen Nationalismus."

Die Geschichte des zwanzigsten Jahrhunderts bestätigt diese Aussage. Auf Seite 15 warnt Syrkin diejenigen, die sich dem kommenden Weltstaat widersetzen,

> „Zumindest ein Teil von Ludwig Bernes berühmtem Ausspruch, dass Antisemiten in Zukunft entweder für das Arbeitshaus oder für die Irrenanstalt in Frage kommen, hat sich bewahrheitet."

Dies war der Anstoß für die jüdische Wissenschaft der Psychiatrie, die die Gegner des Zionismus als hoffnungslose Neurotiker analysierte, die zu ihrer eigenen Sicherheit eingesperrt werden müssen. Gleichzeitig konnte man ihre Kritik an der neuen Weltmacht abtun, weil der Autor nicht bei Verstand war. Diejenigen Zionismus-Gegner, die keinen Platz in der Anstalt bekamen, konnten daran gehindert werden, ihren Lebensunterhalt zu verdienen, und wurden in das Arbeitshaus geschickt. Das wird das Schicksal der Patrioten in der ganzen Welt sein, bis die neue Weltmacht stark genug ist, sie offen hinzurichten.

Die „Essays on Socialist Zionism" (Aufsätze über den sozialistischen Zionismus) sind sehr explizit, was die Rolle betrifft, die der Jude im zwanzigsten Jahrhundert zu spielen hat. Syrkin sagt,

> „Der Jude muss die Avantgarde des Sozialismus werden. Der Sozialismus des Juden muss wirklich ein jüdischer Sozialismus werden ... Der Zionismus ist ein Werk des Juden und steht nicht im Widerspruch zum Klassenkampf. Der Zionismus muss zwangsläufig mit dem Sozialismus verschmelzen. Indem er mit dem Sozialismus verschmilzt, kann der Zionismus zu einer großen nationalen Leidenschaft erhoben werden."

Diese Anweisungen, die ausgeführt wurden, erklären Brandeis und Frankfurter nach Amerika, Trotzki und Apfelbaum nach Russland und Samuel und Isaacs nach England.

Eine letzte ergreifende Passage von Syrkin, dem Vater des sozialistischen Zionismus. Auf Seite 15 der *Essays* sagt er,

> „Der Antisemitismus hilft den Juden, ihre nationale Solidarität aufrechtzuerhalten".

Solidarität ist seit vielen Jahren ein Schlüsselbegriff in der weltweiten kommunistischen Bewegung.

KAPITEL 10

Die kommunistische Revolution in Russland kam vor allem einer Gruppe zugute: den Angehörigen der jüdischen Minderheit. Die Aprilrevolution war ein krampfhafter und kurzlebiger Versuch, die wankende Regierung des Zaren zusammenzuhalten, und Trotzki hat Recht, wenn er sie in seiner „Geschichte der russischen Revolution“ als gar keine Revolution bezeichnet. Die Oktoberrevolution jedoch, die auf die Aprilrevolution folgte, war ein echter Umsturz mit dem Ziel der gewaltsamen Machtergreifung durch eine entschlossene und geschlossene Gruppe. Dass diese Gruppe jüdisch war, lässt sich nicht leugnen.

Das *Chicago Jewish Forum* vom Herbst 1946 enthält einen Artikel von Edward W. Jelenks mit folgendem Wortlaut,

> „Da die sowjetischen Führer den Antisemitismus als die bösartigste und gefährlichste aller chauvinistischen Ausbrüche erkannten, warteten sie nach ihrer Machtübernahme nicht lange, um ihre Vorstellungen von der freien Entfaltung der Minderheiten in die Tat umzusetzen. Am 15. November 1917, eine Woche nach der Oktoberrevolution, wurde die Erklärung der Rechte der Völker Russlands im Namen der Russischen Republik vom Rat der Volkskommissare mit den Unterschriften von W. Uljanow (Lenin) und J. Dschugaschwili (Stalin), der sie als Volkskommissar für Nationalitäten unterzeichnete, erlassen. Den Männern der Roten Armee wurde bald beigebracht, Antisemitismus als Symbol der Konterrevolution zu betrachten und diejenigen, die sich dieser Form der Reaktion schuldig machten, aus den eigenen Reihen auszumerzen. Das Kriegskommissariat unterhielt eine spezielle Abteilung für antipogromistische Propaganda. Lenin und Stalin begnügten sich nicht mit der formellen Erklärung ihrer Politik und verstärkten ihr Vorgehen durch ein spezielles Statut: „Der Rat der Volkskommissare erklärt, dass die antisemitische Bewegung und die Pogrome gegen die Juden für die Interessen der Arbeiter- und Bauernrevolutionen verhängnisvoll sind, und ruft das werktätige

> Volk des sozialistischen Russlands auf, dieses Übel mit allen ihm zur Verfügung stehenden Mitteln zu bekämpfen. Der Rat der Volkskommissare weist alle Abgeordneten des Sowjets an, kompromisslose Maßnahmen zu ergreifen, um die antisemitische Bewegung an der Wurzel auszureißen. Pogromisten und Pogromaufwiegler sind außerhalb des Gesetzes zu stellen". Vorsitzender der Volkskommissare W. Uljanow (Lenin), 9. August 1918"

Dieser Befehl ist auch in der Septemberausgabe 1941 der *Jewish Voice*, einer von der National Association of Jewish Communists in New York herausgegebenen Zeitschrift, in vollem Umfang abgedruckt. Die sowjetischen Führer, die nicht zögerten, Millionen zu ermorden, wenn es ihnen passte, waren besonders darauf bedacht, dass im demokratischen Russland kein einziger Jude zu Schaden kam. Die Ausgabe der *Jüdischen Stimme vom* Juli/August 1941 enthält einen Leitartikel mit dem Titel „Antikommunismus ist Antisemitismus", was der Fall zu sein scheint.

Jewish Voice vom Juni 1941 enthält einen Artikel „Die Renaissance der Juden in der Sowjetunion" des sowjetischen Wirtschaftswissenschaftlers L. Singer, der aus der sowjetischen jiddischen Vierteljahreszeitschrift Forepost nachgedruckt wurde, die in Birobidjan, dem autonomen jüdischen Staat in Russland, veröffentlicht wurde. Er lautet wie folgt,

> „In fortgeschrittenen Industriezweigen, wie der Metallurgie, waren Juden selten. Die große sozialistische Revolution bewirkte in dieser Hinsicht eine völlige Veränderung. Die Statistiken der ersten sowjetischen Volkszählung von 1926 zeigten, dass sich die jüdische Bevölkerung bereits stark gewandelt hatte. Die Erfüllung des ersten stalinistischen Fünfjahresplans veränderte die soziale Zusammensetzung der jüdischen Bevölkerung grundlegend. Die Zahl der Metallarbeiter verdoppelte sich und die Zahl der Chemiearbeiter verdreifachte sich. Mehr als die Hälfte der jüdischen Arbeiter in der Sowjetunion werden als hochqualifizierte oder qualifizierte Spezialisten eingestuft."

Teil 2 von Singers Artikel erschien in der Juli-August-Ausgabe 1941 der *Jewish Voice*,

> „Die jüdische sowjetische Kultur entwickelt sich in ihrer Form national und in ihrem Inhalt sozialistisch. Die jüdische Intelligenz der Sowjetunion ist sehr eng mit der Entwicklung des kulturellen

> Lebens verbunden. Allein während des letzten Fünfjahresplans ist die Zahl der jüdischen Grund- und Mittelschulen um 30 % gestiegen. Als Ergebnis der Anwendung der leninistisch-stalinistischen Nationalpolitik wurde der soziale Wiederaufbau der jüdischen Bevölkerung mit dem zweiten Fünfjahresplan abgeschlossen."

So erfahren wir aus einer offiziellen kommunistischen Veröffentlichung, dass die leninistisch-stalinistische Politik den sozialen Wiederaufbau der jüdischen Bevölkerung zum Ziel hatte. Für die Juden war das großartig, aber was ist mit den übrigen Völkern Russlands? Über deren Wiederaufbau gibt es kaum Informationen.

Der Gelehrte Avrahm Yarmolinsky, Amerikas führende Autorität auf dem Gebiet Russlands, veröffentlichte 1928 „The Jews and Other Minor Nationalities", Vanguard Press, in einer Reihe mit dem Titel Studies of Soviet Russia, herausgegeben von Jerome Davis von der Yale University, die dem Wunsch von Kuhn und Loeb entsprang, dem amerikanischen Volk die neue Demokratie in Russland zu erklären. Der erste Satz von Yarmolinsky ist bemerkenswert:

> „Die Französische Revolution verkündete die Freiheit, die Gleichheit und die Brüderlichkeit aller Menschen; die Russische Revolution verkündete die Freiheit, die Gleichheit und die Brüderlichkeit aller Völker, d.h. der Völker, die von den Arbeitern und Bauern geführt werden. Solange die Völker der Sowjetunion der neuen Gesellschaftsordnung treu sind, sind sie frei, ihre eigenen Möglichkeiten zu verwirklichen... Während des letzten halben Jahrhunderts ihres Bestehens verfolgte die St. Petersburger Verwaltung eine engstirnige, zwanghafte, illiberale Politik, die zwangsläufig eine tiefe Unzufriedenheit unter den nicht-russischen Teilen der Bevölkerung hervorrufen musste, insbesondere bei denen, die ein eigenes, ausgeprägtes Gruppenleben aufrechterhalten wollten."

Yarmolinsky sagt uns also, dass die nicht-russischen Elemente der Bevölkerung diejenigen waren, die unzufrieden waren und die Revolution angezettelt haben. Auf Seite 3 sagt er,

> „Die Idee eines supernationalen Staates konnte sich in Russland (unter den Zaren) nicht durchsetzen. Der intolerante, aggressive Nationalismus der Verwaltung nahm zu, und unter den letzten beiden Romanows wurde er zu einem System ausgebaut.

Der Nationalismus war das Verbrechen der zaristischen Regierung. Die kommunistische Dialektik hat den Nationalismus immer verurteilt und den übernationalen Staat gefördert. Auf Seite 17 sagt Yarmolinsky,

> „Vor allem die Beteiligung der Juden am Alkoholhandel, sowohl in den Städten als auch in den Dörfern, brachte ihnen den Vorwurf ein, sie würden die Bauernschaft ruinieren."

Auf Seite 32 sagt er uns, dass,

> „1906 beschlossen die russischen Zionisten, die Arbeit für die Wiederherstellung des Judentums in Palästina durch einen Kampf für nationale Rechte in der Dispersion zu ergänzen. Im Jahr 1897, dem Jahr des Zionistenkongresses 1st , kamen ein Dutzend Personen, die die verstreuten Propagandagruppen und die Gewerkschaften repräsentierten, heimlich in einem Raum in Wilno zusammen und gründeten den Allgemeinen Jüdischen Arbeiterverband, den Bund von Russland, Polen und Litauen, der gemeinhin als Bund bezeichnet wird."

Aus Papes Biografie über Litvinoff erfahren wir, dass dieser Bund die wichtigste revolutionäre Agentur im zaristischen Russland war.

Yarmolinsky stellt auf Seite 39 fest, dass,

> „Am 23. August 1915 erließ die zaristische Regierung einen Befehl, in dem der Satz vorkam: 'In Anbetracht der Tatsache, dass die Mehrheit der Juden der Beteiligung an der Spionage verdächtigt wird'." Wir wiesen darauf hin, dass die internationalen Nachrichtendienste von Juden gegründet wurden und dass die Beziehung zwischen den Berufen des Journalismus, der Spionage und der Propaganda so eng ist, dass sie synonyme Begriffe sind."

Auf Seite 48 sagt Yarmolinsky über die Revolution,

> „Als das autokratische Regime fiel, hallte der Aufprall in jüdischen Ohren wider, als ob alle Glocken der Freiheit läuten würden. Mit einem Federstrich hob die Provisorische Regierung das ganze komplizierte Netz der gegen die Juden gerichteten Gesetze auf."

Wie Trotzki beklagt, war die Provisorische Regierung jedoch nicht stark genug, um diese Veränderungen umzusetzen, und in dem durch Kerenskis Zögern entstandenen Vakuum ergriffen er und Lenin die Macht. Ihre jahrelangen mürrischen Intrigen in den europäischen Hauptstädten und ihre Erfahrungen als heimatlose Revolutionäre hatten ihre Tendenz zur Zerstörung deutlich gemacht, und solche Tendenzen waren notwendig, um die russische Gesellschaftsstruktur auf den Kopf zu stellen. Was Lenin und Trotzki erreichten, war nicht nur die Niederlage, sondern die Vernichtung einer ganzen herrschenden Klasse in einem langfristigen Plan des Massenmords. Ein vergleichbares Ereignis in den Vereinigten Staaten wäre die Hinrichtung aller Geschäftsleute, Regierungsbeamten und Schullehrer in den Städten und Bezirken unseres Landes. Das war das gleiche Programm, das die Kommunisten in Spanien während des Bürgerkriegs in den 1930er Jahren in die Tat umsetzten.

Yarmolinsky stellt auf Seite 67 fest, dass,

> „Was für den jüdischen Händler tödlich ist, ist die Entwicklung der Verbraucher- und Erzeugergenossenschaften. Schon vor dem Krieg haben sie dem privaten Händler das Geschäft weggenommen."

Dies ist für die Amerikaner von besonderem Interesse, da bestimmte Interessen einen unerklärten Krieg gegen die Verbraucher- und Erzeugergenossenschaften in diesem Land führen. In den Zeitungen erscheinen ganzseitige Anzeigen, in denen die Abschaffung oder höhere Besteuerung von Genossenschaften gefordert wird. Da die Zahl der Juden in unserem Einzelhandel rapide ansteigt, ist klar, dass die Genossenschaften ihre einzige wirkliche Konkurrenz sind.

Auf Seite 79 schreibt Yarmolinsky, dass,

> „Das Gesetz von 1847 erlaubte allen Juden den Eintritt in die landwirtschaftliche Klasse. Mehr als 10.000 Familien meldeten sich an, um sich auf dem Land niederzulassen, aber wegen ihres Widerstands gegen die Kahals kamen nur zweihundert Familien zum Zuge."

Die zaristische Regierung versuchte, das jüdische Problem friedlich zu lösen, aber die Kahals, die jüdischen Ältesten, ließen dies nicht zu.

Die zeitgenössische russische Szene wird von Yarmolinsky auf Seite 105 beschrieben,

> „Jüdische Sowjets gibt es überall dort, wo es eine bedeutende jüdische Gruppe gibt. In den jüdischen Sowjets werden praktisch alle Transaktionen, sowohl mündlich als auch schriftlich, auf Jiddisch abgewickelt. Es ist die Sprache der Sitzungen, aller Instrumente und der Korrespondenz. In einigen Fällen verwenden die Sowjets Jiddisch in ihrer Kommunikation, so dass die Exekutivkomitees einiger nicht-jüdischer regionaler Sowjets eine

spezielle Abteilung für jüdische Angelegenheiten unterhalten müssen. Im letzten Frühjahr wurden Pläne für die Einrichtung von Kursen in Kiew geschmiedet, in denen Sachbearbeiter für die jüdischen Sowjets ausgebildet werden sollten. Es gibt auch eine Reihe von Gerichten (36 in der Ukraine und 5 in Weißrussland), in denen die Geschäfte ausschließlich auf Jiddisch abgewickelt werden. Eheschließungen, Geburten und Sterbefälle können beim Government Bureau of Records auf Jiddisch registriert werden. Zum ersten Mal in der Geschichte erscheint eine jiddische Inschrift auf dem Wappen eines Staates, nämlich auf dem der Weißrussischen Republik. Jiddisch ist natürlich auch die Sprache, in der jüdische Kinder unterrichtet werden, und wird auch in einer Reihe von Heimen verwendet, in denen jüdische Kinder betreut werden."

Auf Seite 110 berichtet Yarmolinsky über die jüdische Vorherrschaft in der Partei,

„Die kommunistische Herrschaft unter den Juden ist, wie anderswo auch, die Herrschaft einer gut organisierten und zielstrebigen Minderheit. Die Zahl der Mitglieder dieser Rasse, die der Partei angehören, ist gestiegen. Am 1. Oktober 1926 zählte die Kommunistische Partei der Sowjetunion über 47.000 jüdische Mitglieder und Kandidaten. Die entsprechenden Mitgliederzahlen für die jüdische Mitgliedschaft im Kommunistischen Jugendverband, einer Art bolschewistischer Pfadfinderorganisation, betrugen im Dezember 1926 100.000 und am 1. Juli 1927 125.000."

Auf Seite 111, wo wir auf die Ereignisse der Revolution zurückkommen, erfahren wir, dass,

„Bei Ausbruch der bolschewistischen Revolution gab es in Großrussland, vor allem in Moskau und Leningrad, Gruppen aktiver jüdischer Kommunisten. Am 7. März 1918 erschien in Leningrad die erste Ausgabe der ersten jiddischen kommunistischen Zeitung. Einige Monate später änderte sie ihren Erscheinungsort nach Moskau und ihren Titel, *Der Wahrheit*, in den weniger literarischen *Der Emes*, unter dem sie seither erscheint."

Auf Seite 112,

„Am Ende des Bürgerkriegs waren die jüdischen Sektionen der Kommunistischen Partei, in denen die ehemaligen Bundisten ihren Platz gefunden hatten, im Alleinbesitz des Feldes. Die jüdischen Kommunisten waren vielleicht noch intoleranter als ihre nichtjüdischen Kameraden. Der linke Flügel der Poale-Zion, der als

Jüdische Kommunistische Partei bekannt ist und sich zu den Lehren der Dritten Internationale bekennt, darf in der Öffentlichkeit arbeiten."

Auf Seite 124 sagt Yarmolinsky,

> „Es ist zu bedenken, dass die jiddischen Schulen ein integraler Bestandteil des sowjetischen Bildungssystems sind und vollständig vom Staat unterstützt werden. Es gibt ein zentrales jüdisches Büro im Bildungskommissariat und jüdische Lehrer in den lokalen Büros. Die größte Sammlung jüdischer Bücher befindet sich in der zentralen jüdischen Staatsbibliothek von Kiew, die den Namen von Morris Winchewsky trägt, dem russisch-amerikanischen Dichter und Publizisten, der als Vater der sozialistischen Litteratur in Jiddisch gilt. Zum zehnten Jahrestag der Revolution wurde in Odessa ein staatliches Museum für jüdische Kultur eröffnet, das nach dem „Großvater" Mendele Mocher Sforim benannt ist. Die jüdische Abteilung des Instituts für weißrussische Kultur wurde 1925 ins Leben gerufen und hat bereits mehrere Untersuchungskommissionen zu Fragen von literarischer, historischer und sprachlicher Bedeutung eingerichtet. Die Arbeit an einem wissenschaftlichen Wörterbuch des Jiddischen hat begonnen. Eine ähnliche Arbeit wird unter der Schirmherrschaft des Lehrstuhls für jüdische Kultur an der Ukrainischen Akademie der Wissenschaften in Kiew durchgeführt. Im Jahr 1925 wurden in der Sowjetunion fast so viele jiddische Titel veröffentlicht wie in allen anderen Ländern zusammen. Im Laufe des Jahres 1927 erreichte die Zahl 294. 1927 gab es in der Sowjetunion sechs jiddische Tageszeitungen, und auch an Periodika mangelte es nicht. Eine von mehreren jiddischen Wochenzeitschriften wird vom Zentralkommissariat der Kommunistischen Partei der Ukraine herausgegeben. Zu den jiddischen Monatszeitschriften gehören eine pädagogische Zeitschrift und eine allgemeine Zeitschrift, die *Rote Welt,* die vom staatlichen ukrainischen Publikationsamt herausgegeben wird. In dem Maße, wie die jüdische Kultur an Stärke gewinnt, wird sich auch die Kunst durchsetzen.

Hollywood hat das den Amerikanern bewiesen, stellt Yarmolinsky auf Seite 130 interessant fest.

> „Der soziale Erdrutsch war für die jüdische Literatur weit weniger zerstörerisch als für die russische, denn die jiddischen Autoren hatten schon immer nicht für das dem Untergang geweihte Bürgertum, sondern für das einfache Volk geschrieben."

Besonders aufschlussreich ist die Formulierung „die dem Untergang geweihte Mittelschicht“. Dies ist einer der seltenen Fälle, in denen die kommunistischen Bestrebungen unverhüllt zutage treten. Ihr Ziel ist es, die intelligente Mittelschicht vollständig zu beseitigen und eine Zweiklassengesellschaft zu schaffen, eine Klasse von Arbeitern und Bauern, die ein Sklavendasein führen, und eine kleine Klasse von Herrschern, eine sich selbst erhaltende Elite. Auf Seite 130 sagt Yarmolinsky,

> „Die Assimilation ist auf allen Seiten verpönt. Die Kommunisten arbeiten, wie an anderer Stelle erklärt, auf die Konsolidierung der jüdischen Nationalität hin. Das Assimilationsprogramm wird von der offiziellen Politik der Kommunistischen Partei entschieden abgelehnt.“

Dies entspricht genau einem der beiden Grundsätze der zionistischen Bewegung, die sich laut Israel Cohen der Verhinderung der Assimilation und der Errichtung eines jüdischen Staates verschrieben hat. Auf Seite 136 sagt Yarmolinsky,

> „Auf einer Konferenz der jüdischen kommunistischen Sektionen wurde eine Resolution vorgelegt, die die Möglichkeit der Assimilierung für die Kommunisten außerhalb der großen jüdischen Zentren aufzeigte. Sie wurde mit der Begründung abgelehnt, dass dies ein taktloser Schritt sei und das Volk beleidigen würde. Die von den orthodoxen Kommunisten angestrebte jüdische Sowjetrepublik unterscheidet sich grundlegend von Herzls Politik in Zion. Innerhalb ihres lokalen Rahmens würde sie dem russischen Judentum eine Grundlage für ein volles nationales Leben bieten. Die jüdische Republik ist eine Angelegenheit der Zukunft. Wenn nicht alle Zeichen falsch stehen, wird die Zukunft das Aufkommen einer eigenständigen jüdischen Kultur auf russischem Boden erleben.

Seite 136 fährt fort,

> „Im Februar 1928 erschien eine rabbinische Zeitschrift in hebräischer Sprache, die von einer kommunistischen Firma in Moskau herausgegeben wurde. Es ist vielleicht noch zu früh, um die Ergebnisse der russischen Revolution zu beurteilen, aber es scheint, dass ihre Hauptwirkung auf das jüdische Volk darin besteht, dass es nicht nur als Individuum, sondern als eine Gruppe mit den Möglichkeiten einer Nation befreit wurde.“

Eine weitere Auswahl aus der immensen Menge an Beweisen für den enormen direkten und langfristigen Nutzen, den das Judentum aus der

Russischen Revolution zog, bringt uns zum Zionistischen Bulletin. In der Ausgabe vom 17. März 1920 findet sich der folgende Artikel,

> „Die Weiner Morgenzeitung hat die erste Nummer der jüdischen Zeitung Naschy Slowo erhalten, die in Harbin, Sibirien, von der jüdischen Demokratie herausgegeben wird. Die kommunistische Regierung ist seit April 1919 demokratisiert und enthält eine große Anzahl von Zionisten in ihrem Rat. Die Berichte über das Leid der jüdischen Flüchtlinge in Sibirien scheinen übertrieben zu sein, da die meisten von ihnen eine Möglichkeit gefunden haben, ihren Lebensunterhalt zu bestreiten. In Sibirien gibt es eine Jiddische Kulturliga mit Zweigstellen in allen größeren Städten, die sehr aktiv ist. Es gibt häufige Kontakte zwischen den Juden Sibiriens und Amerika, wo sich viele von ihnen niederzulassen beabsichtigen.

In der Ausgabe vom 24. März 1920 heißt es dazu,

> „Ein Referat über jüdische Literatur in Russland unter dem bolschewistischen Regime wurde von Herrn Efroikin auf einer Konferenz jüdischer Literaten verlesen, die kürzlich in Vilna, Polen, stattfand. Es wurde eine Liste jüdischer Veröffentlichungen verlesen, die mit der Ankündigung endete, dass die Petrograder Gesellschaft Mefizeh Haskalah eine Reihe wirtschaftlicher Werke in jiddischer Sprache und die Gesellschaft Oze eine Reihe medizinischer Werke für die Presse vorbereitet. Wichtiger als all dies ist jedoch eine geplante jiddische Enzyklopädie, für die das Kommissariat für Volksbildung zwei Millionen Rubel bereitstellt."

Der Zweck dieser jiddischen Schulen und der jiddischen medizinischen Bücher und Enzyklopädien bestand darin, die Russen allmählich aus den Berufen zu verdrängen und alle Universitäten außer den jiddischen zu schließen, um zu der rein jüdischen herrschenden Klasse von Beamten und Fachleuten zu gelangen, die in der Idee von Syrkins sozialistischem zionistischem Weltstaat enthalten ist.

Hamilton Fish Armstrong, Direktor des Council On Foreign Relations, schreibt auf Seite 240 seines glühenden Lobes über den kommunistischen Revolutionär Tito, „Tito and Goliath", Macmillan, 1951, dass,

> „Im ersten kommunistisch dominierten Kabinett in Ungarn saßen so viele Juden, dass es hieß, die ein oder zwei so genannten christlichen Mitglieder seien aufgenommen worden, um sicherzustellen, dass es jemanden gibt, der die Hinrichtungsdekrete an Samstagen gegenzeichnen kann."

Armstrong hat Recht, wenn er „so genannte Christen" sagt, denn kein echter Christ würde sich mit den blutigen Massenmördern des jüdischen Kommunismus einlassen.

KAPITEL 11

Aufgrund der vielen auffälligen Parallelen zwischen den von der Regierung Franklin Roosevelt entwickelten Regierungstechniken und dem im Kommunistischen Manifest von 1848 dargelegten Programm wird das Manifest im Kapitel über Roosevelt behandelt. Eine Untersuchung der Werke Lenins ist für das Studium der Russischen Revolution von größerer Bedeutung, denn die Oktoberrevolution war die leninistische Revolution. In der 1935 in Moskau in englischer Sprache erschienenen Ausgabe von „Staat und Revolution", die Lenin 1918 geschrieben hatte, zitiert er ausführlich aus Friedrich Engels' „Der Ursprung der Familie". Auf Seite 16 zitiert er Engels wie folgt,

> „Im Gegensatz zur alten heidnischen Organisation ist das Hauptunterscheidungsmerkmal des Staates die Aufteilung der Untertanen des Staates nach Territorien. Eine solche Einteilung erscheint uns natürlich, aber sie kostete einen langen Kampf gegen die alte Form der heidnischen Gesellschaft."

Lenin und Marx betonten immer wieder, wie wichtig es sei, die nichtjüdische Gesellschaft, die auf der Familie beruht, zu zerstören. Indem sie die familiären Bindungen auslöschten, hofften die Kommunisten, einen Staat mit völlig gehorsamen Untertanen zu schaffen, deren einzige Loyalität ihren Herrschern gilt. Sie betrachteten die Eltern als physische Notwendigkeit, um das Kind ins Leben zu rufen, verlangten aber, dass der Staat über das Kind verfügt, sobald es entwöhnt ist.

Diese Entwicklung in Russland wurde durch den kommunistischen Angriff auf die Religion noch beschleunigt. Es ist bedauerlich, dass die Gegner des Kommunismus in den englischsprachigen Ländern es nicht für angebracht hielten, Lenins unverblümte Position zur Religion in ihrem Kampf zu nutzen. Ein Band mit seinen Äußerungen zur Religion wurde 1933 von International Publishers, New York, dem offiziellen

Verlag der Kommunistischen Partei Amerikas, herausgegeben, dem Jahr, in dem die Partei hier nach der Wahl Roosevelts an die Öffentlichkeit trat. Der erste Satz der Einleitung zu Lenins „Religion" lautet wie folgt,

> „Der Atheismus ist ein natürlicher und untrennbarer Bestandteil des Marxismus, der Theorie und Praxis des wissenschaftlichen Sozialismus. Engels und Marx waren sich einig: 'Alle religiösen Körperschaften ohne Ausnahme sind vom Staat wie private Vereinigungen zu behandeln.'"

Dies bedeutete, dass die Kirchen nicht mehr steuerbefreit waren und einen Gewinn ausweisen mussten, um in einem kommunistischen Staat zu überleben. Das war der Todesstoß für die Zugeständnisse, die der Staat den religiösen Einrichtungen gemacht hatte. Die Einleitung fährt fort:

> „Aus den Schriften Lenins ragen die folgenden vier Prinzipien als die wichtigsten heraus: 1. Der Atheismus ist ein integraler Bestandteil des Marxismus. Folglich muss eine klassenbewusste marxistische Partei für den Atheismus eintreten. 2. Die Forderung nach der vollständigen Trennung von Kirche und Staat sowie von Kirche und Schule muss erhoben werden. Anmerkung: Dies ist einer der ständigen Punkte der Agitation von Eleanor Roosevelt in ihrer täglichen Zeitungskolumne „My Day". Sie ist mit den atheistischen Vereinten Nationen, deren Delegierte sie ist, zufrieden, da diese ohne jeglichen religiösen Einfluss oder Anleitung arbeiten. 3. Die Gewinnung des Proletariats wird hauptsächlich durch die Behandlung seiner alltäglichen wirtschaftlichen und politischen Interessen erreicht; folglich muss die Propaganda für den Atheismus aus der Verteidigung dieser Interessen erwachsen und sorgfältig mit ihnen verbunden sein. (Anmerkung. In der jüngsten Kontroverse über die Frage, ob die Regierung die Beförderung von Kindern zu kirchlichen Schulen übernehmen sollte, griff Eleanor Roosevelt in ihrer Kolumne den Vorschlag mit der Begründung an, dass er eine ungerechtfertigte Steuerlast für Bürger bedeute, deren Kinder nicht auf kirchliche Schulen gingen. Ihre Argumente folgten weitgehend der offiziellen marxistisch-leninistischen Linie. Allerdings greift sie die marxistische Einkommenssteuer nicht als ungerechtfertigte Belastung für die Bürger an). 4. Die endgültige Emanzipation der werktätigen Massen von der Religion wird erst nach der proletarischen Revolution erfolgen, nur in einer kommunistischen Gesellschaft. Dies ist jedoch kein Grund, die Propaganda für den Atheismus aufzuschieben. Es unterstreicht vielmehr ihre

Dringlichkeit in Unterordnung unter die allgemeinen Bedürfnisse des Klassenkampfes der Arbeiter."

In diesem Buch wird auch aus dem Programm der Kommunistischen Partei vom März 1919 zitiert, in dem es heißt, dass die Arbeiter im Kampf zwischen der Kirche und dem Staat um die Köpfe der Menschen ohne Revolution einen Vorsprung erzielt haben.

„In der Frage der Religion beschränkt sich die Kommunistische Partei der Sowjetunion nicht auf die bereits verfügte Trennung von Kirche und Staat sowie von Schule und Kirche, d.h. auf Maßnahmen, die in den Programmen der bürgerlichen Demokratie befürwortet werden, wo die Materie wegen der vielfältigen und tatsächlichen Bindungen des Kapitalismus an das religiöse Eigentum nirgends konsequent verwirklicht worden ist. Die Kommunistische Partei der Sowjetunion lässt sich von der Überzeugung leiten, dass nur die bewusste und gezielte Planung der gesamten gesellschaftlichen und wirtschaftlichen Tätigkeit der Massen das Aussterben der religiösen Vorurteile bewirken wird."

Das einzige religiöse Vorurteil in Russland richtete sich gegen die Juden, und das war vor allem ein wirtschaftliches Ressentiment gegen die jüdische Vorherrschaft in der Alkoholindustrie, im Großhandel und in anderen großen Industriezweigen. Unter den Bauern herrschte ein gewisses Misstrauen gegenüber den geheimnisvollen Riten des Judentums und der seltsamen Kleidung und dem Verhalten der orthodoxen Juden, was dazu führte, dass Geschichten über Blutriten und Ritualmorde an christlichen Kindern bei ihren religiösen Orgien in Umlauf gebracht wurden.

In Lenins Buch „Religion" wird auf Seite 28 das Kommunistische Programm des Sechsten Weltkongresses zitiert,

„Eine der wichtigsten Aufgaben der Kulturrevolution, die die breiten Massen betrifft, ist die Aufgabe, die Religion, das Opium des Volkes, systematisch und unbeirrt zu bekämpfen. Die proletarische Regierung muss der Kirche, die eine Agentur der ehemals herrschenden Klasse ist, jede staatliche Unterstützung entziehen; sie muss jede Einmischung der Kirche in die staatlich organisierten Bildungsangelegenheiten verhindern und die konterrevolutionäre Tätigkeit der kirchlichen Organisationen rücksichtslos unterdrücken. Gleichzeitig betreibt der proletarische Staat, indem er die Freiheit der Religionsausübung gewährt und die private Stellung der ehemals herrschenden Religion abschafft, mit

> allen ihm zur Verfügung stehenden Mitteln eine antireligiöse Propaganda und baut seine gesamte Erziehungsarbeit auf der Grundlage des wissenschaftlichen Materialismus neu auf."

Die ehemals vorherrschende Religion, das Christentum, war das eigentliche Ziel der Jüdischen Kommunistischen Partei. Auf Seite 7 dieses Bandes finden wir eine redaktionelle Anmerkung zu Marx' Aussage, dass „Religion das Opium des Volkes ist", wie folgt,

> „Dieser Aphorismus wurde von Marx in seiner Kritik der Hegelschen Rechtsphilosophie verwendet. Nach der Oktoberrevolution wurde er an den Wänden des ehemaligen Moskauer Rathauses eingraviert, gegenüber dem berühmten Schrein der iberischen Jungfrau Maria. Dieser Schrein ist inzwischen entfernt worden.

Doch der Vertreter der Familie Straus, Bardsley Ruml, Schatzmeister von Macy's, sagt im *Fortune Magazine*, März 1945, Seite 180 über seinen Besuch in Russland im Jahr 1936, dass

> „In Kasan, abseits der Intouristenroute, schloss Herr Ruml aus dem prächtigen Zustand einer byzantinischen Kirche und ihres Priesters, dass der Kreml nicht vorhatte, die politischen Möglichkeiten der östlichen Orthodoxie zu ignorieren."

Da es nur wenigen Amerikanern gestattet ist, nach Belieben durch Russland zu reisen, müssen wir Herrn Rumls Schlussfolgerung, dass mit der Religion in Russland alles in Ordnung ist, mit einem gewissen Vorbehalt hinsichtlich der Quelle akzeptieren.

Auf Seite 14 der „Religion" von Lenin heißt es

> „Der Marxismus ist Materialismus. Als solcher ist er unerbittlich gegen die Religion, wie es der Materialismus der Enzyklopädisten des 18th Jahrhunderts war... Der Kampf gegen die Religion darf nicht auf abstrakte, ideologische Predigten beschränkt oder reduziert werden."

Auf Seite 18,

> „Der Marxist muss ein Materialist sein, d.h. ein Feind der Religion."

Auf Seite 17,

> „Wenn ein Priester kommt, um mit uns in unserer Arbeit zusammenzuarbeiten, wenn er gewissenhaft Parteiarbeit leistet und

> sich nicht gegen das Parteiprogramm stellt, können wir ihn in die Reihen der Sozialdemokratie aufnehmen."

Auf Seite 20,

> „Unsere Fraktion hat ganz richtig gehandelt, als sie vom Dumatribunal aus erklärte, dass die Religion das Opium des Volkes ist, und auf diese Weise schuf sie einen Präzedenzfall, der als Grundlage für alle Reden dienen sollte, die die russische sozialdemokratische Fraktion in der Duma der Schwarzen Hundert zu halten hatte, was mit Ehre getan wurde."

Auf den Seiten 32 und 33 macht Lenin eine Aussage, die von den linken Intellektuellen in New York seit vielen Jahren befolgt wird,

> „Wir vertrauen darauf, dass die Zeitschrift, die das Organ des militanten Materialismus sein will, unserer Leserschaft Rezensionen über atheistische Literatur geben wird und in welcher Beziehung bestimmte Bücher allgemein geeignet sind."

An anderer Stelle werden wir zeigen, wie dies in den letzten dreißig Jahren in den Buchbesprechungen der *New York Times* und der *New York Herald Tribune geschehen ist.* Der amerikanische Kommunist muss nicht zum *Daily Worker* gehen, um herauszufinden, welche Bücher von der Partei empfohlen werden. Er braucht nur in die Saturday Review of Literature oder die oben genannten Zeitungsrezensionen zu gehen.

Lenins moralische und religiöse Ansichten finden ihren höchsten Ausdruck auf Seite 48, in einer Rede vor dem Dritten Allrussischen Kongress des Kommunistischen Jugendbundes am 2. Oktober 1920.

> „Wir lehnen jede Moral ab, die aus übermenschlichen oder klassenfremden Vorstellungen stammt. Für uns ist die Moral den Interessen des proletarischen Klassenkampfes untergeordnet."

Diese Aussage taucht immer wieder in der kommunistischen Literatur auf. Sie wird jungen Kommunisten eingebläut und erklärt die sexuellen Aktivitäten von jüdischen kommunistischen Spionen wie Judith Coplon.

Lenin ist ein entschiedener und ständiger Verfechter der Demokratie. In „Der Staat und die Revolution", Seite 86, sagt er, dass,

> „Demokratie bedeutet für die große Mehrheit des Volkes Unterdrückung durch Gewalt, d.h. den Ausschluss der Ausbeuter

und Unterdrücker des Volkes aus der Demokratie - das ist die Veränderung, die die Demokratie beim Übergang vom Kapitalismus zum Kommunismus erfährt."

Lenin und Warburg wollen die Demokratie für alle, außer für diejenigen, die sich der Regierung von und für Kuhn, Loeb und Co. widersetzen. Diese Gegner machen sich der Unterdrückung des Volkes schuldig und natürlich des Antisemitismus.

Auf Seite 96 schreibt Lenin,

„Die Demokratie ist für die Arbeiterklasse in ihrem Freiheitskampf gegen die Kapitalisten von großer Bedeutung. Demokratie bedeutet Gleichheit."

Mehr davon finden wir in den Schriften von James Paul Warburg.

Im September 1917 veröffentlichte Lenin einen Artikel mit dem Titel „Die drohende Katastrophe", abgedruckt in *Ausgewählte Werke,* Band X, übersetzt von J. Fineberg, auf Seite 185, in dem er seine Pläne für die Übernahme der Finanzmacht darlegt. Diese Pläne wurden von der Labour-Regierung in England und dem Truman-Sozialismus der amerikanischen Nachkriegsregierung verfolgt, der dem Roosevelt-Sozialismus der 30er Jahre vorausging. Lenin fordert

„1. die Verstaatlichung der Banken. Das Eigentum am Kapital, das von den Banken manipuliert wird, geht nicht verloren und wird auch nicht verändert, wenn die Banken verstaatlicht und zu einer Staatsbank verschmolzen werden, so dass es möglich ist, ein Stadium zu erreichen, in dem der Staat weiß, wohin und wie, von wo und zu welcher Zeit Millionen und Milliarden fließen. Nur die Kontrolle über den Betrieb der Banken, sofern sie zu einer Staatsbank verschmolzen werden, ermöglicht gleichzeitig mit anderen leicht durchführbaren Maßnahmen die tatsächliche Erhebung der Einkommensteuer ohne Verschleierung von Vermögen und Einkommen. Der Staat wäre zum ersten Mal in der Lage, alle Geldgeschäfte zu überblicken, sie zu kontrollieren und das Wirtschaftsleben zu regeln. ENDLICH Millionen und Milliarden für große staatliche Operationen zu erhalten, ohne den kapitalistischen Herren himmelhohe Provisionen für ihre Dienste zu zahlen. Sie würde die Verstaatlichung der Syndikate, die Abschaffung des Geschäftsgeheimnisses, die Verstaatlichung des Versicherungswesens, die Kontrolle und die Zwangsorganisation der Arbeiter in Gewerkschaften und die Regulierung des Konsums erleichtern. Die Verstaatlichung der Banken würde den Umlauf von

> Schecks für alle Reichen gesetzlich verpflichtend machen und die Konfiszierung von Vermögenswerten einführen, die der Verheimlichung von Einkünften dienen. Die fünf Punkte des angestrebten Programms sind also die Verstaatlichung der Banken, die Verstaatlichung der Syndikate, die Abschaffung der Geschäftsgeheimnisse, der Zwang der Arbeiterschaft, Gewerkschaften beizutreten, und die Zwangsorganisation der Bevölkerung in Verbraucherverbänden."

Lenins Programm ist die wichtigste Seite in der gesamten kommunistischen Literatur für diejenigen, die an der Erhaltung der amerikanischen Republik interessiert sind. Hier ist das innere Diktum, das Programm, das die NRA von Roosevelt und die politische Wirtschaftsplanung von Moses Sieff in England den angelsächsischen Bürgern aufzudrängen versuchten. Diese fünf Punkte umfassen alle Teile der Bevölkerung und geben die absolute Kontrolle über alle Elemente der Gesellschaft. Die Labour-Regierung in England bewies, dass das Eigentum am Kapital durch die Verstaatlichung der Banken nicht beeinträchtigt wird, als sie die Bank of England verstaatlichte. Die Aktionäre erhielten weiterhin ihre Dividenden, und - was am wichtigsten ist - die Liste der Anteilseigner blieb geheim.

Die historische Bedeutung dieses Artikels ist folgende: Mit der Veröffentlichung dieser einzigen Erklärung, „Die drohende Katastrophe", übernahm Lenin die Führung der Bolschewiki. Die Ankündigung der verzweifelten Entschlossenheit, die absolute Macht zu ergreifen und zu halten, scharte die Unzufriedenen der Aprilrevolution um Lenin. Für die Oktoberrevolution lieferte Trotzki mit freundlicher Genehmigung von Aschberg die Waffen, und Stalin sicherte Lenin die Unterstützung des russischen Judentums zu. Wernadskij weist in seinem *Leben von Lenin darauf* hin, dass Lenin bis zur Russischen Revolution und dem Aufkommen der Provisorischen Regierung nie das öffentliche Bewusstsein erreicht hatte. Unter den Revolutionären selbst war er nur einer von vielen nervösen und eifrigen Opportunisten, deren Atem ganz von der Gier nach Macht über ihre Mitmenschen getragen wurde. Es war das Zögern der Kerenski-Regierung, das das notwendige Klima für die fanatischen Mörder der Partei schuf und es ihnen ermöglichte, die Regierungsmaschinerie an sich zu reißen. Und wie verhielt sich zu diesem Zeitpunkt Präsident Woodrow Wilson? Wernadskij zitiert ihn auf Seite 211. Der Präsident gab eine öffentliche Erklärung ab, in der er sagte,

> „Das ganze Volk der Vereinigten Staaten ist mit dem russischen Volk in seinem Versuch, sich für immer von der autokratischen Regierung zu befreien und Herr seines eigenen Lebens zu werden."

Dies ist die zynischste Aussage in unserer politischen Literatur. Woodrow Wilson wußte, daß die einheimische Regierung Rußlands von einer fremden Minderheit gestürzt wurde, und er wußte, daß die Mittel für diese Revolution von derselben Goldbank kamen, die ihm sein Wahlkampfgeld zur Verfügung gestellt hatte. Im folgenden Jahr schickte Wilson Lenin 20 Millionen Dollar aus dem Sonderkriegsfonds, den ihm der Kongress für den Krieg gegen Deutschland zur Verfügung gestellt hatte. Wie sein Stellvertreter Franklin Roosevelt ließ auch Wilson keine Gelegenheit aus, öffentlich seinen Glauben an und seine Bewunderung für das bösartigste Regime der modernen Geschichte, die totalitäre Diktatur des bolschewistischen Russlands, zu bekräftigen.

Lenin selbst gibt die Erklärung für seinen Sieg. In Band X seiner *Ausgewählten Werke*, übersetzt von J. Fineberg, Seite 284, schrieb er,

> „Wir haben den Sieg in Russland errungen, und zwar so leicht, weil wir uns während des imperialistischen Krieges auf den Sieg vorbereitet haben."

Während Paul Warburg und das Federal Reserve Board erklärtermaßen ihr Bestes taten, um die Währungsstabilität in den Vereinigten Staaten zu verhindern, schrieb Lenin auf Seite 324 von Band X,

> „Wenn es uns gelingt, den Rubel über einen längeren Zeitraum und dann dauerhaft zu stabilisieren, haben wir gewonnen".

Die Stabilität des Geldes ist der Prüfstein für alle Regierungen. Der Untergang der meisten revolutionären Regierungen, einschließlich des klassischen Beispiels der Französischen Revolution, war die gefürchtete Inflation des Geldes bis zu dem Punkt, an dem es ein nützliches Tauschmittel war. Die Banker, die hinter Lenin standen, haben die kommunistische Regierung jedoch erfolgreich an den Fallstricken des Geldes vorbeigeführt.

Moskau selbst war auch nach der Oktoberrevolution noch viele Monate lang ein bewaffnetes Lager. Im offiziellen *„Kommunistischen Leben Lenins"* von Kerzhentsev, Seite 244, wird die Geschichte erzählt, wie der große Diktator und seine Schwester im Januar 1919 auf einer Moskauer Hauptstraße von Banditen angehalten und ihnen die Limousine weggenommen wurde. Als Symbol ihrer Befreiung vom

Zarismus hatten die Bolschewiki verfügt, dass Polizisten keine Uniformen tragen sollten. Folglich konnte jeder, der eine Waffe auf einen Passanten richtete, von der Menge als Polizist angesehen werden. Jetzt tragen die kommunistischen Polizisten natürlich Uniformen wie andere Nationen auch.

Im April 1918 veröffentlichte Lenin einen Band, der die neue Demokratie in Aktion zeigt. „Die Sowjets bei der Arbeit" wird von Anna Louis Strong übersetzt, die später als eine der harmlosen chinesischen Agrarkommunisten bekannt wurde. Auf den Seiten 24 und 25 schreibt Lenin, dass,

> „Wir müssen die Volksbank als Schritt zur Verstaatlichung aller Banken als Zentren der sozialen Buchführung stärken. Wir sind rückständig bei der Erhebung der Vermögens- und Einkommenssteuer, die besser organisiert werden muss. Um stärker zu werden, müssen wir die von der Bourgeoisie verlangten Beiträge (requiriertes Eigentum) durch stetig und regelmäßig erhobene Vermögens- und Einkommenssteuern ersetzen. Die Verzögerung bei der Einführung des obligatorischen Arbeitsdienstes ist ein weiterer Beweis dafür, dass das dringendste Problem gerade die vorbereitende Organisationsarbeit ist, die einerseits notwendig ist, um die Kampagne zur 'Umzingelung des Kapitals' und zur 'Erzwingung seiner Kapitulation' vorzubereiten."

Innerhalb weniger Monate hatte die leninistische Regierung die rüde Erkenntnis gewonnen, dass eine Regierung nicht lange von dem Reichtum leben kann, den sie einer Klasse ihrer Bürger entreißt. Das Kapital zu umzingeln und zur Herausgabe zu zwingen, ist eine treffende Bezeichnung für den größten Masseneinbruch in der modernen Geschichte, die Anfänge des bolschewistischen Regimes, als die kommunistischen Führer die Eigentümer vertrieben oder töteten und die Paläste und Ländereien an sich rissen, natürlich immer im Namen des Staates. So schwelgte die kleine Gruppe von Fanatikern, die sich die „Diktatur des Proletariats" nannte, in dem Luxus, um den sie sie so lange beneidet hatten, ohne ihn in einer stabilen Gesellschaft erreichen zu können.

Woodrow Wilson versicherte den Bolschewiki in seiner Jahresbotschaft an den Kongress am 8. Januar 1918 in mehreren Absätzen die „große Sympathie der Vereinigten Staaten für Russland" und versprach dem russischen Volk kühn aktive Unterstützung in seinem Kampf um „Freiheit". Dies war kein leeres Versprechen, denn innerhalb von sechs Monaten schickte er Elihu Root mit 20 Millionen Dollar dringend benötigtem Kapital für die revolutionäre Regierung nach Moskau. Wer in Amerika nahm das zur Kenntnis? Unser Volk war tief in den Ersten Weltkrieg verstrickt, der, wie sowohl Lenin als auch Trotzki betonten, die goldene Zeit für revolutionäre Bewegungen in der ganzen Welt war.

KAPITEL 12

Die Pariser Friedenskonferenz von 1918-1919 führte zur Gründung des Rates für Auswärtige Beziehungen, zur Organisation des Völkerbundes und zum Zweiten Weltkrieg. Die Konferenzthemen, oder besser gesagt, die Verschwörer, machten den Zweiten Weltkrieg durch ihre Strafreparationen gegen Deutschland, die das deutsche Volk dem europäischen Konzert entfremdeten, und durch die willkürliche Umverteilung von Minderheiten in den explosiven Ländern Mitteleuropas unausweichlich. Versailles war eine erfolgreiche Verschwörung gegen den Frieden. Die Schaffung der Tschechoslowakei, der polnische Korridor und die besonderen Privilegien für bestimmte Minderheiten, insbesondere die Juden, waren Faktoren, die einen dauerhaften Frieden unmöglich machten. Einige Korrespondenten und Delegierte verließen die Friedenskonferenz angewidert und erklärten: „Die Pariser Konferenz bedeutet nicht Frieden, sondern Krieg".

Die Fakten über die Pariser Friedenskonferenz sind schwer zu fassen. Viele der Delegierten haben ihre Erinnerungen an dieses Ereignis niedergeschrieben, und es dürfte schwierig sein, langweiligere oder enttäuschendere Bücher zu finden. Von einer der wichtigsten Zusammenkünfte in der Weltgeschichte finden wir keine Aufzeichnungen über die Diskussionen der Teilnehmer, außer in den vagesten Worten. Die folgenden Seiten sind die Zusammenfassung von etwa sechzig Büchern über diese Konferenz.

Die Vertreter vieler Völker, der Eroberer und der Besiegten, kamen zur Konferenz von Versailles voller Hoffnung für die Zukunft. Sie verließen sie mit einer Vorahnung im Herzen. Alle kleinen Völker wollten Frieden, aber sie mussten feststellen, dass alle großen Interessen auf einen neuen Krieg warteten. Das war das Klima der Verhandlungen, und inmitten dieser Gewissenserforschung und des Blicks in die dunkle Zukunft hatte nur eine Gruppe alles zu gewinnen und nichts zu verlieren. Das war das jüdische Volk.

Dr. E.J. Dillon, einer unserer kompromisslosesten Historiker, veröffentlichte sein letztes Werk, „The Inside Story of the Peace Conference", 1920. Sein Verleger war Harpers. Jetzt wird Harpers vom Council On Foreign Relations kontrolliert. Vorsitzender von Harpers ist Cass Canfield, Chefredakteur ist John Fischer, Henry J. Fisher ist Mitglied des Exekutivausschusses, Frederick Lewis Allen ist Herausgeber von *Harper's Monthly* und George L. Harrison von der New Yorker Federal Reserve Bank ist Direktor von Harpers. Alle diese Männer sind prominente Mitglieder des Council On Foreign Relations. Es erübrigt sich zu sagen, dass Harpers heute weder Dr. Dillon noch irgendjemanden mit ähnlichem Mut veröffentlicht.

Auf Seite 12 des Buches „The Inside Story of the Peace Conference" schreibt Dr. Dillon, dass,

> „Von allen Kollektiven, deren Interessen auf der Konferenz gefördert wurden, hatten die Juden die einfallsreichsten und sicherlich einflussreichsten Vertreter. Es gab Juden aus Polen, Palästina, Russland, der Ukraine, Rumänien, Frankreich, Großbritannien, Holland und Belgien; aber das größte und brillanteste Kontingent wurde von den Vereinigten Staaten entsandt."

Auf den Seiten 496-497 erklärt Dr. Dillon, dass

> „Eine beträchtliche Anzahl von Delegierten glaubte, dass die wirklichen Einflüsse hinter den angelsächsischen Völkern semitischer Natur seien. Sie konfrontierten den Vorschlag des Präsidenten zur religiösen Ungleichheit und insbesondere das ihm unterstellte merkwürdige Motiv mit den Maßnahmen zum Schutz von Minderheiten, die er später den kleineren Staaten auferlegte und die vor allem darauf abzielten, die jüdischen Elemente in Osteuropa zu befriedigen, und sie kamen zu dem Schluss, dass die Reihe von Maßnahmen, die in dieser Richtung ausgearbeitet und durchgesetzt wurden, von den Juden inspiriert waren, die sich in Paris versammelt hatten, um ihr sorgfältig durchdachtes Programm zu verwirklichen, das sie im Wesentlichen auch durchsetzen konnten. Die Formel, auf die diese Politik von den Mitgliedern der Konferenz, deren Länder sie betraf, gebracht wurde und die sie als verhängnisvoll für den Frieden Europas ansahen, lautete: „Von nun an wird die Welt von den angelsächsischen Völkern regiert, die ihrerseits von ihren jüdischen Elementen beherrscht werden."

„Die Befürworter der Minderheitsklauseln zeigten sich nicht zurückhaltend und mäßigend. Was die Delegierten aus dem Osten sagten, war kurz gesagt Folgendes:

„In unseren Ländern wendete sich das Blatt schnell zugunsten der Juden. Alle osteuropäischen Regierungen, die ihnen Unrecht getan hatten, sprachen ihr mea culpa aus und versprachen feierlich, ein neues Kapitel aufzuschlagen. Nein, sie hatten es bereits gewendet. Wir zum Beispiel änderten unsere Gesetzgebung, um den dringenden Bedürfnissen der Juden gerecht zu werden und ihnen zuvorzukommen. Polen und Rumänien erließen Gesetze, die eine absolute Gleichstellung der Juden mit ihren eigenen Staatsangehörigen vorsahen. Die aus Russland eingewanderten Hebräer erhielten das volle Staatsbürgerrecht und waren berechtigt, jedes Amt im Staat zu bekleiden. Das inbrünstige Gebet Osteuropas war, dass die jüdischen Mitglieder ihrer jeweiligen Gemeinden allmählich an die Einheimischen assimiliert und zu patriotischen Bürgern wie diese werden sollten. Doch im Rausch des Triumphs begnügten sich die Juden nicht mit Gleichheit, sondern forderten Ungleichheit zum Nachteil der Rassen, deren Gastfreundschaft sie genossen. Sie sollten die gleichen Rechte haben wie die Russen, die Polen und andere Völker, unter denen sie lebten, aber sie sollten auch noch viel mehr haben. Ihre religiöse Autonomie wurde unter den Schutz des Völkerbundes gestellt, der nur ein anderer Name für die Mächte ist, die sich die Führung der Welt vorbehalten haben.

Die Methode besteht darin, jeden der kleineren Staaten zu verpflichten, jeder Minderheit die gleichen Rechte zu gewähren, die die Mehrheit genießt, und darüber hinaus bestimmte Privilegien zu gewähren. Das Instrument, das diese Verpflichtungen auferlegt, ist ein formeller Vertrag mit den Großmächten, zu dessen Unterzeichnung Polen, Rumänien und andere Kleinstaaten aufgefordert wurden. Die zweite Klausel des polnischen Vertrags besagt, dass jede Person, die am 1. August 1914 ihren gewöhnlichen Wohnsitz in Polen hatte, sofort Staatsbürger wird. Am 1. August 1914 hielten sich zahlreiche deutsche und österreichische Agenten und Spione, viele von ihnen Hebräer, gewöhnlich in Polen auf. Außerdem hatten sich die aus Russland eingewanderten fremdjüdischen Elemente dort endgültig auf die Seite der Feinde Polens geschlagen. Diesen Feinden nun verfassungsmäßige Waffen in die Hände zu geben, war bereits ein Opfer und ein Risiko. Die Juden in Wilna haben kürzlich entschieden gegen die Eingliederung dieser Stadt in Polen gestimmt. Sollen sie als loyale polnische Bürger behandelt werden?“

So zwang Präsident Wilson, der so wortgewandt und aufrichtig für die Rechte der kleinen Nationen eintrat, diese kleinen Nationen dazu, fremde Revolutionäre, Agitatoren und Spionageagenten in ihren Schoß aufzunehmen, die keine anständigen Bürger irgendeines Landes werden konnten. Vor allem die Juden hatten, selbst wenn ihre Gastgeber den aufrichtigen Wunsch hatten, sie als vollwertige und assimilierte Bürger aufzunehmen, nicht die Absicht, solche zu werden. Ihre religiöse und politische Philosophie, der sozialistische Zionismus, verbot ihnen ausdrücklich, sich in irgendeinem Land zu assimilieren. Dennoch wurde dieser Aspekt des jüdischen Problems in Versailles ignoriert. Dr. Dillon zitiert eine Rede von M. Bratianu, Premierminister von Rumänien, auf der Konferenz,

> „Rumänien hat 800.000 Juden die vollen Rechte der rumänischen Staatsbürgerschaft verliehen. Wenn nun aber die Juden in eine besondere Kategorie gestellt werden sollen, indem sie von ihren Mitbürgern durch autonome Institutionen getrennt werden, durch die Beibehaltung des deutsch-jiddischen Dialekts, der den teutonischen, antirumänischen Geist am Leben erhält, und dadurch, dass sie befugt sind, den rumänischen Staat als ein untergeordnetes Gericht zu betrachten, gegen das immer eine ausländische Instanz - die Regierungen der Großmächte - angerufen werden kann, wird die Assimilation der deutsch-jiddisch sprechenden Juden an ihre rumänischen Mitbürger zu einer schieren Unmöglichkeit. Die Mehrheit und die Minderheit sind systematisch und endgültig entfremdet".

Dillon sagt, dass

> „Präsident Wilson entgegnete Bratianu ausführlich, dass die Großmächte sich für die dauerhafte Ruhe der kleineren Staaten verantwortlich machten. Die Behandlung der Minderheiten könne, wenn sie nicht gerecht und rücksichtsvoll sei, zu den schlimmsten Unruhen führen und sogar Kriege auslösen."

In Wilsons Rede war die Drohung enthalten, dass die Großmächte diesem Staat den Krieg erklären würden, wenn die kleineren Staaten zuließen, dass einem Juden auch nur ein Haar gekrümmt würde. Dies ist zumindest eine Erklärung dafür, warum die Vereinigten Staaten 1941 in den Krieg gegen Deutschland zogen.

Die Zukunft des Zionismus war jedoch nicht die einzige Sorge Woodrow Wilsons in Paris. Er hatte auch den brennenden Wunsch, nach Moskau zu eilen und dem roten Diktator Nikolai Lenin zu gratulieren. In seiner Eröffnungsrede auf der Friedenskonferenz erklärte er

> „Darüber hinaus gibt es eine Stimme, die nach diesen Definitionen von Prinzipien und Zielen ruft, die, wie mir scheint, aufregender und zwingender ist als jede der bewegenden Stimmen, die die unruhige Luft der Welt erfüllen. Es ist die Stimme des russischen Volkes. Es gibt in den Vereinigten Staaten Männer von feinstem Gemüt, die mit dem Bolschewismus sympathisieren, weil er dem Einzelnen jene Ordnung der Möglichkeiten zu bieten scheint, die sie herbeiführen wollen."

Diese Rede, die in der kommunistischen Apologie „The Great Conspiracy Against Russia" von Michael Seghers und Albert Kahn, Steinberg Press, 1946 zitiert wird, ist die Erklärung für die gegenwärtige Einbettung von Woodrow Wilson als Abraham Lincoln des Kommunismus. Diese Rede war eine offizielle Warnung an alle Nationen Europas, dass die Regierung der Vereinigten Staaten mit dem Kommunismus sympathisiert, und sie war ein grünes Licht für jeden kommunistischen Agitator in den Balkanländern.

Die Erinnerung an Woodrow Wilson wird von den subversivsten Elementen in Amerika wachgehalten. Isaiah Bowman, Leiter der territorialen Abteilung der Friedenskonferenz und Mitbegründer des Council on Foreign Relations, wurde zum Präsidenten der Johns Hopkins University ernannt und richtete dort die Woodrow Wilson School of Foreign Affairs ein. Er beauftragte den unermüdlichsten kommunistischen Agenten in Amerika, Owen Lattimore, mit der Leitung dieser Schule. Johns Hopkins hat auch einen der am meisten verachteten Amerikaner seit Benedict Arnold, den Meineidskrämer und Verräter Alger Hiss, ausgebildet und in die Welt hinausgeschickt.

In der Kongressbibliothek haben die kommunistischen Bewunderer von Woodrow Wilson einen der größten und am aufwendigsten eingerichteten Räume des Gebäudes für seine Papiere reserviert, ein Allerheiligstes, in das die leichtgläubigen Bürger zwar hineinschauen, aber nicht eintreten können. Die Einsichtnahme in Wilsons Papiere ist untersagt. Sollte seine Korrespondenz mit Jacob Schiff oder Rufus Isaacs ans Licht kommen, würde ein Gott fallen.

Viele unserer Universitäten, wie z. B. die Universität von Virginia, benannten bei der Einrichtung von Schulen für Außenbeziehungen diese nach dem bolschewistischen Finanzier Woodrow Wilson. Das Andenken an die Präsidenten Washington, Jefferson, Adams, Jackson und Lincoln, die zum Aufbau Amerikas beigetragen hatten, wurde beiseite geschoben, um einen unterwürfigen Halbmenschen zu ehren, der so viel für die Sache des Weltkommunismus getan hat.

In den Aufzeichnungen von Woodrow Wilsons Reden in Versailles sucht man vergeblich nach einem Hinweis auf die Nation, die ihm die höchsten Ehren erwiesen hat. Nicht ein einziges Mal hat er während seines Aufenthalts in Paris die Zukunft des amerikanischen Volkes erwähnt oder seine Besorgnis darüber zum Ausdruck gebracht. Umgeben von den Baruchs, Warburgs und Frankfurters, drückte er sein tiefes Interesse am Weltzionismus und Weltkommunismus aus, aber er zeigte nie ein Interesse an der amerikanischen Republik.

Kaum war Präsident Wilson in Paris eingetroffen, schickte er den Attaché des Außenministeriums, William C. Bullitt, als seinen persönlichen Gesandten zu Lenin, um dem roten Diktator seine herzliche Wertschätzung auszudrücken. Diese Reise erwies sich als eine der seltsamsten Episoden in unserer diplomatischen Geschichte. Bullitt reiste nach Moskau, hatte sein Gespräch mit Lenin, der sich wie immer freute, von seinem Bewunderer Woodrow Wilson zu hören, und kehrte nach Paris zurück. Dann weigerte sich Wilson, ihn zu empfangen. Dies löste in der Pariser Presse die wildesten Spekulationen aus, aber keiner von ihnen hatte eine Erklärung für Wilsons Vorgehen. Jahre später erfahren wir von Oberst House, was geschehen war.

Oberst House, der für Wilson oft in ein Fettnäpfchen getreten war, war entsetzt, als er erfuhr, dass Wilson einen persönlichen Gesandten zu Lenin geschickt hatte. House war zu diesem Zeitpunkt in die Pläne für den Völkerbund vertieft, dessen Symbol und Aushängeschild Wilson werden sollte. Dies bedeutete, dass Wilson sein leidenschaftlichstes Interesse, den Kommunismus, aufgeben musste, damit er und indirekt auch der Völkerbund in den Köpfen vieler Menschen nicht als marxistisch identifiziert werden würde. Da ein solcher Traum auf dem Spiel stand, machte Wilson widerwillig seiner oft geäußerten Bewunderung für die sowjetischen Führer ein Ende, und während die Welt darauf wartete, wie er Bullitt nach seiner Rückkehr aus Moskau empfangen würde, beschloss Wilson, ihn nicht aufzunehmen. Wie immer hat Wilson das Falsche getan. Es wäre weit weniger schädlich für ihn gewesen, wenn er einen vernünftigeren Schritt gemacht hätte, aber diese unerklärliche Aktion, die kurz nach Wilsons prokommunistischer Rede auf der Konferenz erfolgte, war eine so völlige Kehrtwende, dass sie die wildesten Gerüchte hervorrief. Es wurde behauptet, dass Wilson einen geheimen Pakt mit Lenin geschlossen und diesen dann heimlich aufgekündigt habe, dass Lenin sich geweigert habe, Bullitt zu treffen, weil er von Wilson keine Gelder mehr erhalten habe, und dass Bullitt und Lenin eine Vereinbarung getroffen hätten, die Wilson nicht mittragen wolle. Keine dieser Spekulationen entsprach der Wahrheit, und keine von ihnen war notwendig. Hätte Wilson auch nur den geringsten Sinn für Öffentlichkeitsarbeit gehabt, wäre es nie zu diesem Fauxpas gekommen. Seit der Ermordung des ersten Gutsbesitzers in Russland im Frühjahr 1917 hatte Präsident Woodrow Wilson eine Rede nach der anderen gehalten, in der er seine Sympathie und Bewunderung für die Mörder verkündete, die in den dunklen Winkeln seines Geistes irgendwie mit seiner Vorstellung von „Freiheit" verbunden waren. Er konnte wohl kaum erwarten, dass er eine solche seit langem bestehende und öffentlich bekannte Stimmung umkehren würde, ohne große Neugierde zu erregen.

Von seinen Kollegen im Obersten Rat, Orlando in Italien, Clemenceau in Frankreich und Lloyd George in England, wurde Woodrow Wilson jedoch wenig Bewunderung entgegengebracht. Sie erkannten ihn als das, was er war, und hatten ihre Freude daran, ihn zu demütigen. Besonders Clemenceau, der Tiger von Frankreich, sah in Wilson ein Objekt des Abscheus. In „Der achte Kreuzzug", Seite 183, heißt es

> „Clemenceau machte keinen Hehl aus seiner Verachtung für Präsident Wilson. Auf der Friedenskonferenz behandelte er ihn mit studierter Unverschämtheit, indem er während der Rede des Präsidenten einzuschlafen schien, und wenn er am Ende der Rede aufwachte, ignorierte er Wilsons Erklärung völlig und bekräftigte lediglich, was er selbst vor der Erklärung des Präsidenten gesagt hatte, um dann wieder einzuschlafen."

Wilson verdiente die Verachtung seiner Mitbrüder, weil er den Zionisten am unterwürfigsten war. Obwohl alle ihre jüdischen Sekretäre Tag und Nacht dabei hatten, Clemenceau mit seinem Georges Mandel, Orlando mit seinem Baron Sonnino und Lloyd George mit seinem Sir Philip Sassoon, war Wilson immer von einer Schar plappernder Zionisten umgeben, wie Louis Marshall, Justice Brandeis oder Felix Frankfurter, und kein geölter Schweineschwanz aus den Ghettos des Nahen Ostens war zu schmierig, um dem Präsidenten eine Audienz zu verweigern, während er in Paris war.

In seiner Autobiografie „Herausfordernde Jahre" erzählt Rabbi Wise auf Seite 196, dass

> „Während der Pariser Friedenskonferenz von 1919 machte sich Wilsons Einfluss zum Wohle Zions im Verhalten des Außenministers Lansing bemerkbar. Als Dr. Weizmann, der Präsident der Zionistischen Weltorganisation, vor den Delegierten der Friedenskonferenz erschien, um seinen klassischen Vortrag über die zionistische Sache zu halten, hatte Lansing, ein bewährter Freund der zionistischen Sache, den Vorsitz der Sitzung inne."

John Foster Dulles, der auf der Haager Friedenskonferenz 1907 seine ersten Erfahrungen mit internationalen Intrigen machte, nahm an der Pariser Friedenskonferenz als Sekretär seines Onkels Robert Lansing, des bewährten Freundes der zionistischen Sache, teil. Thomas Lamont, Seniorpartner von J.P. Morgan Co., schrieb in seiner privat gedruckten Autobiographie „across World Frontiers", dass

> „Wir alle haben uns auf John Foster Dulles verlassen".

Sein Bruder Allen Dulles war dort als Rechtsberater der amerikanischen Delegation. Die Dulles-Brüder erfuhren damals, dass der Zionismus das kommende Ding war.

Das Personal des amerikanischen Komitees für Friedensverhandlungen war ein schlechter Scherz des amerikanischen Volkes. Frank E. Manuel schreibt in seinem Buch „Realities of American-Palestine Relations" auf Seite 206,

> „Im Herbst 1918, als die amerikanische Delegation für die Friedenskonferenz ihren Stab zusammenstellte, führten die amerikanischen Zionisten eine gründliche Vorbereitungskampagne durch, um die Mitglieder der Delegation für das zionistische Programm zu 'prädisponieren'. Die Zionisten bereiteten die Mitglieder des amerikanischen Komitees nicht nur auf die Friedensverhandlungen vor, sondern schlossen sich auch den Bestrebungen aller unterworfenen Nationalitäten an, die nach Unabhängigkeit verlangten."

Woodrow Wilson hatte als seinen persönlichen Finanzberater Norman H. Davis von J. and W. Seligman Co. Als besondere Finanzvertreter des US-Finanzministeriums hatte er Albert Strauss von J. and W. Seligman und Thomas Lamont von J.P. Morgan Co. Oberst Edward Mandel House war mit seinem persönlichen Stab, bestehend aus Arthur Frazier, Gordon Auchincloss und Whitney H. Shepardson, anwesend.

Auchincloss war ein Anwalt der Wall Street. Shepardson widmete den Rest seines Lebens dem Council on Foreign Relations. Als Lansing am 5. Mai 1919 in die Vereinigten Staaten zurückkehrte, wurde der Vorsitz der US-Delegation von Frank Polk übernommen, dessen Anwaltspartner John W. Davis, damals Botschafter in England, zur Unterstützung der Konferenz kam. Davis, Polk, Gardiner und Reed waren die Anwälte von J.P. Morgan Co. Der angesehene amerikanische Diplomat Henry White war ebenfalls anwesend. White wird von seinem Biographen Allan Nevins als ein lebenslanger Freund der Rothschild-Familie beschrieben. Weitere amerikanische Vertreter waren General Tasker H. Bliss, Joseph Grew, ein Neffe von J.P. Morgan, Prof. Archibald Coolidge, Philip Patchin, damals stellvertretender Außenminister, jetzt Direktor von Standard Oil of California, der Sohn von Carter Glass, Major Powell Glass, Sidney E. Mezes, Schwager von Col. House und Präsident von Baruchs Alma Mater, dem City College of New York, William C. Bullitt, Dr. Isaiah Bowman, Kapitän Simon Reisler, Kapitän James Steinberg, Kapitän William Bachman, Leutnant W.G. Weichman, Leutnant J.R. Rosengarten, Leutnant E.E. Wolff, Leutnant J.J. Kaths, Hyman Goldstein, A. Schach, Edith C. Strauss und Schreiber Louis Rosenthal. Wir wiederholen, dass es sich um die amerikanische Delegation in Paris handelt, wie aus der offiziellen Liste des Außenministeriums hervorgeht, die dem Senat zur Abrechnung der Ausgaben vorgelegt wurde.

Auch das Pressekorps amerikanischer Zeitungen wurde aufgrund ihrer Hingabe an bestimmte Ideale sorgfältig ausgewählt. Ihr Vorsitzender, der einstimmig gewählt wurde, war Herbert Bayard Swope von der New York World, Baruchs Lieblingszeitung, die mit drei Stimmen die größte Delegation stellte; die anderen waren Charles M. Lincoln, Samuel S. McClure, Ralph Pulitzer und Louis Seibold. David Lawrence vertrat die Schiff-Zeitung, die New York Post. Lawrence ist heute Herausgeber von US. News and World Report. Der Neger-Agitator William E.B. Dubois war als Vertreter der Crisis anwesend. Abraham Cahan vertrat den Jewish Daily Forward, und Lewis Gannett vertrat die Survey.

Die deutsche Delegation, obwohl aus einem feindlichen Land, enthielt freundliche Elemente. Ihr Leiter war Mathias Erzberger, der deutsche Abgeordnete, der Lenin 1917 durch Deutschland geholfen hatte, und der Amerikaner fand in Erzberger einen alten Freund. Thomas Lamont schreibt in „Across World Frontiers“ auf Seite 138, dass

> „Der deutschen Delegation gehörten zwei deutsche Bankiers der Firma Warburg an, die ich zufällig ein wenig kannte und mit denen ich mich gerne informell unterhielt, denn sie schienen sich ernsthaft zu bemühen, einen Reparationskompromiss anzubieten, der für die Alliierten annehmbar sein könnte."

Internationale Banker sprechen immer „informell". Kriege und Paniken werden immer bei kleinen Zusammenkünften einflussreicher Männer geplant, bei denen sie zwanglos und inoffiziell sprechen und keine Notizen gemacht werden. Bei den beiden ungenannten Bankern der Firma Warburg handelte es sich um deren Chef Max Warburg und seinen Assistenten Carl J. Melchor. Lamont überbrachte Max Grüße von seinen Brüdern Paul und Felix Warburg von Kuhn, Loeb, New York, die nicht anwesend sein konnten, weil einige Kritiker die Tatsache hätten kommentieren können, dass eine Familie sowohl die Alliierten als auch die Mittelmächte am Friedenstisch vertrat.

Der Hauptverfasser der Reparationsklauseln des Friedensvertrags, die heute als eine der beiden Ursachen des Zweiten Weltkriegs angesehen werden, war ein Mann, der viel von der weltweiten Aufrüstung zu gewinnen hatte, Bernard Baruch. Der Entwurf der Wirtschaftsklauseln des Friedensvertrags mit Deutschland wurde dem Senatsausschuss für auswärtige Beziehungen im Sommer 1919 von ihrem Verfasser, dem ehrenwerten Bernard Baruch (im Rang eines Ministers), vorgelegt. Baruch sagte vor dem Graham-Ausschuss aus, dass

> „Ich war Wirtschaftsberaterin bei der Friedensmission.
>
> GRAHAM: Haben Sie dort häufig mit dem Präsidenten beraten?
>
> BARUCH: Wann immer er mich um Rat fragte, gab ich ihn. Ich hatte etwas mit den Reparationsklauseln zu tun. Ich war der amerikanische Kommissar für das, was sie die Wirtschaftsabteilung nannten. Ich war Mitglied des Obersten Wirtschaftsrates und zuständig für Rohstoffe.
>
> GRAHAM: Haben Sie im Rat mit den Herren gesessen, die den Vertrag ausgehandelt haben?
>
> BARUCH: Ja, Sir, einige Male.
>
> GRAHAM: Alle, außer den Treffen, an denen die Fünf teilgenommen haben?
>
> BARUCH: Und häufig auch diese."

Dies war eine interessante Aussage, denn Dr. Dillon berichtet in „The inside Story of the Peace Conference", dass

> „Der Rat der Fünf war ein äußerst geheimes Gremium. Zu den Sitzungen waren keine Sekretäre zugelassen, und es wurden keine Protokolle von Beamten geführt. Mitteilungen wurden nie an die Presse weitergegeben. Bei Missverständnissen über das, was gesagt oder getan worden war, entschied der offizielle Übersetzer Paul Mantoux - einer der brillantesten Vertreter des Judentums auf der Konferenz -, dessen Gedächtnis als außerordentlich hartnäckig galt. Auf diese Weise erlangte er die Auszeichnung, die einzige verfügbare Aufzeichnung der Vorgänge auf dem historischen Konzil zu sein. Er war der Empfänger und ist heute der einzige Aufbewahrungsort für all die Geheimnisse, auf die die Bevollmächtigten so eifersüchtig waren, damit sie nicht eines Tages für irgendeinen zweifelhaften Zweck verwendet werden. Es wurde behauptet, dass M. Mantoux, der ein Mann mit Methode und Weitsicht ist, alles zu seinen Gunsten schriftlich festgehalten hat. Es wurden Zweifel geäußert, ob Angelegenheiten dieser Größenordnung, bei denen es um die Geschicke der Welt ging, so geheim und unprofessionell hätten abgewickelt werden dürfen."

Auf der wichtigsten Versammlung der Geschichte wurde über die Zukunft von zwei Milliarden Menschen entschieden, und diese Versammlung verlief wie eine Diebesbande, die einen Banküberfall plant. Im weitesten Sinne war es auch nichts anderes. Verzweifelte und entschlossene Männer schmiedeten ein Komplott, wie sie aus der weiteren Abschlachtung der Überbevölkerung des zwanzigsten Jahrhunderts den größten Profit ziehen könnten. Dillon weist auch darauf hin, dass

> „Nie war die politische Wahrhaftigkeit so gering wie während der Friedenskonferenz. Es war bezeichnend für das System, dass zwei amerikanische Bürger, beide Juden, damit beauftragt wurden, die aus den Vereinigten Staaten eintreffenden Telegramme an französische Zeitungen zu lesen. Ziel war es, solche Nachrichten zu unterdrücken, die den nützlichen Glauben, dass das Volk der großen amerikanischen Republik fest hinter dem Präsidenten steht, in Frage stellen könnten. Erst nach mehreren Monaten wurde die französische Öffentlichkeit auf die Existenz einer starken amerikanischen Meinungsströmung aufmerksam, die der Politik von Herrn Wilson sehr kritisch gegenüberstand."

Präsident Wilson sabotierte seine Chancen, die Annahme des gescheiterten Völkerbundsvorschlags durch den Kongress zu erreichen, durch die selbstherrliche Art, mit der er die Angelegenheiten des amerikanischen Volkes verließ und nach Europa segelte, um die Interessen der Zionisten und Kommunisten in Paris zu fördern. Die bunt zusammengewürfelte amerikanische Delegation, die wegen ihres Bekenntnisses zu einem Weltstaat ausgewählt wurde? trug wenig dazu bei, den amerikanischen Widerstand gegen Wilson zu beschwichtigen. Die Mitglieder des Kongresses, die sich der Gefahr für ihren eigenen Ruf bewusst waren, wenn die Wahrheit über den Krieg ans Licht käme, lehnten sich gegen Wilson auf. Die Mitglieder des Kongresses ließen keine Gelegenheit aus, das Fehlen von Nachrichten aus Paris und die enormen täglichen Kosten für die fröhlichen Andrews der amerikanischen Delegation zu kritisieren, während Monat für Monat ohne konkrete Ergebnisse verging. Die New York Times vom 4. Juli 1919 berichtete von einer fröhlichen Champagnerparty im Hotel Crillon, während die Amerikaner auf Nachrichten über den Frieden warteten. In der New York Times vom 29. August 1919 hieß es, dass Präsident Wilson um Geld für die amerikanische Delegation bettelte und sagte, dass 1.500.000 Dollar für ihre Ausgaben wirklich sehr moderat seien. Ursprünglich hatte er um 5.000.000 Dollar gebeten, um die Vergnügungen seiner zionistischen Anhänger in Paris zu bezahlen, aber der Senat ignorierte ihn. 105.000 Dollar wurden ausgegeben, um ein geheimnisvolles Komitee auf den Balkan zu schicken, und es wurde weithin berichtet, dass dieses Komitee, dessen Ergebnisse geheim gehalten wurden, die Möglichkeit der Förderung kommunistischer Bewegungen in Mitteleuropa einschätzte.

Senator Norris war einer der schärfsten Kritiker von Wilsons extravaganten Forderungen an die amerikanischen Delegierten. Norris wies darauf hin, dass sie das gesamte Hotel Crillon gemietet hatten, mit 280 Zimmern, 201 Bediensteten und 156 Laufburschen, die für die königlichen zionistischen Agitatoren zum Holen und Tragen abgestellt waren. Eine Flotte von siebzig Limousinen stand House und seiner Crew zur Verfügung.

Carter Field stellt in seiner Biografie von Baruch auf Seite 186 fest,

> „Fast jeden Nachmittag hatte Baruch eine angenehme Sitzung im Crillon mit drei oder vier seiner alten Kumpels vom War Industries Board."

Das Leben in Paris muss herrlich gewesen sein. Das Blut, der Schweiß und die Tränen des Krieges waren vergessen, sobald die Baruchs und Frankfurters eintrafen.

Die Menschen in Mitteleuropa waren beunruhigt über die amerikanischen Komitees, die unter ihnen zirkulierten, und sie waren noch mehr beunruhigt über die offenkundig prokommunistische Haltung des Obersten Rates der Konferenz. Dr. Dillon schreibt in „The Inside Story of the Peace Conference", dass

> „Der Israelit Bela Kuhn, der Ungarn ins Verderben führt, ist durch die nachsichtige Botschaft des Obersten Rates ermutigt worden. Man ist ratlos, warum die Konferenz, wenn sie glaubt, dass Bela Kuhn die größte Geißel der heutigen Menschheit ist, den rumänischen Truppen, die sich Budapest nähern, um ihn in dieser Festung zu stürzen, befiehlt, erst anzuhalten und sich dann zurückzuziehen. Der Schlüssel zum Geheimnis wurde schließlich in einer geheimen Vereinbarung zwischen Kuhn und einer bestimmten Finanzgruppe gefunden."

> „Eine einflussreiche französische Presseorganisation schrieb: Die Namen der neuen Volkskommissare sagen uns nichts, denn ihre Träger sind unbekannt. Aber die Endungen ihrer Namen verraten uns, dass die meisten von ihnen, wie die der Vorgängerregierung, jüdischer Herkunft sind. Niemals seit der Einführung des offiziellen Kommunismus hat Budapest die Bezeichnung Budapest besser verdient. Das ist ein weiteres gemeinsames Merkmal mit den russischen Sowjets."

Als die kurzlebige kommunistische Regierung von Bela Kuhn von Admiral Horthy gestürzt wurde, flohen Horden von Juden aus Ungarn, um der Justiz zu entkommen, und wurden von ihren Glaubensgenossen in Amerika willkommen geheißen. Die ungarische Jüdin Anna Rosenberg ist heute stellvertretende Verteidigungsministerin.

Die drei Architekten der Reparationsklauseln, die den Zweiten Weltkrieg auslösten, waren der französische Finanzminister M. Klotz, Bernard Baruch aus den Vereinigten Staaten und Max Warburg aus Deutschland. M. Klotz errang einen einfachen Sieg in der französischen Politik, indem er während des gesamten Krieges ganz Frankreich zurief, dass Deutschland jeden Franc der französischen Verteidigungskosten zahlen müsse. Man kann nur zu dem Schluss kommen, dass Hitlers Reden, die vom Royal Institute of International Affairs ins Englische übersetzt wurden, unglaublich milde waren. Es ist bemerkenswert, dass

Hitler das deutsche Volk zwar darüber informierte, dass die Juden für die Reparationsklauseln verantwortlich waren, diese Juden aber nie namentlich nannte, und Max Warburg blieb bis 1941 in Deutschland, als er sich in aller Ruhe nach New York City einschiffte.

Auch die Reparationskommission, die in den 1920er Jahren einen bequemen Posten für inkompetente Mitglieder der J.P. Morgan-Familie darstellte, hüllte ihre Tätigkeit in Geheimnisse. Der französische Schriftsteller Andre Tardieu beklagt in seinem Buch „Die Wahrheit über den Vertrag", dass niemand erfahren konnte, welchen Betrag Deutschland gezahlt hatte, und auch heute gibt es in den Tausenden von Seiten umfassenden wirtschaftlichen Studien über die Reparationen und das aus dem Krieg resultierende Schuldensystem keine Zahlen. Der Versailler Vertrag sah vor, dass Deutschland bis zum 1. Mai 1921 zwanzig Milliarden Goldmark zahlen sollte, aber diese Summe war für die zerstörte deutsche Wirtschaft unmöglich und wurde von niemandem auf der Konferenz ernst genommen, außer von Herrn Klotz, der sie vorgeschlagen hatte. Die Reparationskommission forderte dreißig jährliche Raten, und es war der Druck auf diese Zahlungen, der Deutschland zwang, sich an Kuhn. Loeb Co. Otto Kahn sagte 1933 vor dem Senatsausschuss für Auslandsanleihen aus, dass Kuhn, Loeb zu diesem Zeitpunkt 600 Millionen Dollar an deutschen kurzfristigen Krediten besaß.

Lenin, in Band X seiner ausgewählten Werke, übersetzt von J. Finberg, sagt auf Seite 325,

> „Mit dem Versailler Friedensvertrag haben die kapitalistischen Länder ein Finanzsystem geschaffen, das sie selbst nicht verstehen."

Mit kapitalistischen Ländern meinte Lenin sicherlich nicht Baruch, Klotz und Warburg, die sehr wohl verstanden, was sie geschaffen hatten. Lenin meinte die einfachen Steuerzahler der kapitalistischen Länder, die die Schulden bezahlen und sich dann abschlachten lassen würden, um noch mehr Schulden zu machen.

Herbert Hoover schreibt in „The Problems of Lasting Peace", dass Deutschland aufgefordert wurde, Reparationen in Höhe von vierzig Milliarden Dollar zu zahlen. Was es tatsächlich zahlte, war nur ein Bruchteil dieser Summe, deren genauer Betrag nur in den Büros von Kuhn, Loeb Co. bekannt ist. Als Hitler die Regierung von Deutschland übernahm, verschwanden alle deutschen Aufzeichnungen über

Reparationen auf mysteriöse Weise. Regierungsumstürze haben ihre Gründe.

Hoover kritisierte auch die gezielte Entfremdung des deutschen Volkes, indem er die demokratische Regierung, die den Kaiser ablöste, dazu brachte, eine Kriegsschuldklausel zu unterzeichnen, in der erklärt wurde, dass das gesamte deutsche Volk für den Krieg verantwortlich sei. Niemand hat bisher eine befriedigende Methode vorgeschlagen, wie ein Volk nicht in den Krieg ziehen sollte. Die jungen Männer haben die Wahl zwischen öffentlicher Denunziation und Gefängnis oder einer langen Fahrt in einem Viehkahn zu den Schlachthöfen. Nur wenige jugendliche Kandidaten für ein Massaker sind so schamlos wie die jungen Juden Großbritanniens, die sich im Ersten Weltkrieg zu Tausenden weigerten, in die Armee einzutreten - eine Haltung, zu der sie von ihren Rabbinern und jüdischen Publikationen ermutigt wurden.

Hoover beklagt in seinem Buch die Blockade Deutschlands, die nach der Unterzeichnung des Waffenstillstands am 11. November 1918 fünf Monate lang bis Ende März 1919 andauerte. Als eines der schlimmsten Kriegsverbrechen in der Geschichte war diese gefühllose Handlung direkt für den Hungertod von zweihunderttausend deutschen Kindern in dieser Zeit verantwortlich, während Millionen anderer durch Unterernährung dauerhaft verkrüppelt wurden. Diese exzessive Brutalität, die von keinem anständigen Menschen in den alliierten Ländern geduldet worden wäre, war das Ergebnis geheimer Befehle, die der britischen Admiralität vom Geheimen Rat an den König von England erteilt wurden, der sich aus Sir Herbert Samuel, Rufus Isaacs Lord Reading und Lord Alfred de Rothschild zusammensetzte. Die Befehle zur Fortsetzung der Blockade wurden vom damaligen Kriegsminister Großbritanniens, Winston Churchill, dem ehemaligen Ersten Lord der Admiralität, gegengezeichnet.

KAPITEL 13

Das Weltjudentum hatte jahrhundertelang einen Völkerbund geplant, der es in seiner Zerstreuung über die Nationen der Welt vereinen sollte. Die Friedenskonferenz von Versailles bildete den Höhepunkt von hundert Jahren solcher Verhandlungen in Europa. Dieses Jahrhundert der Intrigen wurde durch den Wiener Kongress eingeleitet, der von Max J. Kohler in „Jewish Rights at the Congress of Vienna 1814-1815, and at Aix-La-Chapelle 1818", American Jewish Committee, 1918, beschrieben wird. Auf Seite 2 schreibt Kohler,

> „Die Bedingungen, mit denen Europa auf dem Wiener Kongress konfrontiert war, ähnelten in wichtigen Punkten denen, mit denen die Friedenskonferenz am Ende dieses Krieges wahrscheinlich konfrontiert sein wird. In den napoleonischen Kriegen, wie in dem, in den die Zivilisation jetzt verwickelt ist, wurde eine wesentliche Verbesserung der zivilen und politischen Lage der Juden herbeigeführt. Es ist das Verdienst der größten der in Wien versammelten Staatsmänner, dass sie eine Resolution verabschiedet haben, die die einzelnen deutschen Staaten daran hindert, die Rechte der Juden zu beschneiden."

> „Die Französische Revolution, die bewusst zu einem großen Teil unserem amerikanischen Beispiel folgte, hatte die Juden in Frankreich und Holland emanzipiert, und ihr Einfluss in Italien, Deutschland und Österreich war ebenfalls stark für die Abschaffung der jüdischen Behinderungen gewesen. Karl von Dalberg, der Fürstprimas des Rheinbundes, hatte am 28. Dezember 1811 die jüdischen Behinderungen in Frankfurt stark gemildert und erweiterte Rechte gewährt, als Gegenleistung für große Geldzahlungen und Anleihen, obwohl sein Edikt 1814 von der Stadtverwaltung abgelehnt wurde. Die Juden Frankfurts wurden auf dem Kongress offiziell von Jacob Baruch und GGG vertreten. Uffenheim vertreten. Fürst Hardenberg und Wilhelm von Humboldt waren die führenden Verfechter der jüdischen Rechte auf dem

Kongress und Metternich unterstützte ihre Bemühungen. Natürlich waren inoffiziell auch viele andere jüdische Gemeinden und führende Persönlichkeiten auf dem Kongress für die Sache der jüdischen Emanzipation aktiv, insbesondere Einzelpersonen wie die Rothschilds und die Arnsteins sowie die Familien Herz und Eskeles aus Wien. Ich möchte auch nicht die brillante Gruppe der damaligen Salonführerinnen Fanny von Arnstein, Cecilie von Eskeles, Madame Pereyra und Madame Herz aus Wien und Dorothea Mendelssohn von Schlegel übersehen, mit der so viele der Versammelten eng befreundet waren. Fast die gesamte Arbeit wurde auf Konferenzen von vier oder fünf der Großmächte geleistet, wobei die große Mehrheit der Gesandten nie zu einer formellen Sitzung zugelassen wurde." Wir schreiben das Jahr 1814, nicht 1919, aber es handelt sich um dieselbe Maschinerie.

Auf Seite 19 erklärt Kohler, dass

„Unter den gesellschaftlichen Festlichkeiten während des Kongresses waren die von Baronin Fanny von Arnstein, der Ehefrau des reichen Bankiers Nathan von Arnstein von der Firma Arnstein und Eskeles, und ihrer Schwester Madame Eskeles an zweiter Stelle, die wichtigsten. Sie waren die Töchter von Daniel Itzig, und alle prominenten Staatsmänner des Kongresses waren von Zeit zu Zeit ihre Gäste. Andere brillante jüdische Salons jener Zeit waren die von Madame Pereyra, Ephraim und Levy. Natürlich hatte all dieser gesellschaftliche Einfluss großen Einfluss auf die Beratungen des Kongresses."

Kohler schreibt auf Seite 48, dass

„Die Rothschilds wurden zu mächtigen Faktoren, um Metternichs Hilfe für die Juden zu gewinnen."

Er zitiert aus Friedrich von Gentz Tagebuch, Tagebucher, Bd. 2, wie folgt:

„Nov. 6, 1817. Arbeitet an einem wichtigen Memorial im Namen der Juden in Österreich. Nov. 9, 1817. Besuch von Moritz Bethmann aus Frankfurt, der einige der Anleihen besaß, die die Frankfurter Juden dem Erzherzog Karl von Dalberg als Bezahlung für die Gewährung der Bürgerrechte gegeben hatten. Seine Firma war eines der bedeutendsten Bankhäuser der damaligen Zeit. 10. Dezember 1819. Salmon und Karl von Rothschild aus Frankfurt haben angerufen, und am nächsten Abend, Baruch."

Am 14. März 1821 berichtete von Gentz, dass Rothschild bei ihm war, und er sagte, dass er am 16. März 1821 in Eskeles' Haus speiste, wo Rothschild anwesend war. Am 1. Mai 1822,

> „Baruch und Rothschild erregen mich mit einem Bericht über die beklagenswerte Frankfurter Judenangelegenheit. 23. November 1825, Unterredung mit Baron Rothschild über römisch-jüdische Angelegenheiten".

Das Buch von Kohler hätte auch über die Friedenskonferenz von Versailles geschrieben werden können. Nur die Daten hätten geändert werden müssen.

Angesichts der Tatsache, dass die Juden ein wunder Punkt in jeder Gemeinschaft in Europa waren, stellte Woodrow Wilson die potenzielle Rache der Großmächte in Frage. In „The Stakes of the War", von Lothrop Stoddard und Glenn Frank, Century, 1918, heißt es

> „In Polen gab es keinen Mittelstand, weil der Einzelhandel von den Juden kontrolliert wurde. In Rumänien waren sowohl die Bauern als auch die Adligen so sparsam, dass man befürchtet, ohne die Beschränkungen würden die Juden bald das ganze Land besitzen. Die Juden machen nur fünf Prozent der Bevölkerung aus, aber sie kontrollieren den rumänischen Einzelhandel und den Alkoholhandel, und sie sind in der Regel die Aufseher über die Ländereien der Adligen, die abwesende Grundbesitzer sind."

Die schreckliche Tatsache war, dass die Befürworter der jüdischen Rechte in der Regel die rücksichtslosesten Terroristen und Revolutionäre waren. In der Southwest Review der Southern Methodist University, Juli 1950, schreibt Shelby T. Mosloy, dass

> „Robespierre und Mirabeau waren glühende Verfechter der Rechte der Juden".

Sie waren zwei der größten Massenmörder der Geschichte. Die Massaker der Französischen Revolution wiederholten sich 1917 in Russland, 1919 in Ungarn und 1936 in Spanien. Woodrow Wilson befand sich in guter Gesellschaft, als er die Terroristen und Bankräuber des bolschewistischen Regimes verteidigte.

Lloyd George schreibt in seinen „Memoirs of the Peace Conference", Yale, 1939, Bd. 2, Seite 725, dass

> „Die Deutschen waren sich der Tatsache bewusst, dass die Juden Russlands in bolschewistischen Kreisen einen beträchtlichen Einfluss ausübten. Die zionistische Bewegung war in Russland und Amerika außerordentlich stark."

Frank E. Manuel sagt uns in „The Realities of American-Palestine Relations" auf Seite 206, dass

> „Die pro-zionistischen Wortführer in Paris waren zahlreich und einflussreich: Rabbi Stephen Wise, Mrs. Joseph Fels, die Frau des Seifenfabrikanten und Sozialisten, Bernard Flexner, Jacob DeHaas, Felix Frankfurter, Howard Gans, Benjamin Cohen, Richter Julian Mack, Justice Brandeis und Horace Kallen. In Paris 1919 verlagerte sich das Gleichgewicht der Weltmacht über den Atlantik. Mit Wilson auf dem Vorsitz der Friedenskonferenz übernahmen die amerikanischen Juden die Vorrangstellung. Als Präsident Wilson während seiner Reise durch England im Vorfeld der Konferenz die Freiheit der Stadt London erhielt, war Rabbi Wise in seinem Gefolge. Der Präsident stellte ihn Balfour vor, und am nächsten Tag wurde er zu einem Mittagessen in der Downing Street mit Lord Walter Rothschild aus Großbritannien eingeladen."

Auf Seite 252 sagt Manuel, dass

> „Professor Frankfurter hatte die aktive Leitung der amerikanischen zionistischen Delegation auf der Friedenskonferenz übernommen, unter der Fernsteuerung von Richter Brandeis. Er kannte viele der amerikanischen Professoren in der Friedenskommission und war an der Ausarbeitung einer Reihe von nicht-zionistischen Projekten auf der Konferenz beteiligt, wie z.B. dem Internationalen Arbeitsamt. Er war in dieser Zeit vom Zionismus besessen wie Brandeis. Er akzeptierte die zionistische Lösung mit implizitem Glauben an ihr Ergebnis."

Obwohl alles für den Zionismus gut lief, waren nicht alle Teilnehmer der Konferenz mit der Entwicklung der Ereignisse zufrieden. Die New York Times vom 22. Mai 1919 berichtete über den Rücktritt der Mitglieder der amerikanischen Kommission und zitierte den Pariser Korrespondenten der Westminster Gazette wie folgt:

> „Mit jedem Tag, der vergeht, wächst die Abneigung, die einige Mitglieder der amerikanischen Kommission gegenüber dem Friedensvertrag empfinden, zu offener Opposition. Ein Mitglied sagte: 'Der Vertrag bedeutet keinen Frieden. Er bedeutet Krieg.' Der Korrespondent fügte hinzu, er sei sehr besorgt über die Anzeichen

> eines veränderten Gefühls in amerikanischen Kreisen gegenüber Präsident Wilson."

Die einzigen, die sich auf der Konferenz des Sieges sicher waren, waren die Zionisten. Mason schreibt in seinem Leben von Brandeis, dass

> „Im Juni 1919 konferierte Brandeis in Paris mit Präsident Wilson, Oberst House, Lord Balfour, dem französischen Kabinett, dem italienischen Botschafter, Louis Marshall und Baron Edmond de Rothschild. Am 25. Juni reiste Brandeis nach Palästina."

Auf Seite 529 sagt uns Mason, dass

> „Brandeis selbst erlangte in den Sommern 1919 und 1920 Kenntnisse über bestimmte internationale Zusammenhänge, als er in zionistischer Mission ins Ausland reiste und kurze Aufenthalte in London und Paris machte."

Das Zionistische Bulletin vom 26. August 1919 berichtete, dass

> „Unter der Schirmherrschaft der Englischen Zionistischen Föderation fand am 21. August in der Finsbury Town Hall eine große Versammlung statt, um den Ehrengast Louis D. Brandeis vom Obersten Gerichtshof der Vereinigten Staaten zu begrüßen. Dr. Weizmann führte den Vorsitz, und unter den Anwesenden waren Felix Frankfurter und die Herren Ussishkin, Rosoff und Isaac Goldenberg aus Russland. Dr. Weizmann sagte, sie hätten sich dort versammelt, um einen Mann zu treffen, der sich in den letzten vier oder fünf Jahren dem Aufbau der zionistischen Bewegung gewidmet habe. Er hatte nicht vor, über Brandeis, den Großen Magistrat, zu sprechen. Sie waren gekommen, um Brandeis, den Juden und Zionisten, zu begrüßen. Aus einer kleinen zionistischen Organisation in Amerika hatte er die heutige Struktur aufgebaut. Mit dem Eintritt von Brandeis in den Zionismus hatte im amerikanischen Judentum eine neue Ära begonnen. In keinem Land war die Eroberung der Gemeinschaft durch den Zionismus so vollständig wie in Amerika. Dr. Schmarya Levin begrüßte Herrn Brandeis im Namen der Inneren Führung. Mr. Boris Goldberg begrüßte Richter Brandeis im Namen des russischen Judentums."

Die Verwendung der Formulierung „die Eroberung der Gemeinschaft durch den Zionismus" ist nicht zufällig. Das Zionistische Bulletin berichtete am 2. September 1919, dass

> „Ein Abendessen zu Ehren des Ehrenrichters Louis D. Brandeis, vor seiner Rückkehr nach Amerika, wurde vom Vorstand der

> Zionistischen Weltorganisation am 26. August im Hotel Ritz gegeben. Dr. Weizmann sagte, dass es noch nicht möglich sei, die Bedeutung der von Herrn Brandeis geleisteten Arbeit zu schätzen; dies bleibe zukünftigen Historikern vorbehalten. Als Prof. Frankfurter den Toast auf die Regierung Seiner Majestät aussprach, verwies er auf die monatelange harte Arbeit, mit der er und die anderen jüdischen Delegierten in Paris beschäftigt waren. Sie sprachen oft in verschiedenen Sprachen, aber sie waren alle von einem einzigen Gefühl beseelt - dem Wohlergehen Israels und dem Wohl von Zion. Sowohl die Briten als auch die Juden waren auf ein gemeinsames Verständnis und einen gemeinsamen Glauben an die Verwirklichung ihrer alten Hoffnungen und die Erlangung noch höherer Herrlichkeiten angewiesen. (Beifall der Zuhörer).“

Es ist interessant zu erfahren, dass Richter Frankfurter von einem einzigen Gefühl beseelt ist: dem Wohl Israels und dem Wohl Zions. Deshalb ernannte ihn Roosevelt zum Mitglied des Obersten Gerichtshofs.

Am 4. Mai fand eine Sitzung der Shanghai Zionist Society statt, auf der eine Resolution verabschiedet wurde, in der die tiefe Freude über den Triumph des zionistischen Ideals auf der Friedenskonferenz in Paris zum Ausdruck gebracht wurde. Die Redner waren die Herren N.E.B. Ezra und Goerge Sokolsky. Das ist Sokolsky, der politische Kolumnist, damals Mitarbeiter von Borodin und anderen kommunistischen Führern in China. Später wurde er Mitglied des Institute of Pacific Relations.

Auf Seite 31 des Jüdischen Jahrbuchs zum Völkerrecht von 1948 finden wir weitere zionistische Diplomatie, wie folgt,

> „Die Geheimverträge, die den führenden amerikanischen Juden nicht unbekannt gewesen sein konnten, hatten fast das gesamte türkische Reich beseitigt. Nichts anderes als das Versprechen, Palästina in einen jüdischen Staat zu verwandeln, konnte den entscheidenden Einfluss des amerikanischen Judentums gewinnen. Es wurde argumentiert, dass die assimilierten Juden kaum an prozionistischen Äußerungen interessiert gewesen sein konnten. Aber der einflussreichste jüdische Führer, Mr. Justice Brandeis, der vertrauenswürdige Berater von Präsident Wilson, war ein glühender Zionist und der Präsident der Zionist Organization of America. Außerdem waren die nicht-zionistischen Juden sehr beeindruckt von der Tatsache, dass zum ersten Mal in der Geschichte eine der Großmächte offen eine pro-jüdische Politik verkündet hatte.“

Die Gründung des Völkerbundes war eines jener geheimnisvollen Ereignisse, die von geheimnisvollen Menschen herbeigeführt wurden. A.W. Smith schreibt in seiner Biographie „Mr. House of Texas", dass Oberst House am 16. Juli 1918 den ersten Entwurf des Völkerbundsvertrags schrieb und ihn sofort Herbert Bayard Swope zur Genehmigung vorlegte.

Walter Lippmann sagt in seinem Buch Who's Who in American Jewry, dass er ein Hauptmann des US-Geheimdienstes war, der der Konferenz angehörte. Und dass er Sekretär einer Organisation war, die von House angewiesen wurde, Daten für die amerikanische Kommission vorzubereiten, einschließlich der Liga-Vereinbarung.

Die Zionisten hatten zweiundzwanzig Jahre lang Weltkonferenzen abgehalten, und der Völkerbund war für ihre besonderen internationalen Qualitäten geschaffen worden. Jessie Sampter sagt auf Seite 21 des „Guide to Zionism"

> „Der Völkerbund ist eine alte jüdische Idee".

Avrahm Yaxmolinsky, auf Seite 48 von „Die Juden unter den Sowjets". Erzählt uns die erschreckende Nachricht, dass

> „Die Juden betrachteten die russische Revolution als ein Sprungbrett zu einem Weltkongress, der ein ständiges Gremium schaffen würde, das in der Lage wäre, von der Entente ein Mandat über Palästina zu verlangen."

Dies war ein weiterer Beweis für die jüdische Investition in die Zukunft, die als russische Revolution von 1917 bekannt wurde.

Jewish Comment, herausgegeben vom Jüdischen Weltkongress in New York, sagt in der Ausgabe vom 27. August 1943,

> „Der Amerikanisch-Jüdische Kongress tagte nach dem Waffenstillstand vom 15. bis 18. Dezember 1918. Als die amerikanisch-jüdische Delegation zur letzten Friedenskonferenz in Paris eintraf, arbeitete sie mit dem europäischen Judentum, dem palästinensischen und dem kanadischen Judentum zusammen, um das Komitee der jüdischen Delegation zu bilden. Die Bemühungen der jüdischen Delegation auf der Friedenskonferenz waren von großem Erfolg gekrönt. Nach Abschluss der Friedenskonferenzen löste sich das Komitee nicht auf, sondern wachte noch sechzehn Jahre lang über die Umsetzung der jüdischen Rechte in Europa. Das

> Komitee war auf zahlreichen internationalen Konferenzen der um den Völkerbund gruppierten Organisationen aktiv."

Der Präsident des Komitees der jüdischen Delegation in Paris war der millionenschwere zionistische Anwalt Louis Marshall, der die russische Revolution als das größte Weltereignis seit der Französischen Revolution bezeichnet hatte. Das Komitee wurde schließlich unter der Leitung von Marshalls Anwaltspartner Samuel Untermeyer in die Liga gegen Krieg und Faschismus eingegliedert und wurde zum Zentrum der radikalen prokommunistischen Gruppen in den Vereinigten Staaten. Der Rechtsbeistand des Komitees in Paris war Benjamin Cohen, einer der Gründer der heutigen Vereinten Nationen. Er ist nicht zu verwechseln mit dem berüchtigten Benjamin Cohen, dem Anwalt der Florida-Gangster.

Rabbi Wise kommentiert auf Seite 196 von „Challenging Years", dass

> „Unser Kampf endete nicht mit dem Zeremoniell von Versailles. Jeder moralische Gewinn, der in Paris erzielt wurde, wurde bei allen nachfolgenden Treffen der Mächte peinlich genau bewahrt. Wir Zionisten fanden in Landing's Nachfolger, Bainbridge Colby, einen ebenso wohlwollenden Förderer der von seinem Chef unterstützten Sache."

Der Völkerbund entpuppte sich als eine weitere jener sakrosankten Versammlungen, von denen Europa seit dem Wiener Kongress immer wieder betroffen war. Er setzt sich aus gut gekleideten Herren zusammen, die keine sichtbaren Mittel zum Lebensunterhalt haben, die das Leben genießen und keine erkennbaren Ambitionen haben. Sie saßen stundenlang zusammen und unterhielten sich, sie hatten ein Auge für einen wohlgeformten Knöchel auf den Genfer Boulevards, und sie waren typische Remittenten, Lieblingssöhne, die von ihren Familien mit einem Taschengeld weggeschickt wurden, weil sie auf dem Landgut oder im Geschäft nicht zu gebrauchen waren. Sie werden manchmal auch als Diplomaten bezeichnet. Was die Geschäfte der Liga angeht: „Es gibt keine Geschäfte. Ein Korrespondent telegrafierte seiner Zeitung angewidert, nachdem er wochenlang in Genf gesessen und Kaffee getrunken hatte.

Das Zionistische Bulletin vom 17. März 1920 berichtete, dass

> „Im Verlauf eines Vortrags über den Völkerbund vor der Zionistischen Gesellschaft der Universität Cambridge am 11.th inst. erklärte Herr S. Landman, dass es im Interesse der Zionisten sei,

> dass der Völkerbund ein starkes Organ sei. Er bemerkte auch: „Das jüdische Volk hat einen ganz besonderen Anlass, heute dem Philosophen des Prager Palastes zu gratulieren. Masaryk ist einer der wenigen Politiker in Europa, der die Bedeutung der zionistischen Idee begriffen hat."

Schon früh beschloss der „Philosoph des Prager Palastes", sich auf die Seite der Juden zu schlagen. Masaryks Biograph erzählt, dass er 1899 als junger Anwalt einen gewissen Hillel in einem Fall verteidigte, bei dem es um den Ritualmord an einem christlichen Mädchen ging, ein Fall, der Mitteleuropa erschütterte. Masaryk erreichte, dass Hillel freigesprochen wurde, und war erstaunt, als er weltberühmt wurde. Es dauerte nicht lange, bis er seinen Vorteil nutzte, und er wurde bald als Europas führender Vertreter der jüdischen Rechte bekannt. Seine Belohnung war außergewöhnlich.

Die Juden hatten sich seit langem daran gewöhnt, ihre Verbündeten unter den Heiden zu Staatsoberhäuptern zu machen, aber im Fall von Masaryk wurde eine besondere Ausnahme gemacht. Für ihn gab es keinen Staat, und deshalb wurde aus Mitteleuropa einer für seine Führung geschaffen.

Die Tschechoslawakei sollte das Gegenmittel gegen den übermäßigen Nationalismus sein, der, so die Zionisten, der Fluch Europas sei. Tschechen, Slawen, Juden, Deutsche, all die explosivsten rassischen Komponenten Mitteleuropas, wurden in einem kleinen Staat zusammengepfercht, der von Großmächten umgeben war. Es wurde alles getan, um der neuen Nation den Weg zu ebnen. Der Völkerbund betrachtete ihn als ein besonderes Haustier, und die internationalen Bankiers überschlugen sich, um ihn finanziell abzusichern. Paul Einzig sagt in „Finanzen und Politik", dass

> „Die Tatsache, dass die Tschechoslowakei bereits 1922 ihre Währung stabilisieren konnte, war vor allem auf die in London und New York aufgenommenen Kredite zurückzuführen.

Ich habe in „The Federal Reserve" darauf hingewiesen, dass die Liga vor allem an der Wiederherstellung des Goldstandards und der Einrichtung von Zentralbanken in allen Ländern interessiert war. Ihre politischen Verhandlungen waren nie von Bedeutung. Ihr Hauptwert lag in ihrem Präzedenzfall der Weltregierung und in der Ausbildung der Bürokratie des zukünftigen sozialistischen Weltstaates.

Für den Bewunderer Lenins, Woodrow Wilson, stand von vornherein fest, dass die Vereinigten Staaten der Partner Russlands im Völkerbund werden würden. Wilson, der erst vor kurzem eingewandert war und dessen Herkunft ungewiss war, hatte keine Ahnung von einem Kapitel der Geschichte, das als Amerikanische Revolution bekannt ist und in dem robuste Individualisten dafür kämpften, sich von ausländischen Steuern zu befreien. Der Völkerbund würde natürlich von seinen Mitgliedern Abgaben für seine weit entfernten und vagen Projekte erheben, wie z.B. die Entwicklung Palästinas. Leider trat das einzige Land, das über Geld verfügte, die Vereinigten Staaten, nicht bei, so dass der Völkerbund nie sehr viel tun konnte.

Wilsons Vorschlag, dem Völkerbund beizutreten, stieß in Washington und später in den gesamten Vereinigten Staaten auf fast einhellige Ablehnung. Die rasche Ernüchterung nach dem Waffenstillstand, das weit verbreitete Gefühl, dass wir in den Krieg hineingezogen worden waren, und die wachsende Abneigung gegen den zynischen Wilson sowie unsere mangelnde Bereitschaft, unser Nationalbewusstsein aufzugeben, errichteten eine Steinmauer vor Wilson und seinen internationalen Freunden. Die jüdische Unterstützung der Liga weckte Vermutungen über ihren wahren Zweck, und unser Kongress ließ verlauten, dass er nicht von der Notwendigkeit unserer Beteiligung an einem solchen Projekt überzeugt war.

Woodrow Wilson, der noch immer unter dem Spott der europäischen Führer und den Sticheleien der Völker Frankreichs und Englands litt, unternahm eine letzte Anstrengung, um seinen Willen auf das amerikanische Volk auszuüben. Er reiste quer durch das Land und warb überall für sein Projekt, den Völkerbund. Es war der Knackpunkt seiner politischen Karriere, und als er sah, wie sich das Volk in einer Stadt nach der anderen schweigend von ihm abwandte, geriet sein Verstand ins Wanken. Der krönende Schlag traf ihn in San Francisco. Die Iren hatten Wilson schon immer verabscheut, und dort waren sie bereit für ihn. Er war nicht in der Lage, einen Satz zu beenden. Jedes Mal, wenn er den Mund aufmachte, johlten und höhnten sie, und er verließ schweren Herzens den Bahnsteig und nahm seinen Zug nach Salt Lake City, wo er eine Rede halten sollte. Er hat diese Rede nie gehalten, und er hat auch nie wieder in der Öffentlichkeit gesprochen. Ein Reporter erzählte, dass Wilson nach San Francisco in einer Kleinstadt auf die an den Gleisen versammelten Menschen zuging, einen kleinen Jig tanzte, dümmlich grinste und sich von seinen Helfern wieder hereinführen ließ. Erfahrene Reporter, die ihn seit Jahren beobachtet hatten, stellten fest, dass er nicht er selbst war. Andere kommentierten grausam, er sei ein Rädchen im Getriebe. Jedenfalls verbreitete sich die Nachricht, dass er einen Zusammenbruch erlitten hatte, und er kehrte nach Washington zurück, um sich als gebrochener Mann ins Bett zu legen.

In der Hauptstadt der Nation, umgeben von den Baruchs, Warburgs und Strauss' während seiner zwei Amtszeiten im Weißen Haus, hatte sich Wilson für einen allmächtigen Fürsten gehalten. Jetzt wurde ihm zum ersten Mal bewusst, dass alles, was er während seiner Präsidentschaft getan hatte, nur durch die souveräne Macht des internationalen Goldes zustande gekommen war. Er hatte keinen politischen Einfluss, und sein Volk empfand keine Zuneigung zu ihm. Seine sorgfältig gepflegte Illusion von sich selbst wurde zerstört, und so zog er sich hinter zugezogenen Vorhängen in sein Krankenzimmer zurück, während Oberst House als Präsident der Vereinigten Staaten weitermachte. In der Verwaltung der nationalen Angelegenheiten änderte sich wenig.

Die Ablehnung des Vorschlags für den Völkerbund durch den Senat öffnete die Schleusen für Beschimpfungen durch die gelbe liberale Presse, die bis zum heutigen Tag andauern. Selbst nachdem sie die Vereinigten Staaten sicher in den Vereinten Nationen eingesperrt hatten, ließen die sozialistischen Zionisten keine Gelegenheit aus, die Erinnerung an jene Senatoren zu beschmutzen, die sie fünfundzwanzig Jahre zuvor geschlagen hatten. The News Republic und The Nation knurren und spucken wie Slumkatzen auf einen Mülleimer, wann immer sie die Gelegenheit haben, die Namen von Norris, Lafollette und Lodge zu nennen.

Ein Universitätsprofessor, der in der Welt vorankommen will, könnte jederzeit ein weiteres Buch über die schrecklichen Auswirkungen der Niederlage des Völkerbundsvorschlags schreiben. Auf eine perverse Art und Weise wurde er als Ursache, und zwar als einzige Ursache, für den Zweiten Weltkrieg ausgemacht. Der Völkerbund, so argumentierten die langhaarigen Schwachköpfe des City College, wäre stark genug gewesen, Hitler und Mussolini ohne Krieg zu stoppen, wenn die Vereinigten Staaten Mitglied gewesen wären. Wir hätten mit ihnen in den Krieg ziehen können, um einen Krieg zu verhindern, wie wir es jetzt für die Vereinten Nationen in Korea tun. Da wir bereits bewiesen haben, dass der Zweite Weltkrieg durch die Reparationspolitik und die Umverteilung von Minderheiten in Europa unvermeidlich war, überlassen wir die universitären Wirrköpfe ihren Selbsttäuschungen.

Die jüngste dieser Verleumdungen ist ein Buch mit dem Titel „Woodrow Wilson and the Great Betrayal" (Woodrow Wilson und der große Verrat), das von Thomas A. Bailey verfasst und 1945 von Macmillan veröffentlicht wurde. Ich griff es mit Interesse auf, weil ich dachte, es sei ein Bericht darüber, wie Woodrow Wilson die kommunistische Regierung während ihrer Entstehungsjahre finanziert hatte. Es stellte sich jedoch als eine Wiederholung des müden Märchens heraus, dass die Vereinigten Staaten für alles, was in der Welt falsch lief, verantwortlich waren, weil unser Volk rechtlich und verfassungsmäßig demonstriert hatte, dass wir die Rechnungen für den Völkerbund nicht bezahlen wollten. Die Senatoren, die dagegen gestimmt haben, sind durch irgendeine Verdrehung der Argumentation zu Verrätern geworden. Ich frage mich, wie Herr Bailey Alger Hiss einordnen würde. Zweifellos würde er Hiss als einen Weltpatrioten bezeichnen.

Baileys Ausführungen zu diesem Ereignis sind bezeichnend. Er bezeichnet das Ergebnis des Liga-Vorschlags als „Verrat an den Massen", eine Formulierung, die er wohl aus einem alten Band von Lenin übernommen hat. Er schwärmt von den Idealen Woodrow Wilsons, ohne genau zu sagen, welche das waren. Der vorliegende Autor hat sich einige Jahre lang bemüht, irgendwelche Ideale von Herrn Wilson zu entdecken. Er hat die Wünsche von Kuhn, Loeb und Co. vorgelebt und treu ausgeführt, aber Wünsche sind keine Ideale.

KAPITEL 14

Der Hintergrund der politischen Entwicklung in Europa während der 1920er Jahre wird durch ein Zitat aus dem Buch von Paul Einzig, „France's Crisis", Macmillan, 1934, erläutert,

> „Die verhängnisvollen Fehler der alliierten Staatsmänner in Versailles waren der Ursprung der meisten wirtschaftlichen Schwierigkeiten, unter denen die Welt in den letzten fünfzehn Jahren gelitten hat. Die politischen Bestimmungen des Friedensvertrags waren milde, aber die Finanzklauseln waren unvorstellbar streng.

So wie wir die Herren Warburg, Baruch und Klotz kennen, gibt es keinen Grund anzunehmen, dass die Finanzklauseln Fehler waren, obwohl sie für die Sache des Friedens fatal waren. Die Reparationsforderungen dieses unheiligen Trips waren mathematisch unmöglich zu erfüllen, wie sie sehr wohl wussten.

Der Exzess hatte also einen Zweck, denn diese Männer waren nicht nach Paris gekommen, um sich zu amüsieren. Ihr Ziel war die weitere wirtschaftliche Demoralisierung Europas, bis zu dem Punkt, an dem ein Zweiter Weltkrieg der einzige Ausweg war.

In „World Finance, 1914-1935", Macmillan, 1935, bemerkt Einzig, dass

> „Die Geschichte der Nachkriegsfinanzen ist eine Studie über die Art und Weise, wie die verschiedenen Länder versucht haben, für den Krieg zu bezahlen".

Die jungen Männer Europas waren tot. Frankreich hatte eine Generation verloren, die es vom Schauplatz der Weltmacht entfernte, die Offiziere, die Großbritanniens Reich verwalteten, waren bei Ypern und Verdun in Stücke gesprengt worden, und die regierende Klasse Deutschlands starb in den Fahrern gegen Paris. Doch die Bankiers rieben sich die Hände und verlangten, dass sie für das, was sie gebracht hatten, bezahlt wurden. Sie hatten das Geld riskiert, sie hatten ihre internationalen Konferenzen in unmittelbarer Nähe der Schlachtfelder abgehalten, und sie hatten die ärgerliche Kritik der Patrioten ertragen, wo immer sie nicht in der Lage waren, die Hypotheken der Zeitungen zu kaufen. Jetzt wollten sie bezahlt werden. Kein Wunder, dass Ezra Pound als Verrückter inhaftiert wurde, als er dem amerikanischen Volk in einer Sendung mitteilte, dass

> „Kriege werden geführt, um Schulden zu machen."

Herr Pound schreibt auch aus dem Irrenhaus, dass „Schulden Sklaverei sind", eine Aussage, die seine jüdischen Wärter wütend macht. Ludwig Berner sagte: „Steckt sie ins Irrenhaus oder ins Arbeitshaus." Am Ende eines jeden Krieges haben die Völker der Erde mehr und mehr ihrer Freiheiten verloren. Sie sind verschuldet, und diese Schuld verlangt von ihnen, dass sie ihre Söhne dem Schlund des Krieges opfern und ihren Lebensstandard senken. (Amerika 1950).

Das Finanzsystem ist heute viel verwobener als vor dem Krieg", schimpft Einzig. Als Chefautor der Londoner Finanzzeitung „The Economist", dem wichtigsten Rothschild-Organ, sollte Einzig wissen, wie es verwoben ist.

Sein „World Finance 1914-1935" geht weiter,

> „Die Einstellung der Feindseligkeiten hat die Welt mit der größten internationalen Inflationsbewegung konfrontiert, die es je gegeben hat. In Deutschland, Rußland, Polen, Österreich und Ungarn hat die Inflation die Staatsschulden praktisch ausgelöscht, aber die Erfahrung hat bewiesen, daß diese Methode, für den Krieg zu bezahlen, auf die Dauer nicht befriedigend ist, denn nicht nur die Staatsschulden werden ausgelöscht, sondern jede Form von Kapital und Ersparnis, die nicht in realen Reichtum investiert ist. Dieses zerstörte Kapital mußte wiederhergestellt werden, um diesen Ländern eine normale Existenz zu sichern, und es konnte nur durch die Schaffung neuer Schulden wiederhergestellt werden, die im Fall von Deutschland, Österreich und Ungarn die Form von Auslandsschulden annahmen."

Der Wirtschaftswissenschaftler, der nicht auf der Gehaltsliste des Hauses Rothschild steht, könnte sich fragen, warum es nicht gesund ist, dass jede Form von Kapital und Ersparnissen, die nicht in echten Reichtum investiert sind, etwa alle Generationen vernichtet werden. Es ist dieses demobilisierte und parasitäre Kapital, das verzweifelt nach einer Rendite sucht, das für so viel Ungerechtigkeit verantwortlich ist, denn es ist dieses Kapital, das nicht in echten Reichtum investiert ist, das die öffentlichen Schulden der Welt ausmacht.

Die Wiederherstellung dieses zerstörten Kapitals, die den besiegten Nationen von den internationalen Bankiers aufgezwungen wurde, verlängerte lediglich ihre wirtschaftlichen Schwierigkeiten. Folglich mussten sich diese Nationen, wie Paul Einzig so selbstgefällig bemerkt, extern verschulden. Ein verschuldetes Volk kann sein Leben nicht als sein eigenes bezeichnen. Doch Russland, dessen Wirtschaft ebenso zerrüttet war wie die anderer europäischer Länder, musste sich nicht verschulden, weil die Leninisten, als sie das Kapital zerstörten, gleichzeitig auch seine Eigentümer vernichteten. Es gab also niemanden, dem man es zurückgeben konnte.

Die Komplexität des modernen Europas und die Überschneidungen zwischen den Staaten im Zeitalter des internationalen Handels schufen Probleme, die von einigen wenigen wendigen Personen ausgenutzt werden konnten. In „World Finance 1935-1937", MacMillan, 1938 sagt Paul Einzig, dass

> „Seit 1914 haben Holland und die Schweiz die Rolle der weltweiten Spielhöllen im Tauschhandel übernommen. Jede Währung wurde der Reihe nach von einem oder mehreren dieser Länder angegriffen. Amsterdam und Zürich spielten eine prominente Rolle im Markspiel von 1923 (angeführt von der Baruch-Franklin-Roosevelt-Gruppe aus New York, United European Investors Ltd.), im Angriff auf den Franken 1924 und in den folgenden Jahren; Bären in Lira und belgischen Franken wurden von Schweizer und holländischen Bankiers mit offenen Armen empfangen, die regelmäßig als Agenten für die spekulativen Operationen von Ländern fungierten, in denen die Existenz von Devisenbeschränkungen die Möglichkeit von Glücksspielen auf dem offenen Markt ausschloss. Weder die schweizerischen noch die holländischen Bankiers, weder ihre Präsidenten, noch die Zentralbanken oder die Regierungen der beiden Länder hatten an diesen subversiven Aktivitäten etwas auszusetzen, und auch nicht daran, dass sie die stattlichen Gewinne, die sich daraus ergaben, einsteckten."

Die Amsterdamer Zweigstelle der M.M. Warburg Co, deren Direktor Paul Warburg war, und das Züricher Büro der J. Henry Schroder Co. leiteten bei diesen Manipulationen der internationalen Währungen ein ungeheuer profitables Pokerspiel, bei dem die Bankiers stets die Karten auf den Tisch legten. Neben diesen Abenteuern an den Börsen waren

Zürich und Amsterdam und Stockholm schon immer die Zentren der internationalen Spionage. Die Spione versammeln sich immer in der Nähe der Börsenzentren.

Außerdem, sagt Einzig,

> „Das französische Kriegsministerium belieferte die Regierung Polens und der Staaten der Kleinen Entente mit Rüstungsgütern auf Kreditbasis. Dies war eine sehr bequeme Art, alte Vorräte loszuwerden, für die Frankreich keine Verwendung mehr hatte. Die aus dem Ersten Weltkrieg übrig gebliebene Munition, die zu alt war, um noch länger aufbewahrt zu werden, ohne dass die Gefahr einer Explosion bestand, wurde an diese Regierungen verkauft, die sie nur zu gerne übernahmen, solange sie nicht bar bezahlen mussten. Mehr als einmal explodierte die so verkaufte Munition bald nach ihrer Ankunft am Bestimmungsort und hinterließ zerstörte Depotgebäude und eine erhöhte Auslandsverschuldung. Einer der Gründe, warum es für Polen, Jugoslawien und Rumänien schwierig war, Kredite für konstruktive Zwecke aufzunehmen, war die hohe Verschuldung, die aus solchen Geschäften resultierte.“

Ein deprimierenderes Kapitel als diesen Absatz kann man sich kaum vorstellen. Verarmte Nationen waren nicht in der Lage, Geld für konstruktive Zwecke aufzubringen, weil die Zaharoffs, die Schneiders und die Rothschilds nach dem Krieg ihre wertlose Munition bei ihnen abgeladen hatten.

In den 1920er Jahren bauten die Frankfurter Bankiers ihre Gewinne weiter aus. Eine ausgezeichnete Illustration ihrer Methode, die Kontrolle über eine Industrie zu erlangen, liefert John K. Winkler in seinem Buch „Dupont Dynasty“, Reynal Hitchcock, 1935, Seite 254. Er schreibt über William Durant, den Gründer von General Motors, einen brillanten Organisator, aber keinen Financier.

> „Um das Geld zu bekommen, musste Durant eine fünfjährige Treuhandgesellschaft nach New Yorker Recht gründen, in deren Rahmen zwei Bankhäuser, Lee Higginson aus Boston und J. und W. Seligman aus New York, sich bereit erklärten, 15.000.000 Dollar für fünf Jahre zu leihen, unter der Bedingung, dass sie die Kontrolle über den Vorstand haben würden.“

Die Seligmans würden das Geld leihen, aber sie wollten das Geschäft führen. Der vorstehende Absatz erklärt die Tatsache, dass in der Ausgabe 1950 des Poor’s Directory of Directors 117

Aufsichtsratsposten in der amerikanischen Schwerindustrie aufgeführt sind, die von den Partnern des Bankhauses der Familie von Senator Herbert Lehman gehalten werden. Auf diese Weise kontrollieren die Lehmans Studebaker, Climax Molybdenum, Continental Can und Dutzende anderer großer Unternehmen. Sie waren in der Lage, General Lucius Clay die Präsidentschaft von Continental Can zu übertragen, als er von der Erzwingung eines „harten Friedens" für das deutsche Volk zurückkehrte.

Die Banker der Wall Street versuchten 1920 den gleichen Überfall auf Henry Ford. Ford war der schärfste Wirtschaftswissenschaftler, den Amerika hervorgebracht hat. Er war es, der die Praxis einführte, den Arbeitern höhere Löhne zu zahlen, damit sie Geld hatten, um die Produkte der Schwerindustrie zu kaufen, und der die gegenwärtige Ära des Wohlstands einleitete. Der alte Henry wollte zwanzig Millionen, um sich nach dem Krieg für die zivile Produktion umzurüsten, und New York war bereit, sie zu leihen, wenn sie den Vorstand von Ford benennen könnten. Henry lehnte ab und refinanzierte sein Unternehmen aus seinem eigenen Vermögen. Das war Antisemitismus, ein Verbrechen, das nach seinem Tod getilgt wurde, als das weiche Ding namens Henry II. das Ford-Vermögen zur Förderung der zweifelhaften Ziele des Weltjudentums übergab.

Die internationalen Kartelle verstärkten ihre Verbindungen während des Krieges, und die Währungsmanipulationen während der 1920er Jahre erhöhten ihren Wert auf dem Papier enorm. Inflation schadet weder den Herstellern noch den Eigentümern. In den 1920er Jahren wurde mit den Preisen von Währungen und Aktien an den Weltbörsen jongliert, ein Spiel, das 1929 seinen Zweck erfüllte, als die Bürger ausgenommen wurden und Holdinggesellschaften wie die Lehman Corporation alles, was sie wollten, für einen Bruchteil des Wertes bekamen.

Einer der wichtigsten Beweise für internationale Freundschaft im Jahr 1925 war Paul Warburgs Organisation der amerikanischen I.G. Chemical, einer Zweigstelle seines Familienunternehmens, der deutschen I.G. Farben. Warburgs Assistent war Walter Teagle von Standard Oil, und DuPont wurde unter Druck gesetzt, die Anwesenheit eines gefährlichen und mächtigen Verbündeten auf ihrem eigenen Territorium zu akzeptieren. Eugene Meyers Allied Chemical and Dye Corporation, deren Schatzkammer mit Staatsanleihen gefüllt war, konnte für sich selbst sorgen, und Baruch kümmerte sich um die

Elektrizität der Welt. Frank A. Southerd beschreibt in seinem Buch „American Industry in Europe", Houghton Mifflin, 1931, in hervorragender Weise die Krake von International General Electric, die sich unter der Leitung von Baruch und Gerard Swope ausbreitete und in den 1920er Jahren bis nach Europa und Russland reichte. Einige amerikanische Geschäftsleute haben schon immer Geschäfte mit Russland gemacht. Dr. Josephson gibt eine gute Geschichte der Rockefeller-Verträge mit der kommunistischen Regierung.

Der Völkerbund und sein Nachfolger, die Vereinten Nationen, waren das unvermeidliche Ergebnis der Internationalisierung von Industrie und Finanzen. Die I.G. Farben war dank der strategischen Streuung der Brüder Warburg eine eigene Familie von Nationen. Früher oder später brauchten sie eine Art Forum für ihre Intrigen, das den Anschein von Legalität erweckte. Jeder Kriminelle sehnt sich irgendwann danach, respektiert zu werden, und wird alles tun, um dies zu erreichen, außer respektabel zu werden. Das Federal Reserve System und der Völkerbund waren Kuhns und Loebs Versuche, sich Respekt zu verschaffen, aber sie degenerierten bald zu denselben alten Banden, die für den schnellen Dollar intrigierten. So wurden die 1920er Jahre, die als Kreuzzug für den Frieden begannen, bald zu einer Ära der Inflation, dem goldenen Zeitalter der Wall-Street-Spekulanten, die eine fabelhafte Pyramide des Kredits errichteten, auf deren Spitze Paul Warburg und Otto Kahn wie Eroberer der sagenhaften Vergangenheit thronten.

Der Wirtschaftswissenschaftler Frederick Drew schreibt in „Stock Movements and Speculation", D. Appeleton Co. 1928,

> „Ein großer aufsteigender Markt wie der von 1924 steht unter der Leitung mächtiger Industrie- und Finanzinteressen, die für den Aufstieg fast immer in Abstimmung mit Gruppen und Cliquen arbeiten, die von einzelnen Managern geleitet werden."

Wie ich in „The Federal Reserve" nachgewiesen habe, war Paul Warburg in den 1920er Jahren der einzige führende Kopf. Er und seine Mitstreiter modernisierten die Technik des Kaufs positiver Kritiken über eine neue Aktienemission, indem sie den Finanzjournalisten eine Anzahl von Aktien übergaben. Die Warburgs kauften einfach die Zeitungen.

Robert Liefmann hebt hervor, dass Kartelle ihren Ursprung in den großen Risiken haben, die dem modernen Unternehmen eigen sind, sei es bei Rohstoffen oder bei Fertigprodukten, aber diese großen Risiken sind die Schöpfungen und Frankensteins der Kartelle selbst. Der Wunsch, den Gewinn aus der Ausgabe von Aktien zu erzielen und das Opfer bzw. den Käufer der Aktien darüber zu beunruhigen, ob das Unternehmen jemals einen Gewinn ausweisen wird, hat einen Großteil der Störungen in unserer Wirtschaftsstruktur verursacht. Die Ausplünderung der Eisenbahnen durch Kuhn, Loeb und der Wunsch, die Konkurse durch den Sozialismus der Regierung zu überlassen, ist nur ein kleines Kapitel in der Geschichte der Intrigen, die die Wirtschaft unserer Nation in dieser Generation verändern werden. Kuhn und Loeb haben erkannt, was sie getan haben, und sehen die Risse in der Mauer. Sie haben beschlossen, dass ihre einzige Chance darin besteht, den Kommunismus zu finanzieren, das neue System des Treuhandkapitalismus. Das ist die Geschichte des zwanzigsten Jahrhunderts bis 1950.

Eine der besten Investitionen, die Kuhn, Loeb jemals in einen zweitklassigen Mann getätigt haben, war der Kauf von Henry L. Stimson, dem langjährigen Rechtspartner von Felix Frankfurter. Stimson beklagte sich einmal öffentlich darüber, dass er aus rassistischen Gründen von der Mitgliedschaft in der Zionist Organization of American ausgeschlossen wurde. Sein Biograph, der Propagandist des Council on Foreign Relations, McGeorge Bundy, sagt in „On Active Service in Peace and War", Seite 108,

> „Dieses Buch ist eine Aufzeichnung von Stimsons öffentlichem Dienst, und wir können uns leider nicht damit aufhalten, auf die Einzelheiten selbst seiner wichtigsten Rechtsfälle einzugehen. Er verteidigte die Hersteller von Zement gegen eine Kartellklage; er wurde von den Steinkohleexperten beauftragt, vor einer Regierungskommission, die die Kohleindustrie untersuchte, einen Schriftsatz einzureichen. Sowohl in der Zement- als auch in der Kohlesache ging es um öffentliche Interessen, und in beiden Fällen fand Stimson seine grundsätzliche Meinung durch seine Erfahrung bestätigt. Der Zementfall war ein ausgezeichnetes Beispiel für die Gefahren einer Regierung durch Anklagen; die Zementunternehmen waren schuldig, aber was sie getan hatten, war Teil der Kriegsanstrengungen gewesen, mit direkter Ermutigung der Regierung."

Die Tatsache, dass „die Regierung" während des Krieges Baruch, Meyer und Warburg war und dass die Regierung jedes Unternehmen ermutigt hatte, das Gesetz zu umgehen, sollte niemanden überraschen, schon gar nicht den Anwalt Stimson, der während der Beschlagnahme der Union Pacific Railroad durch Kuhn und Loeb als erster ans Tageslicht kroch. Am wichtigsten ist Bundys Entschlossenheit, Stimsons Einkommensquelle nicht zu erörtern. Auf 698 Seiten Geifer über Stimsons Opfer für das amerikanische Volk kann Bundy uns nicht ein einziges der hunderttausend Dollar Honorare nennen, die bei Winthrop und Stimson üblich waren. Den „öffentlichen Dienst“ können wir in einem Absatz im Who's Who in America nachlesen. Was wir wissen wollen, ist, wer ihn bezahlte, und wie viel, und das sagen uns die Bundys der Biographie nie. Der folgende Absatz, ebenfalls aus dem Bundy-Meisterwerk, gibt uns einen Eindruck von Stimsons Hintergrund,

> „Als Außenminister unter Hoover erwarb Stimson eine Gruppe von Assistenten, die in den folgenden Jahren mit Auszeichnung unter ihm dienten. Der erste Schritt war mit der Ernennung von Allen M. Klots zum Sonderassistenten des Ministers getan. Klots hatte sich im College, im Krieg und bei Winthrop und Stimson einen hervorragenden Ruf erworben. Stimson ernannte Harvey H. Bundy, einen Bostoner Anwalt mit einiger Erfahrung im Finanzwesen, zum Assistenten des Ministers und Herbert Feis, einen angesehenen New Yorker Wirtschaftswissenschaftler, zum Wirtschaftsberater des Ministers.“

Es war demokratisch von Stimson, seinen Anwaltspartnern zu helfen, weiterzukommen. Was Bundy betrifft, so erklärt es der Biograph McGeorge Bundy, der das Thema des Bostoner Anwalts mit Stimson ist. McGeorge Bundy erschien kürzlich mit einem Buch über Dean Achesons öffentliches Brustklopfen für den Kommunismus, das Bundy irgendwie in ein Plädoyer für die Demokratie umwandelt, was immer das auch sein mag. Es wurde bereits definiert als „der Kampf, Steuern zu zahlen“. Ich behaupte nicht, dass ich in der Lage bin, den Verstand der Bundys zu ergründen. Vielleicht machen sie sich nur der Verachtung für die Intelligenz der Öffentlichkeit schuldig. Ich wage mir nicht vorzustellen, dass sie die Abwässer glauben, die sie in den Propagandatrog schütten.

Mit einem elefantösen Versuch der Schnoddrigkeit erzählt uns Bundy, wie die öffentlichen Bediensteten von Kuhn, Loeb und Co. so gut leben können. Er sagt:

> „Als Stimson 1929 in Washington ankam, bestand das schwierigste Problem darin, ein Haus zu finden. Erst im Hochsommer

> entschieden sich die Stimsons für den Kauf eines Anwesens namens Woodley. Zu dieser Zeit war es eine teure Entscheidung (300.000 Dollar), aber da sie durch den Verkauf einiger wunderbar hochpreisiger Aktien zustande kam, die wenig später durch den Börsenkrach radikal entwertet wurden, war es wahrscheinlich eine rentable Investition."

Die Abwracker und Abzocker vor den Warburgs wurden 1929 gut belohnt. Als der Crash kam, hatte dieser Abschaum alle seine Aktien verkauft und sein Geld in Immobilien und Staatsanleihen angelegt. Während die anständigen Amerikaner hungerten, schnitten die Stimsons Coupons aus.

Der Rat für Auswärtige Beziehungen stellte in den 1920er Jahren seine schlampige Moral unter Beweis. Seine Veröffentlichung Nr. 28 ist der Bericht über ein Bankett im Hotel Astor am 6. Januar 1922 mit dem Titel „Mineral Resources and their Distribution as Affecting International Relations". Dr. J. E. Spurr, Präsident der Mining and Metallurgical Society of America, sagte,

> „Der Ausschuss spricht sich für ein Grundprinzip aus, das die ganze Welt umfasst. Es lautet: Jegliche Beschränkungen, ob national oder international, die die notwendige Durchsuchung der Erde behindern, sind prinzipiell unerwünscht."

So erklärte der Council on Foreign Relations seine Absicht, bei seinen Missionen für die Warburgs und die Guggenheims die Grenzen jeder Nation zu verletzen. Baruchs Dienerin der Mineralienwelt, sowohl in Washington als auch in Paris, Dr. Charles K. Leith, vom War Industries Board und der Pariser Friedenskonferenz, erklärte bei diesem Bankett, dass

> „Nur eine Art von Entente oder Allianz kann die Handelsallianz überleben. Wir schlagen das Recht der stärkeren Regierung vor, im Interesse der Entwicklung von Mineralien, die die Welt braucht, Druck auf schwächere Regierungen auszuüben."

Dr. Leith hat Recht. Militärbündnisse wurden im Laufe des zwanzigsten Jahrhunderts dutzendfach gekündigt, aber die Handelsbündnisse der I.G. Farben haben zwei Weltkriege überlebt. Seine prinzipielle Aussage, wenn Chile nicht wolle, dass die Guggenheims ihm sein Kupfer und seine Nitrate wegnehmen, dann hätten die Guggenheims das Recht, die U.S. Marines gegen Chile einzusetzen, wurde zur Geschichte, als die Marines in Nicaragua landeten, um das Recht von J.

und W. Seligman zu schützen, das Geld von Nicaragua auszugeben. Auch in anderen und ähnlichen Fällen wurden Truppen gelandet. Dies geschah, während sich die Idioten in Genf im Völkerbund gegenseitig zudröhnten.

Das klassische Beispiel für eine solche Operation ist der Panamakanal. Da die Anwaltskanzlei Sullivan and Cromwell das Führungsgremium des Council on Foreign Relations ist, verdient ihre Bedeutung in der Geschichte des Panamakanals unsere Aufmerksamkeit. Die Familie Pulitzer, die vor einem Pogrom in Ungarn geflohen war, um sich als Pressevertreter für die Demokratie in Amerika einzusetzen, stritt sich mit Präsident Theodore Roosevelt und brachte die Panama-Story ins Rollen. Wir zitieren aus

> „The Roosevelt Panama Libel Case against the New York World (U.S. Vs. the Press Publishing Co.) A brief history of the attempt of President Roosevelt by executive order to destroy the freedom of the Press in the United States, together with the text of the unanimous decision of the United States Supreme Court handed down by Mr. Chief Justice White affirming the action of Judge Hough of the U.S. District Court in quashing the Indictment. Gedruckt für die New York World, 1911."

> „Am. Am 3. Oktober 1908 erwog das Demokratische Nationalkomitee, ob es ratsam sei, eine Erklärung zu veröffentlichen, wonach William Nelson Cromwell in Verbindung mit M. Bunau-Varilla, einem französischen Spekulanten, ein Syndikat gebildet hatte, als es ganz offensichtlich war, dass die Vereinigten Staaten die Rechte der französischen Anleihegläubiger am DeLesseps-Kanal übernehmen würden, und dass zu diesem Syndikat unter anderem Charles P. Taft, der Bruder von William H. Taft, und Douglas Robinson, der Schwager von Präsident Theodore Roosevelt, gehörten. Diese Finanziers investierten ihr Geld in voller Kenntnis der Absichten der US-Regierung, den französischen Besitz zu einem Preis von etwa 40 Millionen Dollar zu erwerben, und konnten so - aufgrund der angeblichen Informationen aus Regierungsquellen - einen reichen Gewinn einfahren. The World versuchte herauszufinden, ob zusätzlich zu den Tatsachen, die Senator Morgan 1906 im Zuge der Untersuchung der Panamakanalangelegenheit durch den US-Senat ans Licht brachte, noch weitere erörtert werden könnten. Diese Untersuchung wurde durch die Weigerung von Herrn Cromwell vereitelt, die wichtigsten Fragen zu beantworten, die ihm mit der Begründung gestellt

wurden, dass seine Beziehungen zu den Kanalverkäufern als Berater der New Panama Canal Co. privat und vertraulich seien.

„Es wurden erfolglose Versuche unternommen, in Paris und Washington an die Unterlagen zu gelangen. The World beauftragte einen angesehenen englischen Anwalt, ein Mitglied des Parlaments, der nach Paris reiste. Er berichtete: „Ich habe in meiner langen Erfahrung mit Unternehmensangelegenheiten noch nie erlebt, dass eine öffentliche Gesellschaft, geschweige denn eine von so großer Bedeutung, so vollständig verschwunden ist und alle Spuren ihrer Existenz beseitigt hat wie die New Panama Canal Co. Die Aktien der neuen Gesellschaft waren ursprünglich registriert, wurden aber später in „Inhaberaktien" umgewandelt, die ohne jegliche Aufzeichnung von Hand zu Hand gingen. Es gibt keine Anhaltspunkte dafür, wer das von den Vereinigten Staaten gezahlte Kaufgeld erhalten hat.

„Auf Anweisung von Präsident Roosevelt erwirkte US-Staatsanwalt Henry L. Stimson, der Roosevelts erfolgloser Kandidat für das Amt des Gouverneurs von New York war, eine weitere Anklage wegen Verleumdung. Am 3. Januar 1911 wies der Oberste Gerichtshof die Klage ab.

Am 29. August 1908 gab das Demokratische Nationalkomitee eine Erklärung aus seinem Hauptquartier in Chicago heraus, in der Cromwell als „William Nelson Cromwell aus New York, der große Anwalt der Wall Street, Anwalt des Panamakanal-Kombinats, der Kuhn, Loeb Co. der Harriman-Interessen, des Zucker-Trusts, des Standard-Öl-Trusts usw." bezeichnet wurde.

„Am 4. Oktober 1908 druckte die World eine Geschichte, dass Cromwell nach dem Verkauf des Panamakanals an die Vereinigten Staaten das Weiße Haus und das Kriegsministerium unter Kontrolle hatte. Mr. Cromwell nahm aktiv an der Förderung der Revolution auf der Landenge teil, die Kolumbien das Kanalgebiet abnahm und die Republik Panama schuf, und dass die Roosevelt-Administration im Voraus Kenntnis von der geplanten Revolution hatte und Schritte unternahm, um sie zu einem Erfolg zu machen, indem sie Kriegsschiffe in der Nähe hatte. Die Revolution fand zur festgesetzten Zeit statt. Am 9. Mai 1904 unterzeichnete Finanzminister Shaw den 40-Millionen-Dollar-Schuldschein, den größten, den die Regierung jemals als Zahlung für das Kanaleigentum gezogen hatte. Was Mr. Cromwell davon hatte, war immer nur eine Vermutung. Er sollte eine Provision von 5 % erhalten und alle Kosten selbst tragen. 5% von 40 sind zwei

Millionen, aber es kostet etwas, eine Revolution zu produzieren. Am 2. Januar dieses Jahres wurde in einem Telegramm aus Paris an die New Yorker Zeitungen mitgeteilt, dass Mr. Cromwells Rechnung an die Panama Canal Co. sich auf 742.167,77 Dollar belief. Die Rechnung wurde schließlich auf 125.000 Dollar festgesetzt. Die Schiedsrichter zogen 600.000 Dollar von Herrn Cromwells Rechnung ab und berücksichtigten dabei, dass die Kanalgesellschaft ihm neuneinhalb Jahre lang einen jährlichen Vorschuss von 10.000 Dollar gezahlt hatte.

„1891 ging die große Firma Decker, Howell und Co. mit einer Schuld von 10 Millionen Dollar unter. Herr Cromwell wurde zum Bevollmächtigten ernannt, und innerhalb von sechs Wochen waren die Angelegenheiten der Firma in Ordnung gebracht worden. Das Gericht sprach ihm ein Honorar von 260.000 Dollar zu, das bis dahin größte seiner Art. Zur Zeit des Lebensversicherungsskandals (in den Jacob Schiff und James Speyer verwickelt waren) verbrachte Mr. Cromwell zwei Stunden im Büro des Bezirksstaatsanwalts Jerome, mit dem erklärten Ziel, Mr. Jerome alle Insider-Geheimnisse des „Yellow Dog Fund“ der Equitable Life zu erzählen. Nachdem Mr. Cromwell gegangen war, gab Mr. Jerome zu, dass es ihm nicht gelungen war, eine Tatsache aus ihm herauszubekommen.

Im September 1904, während der Abwesenheit von Sekretär Taft in Washington, leitete Mr. Cromwell, ein Privatmann, praktisch das Kriegsministerium. John F. Wallace, Chefingenieur des Panamakanals, sagte am 5. Februar 1905 vor dem Senatsausschuss aus: „Cromwell schien mir ein gefährlicher Mann zu sein“. Wallace sagte aus, dass er den Bericht der Panama-Eisenbahn (einer Tochtergesellschaft des Kanals) durchgesehen und entdeckt hatte, dass ihr Vorstand eine Dividende von mehr als 100.000 Dollar über das hinaus, was die Straße verdient hatte, ausgeschüttet und anschließend Anleihen verkauft hatte, um Geld für die Reparatur des rollenden Materials zu bekommen. Ich bin zu dem Schluss gekommen“, sagte Herr Wallace, „dass ein Mann, der die Regierung auf diese Weise berät, ein gefährlicher Mann ist“. Mr. Cromwell half E.H. Harriman, Stuyvesant Fish aus der Illinois Central zu verdrängen, und half Harriman auch, die Minderheitsaktionäre der Wells-Fargo Co. niederzuschlagen, als diese versuchten, einen kleinen Anteil an den enormen Überschüssen ihres Unternehmens zu erhalten.

> Am 19. Oktober 1908 wies die World darauf hin, dass „die Mitglieder des amerikanischen Syndikats nur 3 Millionen Dollar aufbringen mussten, um einen beträchtlichen Anteil an den Wertpapieren der französischen Gesellschaft zu erhalten. Es gab auch eine große Subskription an den nationalen Wahlkampffonds der Republikaner, durch die die Unterstützung von General Mark Hanna für die Panama-Route gegenüber der Nicaragua-Route gewonnen wurde, die viele Ingenieure für durchführbarer und billiger hielten. Mr. Cromwell war nicht untätig. Er unterhielt ein Literaturbüro, und jeden Monat wurden Schecks an 225 Zeitungen im Landesinneren geschickt, um den Druck der Produkte des Literaturbüros zu bezahlen. Dieses Produkt zeigte die Vorteile der Panama-Route gegenüber der Nicaragua-Route auf und stärkte die öffentliche Meinung zugunsten der ersteren.
>
> The World fuhr am 19. Oktober 1908 fort: „Dass Mr. Cromwell der revolutionären Partei in Panama Geldmittel zur Verfügung gestellt hat, wurde von Mr. Cromwell selbst in Anwesenheit von Minister Taft zugegeben. Dieses Eingeständnis wurde bei einem Bankett im Isthmus im Dezember 1904 gemacht. In seiner Rede bezog sich Cromwell auf eine Bestimmung der Verfassung Panamas, die allen finanziellen Unterstützern der Revolution das Recht auf die Staatsbürgerschaft einräumte. Cromwell erklärte, er habe einen großen Teil zur Kasse der Revolutionäre beigetragen und habe daher Anspruch auf die Staatsbürgerschaft. Der Sohn des Präsidenten von Panama erhielt 40.000 Dollar, der für die kolumbianische Garnison verantwortliche Admiral 35.000 Dollar in Silber. Wenn der Kanal, wie von den Ingenieuren erwartet, zwischen 400 und 500 Millionen Dollar kostet, wird seine Ertragskraft selbst unter günstigen Bedingungen bei weitem nicht ausreichen, um die Zinsen für die von der Regierung zur Deckung der Baukosten ausgegebenen Anleihen zu zahlen, so der Abgeordnete Henry T. Rainey aus Illinois. Zu dieser Zeit war Präsident Roosevelt auch in einen Skandal verwickelt, bei dem es um die Vergabe einer Konzession an Standard Oil in Oklahoma ging, wie ebenfalls in der New York Sun vom 26. November 1908 berichtet wurde. Sein Privatsekretär in dieser Angelegenheit war William Loeb."

Cromwell war der Rechtsberater für alle Rothschild-Interessen, Kuhn, Loeb, Standard Oil und das Panamakanal-Kombinat. Natürlich hatte er das Kriegsministerium und das Weiße Haus im Griff. Er war Seniorpartner der Kanzlei Sullivan und Cromwell, zu der heute die Brüder Dulles gehören. Die Untersuchung der Panama-Affäre durch den Senat im Jahr 1906, die von Cromwell verhindert worden war, wurde nach dem Streit zwischen Roosevelt und Pulitzer vom Repräsentantenhaus wieder aufgenommen, und 1913 legte das Repräsentantenhaus einen 800-seitigen Bericht über seine Untersuchung vor, der spannender war als die meisten Romane. Die Panama-Geschichte, ein gewaltiger Skandal, in den die höchsten Regierungsbeamten der Vereinigten Staaten verwickelt waren, hatte solche Ausmaße, dass seither von jedem Politiker, der ein zwielichtiges Finanzkapitel in seinem Leben hatte, gesagt wird, er habe ein „Panama".

Die Anhörungen des Repräsentantenhauses ergaben, dass die finanziellen Angelegenheiten des amerikanischen Syndikats von J.P. Morgan Co. und J. and W. Seligman Co. aus New York wahrgenommen wurden. Die Interessen von Bunau-Varilla, die die französischen Aktionäre vertraten, wurden von Heidelbach, Ickelheimer und Co. verwaltet. New York. Die französischen Aktien waren in Frankreich ursprünglich mit großem Tamtam und zu einem hohen Preis von einem Syndikat unter der Leitung von Cornelius Herz vertrieben worden. Die Aktien fielen auf ein Hundertstel ihres Wertes, was die französische Regierung fast aus dem Gleichgewicht brachte. Nachdem die französischen Käufer sie für Tapeten verwendet hatten, wurde von den Verwandten der Präsidenten und den erwähnten Bankhäusern der Plan ausgeheckt, das US-Finanzministerium mit ins Boot zu holen. Zwei Hindernisse stellten sich ihnen in den Weg. Erstens hatte die Regierung bereits beschlossen, einen Kanal durch Nicaragua zu bauen, dessen felsiger Boden ein viel besseres Gleis für einen Kanal bot als Panama, wo vierzig Jahre später immer noch die Flanken herunterrollen. Und zweitens, selbst wenn die öffentliche Meinung auf Panama umgeschwenkt werden könnte, blieb die Notwendigkeit, Kolumbien eine große Summe für das Wegerecht zu zahlen.

Cromwell löste beide Probleme. Er kaufte genügend öffentliche Meinung durch die Zeitungen, die einen Scheck von jedem annehmen, und überzeugte die Wähler, dass Panama die beste Route sei, trotz der gegenteiligen Meinung der Ingenieure. Dann ging er hinunter nach Panama, führte durch Bestechung eine Revolution herbei, und der Preis war klar. Die französischen Aktien wurden von ihren enttäuschten Besitzern für drei Millionen Dollar aufgekauft. Cromwell gab zwei Millionen an Bestechungsgeldern aus, und das Syndikat verkaufte das Paket an die US-Regierung für 40 Millionen Dollar in Gold aus unserer Staatskasse. Die Arithmetik des Falles, abgesehen von ideologischen

Interpretationen, zeigt einen Gewinn von 35 Millionen Dollar bei einer Investition von 5 Millionen Dollar.

Philip Bunau-Varilla, von der Welt als Spekulant bezeichnet, war ein professioneller Ingenieur für das Haus Rothschild. Er baute für das Haus Eisenbahnen in Spanien und im Kongo und wurde schließlich von DeLesseps für das Panama-Fiasko ausgewählt.

Die Anhörungen des US-Repräsentantenhauses zu Panama im Jahr 1913 waren das Ergebnis des Engagements des Kongressabgeordneten Henry T. Rainey aus Illinois. Wir zitieren wie folgt,

> „Die New York Sun berichtete am 2. Januar 1902 unter dem Titel 'The Battle of the Routes', dass die Hepburn-Vorlage für einen Nicaragua-Kanal das Repräsentantenhaus unter großem Beifall mit 308 zu 2 Stimmen passiert hatte. Am 17. März 1903 berichtete die New York Sun, dass der kolumbianische Vertrag für einen Panamakanal vom Senat mit 73 zu 3 Stimmen ratifiziert worden war. Dieser bemerkenswerte Wandel der Politik und der nationalen Meinung vollzog sich innerhalb von fünfzehn Monaten.

Auf Seite 29 der Anhörungen,

> „Die Geschichte, wie Mr. Cromwell die Revolutionäre ermutigte und sie dann kaltblütig ihrem Schicksal überließ, wurde von Jose Augustin Arango in einer Broschüre mit dem Titel 'Datos historicos para la Independencia del Istmo' vom 28. November 1905 detailliert erzählt. Sie ist in allen Einzelheiten vollkommen korrekt."

Auf Seite 61 bezeugt der Kongressabgeordnete Rainey, dass

> „Die Revolutionäre standen im Sold der Panama Railroad and Steamship Co. einer Gesellschaft aus New Jersey. Der Vertreter dieser Gesellschaft war William Nelson Cromwell. Er war der Revolutionär, der die Revolution am Isthmus von Panama förderte und ermöglichte. Zu dieser Zeit war er Aktionär der Eisenbahngesellschaft und ihr Generalberater in den Vereinigten Staaten. William Nelson Cromwell - der gefährlichste Mann, den dieses Land seit den Tagen von Aaron Burr hervorgebracht hat - ist ein professioneller Revolutionär."

Wundert es jemanden, dass die Wall Street die bolschewistische Revolution in Russland gefördert hat? Neben dem Krieg ist die Revolution die von den Frankfurter Bankiers am häufigsten eingesetzte Waffe, um ihre Ziele zu erreichen. Die New Yorker Niederlassung der

J. and W. Seligman Co. hat buchstäblich Hunderte von Revolutionen in den lateinamerikanischen Ländern gefördert, um ihr Monopol auf die öffentlichen Versorgungsleistungen in diesen Ländern zu schützen. Auf Seite 53 sagt uns Rainey, dass

> „Die Unabhängigkeitserklärung, die in Panama am 3.rd November 1903 verkündet wurde, wurde im Büro von William Nelson Cromwell aus New York vorbereitet. Unser Außenministerium war an der Vereinbarung beteiligt, dass eine Revolution an diesem Tag, dem 3.rd November 1903, stattfinden sollte, und dieser Tag wurde aus dem Grund gewählt, dass die Zeitungen der Vereinigten Staaten mit Wahlnachrichten gefüllt sein würden und den Nachrichten aus Panama nicht viel Aufmerksamkeit schenken würden."

Dieses Manöver wurde bei der Ernennung von Anna Rosenberg zur stellvertretenden Verteidigungsministerin am 3. November 1950 wieder aufgegriffen, in der Hoffnung, dass die Antikommunisten die Ernennung übersehen würden.

Mr. Hall von der New York World sagte aus, wie auf Seite 135 berichtet,

> „Die französische Regierung - und das ist wichtig, weil Herr Roosevelt zu Protokoll gegeben hat, dass er die 40 Millionen Dollar direkt an die französische Regierung gezahlt hat - die französische Regierung hat über ihren Botschafter in Washington formell jede Verbindung mit der Panama Canal Co. und jede Verantwortung dafür abgestritten. Die 40 Millionen Dollar wurden von der J.P. Morgan Co. an die Bank von Frankreich gezahlt, die das Geld von der amerikanischen Regierung erhielt."

Für Theodore Roosevelt war es nichts Neues, vor der amerikanischen Öffentlichkeit einen Meineid zu leisten. Er wusste, dass die französische Regierung beim Verkauf des Kanals weder von ihm noch von jemand anderem einen Cent erhalten hatte.

Um die Macht von John Foster Dulles, dem derzeitigen republikanischen Berater des Außenministeriums für Außenpolitik, zu verstehen, muss man nur die Seite 206 dieser Anhörungen aufschlagen. Dort ist der Brief von Cromwell an die New Panama Canal Co. vollständig abgedruckt. Wir zitieren

> „Was die Geschäfte der großen Unternehmen in den Vereinigten Staaten angeht, so ist der General Counsel in der Regel der führende Geist und hat die Kontrolle. Die Anwaltskanzlei von Sullivan und

> Cromwell nimmt eine anerkannte Position unter den großen juristischen Korps der Nation ein. Im Laufe von dreißig sehr aktiven Jahren ist die Kanzlei Sullivan und Cromwell in enge Beziehungen zu Männern getreten, die überall in den Vereinigten Staaten Einfluß und Macht besitzen; sie haben auch eine beträchtliche Anzahl von Männern im politischen Leben, in Finanzkreisen und in der Presse kennengelernt und sind in der Lage, diese zu beeinflussen, und alle diese Einflüsse und Beziehungen waren bei der Erfüllung ihrer Pflichten in der Panama-Angelegenheit von großem Nutzen. Die öffentliche Meinung forderte den Nicaragua-Kanal. Die Tagespresse und die Zeitschriften dieses Landes waren dem Nicaragua-Kanal gegenüber völlig positiv eingestellt, und nur durch die größten persönlichen Anstrengungen war es möglich, sie für Panama zu interessieren."

Cromwells besondere Bemühungen bestanden darin, Schecks an die Zeitungen zu unterschreiben, damit sie seine Panama-Propaganda abdruckten. Sein Schriftsatz, eine der dreistesten Enthüllungen von Betrügereien in unserer Sprache, kostete etwa fünf Dollar pro Wort und war jeden Cent davon wert. Ich bin besonders erfreut über Cromwells Feingefühl, seine Revolution als „die Panama-Sache" zu bezeichnen. Auf Seite 462 dieser Anhörungen heißt es

> „Bestechungsgelder wurden durch Wechsel auf J.P. Morgan Co. über Isaac Brandon and Brothers bezahlt. Kolumbianische Offiziere erhielten über dieses Haus in Panama Bestechungsgelder in Höhe von 1.270.000 Dollar."

Cromwells Bezeichnung als „der gefährlichste Mann Amerikas" wird heute von den Brüdern Allen W. Dulles und John Foster Dulles, den Nachfolgern von Sullivan und Cromwell, umkämpft, die man als den unheimlichsten Einfluss hinter den Kulissen in Washington bezeichnen könnte.

Es war Sullivan und Cromwells Erbe der gesetzlichen Vormundschaft über die großen Investitionen des Hauses Rothschild in Amerika, das Cromwells Fähigkeit erklärte, große Verbrechen zu begehen, sowohl auf nationaler als auch auf internationaler Ebene, und dennoch nicht ins Gefängnis zu kommen und im Sozialregister zu bleiben. Diese Immunität vor Strafverfolgung lässt sich am besten durch einige Zitate über die Familie Rothschild erklären. Picciotti sagt in seiner „Anglo-Jüdischen Geschichte"

> „Nathan Mayer Rothschild hat an den meisten der großen Finanzangelegenheiten Amerikas, Frankreichs, Englands und fast aller anderen Länder teilgenommen ... Ein weiteres Ereignis, durch das er einer großen Gefahr ausgesetzt gewesen wäre, war die von M. Villele geplante Umwandlung der französischen Renten. Zum Glück für Herrn Rothschild wurde die Maßnahme mit einer einzigen Stimme in der Pariser Abgeordnetenkammer abgelehnt. Wäre sie durchgeführt worden, hätte sich die kurz darauf folgende Erschütterung der Geldmärkte in Europa trotz seiner enormen Ressourcen wahrscheinlich als tödlich für seine Position erwiesen. Ein weiterer gefährlicher Vertrag war die 4%ige Anleihe, die M. de Polignac vor den berühmten drei Tagen des 30. Juli, die den Sturz der Bourbonen in Frankreich einleiteten, aufgenommen hatte. Die Aktien fielen von 20 auf 30 %, aber zum Glück für Herrn Rothschild war der größte Teil des Darlehens auf die Zeichner verteilt worden, die mehr oder weniger stark darunter litten." Wir können uns darauf verlassen, dass die Rothschilds den Verlust nicht hinnehmen würden.

Paul Emden schreibt über die Rothschilds und die anderen Einflüsse hinter dem Untergang des britischen Empire in „Behind the Throne", Hodder and Stoughton, London, 1934, wie folgt,

> Edwards Vorbereitung auf sein Metier war ganz anders als die seiner Mutter, daher „regierte" er weniger als sie. Dankenswerterweise behielt er die Männer um sich, die ihn in der Zeit des Baus der Bagdadbahn begleitet hatten; der Kreis seiner Berater musste um Männer erweitert werden, die in ständigem Kontakt mit der Wirtschaft standen; so kamen zum Beraterstab der Familie die Brüder Loepold und Alfred de Rothschild, verschiedene Mitglieder der Familie Sassoon und vor allem sein privater Finanzberater Sir Ernest Cassel hinzu."

Die alte Victoria muss sich in ihrem Grab gewunden haben, als Edward diese Horde jüdischer Bankiers zur Leitung des Britischen Reiches ins Land holte. Auf Seite 294 sagt Emden, dass

> „Das enorme Vermögen, das Cassel in relativ kurzer Zeit erwarb, verlieh ihm eine immense Macht, die er nie missbrauchte. Er fusionierte die Firma Vickers Söhne mit der Naval Construction Co. und der Maxim-Nordenfeldt Guns and Ammunition Co. und so entstand die weltweite Firma Vickers Söhne und Maxim. Er organisierte das große Unternehmen, das die Grundlage für die Central London Railway Co. bildete, die die Londoner

> Eisenbahnröhre baute. In einer ganz anderen Funktion als Cassel waren Geschäftsleute wie die Rothschilds tätig. Die Firma wurde nach bestimmten Prinzipien geführt, und die verschiedenen Partner mussten alle Mitglieder der Familie sein. Mit großer Gastfreundschaft und in fürstlicher Manier führten sie das Leben von Grandseigneurs, und es war natürlich, dass Edward der Siebte sie sympathisch fand. Dank ihrer internationalen familiären Beziehungen und noch weiter reichenden geschäftlichen Verbindungen kannten sie die ganze Welt, waren über jeden gut informiert und verfügten über verlässliche Kenntnisse von Dingen, die nicht an der Oberfläche lagen. Diese Verbindung von Finanzen und Politik hat bei den Rothschilds von Anfang an Tradition. Das Haus Rothschild wusste immer mehr, als in den Zeitungen zu lesen war, und sogar mehr, als in den Berichten zu lesen war, die im Außenministerium eintrafen. Auch in anderen Ländern reichte der Einfluss der Rothschilds bis hinter den Thron."

Über Alfred de Rothschild berichtet Emden, dass er von 1868 bis 1890 Direktor der Bank of England war, und fügt hinzu,

> „Erst als in den Nachkriegsjahren zahlreiche diplomatische Publikationen erschienen, erfuhr eine breitere Öffentlichkeit, wie stark die Hand Alfred de Rothschilds die Politik Mitteleuropas in den zwanzig Jahren vor dem Krieg beeinflusste."

In seinem Buch „Randlords", Hodder and Stoughton, 1935, schreibt Paul Emden über die Diamanten- und Goldkönige des südafrikanischen Witwatersrand,

> „Das Haus Rothschild war geneigt, sich für die Kimberley-Domäne zu interessieren, und Sir Carl Meyer, ihr offizieller Vertreter, hatte sich bereits mit seinem Bericht nach London begeben. Der Weg zu den Großaktionären war mit den Rothschilds als Partnern bereits geebnet, und mit de Crano und Harry Mosenthal von der Exploration Company an seiner Seite war Cecil Rhodes' Aufgabe in Paris nicht schwer. Im August 1887 wurde ein Syndikat mit N.M. Rothschild Sons an der Spitze gebildet, das die Summe von 1.400.000 Pfund für den Kauf der in Paris erworbenen Aktien vorschoss und die neuen DeBeers-Aktien übernahm. Von nun an hatte Cecil Rhodes mit dem Haus Rothschild einen Verbündeten, der sich bereitwillig an jedem Geschäft beteiligte, das Rhodes vorschlug."

Diese Passage wirft ein Licht auf die stets mysteriösen Aktivitäten der Rhodes Scholars, amerikanischer Jungen, die in England mit Mitteln aus dem Vermögen von Cecil Rhodes ausgebildet werden. Rhodes war, wie seine amerikanischen Gegenstücke J.P. Morgan und John D. Rockefeller, ein heidnischer Handlanger des Hauses Rothschild, und sein Vermögen wurde zur Förderung des Verrats eingesetzt. Die Rhodes-Stipendiaten wurden als pro-britisch kritisiert, aber es wäre weitaus zutreffender zu sagen, dass sie pro-sozialistisch und pro-zionistisch sind.

Emden berichtet auch, dass die deutsch-jüdischen Uitlander Waffen für den Aufstand gegen die Buren in die Goldfelder geschmuggelt haben, die als Bergbaumaschinen für DeBeers gekennzeichnet waren. In seinem Buch, „Empire Days", Hutchinson, London, 1942, schreibt Emden auf Seite 153,

> „Die DeBeers Mining Co. wurde 1880 mit einem Kapital von 200.000 Pfund gegründet, das sich bis 1888 stetig erhöhte, als sie so stark geworden war, dass Rhodes, unterstützt von den Rothschilds und Alfred Beit von Wernher Beit and Co. die Zusammenlegung aller Diamantenminen in Kimberley durchsetzen konnte."

Dies ist eine Bestätigung der Tatsache, dass der weltweite Diamantenfonds von DeBeers eine Rothschild-Beteiligung ist. Der Suezkanal ist ebenfalls ein Rothschild-Unternehmen, und das Haus kann eine wichtige Rolle bei der jüngsten Absetzung von König Farouk in Ägypten beanspruchen. Alle Biographien von Disraeli bestätigen das Interesse der Rothschilds am Suezkanal. Ich habe dazu eine Notiz aus der „History of the Cape to Cairo Railway" des Reuters-Korrespondenten Louis Weinthal ausgewählt. Auf Seite 633,

> „Im Jahre 1875 veranlasste Disraeli die N.M. Rothschild Söhne, etwa vier Millionen Pfund Sterling für den Kauf von 176.602 aufgeschobenen Aktien der Suez Canal Co. vorzustrecken, die im Besitz Seiner Hoheit des Khedive Ismail waren, was Großbritannien eine Vorherrschaft bei der Verwaltung des Kanals sicherte. Die ganze Transaktion steht in den Akten als ein Geschäft von höchstem patriotischem Wert und weitsichtiger Diplomatie, abgesehen von ihrem finanziellen Aspekt, dessen Zinsen und Dividenden sich im Finanzjahr 1921-22 auf 1.094.303 Pfund beliefen."

Dennoch, Herr Weinthal, war es eine Abmachung und kein Vertrag. Dank ihrer Wirtschaftsberater, den Rothschilds, Cassels und Sassoons, hatten die internationalen Beziehungen Großbritanniens einen neuen Kurs eingeschlagen.

Wie die Rothschilds ihren Einfluss in Amerika ausweiteten, beschreibt James W. Gerard in „Meine ersten 83 Jahre in Amerika“. Herr Gerard, ehemaliger Botschafter in Deutschland, hat in seinem langen Leben alle Formen der Materie gesehen;

> August Belmont war 1837 im Alter von einundzwanzig Jahren nach Amerika gekommen, als Vertreter der Rothschilds, deren Reichtum und Interessen in Europa allumfassend waren... Der Erste in der Hierarchie der Gesellschaft (in New York) war der ältere August Belmont. Obwohl er mit einem dicken deutschen Akzent sprach, herrschte er wie ein absoluter sozialer Schiedsrichter.’

Die Verleger von Mr. Gerard konnten ihn nur mit Mühe davon abhalten, zu schreiben, dass Belmont mit einem dicken jiddischen Akzent sprach, denn Belmont war von Deutschland aus als Schönberg gestartet. Als er die Grenze überquerte, nahm dieses Finanzchamäleon die schützende Färbung der gallischen Landschaft an, und der schöne Berg wurde zu Belmont. Belmont, der in der letzten Hälfte des 19. Jahrhunderts den größten Einfluss auf die Demokratische Partei ausübte ([th]), war ein großer Förderer des Rennsports (Belmont Track) und der Erbauer des New Yorker U-Bahn-Systems. Sein Sohn August Belmont Jr. führte das U-Bahn-System weiter. Ein Jahrhundert lang schien es immer einen August Belmont zu geben, so wie es im zwanzigsten Jahrhundert immer einen Eugene Meyer oder Henry Morgenthau zu geben scheint.

Der Sohn des alten August, Perry Belmont, hat seine Hände nicht mit Geld beschmutzt. Er ging in den öffentlichen Dienst und wurde Vorsitzender des Ausschusses für auswärtige Beziehungen des Repräsentantenhauses, der ideale Platz für einen Rothschild-Vertreter. Bei dem großen Goldanleihegeschäft von 1895 erhielt Perry einen Anteil von zwei Millionen Dollar, aber seine Rolle bleibt rätselhaft.

Auf jeden Fall ist der Grund für diesen ganzen Mist über die Rothschilds, die verzweifelte Kampagne ihrer Vertreter in New York, Kuhn, Loeb Co. während der 1920er Jahre zu erklären, um die Vereinigten Staaten dazu zu bringen, die sozialistische zionistische Nation, das kommunistische Russland, anzuerkennen. Einer der Gründe, warum Trotzki beiseite geschoben wurde, war sein Ruf als Verrückter, der die Pressekampagne von Kuhn, Loeb von 1918 bis 1933 gefährdete, die Russland als ein Experiment in harmlosem Agrarismus darstellte.

Eines der Ergebnisse der universellen Bildung ist die völlige Unfähigkeit des normalen Bürgers zu glauben, dass Banker eine Revolution fördern würden. „Warum?", fragt er mit offenem Mund,

> „Banker sind ruhige, konservative Menschen, die die letzten auf der Welt wären, die sich in eine Revolution einmischen würden."

Das mag auf die Banker in Ihrer Kleinstadt zutreffen, Frau Williams, aber nicht auf das internationale Frankfurter Publikum. Revolutionen sind nicht zufällig. Wie Kriege und Paniken erfordern sie die Konferenzen von Experten und eine beträchtliche Menge an Bargeld. Eine Revolution ist eine politische Investition Die Rothschilds und Schiffsleute haben 1917 ihr Geld nach Russland gepumpt, um ihre Investitionen dort zu schützen. Dieses Schutzgeld war das Geld, das Lenin und Stalin an die Macht brachte.

Isaac Seligman, der Älteste des Hauses J. und W. Seligman, sagte in einer Rede vor der American Association for International Conciliation im Januar 1912, die als Pamphlet Nr. 50 veröffentlicht wurde, dass

> „Der russisch-japanische Konflikt von 1904-05 wurde gestoppt, weil die Bankiers sich weigerten, Kredite zu annähernd gewöhnlichen Bedingungen zu gewähren, nachdem wahrscheinlich eine halbe Milliarde Dollar in diesem Kampf vergeudet worden war. Die Interessen des Handels haben somit den internationalen Bankiers eine mächtige Waffe in die Hand gegeben, die sie im Interesse der Versöhnung und des Friedens einsetzen können. Frankreich hält heute russische Wertpapiere im Wert von einer Milliarde, und es ist leicht zu verstehen, daß Rußland ohne die Zustimmung Frankreichs in keinen Krieg eintreten würde."

Isaacs Boot der Macht der internationalen Bankiers, einen Krieg zu verhindern, wenn sie es wollten, sieht ziemlich schlecht aus, da seine Rede nur zwei Jahre vor dem Ausbruch des Ersten Weltkriegs gehalten wurde. Auch der Zweite Weltkrieg war eine Angelegenheit der orthodoxen Finanzwelt, die nicht den Tod eines einzigen Jugendlichen hätte verursachen können, wenn die Banker nicht dreißig Jahre lang daran gearbeitet hätten, ihn herbeizuführen.

Zu den zahlreichen und entschlossenen Agenturen, die sich in den 1920er Jahren in den Vereinigten Staaten für die offizielle amerikanische Anerkennung der kommunistischen Regierung in Russland einsetzten, gehörte vor allem die League of Free Nations Association, die in ihren Bitten um öffentliche Unterstützung damit warb, dass ihr einziges Ziel diese Anerkennung sei, und sich rühmte, dass sie auf dem besten Wege sei, ihr Ziel zu erreichen. Der Vorsitzende des Exekutivkomitees dieser Organisation war James Grover McDonald, der sein ganzes Leben lang ein zweifelhaftes Geschäft mit solchen Unternehmungen gemacht hat, immer für dieselbe sozialistisch-zionistische Gruppe. Er wurde mit der Ernennung zum ersten US-Botschafter in dem neu gestohlenen Staat Israel belohnt. Sein Assistent bei diesem kommunistischen Unterfangen war in den 1920er Jahren Stephen Duggan, Präsident des Institute Of International Education. Beide Gruppen wurden natürlich vom Council On Foreign Relations finanziert.

Im Bulletin der League of Free Nations Association vom Juni 1920 wurde verkündet, dass sie „aktiv daran arbeitet, eine landesweite Forderung nach Wiederaufnahme des Handels mit Russland zu erheben". Kuhn, Loeb und J.P. Morgan beobachteten ängstlich den Empfang, der dieser Fühlergruppe zuteil wurde, und verfolgten ihr Ziel weiter, als sich herausstellte, dass Duggan und McDonald nicht als Agenten einer ausländischen Macht eingesperrt werden würden.

Auf Seite 193 von Popes Biographie „Maxim Litvinoff" heißt es

> „Am 7. Juli 1922 erklärte Litvinoff in einem Gespräch, dass die russische Delegation auf der Haager Konferenz Verhandlungen mit einer wichtigen Gruppe von Finanziers erwartet, zu der auch Otto H. Kahn von Kuhn, Loeb Co. New York. Eine Woche später erklärte Otto Kahn, der in Den Haag eingetroffen war, dass „die Konferenz mit Russland nützliche Ergebnisse bringen und zu einer größeren Annäherung an die Einheitlichkeit der Ansichten und der Politik Englands, Frankreichs und der Vereinigten Staaten in Bezug auf die russische Situation führen wird."

Dies erklärt in gewisser Weise die Tatsache, dass Frau Otto Kahn bei ihren Besuchen in Russland stets von dem großen Stalin persönlich empfangen wurde. Otto Kahn arbeitete sehr hart daran, in seinen Wahlheimaten England, Frankreich und den Vereinigten Staaten „eine Einheit der Ansichten und der Politik" in Bezug auf seine letzte und glühendste Treue, das kommunistische Russland, zu erreichen. Die letzte Leidenschaft ist immer die glühendste, und Kahns Liebe zu Mütterchen Russland scheint all die patriotischen Feuer, die in seiner Brust in rascher Folge für Deutschland, England und Amerika brannten, verdrängt zu haben.

Obwohl die Kanzlei Kuhn, Loeb während des Ersten Weltkriegs ein halbes Dutzend gegensätzlicher Loyalitäten zu bewältigen hatte, ist eine Meinungsverschiedenheit zwischen den Partnern in der Frage der Anerkennung Russlands nicht zu erkennen. Ihre Haltung gegenüber dem Kommunismus spiegelt eine einzigartige und bewundernswerte Harmonie wider. (Kuhn, Loeb in Gegenwart eines Kommunisten anzugreifen, ist wie auf Lenins Grab zu spucken). Natürlich waren alle Kapitalisten schlecht, aber die „finanziellen Bewässerer" von Kuhn, Loeb waren Weltpatrioten, nicht zu verwechseln mit den bösen Bankern, die heidnische Namen trugen.

Pope's Biographie von Litvinoff zeigt auch, dass

> „1925 hatte W. Averell Harriman es unternommen, die amerikanische Beteiligung an der Finanzierung des deutsch-russischen Handels zu organisieren, und Felix Warburg und andere hervorragende Bankiers standen bereit, an dem Projekt mitzuarbeiten, während Ivy Lee von Standard Oil für die Anerkennung Russlands warb, unterstützt von so bekannten amerikanischen Firmen wie General Electric, Vacuum Oil, International Harvester und New York Life Insurance."

Obwohl er ein Vierteljahrhundert lang hervorragende Dienste für das kommunistische Russland leistete, war W. Averell Harriman kein Kommunist. Er war in den 1930er Jahren der größte amerikanische Anteilseigner an der deutschen Schwerindustrie, aber er war kein Nazi. Er war nur ein Vertreter von Kuhn, Loeb Co.

Die Rockefellers waren nicht untätig bei der Förderung der Anerkennung Russlands. Die Rockefeller-Stiftung stellte jedem Millionen zur Verfügung, der einen praktikablen Plan zur Förderung des Kommunismus in Amerika vorlegen konnte, wie Dr. Josephson bewiesen hat. Sie bewilligte Millionen für die London School of Economics, die die Bürokratie für den künftigen sozialistischen Weltstaat ausbildet und die so große Amerikaner wie den Bruder von Dean Acheson ausgebildet hat. Edward Campion Acheson, der eine wichtige Figur hinter den Kulissen in Washington war.

Am bemerkenswertesten war, dass Rockefeller seinen persönlichen PR-Mann, Ivy Lee, der für die Öffentlichkeitsarbeit der Standard Oil Corporation of New Jersey zuständig war, nach Russland schickte, um einen positiven Bericht über den kommunistischen Polizeistaat zu bringen. Lee wäre selbst dann voller Enthusiasmus zurückgekommen, wenn Stalin ihn in einen Kerker geworfen und dreimal am Tag geschlagen hätte. Es ist schwer, einen Mann zu entmutigen, der so viel pro Wort bezahlt wird. Ivy Lee ist nicht zu verwechseln mit der Familie Virginia, die schon immer Lee hieß. Seine Reise fand Ende 1926 statt, und 1927 veröffentlichte Macmillan Co., das Propagandahaus der internationalen Bankiers, „Present Day Russia", in dem Russland als ein Handelskammerland wie Amerika dargestellt wurde, mit Mitgliedern der kommunistischen Hierarchie, die wie unsere jungen Geschäftsleute fortschrittlich, dynamisch und charmant waren. Lee vergaß zu erwähnen, dass amerikanische Geschäftsleute ihre Konkurrenten nicht in Konzentrationslager werfen. Lee, der Propagandachef in Amerika, hatte ein langes Gespräch mit Karl Radek, dem Propagandachef der Kommunistischen Internationale. Auf Seite 125 seines Buches sagt Lee, dass

> „Radek sagte, dass die bolschewistische Propaganda kaum die Absicht hat, die Massen der Völker der Welt zu beeinflussen, sondern versucht, einen harten Kern von Revolutionären auszubilden. Das Ziel des Kommunismus sei es, die Kontrolle über die Horden Asiens zu erlangen, als ersten und wichtigsten Schritt der Welteroberung."

Neben Kuhn, Loeb, Standard Oil und den Harrimans ließen sich auch die übrigen Rothschilds in Amerika nicht lumpen. Während die pummelige Figur von J.P. Morgan als offizielles Ziel kommunistischer Propaganda beschimpft wurde, arbeitete die Firma J.P. Morgan hinter den Kulissen für Russland, erzählt uns Harold Nicolson in seiner Biographie „Dwight Morrow"

> „Morrows Interesse an Russland geht auf das Jahr 1917 zurück, als Thomas D. Thacher, sein Anwaltspartner, Mitglied der Mission des Amerikanischen Roten Kreuzes während der Revolution gewesen war. Verstärkt wurde es durch seine Freundschaft mit Alex Gumberg, der als Vertreter des Allrussischen Textil-Syndikats nach New York gekommen war. Ich habe gespürt", schrieb Morrow 1927, „dass die Zeit kommen würde, in der etwas für Russland getan werden müsste. Er war selbst aktiv an der Förderung der inoffiziellen Beziehungen zwischen den sowjetischen Abgesandten und dem Außenministerium beteiligt und versorgte Maxim Litvinoff mit einem herzlichen Einführungsschreiben an Sir Arthur Saler und andere in Genf. Und das war noch nicht alles. Als er im Frühjahr 1927 in Paris war, gab er eine Dinnerparty bei Foyot, zu der er M. Rakovsky und andere sowjetische Vertreter einlud."

Während die kommunistischen Blätter der Welt Seite um Seite mit Schmähungen und Invektiven gegen Morgan verbrachten, veranstaltete ein Morgan-Partner Dinnerpartys in teuren Pariser Restaurants für kommunistische Funktionäre, und als der Kommissar für Außenbeziehungen von Sowjetrussland, Maxim Litwinoff, zum Völkerbund ging, hatte er einen Brief von einem J.P. Morgan-Partner dabei.

Die ganze Wahrheit ist, dass J.P. Morgan Co. fast genauso viel zur Förderung des Kommunismus beigetragen hat wie sein Schwesterbankhaus Kuhn, Loeb Co. Der Seniorpartner von J.P. Morgan zwischen den beiden Weltkriegen, Thomas Lamont, finanzierte die linksgerichtete Saturday Review of Literature, um amerikanische Schriftsteller in den Schoß zu holen, besaß einst die linksgerichtete New York Post, die jetzt Frau Dorothy Schiff gehört, und war Direktor von Collier's Weekly, dessen politischer Henker, Walter Davenport, seine bösartigsten Sticheleien für Patrioten reserviert. Frau Thomas Lamont war Treuhänderin und Direktorin mehrerer kommunistischer Fronten, und ihr Sohn, Corliss Lamont, war ein unermüdlicher Mitläufer und Vorsitzender solch berüchtigter kommunistischer Unternehmen wie des Rates für amerikanisch-sowjetische Freundschaft und anderer, die dem FBI gleichermaßen bekannt sind.

Dwight Morrow war der Partner von Thomas Thacher, einem Wall-Street-Anwalt, bevor er zu J.P. Morgan Co. wechselte. Thacher war während der Revolution Mitglied der berüchtigten Rot-Kreuz-Mission in Russland gewesen. Der Leiter dieser Mission, Oberst Raymond Robins, erlitt in den 1930er Jahren einen Sinneswandel, brach mit allen seinen Wall-Street-Intriganten, änderte seinen Namen und zog in eine Kleinstadt in South Carolina, wo er einige Jahre später starb.

Harold Nicolson erzählt uns auf Seite 28 seiner geschwätzigen Biografie „Dwight Morrow", dass Morrow, der Sohn armer Eltern, am Amherst College die abgelegten Seidenhemden seines älteren Verbindungsbruders Mortimer Schiff, Sohn von Jacob Schiff, trug, die auf der Vorderseite mit MLS bestickt waren. Morrow trug sein ganzes Leben lang die Farben von Kuhn, Loeb.

Obwohl der verrückte Rand der Kommunistischen Partei Amerikas während des hysterischen Jahrzehnts der 1920er Jahre laut und absurd war, war er eine ausgezeichnete Tarnung für die ernsthafte kommunistische Arbeit, die von den Mitgliedern des Council on

Foreign Relations geleistet wurde. Die 1920er Jahre waren die glücklichen Tage der amerikanischen Kommunisten, als Owen Lattimore ungehindert und kritiklos zwischen Washington und Moskau hin und her reisen konnte. In der Tat war es schwierig, eine Stelle als Professor für Regierung oder Geschichte zu bekommen, wenn man nicht nach Moskau gepilgert war oder ein paar Artikel in The Nation oder den New Masses veröffentlicht hatte. Die 1920er Jahre waren auch die goldenen Tage der Gewerkschafter. Walter Reuther, heute Kaiser der Automobilarbeitergewerkschaft CIO in Detroit, war ein prominenter und gern gesehener Besucher in Moskau und soll ein Starstudent an der hochkarätigen Lenin-Schule der Revolution gewesen sein. Das FBI weigert sich, seine Informationen über ihn an Kongressabgeordnete weiterzugeben.

KAPITEL 15

Mein Buch „The Federal Reserve“[2] schildert die unmittelbaren geldpolitischen Verhandlungen, die für den Zusammenbruch von 1929 verantwortlich waren, ausgehend von den Anhörungen im Kongress, bei denen das Treffen der europäischen Zentralbanker mit den Gouverneuren des Federal Reserve Board in Washington im Jahr 1927 aufgedeckt wurde, bei dem die Entscheidung getroffen wurde, den Leitzins zu erhöhen und den Zusammenbruch herbeizuführen. In der vorliegenden Arbeit wird der ideologische Hintergrund dieser Entscheidung dargelegt. Die Idee war, die wohlhabenden Vereinigten Staaten zu deflationieren und Gold aus diesem Land in die ärmeren europäischen Länder zu ziehen und Russland bei der Überwindung seiner Wirtschaftskrise zu helfen. Trotzki hatte in seiner „Geschichte der russischen Revolution“ geschrieben, dass

> „Gold ist die einzige Grundlage für Geld. Alles andere Geld ist nur ein Ersatz.“

Trotzki hat uns nicht gesagt, dass das Geld selbst nur ein Ersatz ist. Jedenfalls können wir nicht erwarten, dass jemand, der in Bronstein geboren wurde, irgendeine Art von Geld außer Gold will. Das war die revolutionäre Wirtschaftsdoktrin des Kommunismus, und da sowohl das Federal Reserve System als auch die bolschewistische Revolution den wendigen Köpfen von Paul Warburg und Baron Alfred De Rothschild entsprangen, ist es nicht verwunderlich, dass es eine Interessengemeinschaft zwischen dem Crash von 1929 und dem Wohl des Kommunismus gab.

---

[2] „The Secrets of the Federal Reserve - The London Connection“, Omnia Veritas Ltd, www.omnia-veritas.com.

Auf Seite 123 von „Present Day Russia", Macmillan 1927, schreibt Ivy Lee, dass Karl Radek, der Propagandachef der Kommunistischen Internationale, ihm gesagt habe,

> „Er verzweifelte daran, in den Vereinigten Staaten wegen des Wohlstands der arbeitenden Bevölkerung voranzukommen, und meinte, dass eine Depression das Einzige sei, was den Kommunismus in Amerika verbreiten würde."

Dieser Wohlstand war, wie ich schon sagte, der revolutionären Innovation Henry Fords zu verdanken, der seinen Arbeitern fünf Dollar pro Tag zahlte, während alle anderen nur drei zahlten. Als die Gewerkschaftler, die alle einer bestimmten rassischen Minderheit angehörten, anrückten und versuchten, die Lorbeeren für das zu ernten, was Ford für seine Arbeiter getan hatte, verjagte Ford sie und behielt sie noch Jahre, nachdem alle anderen amerikanischen Hersteller vor den marxistischen Gewerkschaftern kapituliert hatten, den Parasiten, die sich vom amerikanischen Arbeiter ernähren.

Das Federal Reserve System war immer bereit, Herrn Radek entgegenzukommen, so wie auch die Seiten der Zeitschrift „Foreign Affairs" des Council On Foreign Relations immer offen für Radeks kommunistische Propaganda waren.

Nikolai Lenin sagt auf Seite 127 von Band X seiner Ausgewählten Werke, in der Übersetzung von J. Fineberg

> „Eine Revolution ist unmöglich ohne eine nationale Krise, die sowohl die Ausbeuter als auch die Ausgebeuteten betrifft, damit die unteren Klassen sich weigern, den alten Weg zu wollen, und es für die oberen Klassen unmöglich ist, auf dem alten Weg weiterzumachen."

Unser Crash von 1929, das schlimmste Unglück, das dem amerikanischen Volk je widerfahren ist, wurde nach den Lehren von Lenin und Radek herbeigeführt. Er war genau die Initialzündung, die Stalins Fünfjahresplan brauchte. Paul Einzig, in „France's Crisis", Macmillan, 1934,

> „Das Dumping von Rohstoffen durch die sowjetischen Exportorganisationen hat zum Verfall der Weltmarktpreise beigetragen und die Krise verschärft. Dieses Warendumping ist Teil des vieldiskutierten Fünfjahresplans... Sollte der Fünfjahresplan Erfolg haben, wird die Macht der sowjetischen Behörden, das Dumping fortzusetzen, in nicht geringem Maße zunehmen, was die

> Menschen pessimistisch gegenüber den Aussichten der Industrie in anderen Ländern stimmt. Die Weltkrise hat die Sowjetunion praktisch nicht berührt."

In „The World Economic Crisis", Macmillan, 1934, schreibt Einzig, dass

> „Die Sowjetunion hat von der Krise profitiert. Es ist für sie leichter, Kredite zu erhalten, als jemals zuvor in ihrer Geschichte, weil jedes Land bestrebt ist, seine Waren zu verkaufen.

Obwohl die Sowjetunion dem Goldstandard unterlag, wurde sie merkwürdigerweise nicht von der Katastrophe heimgesucht, die die anderen Goldstandard-Länder heimsuchte. Diese Immunität muss von unseren Wirtschaftswissenschaftlern noch erklärt werden. Dass die Köpfe hinter der Sowjetunion die hohe Kunst des Geldes ebenso gut verstanden wie die hohe Kunst der Revolution, zeigt die Bemerkung von Einzig in seinem Buch „Frankreichs Krise",

> „Die Sowjets kauften verschiedene Waren auf Kredit und verkauften sie sofort gegen Bargeld weiter. Auf diese Weise erlitten sie erhebliche Verluste, konnten aber Maschinen für die Durchführung des Fünfjahresplans erwerben. So teuer diese Methode der Kreditaufnahme auch erscheint, sie ist in Wirklichkeit billiger als der Zinssatz, zu dem die Sowjets auf dem freien Markt Kredite aufnehmen könnten."

Es ist merkwürdig, dass fanatische Revolutionäre diese geschickte Art der Finanzierung verstehen konnten, aber jeder Vertriebene, der in New York ein Bekleidungsgeschäft eröffnete und seine Waren unter dem Selbstkostenpreis verkaufte, konnte es ihm erklären.

Bruce Hopper, ein hochrangiger Kontaktmann zwischen New Yorker Bankern und der sowjetischen Führung, der in den 1920er Jahren George Kennan ablöste, schrieb in der April-Ausgabe 1932 von „Foreign Affairs" einen Artikel mit dem Titel „Soviet Economy In a New Phase", in dem er sagte

> „Ironischerweise sind die kapitalistischen Länder gerade rechtzeitig in die Tiefe der Depression gerodelt, um den Bolschewiki eine Atempause zu verschaffen, als sie sie am meisten brauchten."

Meine Aufzeichnungen sind voll von merkwürdigen Dingen, die genau dann geschahen, als die Kommunisten und die internationalen Bankiers sie dringend brauchten, um zu geschehen. Der Zusammenbruch von

1929 ereignete sich nicht an einem Tag, und es war auch kein Zufall, dass er gerade zur rechten Zeit geschah, um der Sowjetunion zu helfen. Hopper merkt auch an, dass das sowjetische Außenhandelsmonopol des Staates das Planungssystem von den katastrophalen Auswirkungen des Währungsumtauschs abschirmt. Das bedeutet nicht, dass das Staatsmonopol besser ist, sondern dass es über Mechanismen verfügt, die es als Staatsmonopol vor den Übeln des Systems der freien Marktwirtschaft schützen. Umgekehrt verfügt das System der freien Marktwirtschaft über Kontrollen, die es vor den Katastrophen des staatlichen Monopolsystems schützen, und es sind diese Kontrollen, die der Rat abschaffen will. Hopper weist auch darauf hin, dass die ununterbrochene Fünf-Tage-Woche 1929 im atheistischen Russland eingeführt wurde, um den Sonntag abzuschaffen, als integraler Schritt im leninistischen Programm. Er stellt fest, dass die Staatsbank den Fabriken erst dann Geldmittel ausgibt, wenn die Verträge erfüllt sind. Dies ist eine Weiterentwicklung der „Arbeit oder Hunger"-Philosophie des Kommunismus, Punkt 8 des Kommunistischen Manifests.

Eine der Hauptursachen für das Debakel von 1929-33 war das systematische Ausbluten der amerikanischen Öffentlichkeit durch den Kauf ausländischer Anleihen von den internationalen Bankhäusern, ein Verbrechen, das den Bankern zwei Milliarden Dollar Gewinn einbrachte und eine Senatsuntersuchung dieses Betrugs verursachte, so dass sie jetzt von Regierungsbehörden wie der Economic Co-Operation Administration durchgeführt werden muss, die unter Herbert Lehmans Vorgesetztem Paul Hoffman so gut funktionierte.

Lothrop Stoddard schreibt in seinem Buch „Europe and Our Money", Macmillan, 1932, dass Paul Mazur von Lehman Brothers, Eugene Meyer und Paul Warburg die drei Vordenker waren, die diese wertlosen Anleihen in den Vereinigten Staaten förderten. Stoddard sagt auch, dass die öffentliche Erkenntnis, dass 45 Milliarden Dollar weg waren, einer der psychologischen Faktoren hinter der Panik war.

Der finstere Allen W. Dulles, jetzt Präsident des Rates für auswärtige Beziehungen, ist ziemlich verärgert über die Beschwerden von Leuten, die von den internationalen Bankern betrogen wurden. Dulles schreibt in der Aprilausgabe 1932 von „Foreign Affairs" einen Artikel mit dem Titel „American Foreign Bondholders", Seite 479, in dem er sagt, dass nur eine Milliarde Dollar von acht Milliarden Dollar in Amerika ausgefallen sind. Eine verlorene Milliarde Dollar ist nichts, worüber man sich beschweren könnte, sagt Herr Dulles, für den solche Summen bedeutungslos sind. Er kommentiert, dass

> „Die Inhaber notleidender Anleihen werden leicht kritisch, und in vielen Fällen zu Unrecht, gegenüber dem Bankhaus, das die Anleihen verkauft hat ... Trotz des Schlags, den die Auslandsfinanzierung auf dem New Yorker Markt infolge der jüngsten Ereignisse erhalten hat, werden wir vor vielen Jahren wieder Geld im Ausland verleihen. Ein Umschwung, wie wir ihn jetzt erleben, ist kein dauerhafter Aufschub für ausländische Investitionen."

Allen W. Dulles glaubt nicht, dass die betrogenen Amerikaner sich über die betrügerischen Banker beschweren sollten, die ihnen die falschen Anleihen verkauft haben. Wie auch immer, tröstet er die Vertrauensmänner von Frankfort, in ein paar Jahren werden die Betrogenen wieder zurück sein. Das ist die Art von Moral, mit der Kirchen und Universitäten ausgestattet sind, und es ist das Geld, das hinter dieser Moral steht, das Kirchenmänner und unsere Professoren davon abgehalten hat, den Siegeszug des sozialistischen Zionismus zu kritisieren, und in der Tat viele von ihnen für die fünfte Kolonne des Marxismus gekauft hat.

Der 29. Oktober 1929, der Schwarze Donnerstag an der New Yorker Börse, als so viele nichtjüdische Geschäftsleute aus ihren Bürofenstern sprangen, war ein Tag des Jubels für die Einwanderer, die das alles geplant hatten. Carter Field schreibt in seiner Biographie über „Bernard Baruch", dass

> „Baruch stieg kurz vor dem Crash aus dem Markt aus. Aber was veranlasste Baruch, zu einem so günstigen Zeitpunkt Aktien zu verkaufen und steuerbefreite Wertpapiere zu kaufen? Baruch, der stets den Wert der von ihm gehaltenen Wertpapiere untersuchte, kam zu dem Schluss, dass die meisten Aktien für weit mehr verkauft wurden, als sie wert waren."

Das ist blanker Unsinn. Die Aktien waren mehr als zwei Jahre lang völlig überbewertet. Am Vorabend des Crashs verkauft Baruch plötzlich seine Aktien und kauft Staatsanleihen. Genauso wie die Aktionäre des Federal Reserve System. Ebenso die Gebrüder Lehman. Ebenso die Partner von Kuhn, Loeb Co. Ebenso die Partner aller internationalen Bankhäuser. Die Ursprünge des Crashs lassen sich aus der Tatsache ableiten, dass kein einziger Partner eines der aus Frankfurt stammenden Bankhäuser durch ihn verloren hat. Im Gegenteil, ihr

Vermögen wurde verdoppelt und verdreifacht. Als sie die Trottel dort hatten, wo sie sie haben wollten, zogen sie die Stützen aus dem Markt, gerade noch rechtzeitig, um einen Zusammenbruch in Sowjetrussland zu verhindern, und das amerikanische Volk trat in vier Jahre Elend ein.

Wo waren die Rothschilds, als all dies geschah? Das Time Magazine vom 18. August 1952, Seite 28, bemerkt, dass

> „Der Zusammenbruch der österreichischen Kreditanstalt, die von den Rothschilds kontrolliert wurde, löste 1929 die weltweite Depression aus."

Viele unserer ältesten Familien verloren ihre Aktien und ihr Eigentum an die Lehmans und die Warburgs. Für unsere einheimischen Bürger war der Crash eine wirtschaftliche Katastrophe, aber für andere war er ein Segen. Herbert Lehman und Frederick M. Warburg gründeten ihre riesige Holdinggesellschaft, die Lehman Corporation, um ganze Industrien für einen Bruchteil ihres Wertes aufzukaufen. Eugene Meyer vergrößerte seine bereits riesige Allied Chemical and Dye Corporation, James Paul Warburg vergrößerte die Zweigstellen seiner Bank of Manhattan Company, während Samuel Zemurray von der Palestine Economic Corporation und andere seiner Spezies eine weitere große Holdinggesellschaft, die Atlas Corporation, gründeten. Die Partner von Sullivan and Cromwell und Lehman Brothers gründeten die Marine Midland Company, die die Niagara-Strominteressen und die Industrie des oberen New York State kontrollierte.

Amadeo Giannini, von der Bank of America, verlor beinahe seine Anteile an die National City Bank und kämpfte in den 1930er Jahren hart, um seine Bank vor der Vorherrschaft der National City (Rothschild) zu retten. Der ehrliche Italiener Giannini hatte die größte Bank im Westen aufgebaut, und die New Yorker ergriffen 1929 die Chance, ihn zu brechen. Er schaffte ein glänzendes Comeback, und 1951 griff die Wall Street schließlich die Federal Reserve Board in einem Rundumschlag gegen die Bank of America an und befahl ihr, ihre Beteiligungen an der Transamerica Corporation aufzulösen. Diese Aktion war so offenkundig voreingenommen, dass sie in der amerikanischen Bevölkerung weit verbreiteten Unmut hervorgerufen hätte, wenn die Presse sich die Mühe gemacht hätte, sie über die auf dem Spiel stehenden Fragen zu informieren.

Der Börsenkrach von 1929 war eine hervorragende Gelegenheit für die radikalen marxistischen Gewerkschafter, ihren Einfluss auf die

Gewerkschaftsbewegung in Amerika zu festigen und die Fabrikbesitzer zu schlagen, von denen viele pleite gingen. Der Anführer der Marxisten war der berüchtigte Kommunist Sidney Hillman. In der Biographie „Sidney Hillman", von Jean Gould, Houghton Mifflin 1952, heißt es auf Seite 276

> „Sidney Hillman gründete am 14. April 1923 die Amalgamated Bank of New York and Chicago. Diese Bank war von der Depression nicht betroffen und verfügte zum Zeitpunkt des Zusammenbruchs über 11.000.000 $ in bar. A. D. Marimpetri „war froh, berichten zu können, dass sie während eines der größten Marktzusammenbrüche in der Geschichte der Börse ohne einen einzigen Dollar Verlust gearbeitet hatte."

Nicht nur Sowjetrussland war von dem Zusammenbruch nicht betroffen, sondern auch das wichtigste Kapital des Marxismus in Amerika, die Amalgamated Bank des Kommunisten Sidney Hillman.

In „The Federal Reserve" habe ich festgestellt, dass von den 106 Firmen, die 1870 die New Yorker Baumwollbörse gründeten, nur zwei bis heute überlebt haben: Baruchs Bankhaus Hentz and Co. und Herbert Lehmans Familienunternehmen Lehman Brothers.

Kein Schurke war zu verwerflich, um nicht im großen Krieg um den Reichtum des amerikanischen Volkes eingesetzt zu werden, wenn er einen guten Plan hatte, und so wurde ein europäischer Abenteurer namens Ivar Kreuger bei einem 250-Millionen-Dollar-Betrug von drei New Yorker und Bostoner Bankhäusern unterstützt, Lee Higginson Co. Dillon Read Co. und Brown Brothers Harriman. Es handelte sich um einen der schlimmsten Finanzskandale der modernen Geschichte, der am 10. Juni 1932 im Kongress vom Abgeordneten Louis MacFadden, dem Vorsitzenden des House Banking and Currency Committee, wie folgt kritisiert wurde

> „Jeder Dollar der Millionen, die Kreuger und seine Bande aus dem Land gezogen haben, wurde von der Regierung und dem Volk der Vereinigten Staaten über das Federal Reserve Board und die Federal Reserve Banks abgezogen. Der Kredit der Vereinigten Staaten wurde an ihn verhökert."

KAPITEL 16

Die drei wichtigsten Diktatoren des zwanzigsten Jahrhunderts, Lenin, Mussolini und Hitler, kannten alle die Funktionsweise des internationalen Finanzkapitals. Mussolini besiegte die Banca Commerciale in Italien und machte sich selbst zum Führer, Hitler soll die Rothschilds in Deutschland besiegt haben, und Lenin war natürlich die Speerspitze der neuen Entwicklung des internationalen Finanzkapitals, die heute als Kommunismus bekannt ist.

Die internationale Finanzspinne, die ihr Netz von Frankfurt aus über Europa und Amerika gesponnen hatte, verfehlte nicht, nach Italien zu greifen, und zwar so erfolgreich, dass Italien vor dem Ersten Weltkrieg in den Händen der deutschen Bankiers war. Dr. E.J. Dillon schreibt in seiner Geschichte „From the Triple to the Quadruple Alliance", Hodder and Stoughton, 1915, dass

> „Italien wurde zu einer Handelskolonie Deutschlands. Prof. Pantaleoni erkannte früh den bösen Einfluss der Banca Commerciale, die ihren Sitz in Mailand hatte und 1895 von Herrn Schwabach, dem Chef von Bleichröders, und anderen deutschen Juden wie Joel, Weil und Toepliz gegründet worden war. Die Banca Commerciale kontrollierte die italienische Wirtschaft durch ein System von ineinander greifenden Direktorien."

Lehman Brothers macht das Gleiche in den Vereinigten Staaten. Benito Mussolini befreite Italien von der Banca Commerciale und verdiente sich den Beinamen „dreckiger Faschist", der in unserer kontrollierten Presse zum Standard wurde.

Ein weiterer Grund für die Pressekampagne gegen Mussolini wird von Paul Einzig in „World Finance 1914-1935" genannt,

> „In Italien erließ Signor Mussolini ein Verbot für die Vergabe von Krediten im Ausland, und das Ausmaß, in dem Italien als

> Kreditnehmer an der Orgie der internationalen Kreditvergabe teilnahm, war mäßig."

Mussolini brach die Macht der Banca Commerciale, indem er die äußerste Entschlossenheit zeigte, dass Italien sein eigenes Schicksal in Europa finden sollte, ohne sich dem Diktat der Rothschilds zu beugen. Nach dem Marsch auf Rom bewies Mussolini, dass er mehr als ein Dramatiker war, als er die Lira überbewertete, was den Einfluss der internationalen Bankiers und ihre Verflechtungen in Italien wirksam schwächte. Zu diesem Zeitpunkt waren die deutschen Bankiers hilflos, etwas dagegen zu unternehmen. Sie hatten Deutschland in den Ruin getrieben und mussten warten, bis Hitler auftauchte, um die Nation wieder auf die Beine zu bringen. In der Zwischenzeit wurden die Frankfurter Jungs von einem ehemaligen Bergarbeiter, der die Bewunderung der ganzen Welt auf sich zog, aus Italien vertrieben. Er stand für Italia Irredenta, ein wiederauflebendes Rom. Kein Wunder, dass der Jewish Sentinel in seiner Ausgabe vom 26. November 1920 beklagte, dass

> „Unser einziger großer historischer Feind, unser gefährlichster Feind, ist Rom in all seinen Formen und Verzweigungen. Wann immer die Sonne Roms untergeht, geht die Sonne Jerusalems auf."

Dass Mussolini Rom war, beweisen seine Schriften, die so unverblümt sind wie die Aussagen des Cincinnatus. In krassem Gegensatz zu den rachsüchtigen antichristlichen Schriften von Marx und Lenin, die ich bereits zitiert habe und die eine rassistische Haltung zum Ausdruck bringen, kommt der religiöse Geist von Benito Mussolini in seinem wichtigsten Buch, „Die Lehre des Faschismus", Florenz 1936, zum Ausdruck, das zum wichtigsten Leitfaden der italienischen faschistischen Partei wurde. Auf Seite 44 sagt uns Mussolini, dass

> „Der faschistische Staat ist nicht gleichgültig gegenüber religiösen Phänomenen im Allgemeinen, noch verhält er sich gleichgültig gegenüber dem römischen Katholizismus, der besonderen positiven Religion der Italiener. Der Staat verfügt eher über einen moralischen Kodex als über eine Theologie. Der faschistische Staat sieht in der Religion eine der tiefsten spirituellen Manifestationen, und aus diesem Grund respektiert er die Religion nicht nur, sondern verteidigt sie und schützt sie. Der faschistische Staat versucht weder, wie Robespierre auf dem Höhepunkt des revolutionären Deliriums des Konvents, einen eigenen Gott zu errichten, noch sucht er vergeblich, wie der Bolschewismus, Gott aus der Seele des Menschen zu tilgen."

Anstatt zu erfahren, wofür Mussolini stand, wurde das amerikanische Volk mit einer ständigen Diät von Walter Lippmann und Walter Winchell verwöhnt, deren rabbinische Loyalität es verhinderte, dass einer von ihnen Mussolinis christliches Programm erwähnte. Dennoch konnte Mussolini in Italien weitreichende Reformen durchführen, und auch die internationalen Nachrichtendienste waren nicht in der Lage, diese Informationen dem amerikanischen Volk vorzuenthalten. Hunderttausende von Touristen besuchten Italien in den 1930er Jahren und sahen den neuen Staat, den Mussolini aus der Armut eines Italiens, das von den internationalen Bankiers beherrscht worden war, hervorgebracht hatte. Amerikanische Beamte waren von Mussolinis Führungsqualitäten beeindruckt, auch wenn sie darauf bedacht waren, dies nicht öffentlich zu äußern. Eine solche Meinung wird Jahre nach der brutalen Ermordung Mussolinis durch kommunistische Partisanen in Stimsons Biografie „On Active Service In Peace and War" von McGeorge Bundy, Seite 268, wiedergegeben,

> „Als Außenminister besuchte Stimson Italien im Jahr 1931. In Italien waren Benito Mussolini und Graf Dino Grandi, sein jugendlicher Außenminister. Es mutet ironisch an, aber Mussolini war zu dieser Zeit einer der eifrigsten und am wenigsten widersprüchlichen Abrüstungsbefürworter in ganz Europa ... Einige Tage später nahm er die Stimsons zu einer Motorbootfahrt mit. Er zeigte sich von seiner attraktiven Seite, und wir mochten ihn beide sehr. Aus einem Memo vom 9. Juli 1931: 'Er betonte nachdrücklich, dass Italien für Abrüstung und Frieden stehe.'"

Die internationalen Bankiers waren zwar verärgert darüber, aus Italien vertrieben worden zu sein, aber solche vorübergehenden Rückschläge waren für sie nichts Neues. Es bedeutete, dass Italien im nächsten Krieg auf der falschen Seite stehen würde, und dann konnten sie mit ihm machen, was sie wollten. Der rachsüchtige Mord an Mussolini würde andere Italiener von seiner Kühnheit abhalten.

Ein Grund, warum die Banker nicht allzu unglücklich darüber waren, vorerst aus Italien verdrängt zu werden, wurde von Paul Warburg in einer seiner zynischen Bemerkungen gegenüber dem Finanzreporter Carter Barron hervorgehoben. „Warum", spöttelte Paul, „sollten wir uns um ein Land kümmern, das kein Gold hat?"

Paul Einzig (die Hälfte dieser Kreaturen scheint Paul zu heißen) bemerkte in seinem Buch „Finance and politics", Macmillan, 1932, dass

> „Die Bank von Italien war nie in der Lage, eine Goldreserve anzuhäufen, die mit der von Frankreich oder sogar, vergleichsweise gesehen, mit der von Holland, der Schweiz oder Belgien vergleichbar war.

Italiens Goldmangel war eine Herausforderung für Mussolini, die er annahm. Er entwickelte eine starke Binnenwirtschaft, die nicht von den Launen Paul Warburgs oder Sir Ernest Cassels abhängig war, wie Einzig in „World Finance, 1935-1937" Macmillan, 1938, darlegt,

> „1927 wurden in Italien drastische Devisenbeschränkungen eingeführt, und durch diese Maßnahme hörte Italien praktisch auf, Mitglied des Goldblocks zu sein."

Einzig schlug in „World Finance 1938-1939" vor, dass

> „Ein befreundetes Italien hätte keine Schwierigkeiten, britisches oder anderes ausländisches Kapital für die Ausbeutung der natürlichen Ressourcen Abessiniens zu gewinnen. Die Beendigung des Bürgerkriegs in Spanien könnte zu solchen Entwicklungen führen."

Da Einzig der Publizist des Hauses Rothschild ist, kann diese Andeutung nur bedeuten, dass die Rothschilds Mussolini ein letztes Angebot vor dem Ausbruch des Zweiten Weltkriegs machten. Wahrscheinlich war es ein Versuch, die Achse Rom-Berlin aufzulösen, aber Mussolini ignorierte sowohl das Versprechen als auch die Drohung, die in der Bestechung enthalten war.

Mussolinis Vergehen gegen die internationalen Bankiers sind jedoch geringfügig im Vergleich zu denen von Adolf Hitler. Hitler war ein kleiner Pöbler, der nach dem Ersten Weltkrieg in Deutschland über die Juden schimpfte, als die sozialistischen Zionisten beschlossen, dass er ein guter Mann wäre, um Dr. Nathaniel Syrkins Ermahnung durchzusetzen, dass „Antisemitismus den Juden hilft, ihre nationale Solidarität zu erhalten."

Auf einmal wurden Hitlers kleiner Gruppe große Summen aus London und New York vorgestreckt, und die Agitatoren blühten zu einer vollwertigen politischen Partei auf. In „Merchants of Death", von H.C. Engelbrecht und Frank C. Hanighen, Dodd, Mead, 1934, finden wir auf Seite 243,

> „Der Mann hinter Hitler ist Thyssen, der Stahlmagnat aus dem Ruhrgebiet. Thyssen stellte den Nazis in den kritischen Jahren 1930

> bis 1933 mehr als drei Millionen Mark an Wahlkampfmitteln zur Verfügung. Er brachte das kurzlebige Bündnis Hitler-von Papen-Hugenberg und den Sturz von Schleicher zustande und ebnete so den Weg für Hitlers Aufstieg zur Macht. Für diese Hilfe verlangte und erhielt Thyssen die Kontrolle über die Deutsche Stahlstiftung, das Herzstück der Rüstungsindustrie."

Dies wird durch viele Quellen belegt, wie Ernests Artikel in „Living Age", Oktober 1933, mit dem Titel „The Man Behind Hitler". Es gibt jedoch keine Geschichte mit dem Titel „Der Mann hinter Thyssen". Fritz Thyssen war kein Bankier, er war einer jener immerwährenden Organisatoren der Schwerindustrie, die den Bankiers so nützlich sind.

Der Mann hinter Thyssen war Bernard Baruchs oberster Finanzagent, Clarence Dillon, Seniorpartner des internationalen Bankhauses Dillon, Read. Dillon ist im Who's Who in American Jewry als Sohn von Samuel Lapowitz aufgeführt; der Name Dillon ist ein Geschenk der Demokratie. Dillon war Baruchs stellvertretender Vorsitzender des War Industries Board gewesen, als Baruch seine Kontrolle über United States Steel konsolidierte und ein internationales Stahlkartell bildete. Deutschland verfügte nach dem Ersten Weltkrieg über die größte Effizienz und das größte Potenzial der europäischen Stahlindustrie, die durch den Krieg nicht beschädigt worden war. Es war eine reiche Beute, die Baruch als Beute der Markinflation von 1923 in die Hände fiel. Für die Refinanzierung wählte Baruch seine rechte Hand, Clarence Dillon. Es gibt eine Fülle von Belegen dafür, dass Baruch der Mann hinter Hitler war. Wir zitieren aus einem der am weitesten verbreiteten Bücher seiner Zeit, „Iron, Blood, and Profits", von George Seldes, Seite 252,

> „Von den 200.000.000 Dollar an Anleihen, die in New York von Dillon, Read in den letzten zehn Jahren bis 1934 für deutsche Kunden ausgegeben wurden, flossen etwa 124.000.000 Dollar in die Vereinigten Stahlwerke (German Steel Trust), 48.000.000 Dollar in Siemens und Halske (Tochtergesellschaft von General Electric) und 12.000.000 Dollar in die Ruhrgasgesellschaft. Das Gold, das den Marsch Hitlers an die Macht ermöglichte, war das Gold amerikanischer Bankiers."

Aber, Herr Seldes, alle diese „amerikanischen Bankiers" sind im Who's Who des amerikanischen Judentums aufgeführt. Dillon Read refinanzierte das deutsche Aufrüstungsprogramm, und Baruch stand hinter Dillon Read. Nachdem er im deutschen Volk durch seine Reparationsforderungen einen unsterblichen Groll geweckt und das deutsche Volk dazu gebracht hatte, sich bei Kuhn und Loeb zu verschulden, um die Raten für diese Reparationen zu zahlen, schuf Bernard Baruch die deutsche Armee neu, um diesem Groll eine Stimme zu geben, und holte sich aus der Gosse einen Führer, der die Deutschen zum Krieg aufrufen würde: Adolf Hitler. Das war unvermeidlich. Die Bosse der Schwerindustrie reden immer vom Frieden, aber sie freuen sich immer auf den Krieg. Wenn sie sehen, dass die Garagen neben den Häusern mit Autos gefüllt sind, beginnen sie davon zu träumen, eine Million Panzer und drei Millionen Flugzeuge herzustellen. Hitler war die Antwort auf ihre Träume.

In den Anfängen der Nazipartei stammte Hitlers Geld direkt vom Cassel-Rothschild-Loewe-Rüstungskonzern, Vickers-Armstrong aus England. 1924 stellte sich Dillon Read hinter ihn, und danach gab es nie mehr einen wirklichen Zweifel daran, dass er der Herrscher über Deutschland werden würde. Die seltsamen Muster des Ersten Weltkriegs wiederholten sich im Zweiten, mit dem Präsidenten von Dillon Read, James Forrestal, als Marineminister, und mit Allen W. Dulles, einem Direktor von Hitlers persönlichen Bankiers, J. Henry Schroder Co. als Chef des Büros für strategische Dienste. Während des gesamten Krieges traf Dulles ständig mit deutschen Vertretern in der Schweiz zusammen.

Der Historiker Otto Lehman-Russbeldt stellte in seinem Buch „Aggression", Hutchinson, London, 1942, Seite 44, fest, dass

> „Hitler wurde am 4. Januar 1933 zu einem Treffen in der Schroder Bank eingeladen. Er versprach, die Macht der Gewerkschaften zu brechen."

Nach 1933 wurde Hitlers persönliches Konto, laut James Stewart Martin, von der Schroder-Bank, dem J. M. Stein Bankhaus in Köln, geführt. Das formelle Bündnis zwischen dem deutschen Generalstab und den Nazis wurde geschlossen, als General Kurt von Schroder, Mitglied der internationalen Bankiersfamilie, zum Verbindungsmann zwischen diesen beiden Kräften wurde, die Deutschland kontrollierten. Das Bündnis zwischen den Schroders und den Rockefellers wurde mit der Gründung der Schroder, Rockefeller Co. in New York vollzogen, einem Investmentunternehmen, das die gemeinsamen Interessen der beiden Familien wahrnimmt.

Die dritte Hand hinter dem Thron des Naziführers war die von Max Warburg. George Sokolsky weist in seinem Buch „Wir Juden" darauf hin, dass

> „Selbst in Hitlerdeutschland ist die Firma Max Warburg Co. von Verfolgung verschont geblieben."

Die beiden größten Konzerne in Deutschland unterstützten die Nazipartei. Der Stahlkonzern wurde bereits besprochen. Der zweite war die I. G. Farben Co., der größte Chemiekonzern der Welt. Das Fortune Magazine vom September 1942 bemerkte auf Seite 107, dass

> „Es ist heute eine historische Tatsache, dass die Stahl- und Chemiekartelle Hitlers frühe politische Abenteuer finanzierten.

Die Hand der I.G. Farben ist in den Vereinigten Staaten seit dem Ersten Weltkrieg allgegenwärtig Edward T. Clarke, Privatsekretär von Präsident Coolidge, ließ sich als Washingtoner Repräsentant der größten amerikanischen I.G.-Tochtergesellschaft Drug, Inc. registrieren, der Sterling Drug, Inc. gehörte, die Firma, die Bayer Aspirin herstellte, und die von Dr. William Weiss geleitet wurde, einer der finstersten Gestalten der 1920er Jahre. Am 26. April 1929, am Vorabend des Börsencrashs, gründeten Paul Warburg und Walter Teagle von Standard Oil den amerikanischen Zweig der I.G. Farben, die American I.G. Chemical Corporation. Die Aktienemission in Höhe von 30.000.000 Dollar wurde von der National City Bank und Warburgs International Manhattan Co. abgewickelt. 1939 wurde der Name in General Aniline and Film Corporation geändert. Zu dieser Zeit besaß das Unternehmen 17.500.000 $ an Dupont- und Standard Oil-Aktien, gemäß dem Rothschild-System der Verflechtung von Verzeichnissen. Die heutige Bedeutung der I.G. wird an der Beziehung ihres Hauptvertreters in Washington, George E. Allen, zu Präsident Truman gemessen. Allen, ein Berater des Weißen Hauses, der auch die Interessen der I.G. Farben an den riesigen Hugo-Stinnes-Industrien in Deutschland und den Vereinigten Staaten vertritt, wurde von Truman zum Vorsitzenden der Reconstruction Finance Corporation ernannt. Allen war der Vermittler bei den Verhandlungen zwischen Truman und General Eisenhower, die der Annahme des republikanischen Entwurfs durch Eisenhower vorausgingen. Kurz nach Allens Europareise zu „Ike" trat Trumans Tochter Margaret in einer landesweiten Sonntagabend-Fernsehsendung mit der gedruckten Botschaft „I Like Ike" auf.

Die Bedeutung der 1929 von Warburg aufgelegten Aktienemission der amerikanischen I.G. Chemical in Höhe von 30.000.000 Dollar bestand darin, dass sie der Nazipartei in Deutschland, die riesige Summen für ihr nationales Programm der antisemitischen Propaganda benötigte, 30.000.000 Dollar an Barmitteln zur Verfügung stellte. In den entscheidenden Jahren von 1929 bis 1933, bevor die Nazipartei stark genug war, um die Macht zu erlangen, wurden ihr mehr als 100.000.000 $ zur Verfügung gestellt. Von dieser Summe sagte General Ludendorffs Ehefrau aus, dass Paul Warburg ein New Yorker Syndikat leitete, das 34.000.000 Dollar bereitstellte. Der Rest kam von der Bank of England und anderen Rothschild-Konzernen, und die gesamten 100.000.000 $ wurden von dem Bankhaus Mendelssohn and Co. in Amsterdam verwaltet, das praktischerweise 1939 in Konkurs ging.

Zum Abschluss der Liste der jüdischen internationalen Bankiers, die hinter dem erfolgreichen Machtstreben von Adolf Hitler stehen, zitiere ich I.F. Stone. In der PM, einer heute nicht mehr existierenden Zeitung, schrieb Stone am 26. Juli 1944,

> „John Foster Dulles von Sullivan und Cromwell, Amerikas größter Anwaltskanzlei und Vorkriegsberater für viele der großen, von den Nazis beherrschten Kartelle, soll Tom Dewey vor einigen Jahren zu seinem Standpunkt über das anglo-amerikanische Bündnis inspiriert haben. J. W. Beyen war Leiter der Bank für Internationalen Zahlungsausgleich, als diese nach München tschechische Goldbestände an das Reich übertrug. Ein weiteres Mitglied der holländischen Delegation (bei der Konferenz von Bretton Woods) ist D. Crena de Longh, der bei der Amsterdamer Mendelssohn-Bank tätig war, die ein finanzieller Kollaborateur der Nazis war und als Attrappe fungierte, um den deutschen Einfluss bei der amerikanischen Bosch Corporation zu verbergen. Einem Mitglied der britischen Delegation, Robert H. Brand, Vertreter des britischen Finanzministeriums in Washington und langjähriger Partner von Lazard Brothers in London, wird zumindest teilweise zugetraut, die Idee eines anglo-amerikanischen Währungskondominiums zu unterstützen. Lazard Brothers ist eine der vier Londoner Banken, die vor dem Krieg Mitglieder der berüchtigten pro-nazistischen Anglo-German fellowship waren."

Repräsentant Louis MacFadden, ehemaliger Vorsitzender des House Banking and Currency Committee, sagte aus, dass Lazard Brothers das Familienbankhaus von Eugene Meyer war.

Sumner Welles, in „Seven Decisions That Shaped History", Harpers, 1950, sagt auf Seite 214,

> „Wir Amerikaner haben Hunderte von Millionen Dollar in Form von Krediten nach Deutschland gepumpt. Es war diese Politik, die direkt für den Zweiten Weltkrieg verantwortlich war."

Ich wünschte, Sumner Welles und George Seldes würden aufhören zu jammern, dass „wir Amerikaner" und „das Gold der amerikanischen Bankiers" für den Aufstieg Adolf Hitlers verantwortlich seien. Die beteiligten amerikanischen Bankiers waren Baruch, Dillon und die Partner von Kuhn, Loeb Co. 1933 hörte der Senatsausschuss zur Untersuchung von Auslandskrediten Otto Kahns Aussage, dass Deutschland zu dieser Zeit Kuhn, Loeb Co. 600.000.000 Dollar an kurzfristigen Krediten schuldete. Paul Einzig, in „Finance and politics", Macmillan, 1932, sagt, dass

> „In der Vergangenheit waren es die Kredite der Banken, die das unwirtschaftliche System der Reparationen am Leben erhalten haben."

Zumindest sagt Einzig nicht „amerikanisches Bankiersgold". Nach dem Roosevelt-Gesetz haben die Amerikaner kein Gold. Die Urheber des unwirtschaftlichen Systems der Reparationen waren die Herren Baruch, Warburg und Klotz, die sehr wohl wussten, was sie taten.

Die deutsche Oberschicht verachtete Adolf Hitler, dessen größte Anziehungskraft für die Warburgs darin bestand, dass er zum Symbol für die Ohnmacht der deutschen Junkerklasse werden konnte. Die Junker mussten Hitler Deutschland überlassen, weil sie keine andere Wahl hatten. Sie waren durch den Krieg und die Markinflation von 1923 in den Ruin getrieben worden. Als Entschädigung dafür, dass sie Hitler zur Seite traten, ohne viel Aufhebens darum zu machen, durften von Hindenburg und andere prominente Preußen ihre stark verpfändeten Ländereien behalten.

Hitler, der hysterische und unentschlossene Gossenjunge, trat 1933 mit einem gut integrierten Korps politischer Planer auf, die ein klares Aktionsprogramm hatten. Wie ist es dazu gekommen? Für die Antwort müssen wir uns an das Volk wenden, gegen das Hitler am lautesten schrie und dem er alles zu verdanken hatte: die Juden.

Im Gegensatz zu Mussolini in Italien, der sein politisches Programm mit dem Christentum abstimmte, ließ sich Hitlers System direkt vom sozialistischen Zionismus inspirieren. Dr. Nathaniel Syrkin, der Vater dieser Bewegung, schrieb in seinem letzten Werk, „Nationalismus und Sozialismus", 1917, dass

> „Aus dem Krieg wird eine gereinigte Menschheit und ein neuer Sozialismus hervorgehen."

Syrkins Nationalsozialismus wurde zum Programm der Nazipartei von Adolf Hitler. Es war ein nationaler Sozialismus, den Syrkin vertrat, im Gegensatz zum internationalen Sozialismus von Karl Marx. Was den Nationalismus anbelangt, so fand Hitler seine größte Inspiration in dem am stärksten nationalistischen aller Völker, den Juden. Joseph C. Harsch vom Christian Science Monitor schrieb in seinem Buch „Pattern of Conquest", dass

> „Der grundlegende Rassenwahn und der mystische Autoritarismus des Nationalsozialismus sind nicht wirklich neu. Das Konzept einer besonderen Rasse, die von einem Stammesgott zur Eroberung und Ausbeutung auf Kosten anderer auserwählt wurde, stammt direkt aus dem Alten Testament. Keine andere Rasse in der Geschichte als die Juden des Alten Testaments hat jemals ein derartiges Vertrauen in ihre übernatürliche Auserwählung für einen privaten Status erreicht. Die Parallele zwischen dem Nationalsozialismus und dem jüdischen Rassismus liegt zu nahe, um den starken Verdacht auszuschließen, dass diejenigen, die den modernen deutschen Rassismus errichteten, Schüler des motivierenden Impulses waren, der die Mauern von Jericho und die Philister aus dem Weg des triumphierenden jüdischen Stammeswesens fegte."

Sicherlich hatten die Juden mehrere tausend Jahre lang erfolgreich das „triumphale jüdische Stammesdenken" praktiziert, während die Nazis darin Neulinge waren.

Jewish World vom 22. September 1915 erklärte, dass

> „Die Staatsangehörigkeit wird nicht durch den Ort bestimmt, an dem ein Mensch geboren wird, sondern durch die Rasse, der er entstammt."

Dies ist nur eine von vielen jüdischen Vorschriften, die Hitler übernahm. Er beanspruchte alle Personen deutscher Abstammung, die in anderen Ländern geboren wurden, als deutsche Staatsangehörige. Unser eigener Patriotismus in Amerika ist eher provinziell als rassisch. Unsere Loyalität gilt unserem Staat und den Vereinigten Staaten.

Der Kampf der Rassen überschattet alle Kriege. Die Juden waren sich seiner Bedeutung bewusst. In der *Jüdischen Welt* vom 15. Januar 1919 lesen wir, dass

> „Als Volk haben wir Juden keinen Krieg zwischen uns geführt, die Juden in England gegen die Juden in Deutschland, oder die Juden in Frankreich gegen die Juden in Österreich; und das Judentum im Gehorsam gegenüber internationalen Differenzen zu sektionieren, scheint uns das ganze Prinzip des jüdischen Nationalismus aufzugeben. Jüdischer Nationalismus ist eine jüdische Frage, die durch jüdische Prinzipien geregelt werden muss und nicht der Bequemlichkeit oder den Erfordernissen irgendeiner Regierung untergeordnet werden darf."

Laut Jewish World, dem Sprecher des englischen Judentums, schulden die Juden nichts als dem jüdischen Nationalismus Treue. Nationen und Regierungen mögen fallen, aber die Juden bleiben für immer bestehen. Das ist die Grundlage ihrer Haltung gegenüber jeder Nation, in der sie gerade leben.

Adolf Hitler paraphrasierte diese jüdische Idee, als er schrieb, dass

> „Alles, was nicht Rasse ist, ist Schlacke".

Hitlers Vorstellungen von der Arbeit wurden auch von jüdischen Schriftstellern übernommen. Solomon Schiller schreibt in seinem Buch „Principles of Labor Zionism", das 1928 von der Zionist Labor Party of America veröffentlicht wurde, dass

> „Der Arbeitszionismus ist eine Synthese aus zionistischen sozialen Ideen, Nationalismus und Sozialismus."

Die Nationalsozialistische Sozialistische Partei Hitlers wurde als Nazipartei bezeichnet.

Warum war Hitler angesichts dieser politischen Ursprünge des Nationalsozialismus antisemitisch? Und wie antisemitisch war er? Douglas Reed stellt in seinem Buch „Lest We Regret" (Johnathan Cape, London, 1943) fest, dass Hitler seine Anfänge in der kurzlebigen kommunistischen Regierung in Deutschland hatte, die von November 1918 bis Mai 1919 unter den Ministerpräsidenten Eisner und Levine aus Moskau bestand. Aus den Hitler-Biographien geht nicht hervor, welchen Posten Hitler unter der Regierung Eisner innehatte, aber in diesen Monaten begann er, sich ganz der Politik zu widmen.

Die meisten Schätzungen des prozentualen Anteils der Juden am deutschen Realvermögen nach der Markinflation von 1923 stimmen mit achtzig Prozent überein. Fünf Jahre nach Hitlers Machtantritt, 1938, besaßen sie immer noch mindestens dreißig Prozent. Juden, die ihren Besitz verloren, waren diejenigen, die gegen den Zionismus waren, oder diejenigen, die sich die Abneigung der internationalen Bankenwelt zugezogen hatten. Selbst Botschafter Dodd stellte fest, dass Max Warburg nichts zu befürchten hatte.

Das offizielle Verzeichnis der amerikanisch-jüdischen Gemeinschaft, „Who's Who In American Jewry", herausgegeben von John Simons, führt in seinem Band für die Jahre 1938-1939 Gerard Swope als Direktor der Allgemeinen Elektricitat Gesellschaft, Berlin, Deutschland, der German Electric Trust, auf. Swope war damals Präsident von Baruchs Stromkonzern International General Electric. Das deutsche Kombinat war nach der Markinflation in seine Hände gefallen.

In seinem Buch „Unfinished Victory" sagt Arthur Bryant, dass

> „Nach Angaben des Korrespondenten der *London Times* in Berlin besaßen die Juden selbst im November 1938, nach fünf Jahren antisemitischer Gesetzgebung, noch etwa ein Drittel des Grundbesitzes des Reiches. Das meiste davon fiel ihnen während der Inflation in die Hände."

Die Haltung jüdischer Bankiers gegenüber nach außen hin antisemitischen Regierungen ist ein rätselhaftes Kapitel in der Geschichte. Ich habe auf die Unterstützung hingewiesen, die Hitler von Baruch, Dillon (Lapowitz), Max Warburg, Paul Warburg und Mendelssohn Co. erhielt. Jacob Marcus bemerkt in seinem maßgeblichen Buch „The Rise and Destiny of German Jews", das 1934 von der Union of Hebrew Congregations veröffentlicht wurde, dass Mendelssohn von Berlin der Finanzier der russischen Zaren war, und zwar durch einige der schlimmsten Pogrome in Russland. Er gibt uns auch einige Informationen über die Entwicklung der deutschen Schwerindustrie. Die riesigen Hugo-Stinnes-Werke wurden von Jakob Goldschmidt finanziert, und Max Warburg kontrollierte die Reichsbank, die Hamburg-American Lines und den German Lloyd's, dessen Dampfschifffahrtslinien einen Großteil ihres Reichtums mit dem Transport von Einwanderern in die Vereinigten Staaten in den frühen Jahren des 20. Die drittgrößte Bank in Deutschland, die Disconto Gesellschaft, war im Besitz der Familie Solomonsohn, die, so Marcus, jetzt Christen geworden ist und den Namen Solmssen trägt. Schließlich erzählt Jacob Marcus, dass die Warburgs die I. G. Farben Co. finanzierten, das größte Kartell der Welt, das zusammen mit der German Steel Trust den Aufstieg Hitlers zur Macht unterstützte.

Eines der aufschlussreichsten Bücher über Nazi-Deutschland ist „Ambassador Dodd's Diary", das 1941 von Harcourt Brace veröffentlicht wurde. Obwohl Dodd den Nazis gegenüber offen unsympathisch war, nennt er keinen einzigen Fall von Judenverfolgung während seiner achtjährigen Tätigkeit als US-Botschafter in Berlin. In Washington heißt es, dass Roosevelt beabsichtigte, einen Parteifreak, William Dodd, 1933 zum Botschafter in Deutschland zu ernennen. Der einzige William Dodd, den seine Sekretärin auf der Liste hatte, war Professor William Dodd von der Universität Chicago, dem zu seiner Überraschung telefonisch mitgeteilt wurde, dass er für den diplomatischen Posten ernannt worden war. Roosevelt war so amüsiert über den Irrtum, dass er Professor Dodd den Job weiter ausführen ließ. Wenn dies unverantwortlich erscheint, sollte man bedenken, dass Roosevelt zum Präsidenten gewählt wurde, weil er unverantwortlich war. Die Baruchs und Warburgs wollten einen Mann im Präsidentenamt, der so unverantwortlich war, dass er sich auf einen Kreuzzug zur Rettung des russischen Kommunismus begeben würde, ohne auch nur einen Gedanken an die Kosten in Form von amerikanischen Leben zu verschwenden.

Am 16. Juni 1933 notiert Dodd in seinem Tagebuch", dass

> „Ich hatte ein Gespräch mit Roosevelt. Schacht, der Präsident der Reichsbank, drohte damit, sowohl die Zinsen als auch die Zinsen für Rechnungen, die im August an amerikanische Gläubiger fällig wurden, nicht mehr zu zahlen. Roosevelt sagte: „Ich weiß, dass unsere Bankiers exorbitante Gewinne gemacht haben, als sie 1926 riesige Summen an deutsche Unternehmen und Städte verliehen und es ihnen gelang, Tausenden unserer Bürger Anleihen mit Zinsen von sechs oder sieben Prozent zu verkaufen. Aber unser Volk hat ein Recht auf Rückzahlung, und auch wenn es nicht in der Verantwortung der Regierung liegt, möchte ich, dass Sie alles in Ihrer Macht Stehende tun, um ein Moratorium zu verhindern".

Am 3. Juli 1933 sagt Dodd

> „Ich ging um zehn Uhr zu einer Konferenz in der National City Bank, wo man mich gebeten hatte, die finanziellen Probleme deutscher und amerikanischer Banken zu prüfen, einschließlich der

> Zahlung von einer Milliarde zweihundert Millionen Dollar an amerikanische Gläubiger, die von Bankern dazu verleitet worden waren, deutschen Unternehmen Kredite zu gewähren. Die National City Bank und die Chase National hielten deutsche Anleihen im Wert von mehr als hundert Millionen Dollar. Dann kam es zu einer vorbereiteten Konferenz mit Richter Julian Mack, Felix Warburg, Richter Irving Lehman, Rabbi Stephen S. Wise und Max Kohler, der eine Biographie über die Familie Seligman schreibt. Die Konferenz war von George Gordon Battle, einem liberalen Anwalt, arrangiert worden."

Am 4. Juli 1933 sagt Dodd

> „Der Wagen von Oberst House kam mir entgegen, als ich aus dem Bahnhof kam. Wir sprachen zwei Stunden über meine 'schwierige Mission'."

Und am 1. September 1933,

> „Henry Mann von der National City Bank sprach über das Gespräch, das er und Nelson Aldrich etwa zehn Tage zuvor mit dem Reichskanzler in dessen Sommerpalast geführt hatten. Trotz Hitlers Haltung glauben diese Bankiers, dass sie mit ihm zusammenarbeiten können."

Am 4. Dezember 1933,

> „John Foster Dulles, der Rechtsberater der amerikanischen Banken, rief mittags an, um über die Forderungen zu berichten, die im Namen der Anleihegläubiger gegen deutsche Städte und Unternehmen erhoben werden. Er wirkte sehr klug und entschlossen."

Dulles hatte in der Wiedergutmachungskommission gearbeitet, bevor er sich selbst für die Eintreibung der deutschen Schulden einsetzte.

Am 19. Januar 1934,

> „Meine Frau und ich besuchten eine Party von Baron Eberhard von Oppenheim, einem Juden, der noch immer in unserer Nähe lebt. Viele deutsche Nazis waren dort vertreten. Es wird berichtet, dass Baron Oppenheim der Nazipartei 200.000 Mark gespendet hat und eine besondere Parteiverordnung erhalten hat, die ihn zum Arier erklärt."

Am 12. März 1934,

> „Stephen P. Duggan vom International Institute of Education hat angerufen."

Im Frühjahr 1934 kehrte Dodd zu einem Besuch in die Vereinigten Staaten zurück.

Er schreibt am 23. März 1934,

> „Oberst House schickte seine hübsche Limousine mit einem Freund, um mich abzuholen, als die Manhattan anlegte, und mich in aller Ruhe zu seinem Haus zu bringen. Er gab mir wertvolle Informationen über unfreundliche Beamte im Außenministerium, mit denen ich zu tun haben würde."

Am 8. Mai 1934,

> „Beim Abendessen heute Abend bei Oberst House sprachen wir, kurz nachdem wir uns an den Tisch gesetzt hatten, eingehend über die Gruppen im Kabinett. Das erinnerte mich an die dringende Einladung von Gerard Swope, mit ihm, Herbert Bayard Swope, Owen D. Young und Raymond Moley zu Mittag zu essen, während ich in der Stadt war. Gerard Swope ist Chef von General Electric; Herbert Bayard Swope nahm in zweifelhafter Funktion an der Londoner Wirtschaftskonferenz teil; und Owen D. Young habe ich nie mit Begeisterung betrachtet. Ich habe die Einladung vor allem deshalb abgelehnt, weil ich das Gefühl hatte, dass eine Art Spiel beabsichtigt war. Ich misstraue jedem der vier."

Da seine Ernennung ein Fehler war, war Dodd ehrlich. Offensichtlich wusste er nicht, dass Baruchs privates Beraterteam, Swope, Young und Moley, ihm einige Dinge über den Antisemitismus der Nazipartei erklären wollten. Dodd gibt nicht zu Protokoll, dass er nie mit Baruch gesprochen hat, und die Tatsache, dass er allen Leutnants von Baruch misstraute, spricht sehr für seine persönliche Integrität. Es gibt immer noch Männer, die sich nicht kaufen lassen, selbst wenn sie zufällig in die Regierung kommen.

Am 24. Juli 1934 schreibt Dodd, dass

> „James Lee, der Sohn von Ivy Lee, der seit Monaten versucht, der amerikanischen Öffentlichkeit das Naziregime zu verkaufen, kam zu mir."

Bei mehreren Gelegenheiten berichtet Dodd von seiner Abscheu gegenüber Ivy Lee, die Rockefellers, Hitlers und Stalins Agentin in Amerika war. Ein Untersuchungsausschuss des Repräsentantenhauses stellte fest, dass Ivy Lee 33.000 Dollar pro Jahr von der Nazi-Regierung erhielt. Es handelte sich jedoch nicht um eines seiner Großkonten.

Am 28. Juli 1934 sagt Dodd,

> „Max Warburg, ein bedeutender Hamburger Bankier und Bruder von Felix Warburg aus New York (der dritte Bruder, Paul, starb 1932), kam zu mir. Er ist der Meinung, dass Rabbi Wise und Samuel Untermeyer aus New York den Juden sowohl in den Vereinigten Staaten als auch in Deutschland durch ihre Gier nach Publicity großen Schaden zugefügt haben. Er sagte, Felix Warburg sei der gleichen Meinung. Beide sympathisierten voll und ganz mit Oberst House in seinen Bemühungen, den Judenboykott abzuschwächen und die Zahl der Juden in hohen Positionen in den Vereinigten Staaten zu verringern. Bevor er abreiste, deutete Warburg an, dass er die Weisheit von James McDonalds Tätigkeit in seiner Position in Lausanne anzweifelte. Das war von Anfang an meine Haltung. Warburg schlug vor, dass Lazaron, der ruhig in Berlin lebt, mehr bei der deutschen Regierung tun könnte als McDonald, und ich stimmte ihm zu. Ein Mann, der ein hohes Gehalt für einen solchen Dienst annimmt, und das alles von Leuten, die für die Hilfe notleidender Mitmenschen spenden, ist nicht dazu angetan, andere Spender stark anzusprechen, und McDonald hat bei verschiedenen Gelegenheiten so viel Selbstbewusstsein gezeigt, dass ich fürchte, dass diese Eigenschaften in den offiziellen Berliner Kreisen zu bekannt geworden sind."

Es handelte sich um James McDonald, den ehemaligen sowjetischen Publizisten, der sich selbst zu einem wichtigen Posten als Flüchtlingsverwalter hochgearbeitet hatte und mit einem großen Spesenkonto von Lausanne in der Schweiz aus operierte. Später wurde er der erste US-Botschafter in Israel, was dem Ansehen unseres diplomatischen Corps nicht gerade zuträglich war.

Am 23. August 1934 schreibt Dodd,

> „Am Nachmittag kam Ivy Lee mit seinem sanften jungen Sohn zu mir."

Am 28. August 1934 sagt er

> „Dr. Max Ilgner vom I.G.-Farben-Konzern und Präsident der Carl-Schurz-Stiftung, kam zu mir. Er erwähnte Ivy Lee nicht, die ein großes Honorar von seinem Konzern erhielt. Er sprach jedoch ausführlich über eine Geschäftsreise in die Mandschurei, wo sein

> Unternehmen 400.000 Scheffel Sojabohnen gekauft habe. Ich vermute, dass er auf einer Mission ist, um Giftgas und Sprengstoff gegen japanische Produkte zu tauschen."

Und am 4. Dezember 1934,

> „Col. Deeds hat angerufen. Er vertritt die National Cash Register Co. und auch die National City Bank. Sein Sohn wurde im September letzten Jahres vor das Nye-Komitee gebracht, um die Waffenverkäufe an Deutschland zu erklären, die von einem Unternehmen getätigt wurden, in dem er leitender Angestellter ist, und die angeblich gegen den amerikanischen Vertrag mit Deutschland verstoßen. Er sagte mir, dass National Cash Register ein riesiges Geschäft mit Krupp macht, das 20 % der Verkäufe nach Deutschland erhält."

Am 8. März 1935 berichtet Dodd, dass er auf einer Party war,

> „Max Warburg wirkte heute Abend sehr sicher."

Was hatte ein Warburg in Hitlerdeutschland zu befürchten?

31. März 1935, Dodd schreibt

> „Der arme Lazaron zeigte sich sehr besorgt, weil so viele wohlhabende Juden sich der Naziführung ergeben haben und einflussreiche finanzielle Helfer von Dr. Schacht sind, der ihre Hilfe in der gegenwärtigen wirtschaftlichen Situation für sehr wichtig hält."

Am 8. Juni 1935 sagt er

> „Lochner (Louis Lochner, CBS-Korrespondent in Berlin) zeigte mir eine Kopie geheimer Anweisungen an die deutsche Presse über die Notwendigkeit, die Juden zu beschwichtigen, die das weltweite Filmgeschäft unter ihrer Kontrolle haben. Lochner sagte, er könne den Bericht nicht über die AP-Leitung senden, weil er so vertraulich sei."

Ja, das wurde in der Tat vertraulich behandelt.

Am 14. September 1935 schreibt Dodd

> „Mr. S. R. Fuller hat angerufen. Mr. Fuller, der ein Freund von Präsident Roosevelt ist, besitzt große Rayon-Interessen in Tennessee, ist mit holländischen und italienischen Interessen verbunden, die Rayon herstellen, und ist Miteigentümer ähnlicher

> Unternehmen in Deutschland, einschließlich einer Industrieanlage in Hannover."

Am 14. Oktober 1935 schreibt er, dass

> „Dr. Jacob Gould Schurman, der ehemalige Botschafter, brachte einen Freund mit, Ben Smith aus New York City. Smith bemerkte ganz offen: 'Ich bin ein New Yorker Spekulant, aber auch ein enger Freund von Präsident Roosevelt.' Dr. Schurman erzählte mir nebenbei, dass sein Freund Smith ein geschickter Spekulant war, der 1929 alle Ratschläge der Banker missachtete und Aktien in so enormen Mengen leerverkaufte, dass er viele Millionen machte."

Fast alle von mir untersuchten Banker, einschließlich der Gouverneure des Federal Reserve Board, warnten ihre Mitglieder und Freunde im Voraus vor dem bevorstehenden Zusammenbruch. Smith war nur einer von vielen, die in Erwartung und in Kenntnis des Zusammenbruchs von 1929 Aktien leer verkauften. Am 24. Januar 1935 sagt uns Dodd, dass

> „John Foster Dulles, ein New Yorker Anwalt von Sullivan and Cromwell, berichtete hier über seine Schwierigkeiten in finanziellen Angelegenheiten.

Dodd berichtet am 20. Oktober 1935, dass

> „Ich fragte einen Anwalt, warum Standard Oil im Dezember 1933 Millionen nach Deutschland schickte, um Deutschland bei der Herstellung von Benzin aus Weichkohle für den Kriegsfall zu unterstützen? Warum produzieren die Leute von International Harvester weiterhin in Deutschland, wenn ihre Firma nichts aus dem Land herausbekommt und wenn sie es versäumt hat, ihre Kriegsverluste einzutreiben?"

Dodd scheint ziemlich naiv zu sein. Glaubt er wirklich, dass International Harvester, das von J.P. Morgan Co. kontrolliert wird, im Krieg etwas verloren hat? Der Zweite Weltkrieg wäre nicht möglich gewesen, wenn die Industriellen und Bankiers in England, Frankreich und Amerika Deutschland nicht bei der Wiederaufrüstung geholfen hätten, so wie es auch keinen Dritten Weltkrieg geben kann, solange wir Russland nicht wieder aufrüsten, was der *Grund für den* Marshall-Plan, die wirtschaftliche Zusammenarbeit und das vom Kommunisten Earl Browder angeregte Point Four-Programm ist. Sie sollen Russland mit Werkzeugmaschinen und Energieanlagen versorgen, um es beim Wiederaufbau seines Kriegspotentials zu unterstützen.

Der Fall von Dr. Hjalmar Schacht, Präsident der Reichsbank und Finanzminister der Hitler-Regierung, ist ein interessanter Fall. Schacht war der erste, der nach der Kapitulation Deutschlands entnazifiziert wurde. Dies wurde durch das freundliche Eingeständnis von Dr. Schacht, dass er in Wirklichkeit nie ein Nazi gewesen war, wesentlich erleichtert. Unseren eigenen Bankern zufolge wäre Hitlers gesamtes Programm in den 1930er Jahren gescheitert, wenn es nicht das Finanzgenie von Dr. Schacht gegeben hätte, aber er war nie ein Nazi.

Schacht war in der Welt herumgereist, hatte Konferenzen mit anderen Zentralbankern in ihrem „Club", der Bank für Internationalen Zahlungsausgleich in der Schweiz, abgehalten und war besonders herzlich zu seinem Amtskollegen in Großbritannien, Sir Montagu Norman von der Bank of England. Nur er hatte von den höchsten Nazibeamten eine solche Freiheit. Die anderen spionierten, interpretierten und fehlinterpretierten das Tun der anderen gegenüber Hitler, während Schacht keinen von ihnen beachtete und es sogar wagte, den großen Göring ins Gesicht zu beleidigen.

Eine der herausragenden Tatsachen bei der angeblichen Übernahme der deutschen Regierung durch die Nazis, die in Amerika als radikaler Umsturz propagiert wurde, war, dass Adolf Hitler keine Änderungen im deutschen Bankensystem vornahm. Die Warburgs behielten die Kontrolle durch Dr. Schacht, der schon da war, als Hitler kam. Paul Einzig, in „World Finance 1935-1937" sagt,

> „Dr. Schacht war kein Faschist, sondern ein orthodoxer Bankier. Die Freundschaft von Herrn Montagu Norman mit Dr. Schacht spielte eine wichtige Rolle bei der Gestaltung der Politik der Bank of England in der Nachkriegszeit.
>
> Norman stellte seine Freundschaft unter Beweis, indem er in letzter Minute versuchte, die Position seines Freundes im Nazi-Regime zu stärken. Diese Gelegenheit bot sich durch den zutiefst bedauerlichen Tod des französischen Generaldirektors der Bank für Internationalen Zahlungsausgleich, M. Auhein, bei einem Badeunfall."

Obwohl das Bankwesen als ein sehr stabiles Geschäft gilt, kann man nicht umhin, über die Anzahl der Ereignisse im internationalen Bankwesen erstaunt zu sein, die äußerst zufällig sind. Ein lang ersehntes und unmittelbares Ziel wird nicht durch eine erfolgreiche Strategie erreicht, sondern durch den zufälligen Sturz eines Hindernisses aus einem Fenster im zehnten Stock oder in sechzig Fuß tiefes Wasser. Das Ableben von James Forrestal, Präsident des Bankhauses Dillon Read und Verteidigungsminister, ist ein typisches Beispiel dafür. Forrestal stürzte von einem der höchsten Punkte im Raum Washington, dem Navy-Hospitalturm in Bethesda, Maryland, in den Tod. Als sein Verstand zu entgleiten begann und sein Gewissen ihn so sehr quälte, dass er das Gefühl hatte, er müsse das amerikanische Volk auf bestimmte Dinge aufmerksam machen, insbesondere auf den Einfluss des Zionismus in Washington, wurde er eilig nach Florida gebracht und in der Obhut des Brown Brothers Harriman-Partners Robert Lovett, jetzt Verteidigungsminister, unter Verschluss gehalten. Von dort wurde er als Gefangener in das Marinekrankenhaus verlegt, und nicht einmal sein Priester durfte mit ihm sprechen. Die Presse erfuhr, dass er einen Selbstmordversuch unternommen hatte, doch man brachte ihn auf den höchsten Punkt Washingtons, den Bethesda-Hospitalturm, und stellte ihn an ein offenes Fenster, aus dem er schließlich - ob aus eigener Kraft oder nicht - herauskam.

In seinem Buch „Mein Kampf" skizzierte Hitler sorgfältig Schritt für Schritt sein geplantes Programm. Den internationalen Bankern erschien es als erstrebenswertes Ziel, eine paneuropäische Konföderation zu gründen, die ein geeigneter Gegner für einen Zweiten Weltkrieg sein würde. Während er also jeden der Schritte unternahm, die er in seinem Prospekt für die Investmentbanker skizziert hatte, hielten geheimnisvolle Einflüsse in den Hauptstädten der Welt den Widerstand gegen ihn aufrecht, bis seine Ausbildungszeit vorbei war und der Kampf 1939 weiterging.

Paul Einzig weist in „World Finance 1935-1937" darauf hin, dass

> „Es war der Fehler der deflationären Politik, die unter der Regierung Dr. Bruning während der Depression und insbesondere nach der Krise von 1931 betrieben wurde, die weitgehend für das Auftauchen Hitlers verantwortlich war ... Es war, weil die Energien Frankreichs auf die Verteidigung des Franc konzentriert waren, dass Hitler seine Chance nutzte und das Rheinland im März 1936 wieder besetzte."

Es ist absurd, so zu tun, als ob Hitler irgendeine Chance ergriffen hätte, als ob das Schicksal einer milliardenschweren Investition von einer angeblichen Puffmutter entschieden würde, die über eine Grenze tritt. Hitler musste tatsächlich dazu überredet werden, das Rheinland wieder zu besetzen. Er wusste, dass er zu diesem Zeitpunkt nicht stark genug für einen solchen Schritt war, und das wussten auch alle anderen. Beim geringsten Protest aus England oder Frankreich wäre er wie eine verängstigte Wasserratte über den Rhein zurückgehuscht. Er hatte jedoch die Zusicherung erhalten, dass es keinen Protest oder Widerstand geben würde.

In „World Finance 1938-1939" schreibt Paul Einzig, dass

> „Wir entdecken jetzt den engen Zusammenhang zwischen der Schwäche des Franc unter Chautemps und Hitlers Entscheidung, 1938 in Österreich einzumarschieren. Da Frankreich in einer Währungskrise gelähmt war, gab es weder von Großbritannien noch von Italien eine Chance auf Hilfe für Österreich."

Bei jedem seiner Vorstöße schwebten die Herren des Geldes wie die Götter der Ilias über ihm und beobachteten zustimmend oder missbilligend die Art und Weise, in der er ihren Willen ausführte. Einzig fährt in „World Finance 1938-1939" wie folgt fort:

> „Es ist erwähnenswert, dass das von der Österreichischen Nationalbank übernommene Gold nie in der Reichsbankbilanz auftauchte. Gegen Ende 1938 wurde es für die Einfuhr von Rohstoffen für die Wiederaufrüstung ausgegeben... Die kurzfristigen Kredite Österreichs wurden unmittelbar nach dem Anschluss von den Deutschen nicht mehr bedient."

Ohne Hitler loben zu wollen, muss darauf hingewiesen werden, dass er weitgehend für den wirtschaftlichen Aufschwung Frankreichs, Englands und der Vereinigten Staaten von 1935 bis 1940 verantwortlich war. Es waren seine Kriegsängste, die von den internationalen Nachrichtendiensten von 1935 bis 1939 regelmäßig veröffentlicht wurden, die die Preise der Schwerindustrie in die Höhe trieben, und seine Großaufträge für Rohstoffe und Fertigprodukte beschäftigten in diesen Jahren Millionen von Arbeitnehmern in diesen Ländern, während Japan die gleiche nützliche Funktion für die weltweite Rüstungsindustrie im Fernen Osten ausübte.

In „World Finance 1935-1937" schrieb Einzig, dass

> „Herr Sarraut wollte mobilisieren, als Hitler das Rheinland wieder besetzte, aber General Gamelin teilte ihm mit, dass dies 6 Milliarden Francs kosten würde. Er konsultiert den Finanzminister, der sagt, er müsse abwerten, wenn diese Summe zu diesem Zeitpunkt ausgegeben würde. Anstatt zu entwerten, überließ M. Sarraut Hitler das Rheinland."

Der obige Absatz kann als Science-Fiction eingestuft werden. Obwohl sich Einzig gewöhnlich in den Westentaschen der europäischen Finanzminister aufhält, kann diese Passage nur in einem Hirngespinst gehört worden sein. Allerdings gibt er uns im folgenden Auszug aus „World Finance 1939-1940" einige genaue Informationen:

> „Nach dem Einmarsch in die Tschechoslowakei übergab die Bank für Internationalen Zahlungsausgleich den deutschen Behörden freudig die sechs Millionen Pfund Gold, die sie für die tschechoslowakische Nationalbank hielt. Gold und ausländische Vermögenswerte, die die Bank of England dank des festen britischen Charakters hielt. Die deutschen Politiker waren verständlicherweise verblüfft über diese ungewöhnliche Demonstration von Entschlossenheit und Schnelligkeit, denn der Besitz dieser Vermögenswerte in Höhe von mehreren zehn Millionen Pfund hätte es Deutschland ermöglicht, vor Ausbruch des Krieges beträchtliche Rohstoffreserven zu importieren."

Es ist amüsant zu lesen, dass der „feste britische Charakter" etwas mit der Verfügung über eine große Summe Gold zu tun hatte. Tatsache war, dass das große Doppelspiel nun in die Tat umgesetzt wurde. Nachdem sie Deutschland aufgerüstet und Hitler in dem Glauben gelassen hatten, er sei Gott oder zumindest ein neuer Attila, sperrten die internationalen Bankiers seine Kredite und warteten darauf, dass er den einzig möglichen Schritt tat: den Ausbruch des Zweiten Weltkriegs. Es war eine perfekte Besetzung, auch wenn die Handlung des Melodrams sehr alt und offensichtlich war.

KAPITEL 17

Franklin Delano Roosevelt starb in dem Glauben, dass die Welt ihn nie vergessen würde, weil er den Kommunismus gerettet hat, aber heute scheint es wahrscheinlicher, dass sein wahres Denkmal der Dritte Weltkrieg sein wird. Carter Field bemerkt in seiner Biographie über Bernard Baruch". Dass

> „Franklin D. Roosevelt persönlich erhielt 1917 enorme Anerkennung für seine Kühnheit, vor der Kriegserklärung Befehle zu erteilen, die weit über die dem Marineministerium vom Kongress erteilten Befugnisse hinausgingen."

Er hielt sich an den Präzedenzfall seines Cousins Theodore, der nicht auf eine Kriegserklärung wartete. Als stellvertretender Marineminister vergab Franklin Roosevelt viele Großaufträge an die Schwerindustrie, für die es keine Befugnis gab, und wenn es der Hoover-Dodge-Propagandamaschine nicht gelungen wäre, uns in den Krieg zu ziehen, wäre die politische Karriere des jungen Roosevelt beendet gewesen. Zu dieser Zeit war er noch ein junger Anwalt, der sich abmühte und kaum mehr als einen berühmten Namen und ein strahlendes Lächeln hatte. Baruch zahlte ihn 1923 aus, indem er ihn an der Markinflation in Deutschland beteiligte. Roosevelt war die Tarnung für die United European Investors, Ltd., deren Prospekt erklärte, dass sie mit der Mark spekulieren wollte. Mit den Gewinnen aus diesem Glücksspiel konnte sich Roosevelt eine Fassade als Anwalt an der Wall Street leisten, die Firma Roosevelt and O'Connor.

Wie viel Geld sie verdienten, wenn überhaupt, darüber kann man nur spekulieren, aber Tatsache ist, dass Roosevelt sich wieder der Politik zuwandte. Sein Name brachte ihm die Wahl zum Gouverneur von New York ein, wobei ihm die Kommunistische Partei ein wenig half. Er trug dazu bei, den Wahlkampf von Al Smith für das Amt des Präsidenten zu sabotieren, zugunsten des Goldstandard-Trägers aus London, Herbert Hoover. 1932 wandte sich Roosevelt gegen Hoover, indem er eine

Kampagne der völligen Unwahrheit gegen ihn führte, was seine politische Karriere betraf, während Personen, die an der Anerkennung des kommunistischen Russlands interessiert waren, die Geschichten von Hoovers erfolgreicher Kampagne verbreiteten, mit der er sich in England über Jahre hinweg aus dem Gefängnis heraushielt, während er eine Reihe von schnell verdienenden Vorschlägen für Bergbauaktien förderte.

Die Geschichten über Hoover waren wahr, aber die Geschichten über Roosevelt waren noch schlimmer. Auch er hatte noch Blut an den Händen aus dem Ersten Weltkrieg, als er zu Baruchs Inner Circle gehörte, er hatte seitdem ein zwielichtiges Leben an der Wall Street geführt, und er war von einer lähmenden Krankheit befallen, die ihn zu einem vorzeitig hasserfüllten und morbiden alten Mann machte. Es bedarf keines Psychiaters, um zu ergründen, warum dieses elende menschliche Wrack in seinem Rollstuhl Millionen tapferer junger Männer in den Tod schickte, und es bedarf auch keines Freuds, um uns zu erklären, wie Roosevelt getröstet wurde, als er sah, wie sie zu Tausenden aus Anzio und Guadalcanal zurückkehrten, noch im Teenageralter, so verkrüppelt und hoffnungslos wie er selbst.

Roosevelts Kampagne gegen Hoover war von offenem Betrug und vorsätzlichen Lügen geprägt, die seine öffentlichen Äußerungen während seiner gesamten Laufbahn kennzeichneten. Franklin Roosevelt, der zynischste Lügner in der politischen Geschichte Amerikas, glaubte aufrichtig, dass unser Volk zu dumm sei, um etwas anderes als Lügen zu glauben. Seine Verachtung für unsere Bürger war so groß, dass er sich immer wieder vor sie stellte und ihnen fröhlich offensichtliche Lügen erzählte und ihnen ins Gesicht lachte, während sie ihm applaudierten.

Während Roosevelt die Rolle, die Hoover bei der Verwicklung in den Ersten Weltkrieg gespielt hatte, oder seine Fütterung Deutschlands oder seine Vorkriegskarriere als einer der skandalösesten Unternehmer in London peinlich genau verschwieg, versuchte er, Hoover für die Depression verantwortlich zu machen. Im dritten Band seiner Memoiren, die vieles vergessen lassen, sagt Hoover,

> „Auf Roosevelts Äußerung, ich sei für die Spekulationsorgie der 20er Jahre verantwortlich, habe ich eine Zeit lang überlegt, ob ich die Verantwortung des Federal Reserve Board durch seine bewusste Inflationspolitik von 1925 bis 1928 unter europäischem Einfluss und meine Widerstände gegen diese Politik offenlegen sollte."

Viermal legte Roosevelt den Amtseid als Präsident ab, und viermal leistete er einen Meineid, denn jedes Mal, wenn er seine Hand auf die Bibel legte und schwor, die Verfassung der Vereinigten Staaten aufrechtzuerhalten, war sein Geist erfüllt von den Plänen seiner aus dem Ausland stammenden Berater, die Grundsätze der Verfassung zu untergraben und zu umgehen. Künftige Generationen werden die Bürger verfluchen, die tatenlos zusahen, wie Woodrow Wilson die Verfassung zerriss und Franklin Roosevelt die Stücke wegwarf. Roosevelt war während des Ersten Weltkriegs Wilsons Stellvertreter in Sachen Kommunismus und Zionismus gewesen, doch wie sein Mentor erlebte auch Roosevelt den Moment des Triumphs nicht mehr, als am Sitz der Vereinten Nationen die Flagge Israels über New York City wehte.

Roosevelt hatte sich mit einer einzigen aufschlussreichen Rede, die er am Abend des 2. März 1930 über das Radio hielt, als Kandidat für die Präsidentschaft angekündigt, als er sagte,

> „Um eine Oligarchie zu schaffen, die sich als Demokratie tarnt, ist es von grundlegender Bedeutung, dass praktisch alle Befugnisse und Kontrollen in unserer Bundesregierung zentralisiert werden ... Die individuelle Souveränität unserer Staaten muss zerstört werden."

Zentralismus war eines der Schlüsselwörter des Kommunismus. Lenin schrieb über Marx,

> „Marx war nie ein Föderalist, er war ein Zentralist.

Wilson war bis zum Amtsantritt von Roosevelt der berüchtigtste Meineidskandidat, der je im Weißen Haus saß. Im Jahr 1912 legte Wilson seinen Amtseid ab und schwor, die Verfassung zu wahren, obwohl er zehn Monate zuvor sein Wort gegeben hatte, dass er den Federal Reserve Act unterzeichnen würde, der dem Kongress das verfassungsmäßige Recht der Geldausgabe entzog und es den internationalen Bankiers übertrug, die seinen Wahlkampf finanzierten. 1916 legte Wilson nach einem Wahlkampf unter dem Slogan „Er hat uns aus dem Krieg herausgehalten" erneut den Amtseid ab, obwohl er zu diesem Zeitpunkt wusste, dass in London Zusagen gemacht worden waren, dass wir innerhalb weniger Wochen im Krieg sein würden. Er zerstörte vorzeitig seine Gesundheit bei seiner Kampagne, die Souveränität der Vereinigten Staaten an eine Bande zu verschenken, die so prinzipienlos und wurzellos ist wie er selbst.

All dies tat Franklin Roosevelt, und noch mehr. Ohne Scham machte er das Finanzministerium der Vereinigten Staaten zum Hauptquartier der Goldhändler der Welt, erhöhte den Goldpreis, um ihren Bedürfnissen gerecht zu werden, und erließ ein Gesetz, wonach Amerikaner kein Gold mehr besitzen durften, damit seine Freunde die absolute Kontrolle über unsere Goldversorgung haben konnten.

Der Meineidige Roosevelt war nie mehr als ein nichtsnutziger, skrupelloser Lieblingssohn, ein Mann, dem alle Vorteile in die Wiege gelegt wurden, seine Geburt in einem freien Land, ein berühmter Name, eine gute Ausbildung, und doch war er völlig unfähig, genug ehrliche Arbeit zu leisten, um sich und seine Familie zu ernähren. Es ist nicht überliefert, dass er auch nur einen einzigen Tag seines Lebens mit einer nützlichen Tätigkeit verbracht hat. Er wurde bereitwillig zum Intimus des Abschaums der Nation in Washington und strebte danach immer tiefer und tiefer.

Woodrow Wilson versetzte der Würde öffentlicher Ämter in Amerika in der Not des Ersten Weltkriegs einen tödlichen Schlag, als er die höchsten Ämter in der Regierung an die Brandeises, Frankfurters, Baruchs und Meyers verschenkte, und Franklin Roosevelt versetzte dieser Würde 1933 den Gnadenstoß, als in seinem Kielwasser eine bunte Horde unförmiger Degenerierter und Verräter nach Washington strömte, wie die Aasfresser nach einem Müllwagen. Roosevelt machte bald deutlich, dass er sich nur in der untersten moralischen Schicht wohlfühlte, und er verwandelte das Weiße Haus in eine kostenlose Pension für die feuchtlippige Bande von Hollywood-Zuhältern und kommunistischen Homosexuellen, die seine Hohepriester und Verehrer waren. Niemand war im Weißen Haus willkommen, es sei denn, er hatte ein Imperium verraten, wie Churchill, oder das Haus seiner alten Mutter verpfändet, wie Truman.

Roosevelt war der erste Amerikaner, der eine Volksfrontregierung einführte, eine Verwaltungsmethode, die die Rothschilds in Europa durchgesetzt hatten. Die Volksfront bestand darin, alle niederen Elemente einer Nation, gleich welcher politischen Couleur, dazu zu bringen, sich in einer offenen Verschwörung gegen die anständigen Bürger zusammenzuschließen. Das Hauptelement von Roosevelts Volksfront, getarnt als Demokratische Partei, war das nationale Verbrechersyndikat, das die Stimmen in den Großstädten kontrollierte, und um den zweiten Platz in Roosevelts Gunst konkurrierten die Kommunisten und die Zionisten. Die Kommunisten verschafften

Roosevelt die Stimmen der Arbeiterschaft, und die Zionisten kontrollierten die öffentliche Meinung und verschafften ihm die mächtige jüdische Stimme. Oft waren die Kommunisten und die Zionisten ein und dieselben Personen, wie das Beispiel von Roosevelts Anhängsel im Weißen Haus, Rabbi Stephen S. Wise, zeigt. Ob Wise nun ein Kommunist war, der sich als Zionist ausgab, oder ein Zionist, der sich als Kommunist ausgab, er gehörte zu den auffälligeren Mitgliedern der wilden Truppe, die im Weißen Haus kostenlose Mahlzeiten und ein Zimmer pro Monat erhielten. Roosevelts religiöser Hintergrund lässt sich aus der Tatsache ableiten, dass er während seiner Jahre im Weißen Haus ständig einen Rabbiner bei sich hatte, während christliche Geistliche dort nie gesehen wurden. Eleanor Roosevelt ließ natürlich den jungen Joe Lash im Weißen Haus wohnen, aber ich habe immer geglaubt, dass ihre Zuneigung zu ihm eine rein politische war und dass sie ihn nur mochte, weil er Kommunist war.

Auf jeden Fall hatte der Einmarsch dieser Elemente in Washington die gewünschte Wirkung. Männer mit gutem Charakter verließen die Regierung und überließen sie den Zerstörern. Mehr als ein anständiger Amerikaner, der fürchtete, in den kommunistischen Strudel des Außenministeriums hineingesogen zu werden, verließ den öffentlichen Dienst für immer.

Franklin Roosevelt fand in der Person von Winston Churchill, der seit 1898 auf dem Bauch vor den Diamantenhändlern gekrochen war, als er nach Südafrika ging, um die Gold- und Diamantenminen des Witwatersrand für die Rothschilds, die Ecksteins und die Joels zu gewinnen, einen geeigneten Partner für seine zwielichtigen Intrigen. Nach dem Burenkrieg kehrte Churchill nach England zurück und fand sich als Held einer gewissen Minderheit wieder. Er akzeptierte bereitwillig die Rolle, die ihm sein Charakter zugedacht hatte, und begann eine lange Karriere im Dienste des Weltzionismus. Die Bürger Großbritanniens, beunruhigt über den Zustrom mediterraner Einwanderer und den damit einhergehenden Anstieg von Armut und Kriminalität in den britischen Städten, versuchten 1903, ein Ausländergesetz zu verabschieden. Zwei Jahre lang wurde es im Parlament erbittert bekämpft und schließlich abgeschmettert. Der erfolgreiche Anführer der Opposition gegen das Ausländerkontrollgesetz war Winston Churchill. Natürlich wurde er in allen jüdischen Organen bejubelt. Die Tatsache, dass er seine eigene Rasse verraten und das Goldstück einer anderen genommen hatte, kümmerte ihn nicht. Als Erster Lord der Admiralität stellte er 1915 die britische Flotte von Kohle auf Öl um, was für seine guten Freunde, die Familie Samuel, die Eigentümer der Royal Dutch Shell Oil Corporation war, eine jährliche Einkommenserhöhung von mehreren Millionen Pfund bedeutete. Im Jahr 1916, als die Zionisten sich vehement für die Balfour-Erklärung einsetzten, war Churchill das Mitglied des britischen Kriegskabinetts, das sich am nachdrücklichsten und wirksamsten dafür einsetzte, und er hat seitdem keine Gelegenheit ausgelassen, seine Sympathien zu zeigen.

Wie Churchill ist auch Franklin Roosevelt ein lebhaftes Beispiel für die moralischen Abgründe, in die sich ein Mann begeben muss, um in einer Demokratie ein hohes öffentliches Amt zu bekleiden. Ein Mann muss sich jedoch selbst korrumpieren, bevor er andere korrumpieren kann, und Roosevelts Krankheit, die noch vor seinem politischen Erfolg auftrat, kann als Beweis dafür gewertet werden, dass es ihm gelungen war, sich selbst zu korrumpieren.

Bei seinem ersten Auftritt in Washington im Jahr 1916 lernte Roosevelt vom Machiavelli der amerikanischen Politik, Bernard Baruch, den Grundsatz, der seine Amtsführung als Präsident kennzeichnete. Wann immer er eine besonders schmutzige Aufgabe zu erledigen hatte, versuchte er, einen möglichst angesehenen Mann dafür zu gewinnen, und wenn dieser abgelehnt wurde, ging er immer tiefer, bis er jemanden fand, der die Aufgabe übernehmen würde. Das war eine Methode, die die Rothschilds seit hundert Jahren in Europa praktizierten. Sie wandten sich immer dann an den Adel, wenn sie ein besonders übelriechendes Projekt im Auge hatten, und sie ließen ihr Gold blitzen, bis sie einen Adeligen fanden, der für sie eintrat. Churchill, aus dem Hause Marlborough, war ihr bester Fund. Er hat nie etwas gesagt.

Die Präsidentschaft von Franklin Roosevelt hat uns eine teure Lektion erteilt, eine Lektion, die wir auch aus der Geschichte Griechenlands hätten ziehen können. Diese Lektion ist die einfache Tatsache, dass die Ausweitung des Wahlrechts in einer Demokratie in einem exakten Verhältnis zu der abnehmenden Qualität und Effizienz der öffentlichen Beamten steht. In dem Maße, in dem das Wahlrecht auf jede neue Gruppe ausgedehnt wird, nimmt die Qualität der gewählten Beamten deutlich ab. Dies ist in Amerika nach und nach geschehen, bis unsere Regierung zu der lächerlichen und entmutigenden Farce geworden ist, die sie heute ist. Unsere Bürokratie auf den unteren Ebenen ist zwar nicht offen korrupt, aber nur, weil ihr Personal zu inkompetent ist, um erfolgreiche Betrugsmethoden zu entwickeln. Die höheren Ränge der

Regierung sind, wie Untersuchungen ergeben haben, fast hundertprozentige Kandidaten für das Zuchthaus.

Dieser Zustand, der auf die Ausweitung des Wahlrechts zurückzuführen ist, wurde durch die Reihe der sozialen Außenseiter und Berufsschurken, die in diesem Jahrhundert das Präsidentenamt innehatten, noch verschlimmert. Weitaus schädlicher für die öffentliche Moral war der künstliche Ruhm, den die Zeitungen und Zeitschriften für diese breiigen Schurken aufpeitschten. Wenn ein Taugenichts wie Harding, ein professioneller Hochstapler wie Hoover und ein sozial ehrgeiziger Wucherer wie Franklin Roosevelt als Vorbilder für unsere Jugend angepriesen werden, was können wir dann anderes erwarten als den Zynismus und die Verachtung, die ihre Haltung gegenüber ihren Eltern kennzeichnen, die tatsächlich auf diesen Unsinn hereinfallen?

Die enormen Schuldgefühle, die typisch für die niedrigen Typen waren, die von den internationalen Bankiers ins Weiße Haus gesetzt wurden, führten zu einer völligen Veränderung der Atmosphäre in unserer öffentlichen Verwaltung. Von Wilson an war Washington von ihren neurotischen Ängsten und schlaflosen Nächten überschattet. Washington war nicht mehr die unbeschwerte Stadt der Südstaaten, in der heitere und gutmütige Präsidenten residiert hatten, sondern verwandelte sich in das Polizeilager von heute, in dem ein ängstlicher Präsident sich ständig mit bewaffneten Wachen umgibt und jeden Augenblick den Todesstoß fürchtet. Alteingesessene Washingtoner können sich daran erinnern, dass sie ihre Basebälle über den Rasen des Weißen Hauses jagten. Das nervöse und alkoholkranke Wrack Franklin Roosevelt ließ einen hohen Eisenzaun errichten, so dass das Weiße Haus heute wie jeder andere öffentliche Haftort aussieht.

Als Franklin Roosevelt seinen ersten Amtseid ablegte, dachte er nicht an das Leiden des amerikanischen Volkes oder an das weit verbreitete Elend, das durch die künstliche Depression verursacht worden war, die er und seine Mitstreiter in den letzten Monaten von Hoovers Amtszeit noch verschärft hatten. Er dachte vor allem an seine heilige Mission, sein Versprechen, Sowjetrussland anzuerkennen. Arthur Upham Pope schreibt in seinem Buch „Maxim Litvinoff" auf Seite 280,

> „Roosevelt hatte schon vor seiner Wahl deutlich gemacht, dass er für die Anerkennung Sowjetrusslands eintrat. Im Sommer 1932 hatte er als seinen persönlichen Abgesandten William C. Bullitt nach Moskau geschickt, der bereits 1919 für Präsident Wilson dort gewesen war. Bullitt erklärte den Korrespondenten in Russland,

> dass „Roosevelt der nächste Präsident sein wird und die amerikanische Anerkennung Sowjetrusslands eine der ersten Amtshandlungen sein wird". Im Januar 1933 richteten achthundert College-Präsidenten und -Professoren eine Botschaft an den designierten Präsidenten, in der es hieß: „Das Versäumnis, Russland anzuerkennen, hat zu der ernsten Lage im Orient beigetragen und die Verabschiedung von Maßnahmen verhindert, die die imperialistischen Unternehmungen Japans hätten vereiteln können."

Diese Liste mit achthundert Namen wäre heute eine interessante Lektüre. Kein Wunder, dass unsere Universitäten in den dreißiger Jahren Tausende engagierter junger Kommunisten hervorbrachten.

Die Geschichte von Litvinoff geht weiter,

> „Ausschlaggebend für diesen tiefgreifenden Meinungsumschwung war aber vor allem die inzwischen akut gefährliche Wirtschaftslage. Es wurde immer deutlicher, dass ein völlig desorganisierter Weltmarkt zu den Hauptursachen der Krise gehörte."

Für diejenigen, die Lenin gelesen oder Radek zugehört hatten, war es von Beginn der Depression an klar gewesen. Nach der kommunistischen Dialektik würde eine Weltdepression das gesamte Kapital in ihre Hände legen und ihnen die absolute Macht geben. Die blinde Missachtung menschlicher Bedürfnisse und Wünsche, die das kommunistische Programm bei den entwickelten Völkern zum Scheitern verurteilt hat, kennzeichnete jedoch ihren Umgang mit der Weltkrise von 1929-1933. Der Crash von 1929 hatte zum Ziel, die Ersparnisse der amerikanischen Mittelklasse zu vernichten und so ein Zweiklassensystem von Arbeitern und Herrschern, von vielen Sklaven und wenigen Eliten zu schaffen. Dies war das Versprechen, das den unzufriedenen jungen Menschen gemacht wurde, die sich in den 1930er Jahren an unseren Universitäten dem Kommunismus zuwandten.

Während die kommunistischen Parteien der Welt darauf warteten, dass Roosevelt Sowjetrussland anerkennen und zum geistigen Führer der kommunistischen Bewegung werden würde, verlor der verschlagene Politiker die Nerven. Nach seiner Wahl schob er den verhängnisvollen Schritt Monat für Monat hinaus, bis er schließlich im November 1933 eine nächtliche Konferenz im Weißen Haus mit Henry Morgenthau Jr., Maxim Litvinoff und dem Rechtsberater der Sowjetunion, Dean Acheson, abhielt. Es war Acheson, der den Ausschlag für die Anerkennung gab. Er sicherte Roosevelt die Unterstützung der Wall Street zu, wenn Russland JETZT anerkannt würde, warnte aber, dass eine weitere Verzögerung bedeuten würde, dass ein Mann gesucht würde, der 1936 seinen Platz einnehmen würde. Es war die Drohung, die Unterstützung für seine zahlreichen Pläne zu verlieren, die Roosevelt dazu zwang, sein Versprechen gegenüber den Kommunisten einzuhalten. Dies war das letzte Mal, dass er sein Wort gegenüber den Kommunisten brechen musste. Nun, da er den Rubikon überschritten hatte und sein Handeln nicht öffentlich angeprangert wurde, wurde er zu einem glühenden Anhänger des Kommunismus. Er besetzte die Regierungsbüros mit langhaarigen Marxisten vom City College of New York und von seiner eigenen Schule, der Harvard University. Er machte aus dem brillanten jungen Kommunistenführer Alger Hiss einen besonderen *Protegé* und hielt Lauchlin Currie, einen führenden Kopf des schattenhaften Spionagerings in Washington, in seiner Nähe. Nach Roosevelts Tod schlich sich Currie nach Kolumbien, um seine Herkunft vor einem Kongressausschuss nicht preiszugeben.

Eine der ersten Handlungen Roosevelts nach der Anerkennung Russlands war die Gründung einer Export-Import-Bank am 12. Februar 1934, die stolz verkündete, ihre Aufgabe sei

> „den ausschließlichen Zweck der Finanzierung des Handels zwischen den Vereinigten Staaten und Russland".

Wir würden Russland Waren schicken, und Russland würde bei der Export-Import-Bank Schecks ausstellen, die vom amerikanischen Steuerzahler eingelöst würden. Das anschwellende Willkommensgebrüll des amerikanischen Proletariats für seine russischen Genossen blieb jedoch aus. Die Anerkennung Russlands stieß in der Tat auf wenig Gegenliebe bei der amerikanischen Bevölkerung, und die Einrichtung der Export-Import-Bank zu einem Zeitpunkt, als wir noch unter weit verbreiteter Arbeitslosigkeit und Hunger litten, war übertrieben. Mehrere Kongreßabgeordnete bereiteten einen Angriff auf die Bank vor und erinnerten die Regierung daran, daß Rußland uns immer noch 150.000.000 Dollar schuldete, die es 1917 nicht zurückerstattet hatte. Roosevelt zog sich angesichts dieser Opposition ungeordnet zurück, und die Export-Import-Bank änderte eilig ihre Aufgabe, um Geld an Südamerika zu verleihen, wo die Investitionen von J. und W. Seligman von der Depression betroffen waren. Es bedurfte des Zweiten Weltkriegs, um den amerikanischen Bürger für Stalin arbeiten zu lassen.

Der Höhepunkt des Jahres 1933 war die Londoner Wirtschaftskonferenz, auf der die Weichen für den Eintritt der

Demokratien in den Zweiten Weltkrieg gestellt wurden. Die internationalen Bankiers sahen den Weg frei für das geplante Gemetzel, das in der Errichtung eines sozialistischen Weltstaates gipfeln sollte. Über die Konferenz wurde in der amerikanischen Presse nur spärlich berichtet. Es ist fast unmöglich herauszufinden, wer dort war und was sie taten. Aus dem Royal Institute of International Affairs erfahren wir, dass England durch Frank Ashton Gwatkin, Berater des Außenministeriums, und durch Lord Brand, den Geschäftsführer von Lazard Brothers, London, und Direktor der Lloyd's Bank, der South African Railways und der Times Publishing Co. vertreten war.

Auch die Vereinigten Staaten wurden durch eine sorgfältige Auswahl aus den Mitgliedern des Council on Foreign Relations vertreten. Der Harvard-Wirtschaftswissenschaftler Prof. O. M. W. Sprague wurde mit der Vorbereitung der Dokumente für die amerikanische Delegation beauftragt, und sein Assistent war der Russe Leo Paswolski, der an der Gründung der Vereinten Nationen beteiligt war. An der Spitze der Delegation stand das Team von Außenminister Henry L. Stimson und James Paul Warburg, der Roosevelts Angebot abgelehnt hatte, den Haushaltsdirektor mit dieser wichtigen Aufgabe zu betrauen. Dean Achesons Rechtspartner George Rublee, der Harvard-Wirtschaftswissenschaftler John H. Williams, Norman H. Davis, der damalige Präsident des Council On Foreign Relations, Leon Fraser, der damalige Vizepräsident der Bank für Internationalen Zahlungsausgleich, und der technische Chefberater der US-Delegation, Stimsons Wirtschaftsberater Herbert Feis, waren ebenfalls anwesend. Zwei von Baruchs Experten, Raymond Moley und Herbert Bayard Swope, waren ebenfalls anwesend. Swope war für die Öffentlichkeitsarbeit der US-Delegation zuständig und leistete so hervorragende Arbeit, dass die Verhandlungen bis heute im Dunkeln bleiben.

In Papes Biografie über Litvinoff wird auf Seite 283 darauf hingewiesen, dass

> „Litvinoff war zweifellos die wichtigste Persönlichkeit auf der Londoner Wirtschaftskonferenz und stellte Raymond Moley, den Leiter der US-Delegation, völlig in den Schatten."

Litwinoff war dort, um mit den Vereinigten Staaten und England darüber zu verhandeln, auf welcher Seite Russland im Zweiten Weltkrieg stehen würde. Sein größter Erfolg war die Zusage der Roosevelt-Regierung, dass Mitglieder der Kommunistischen Partei

Amerikas weder verhaftet noch in irgendeiner Weise behindert würden. Dieses Versprechen wurde bis zu Roosevelts Tod eingehalten, und Harry Truman tat sein Bestes, um es zu erfüllen, wie seine verzweifelten Bemühungen um Alger Hiss zeigen, aber er hatte nie genug persönliche Macht, um Hiss zu retten.

Die wichtigste Übereinkunft auf der Londoner Wirtschaftskonferenz war die Schlussfolgerung aller Beteiligten, dass sie am Goldstandard festhalten müssen, um sicherzustellen, dass keine konstruktiven Veränderungen vorgenommen werden, die die wirtschaftliche Misere in der Welt wiederherstellen und den Krieg zum einzig möglichen Weg machen. Paul Einzig, in „World Finance 1935-1937", sagt

> „Der Goldblock bestand etwas mehr als drei Jahre, nachdem er auf der Londoner Wirtschaftskonferenz im Juli 1933 gegründet worden war. Die Existenz des Goldblocks verlängerte die wirtschaftliche Depression um mindestens zwei Jahre. Während dieser zwei Jahre führten die wirtschaftliche Depression und die Überbewertung der Währungen zu einer aggressiven Außenpolitik Italiens und Deutschlands."

Die Schuld von Roosevelt an der Verlängerung der Depression wird durch alle Beweise belegt. Hoover wirft im dritten Band seiner Memoiren Roosevelt vor, er habe nichts getan, um die Depression zu lindern, und das stimmt auch. Roosevelt verschlimmerte die Depression, denn obwohl er sich einem Programm zur Erhöhung der Weltmarktpreise verschrieben hatte, erhöhte er nicht die Geldmenge im Umlauf, was bedeutete, dass weniger Geld für den Umlauf der verfügbaren Waren zur Verfügung stand. Wie aus den Berichten des US-Finanzministeriums hervorgeht, blieb der Geldumlauf zwischen 1933 und 1940 bei sieben Milliarden Dollar, während die Preise ständig stiegen. Hoover sagt, dass es 1940 immer noch zehn Millionen Arbeitslose gab und dass es den Krieg brauchte, um die Amerikaner aus der Depression zu befreien, nachdem dies sieben Jahre lang unter Roosevelt nicht gelungen war.

Es war nicht so sehr, dass Roosevelt es versäumte, Erleichterungen zu gewähren. Die Verschwörer auf der Londoner Währungs- und Wirtschaftskonferenz hatten beschlossen, der Bevölkerung keine Erleichterungen zu gewähren, und Roosevelt hielt sich an diese Vereinbarung. Er hatte sich verpflichtet, die Menschen unten zu halten. Hoover wirft Roosevelt auch vor, dass die Schließung der Banken durch Umkehrung eines alten und nie angewandten Gesetzes aus dem Ersten

Weltkrieg das amerikanische Äquivalent zur Verbrennung des Reichstags war, um eine Atmosphäre des Notstands zu schaffen und den Eindruck zu erwecken, Roosevelt sei der Retter des amerikanischen Volkes. Natürlich ließ Roosevelt keine Gelegenheit aus, die Diktatoren zu imitieren. In exakter Nachahmung seines Mentors Nikolai Lenin, des Herrschers, den er am meisten bewunderte, verbrannte Roosevelt tonnenweise Lebensmittel, während amerikanische Kinder unterernährt waren, um die Kollektivierung der amerikanischen Landwirtschaft voranzutreiben. Wie Stalin schickte Roosevelt eine große Zahl loyaler amerikanischer Bürger in Konzentrationslager, die Japaner an der Westküste, weil sie „politisch unzuverlässig" waren, was in Russland ein Kapitalverbrechen ist. Wie Hitler förderte Roosevelt die Aggression gegen kleine Nationen, insbesondere gegen Finnland, als es versuchte, sich aus dem kommunistischen Orbit zu lösen.

Zu Roosevelts Währungsprogramm bemerkte Paul Einzig in „France's Crisis" Macmillan, 1934, dass

> „Die einzige Hoffnung für Frankreich liegt in den Versuchen von Präsident Roosevelt. Wenn er nicht in der Lage ist, einen Anstieg der Weltmarktpreise auf der Grundlage des gegenwärtigen Goldwertes des Dollars herbeizuführen, wird er zu einer zweiten Abwertung greifen."

Wo auch immer das französische Volk bei Roosevelts Experimenten rangiert haben mag, es ist nun sicher, dass das amerikanische Volk an letzter Stelle steht. Einzig schreibt in „World Finance 1935-1937", dass

> „Präsident Roosevelt war der erste, der sich offen für eine Geldpolitik aussprach, die auf einen bewusst herbeigeführten Preisanstieg abzielte. In einem negativen Sinne war seine Politik erfolgreich. Zwischen 1933 und 1935 gelang es ihm, die private Verschuldung zu reduzieren, aber dies geschah auf Kosten einer steigenden öffentlichen Verschuldung."

Roosevelts Sympathie für den einfachen Mann wird durch seinen Erfolg bei der Erhöhung der Preise für alles, was der einfache Mann kaufen muss, bewiesen. Die Löhne wurden zwar angehoben, aber immer erst, nachdem die Warenpreise gestiegen waren, so dass die einzigen, die direkt davon profitierten, die kleinen Kredithaie waren, an die sich die Arbeiter wandten, um ihre Rechnungen bezahlen zu können.

Das Pyramidenbauprogramm, das als Works Progress Administration bekannt wurde, wurde von Roosevelt initiiert, weil es sich dabei um staatliche Ausgaben oder Sozialismus handelte, im Gegensatz zu privaten Ausgaben oder Ausgaben der freien Wirtschaft.

Seine sozialistisch-zionistischen Unterstützer, insbesondere James Paul Warburg, richteten ihre Wut gegen den ersten Kritiker des Programms. Dr. William Wirt, der jahrelang von der Roosevelt-Regierung verfolgt wurde.

An der Spitze der WPA, die sechs Milliarden Dollar ausgab und deren Führungsriege nach letzten Schätzungen zu fünfundsiebzig Prozent aus Mitgliedern der Kommunistischen Partei bestand, stand Harry Pincus Hopkins, der eiternde Hexendoktor des Roosevelt-Voodoo-Kults. Hopkins, der von seinem Meister John Hertz, Partner von Lehman Brothers, auf Roosevelt angesetzt wurde, begann seine Karriere beim Roten Kreuz in New Orleans während des Ersten Weltkriegs, wo er sich tapfer um Geld bemühte. In den 1920er Jahren wurde Hopkins in die fabelhafte Weihnachtssiegelbande, die New York Tuberculosis and Health Association, verwickelt. Hopkins war ein leitender Angestellter dieser Organisation, die in den 1920er Jahren jährlich mehr als vier Millionen Dollar einnahm. Der Gesundheitskommissar der Stadt New York, Louis Harris, erklärte in einem Brief in der New York Times vom 8. Juni 1932, dass

> „Kein einziger Pfennig ging jemals an einen Tuberkulosekranken oder an eine Einrichtung für eine solche Behandlung. Die Vereinigung gab zu, dass ihr gesamtes Geld für Gehälter und Gemeinkosten ausgegeben wurde."

Das waren die Vertrauten von Franklin Roosevelt. Während der Gutsherr von Hyde Park sich in seinem Sessel niederließ und das Mikrofon herbeischaffte, um zu den Leibeigenen zu sprechen, saßen Millionen von Amerikanern vor ihren Radios, fasziniert von den magischen Beschwörungen der Fireside Chats. Und was war die Botschaft des großen Schwindlers? In einem seiner ersten Fireside Chats warb Roosevelt für eine Neuauflage des Buches seines guten Freundes Justice Brandeis, „Other People's Money", das bei seiner Veröffentlichung 1913 ignoriert worden war und seitdem zu Recht in Vergessenheit geraten war. Roosevelts Werbung für dieses Schreiberwerk verkaufte eine Million Exemplare und brachte Brandeis einen Gewinn von 150.000 Dollar ein. Obwohl Brandeis als Präsident der Zionist Organization of America viel über das Geld anderer Leute wusste, da er Millionen davon für sein zionistisches Geschäft gesammelt hatte, war sein einziges Buch ein bösartiger Angriff auf jene New Yorker Banker, die 1913 noch nicht unter dem Einfluss von Kuhn, Loeb Co.

Roosevelts vielleicht größtes Talent war seine Fähigkeit, die Unzufriedenheit der Rassen für seine eigenen Zwecke zu nutzen. Als skrupellosester Rassenscharfmacher der modernen Politik verwandelte er die Hauptstadt unserer Republik in ein bürokratisches Harlem, während die Weißen in die Vororte zogen, um ihre Töchter zu schützen, und erneut für Roosevelt stimmten. New York war seine Ausbildungsstätte für rassistische Agitatoren gewesen, ebenso wie für seinen Schützling, die kleine rote Blume, Fiorello LaGuardia, den verstorbenen Bürgermeister von New York. LaGuardia übertraf seine Zeitgenossen in seinem Zynismus und machte keinen Hehl daraus, dass er vor seiner Wahl Flugzeugladungen von Puertoricanern aus der Karibik einfliegen ließ und sie alle in die Hilfslisten der Stadt aufnahm. Demokratie ist gut, wenn man weiß, wie sie funktioniert.

In seinen Beziehungen zu den Minderheitengruppen hatte Roosevelt die tatkräftige Unterstützung seiner Assistentin, der blassen Eleanor. Den Kolumnisten als politische Ein-Frau-Band bekannt, kannte Eleanor alle Melodien, aber die, die sie am meisten spielte, war die von Marx. Wie der verkrüppelte Krüppel, mit dem sie ihr Leben teilte, bevorzugte Eleanor jedes Projekt, das sie von der ungesunden Brut fernhielt, die sie mit Hilfe des großen Kommunisten ausgebrütet hatte.

Eines der Lieblingsprojekte von Eleanor Roosevelt war die Howard University in Washington, natürlich eine Negerschule, die Jahr für Jahr mehr staatliche Mittel erhalten hat als jede andere Bildungseinrichtung in den Vereinigten Staaten. Die Hauptaufgabe der Howard University scheint die Ausbildung einer intellektuellen Neger-Elite für die Kommunistische Partei Amerikas zu sein. Ihr Präsident, Mordecai Johnson, der Baptist war, bevor er den Kommunismus entdeckte, machte aus seinen Sympathien kein Geheimnis. Der Chicago Defender druckte einen Bericht über eine seiner aufmunternden Reden, die er am 10. Juni 1933 vor einem Publikum von Neger-Jugendlichen hielt. Der Defender sagte

> „Dr. Johnson forderte seine Zuhörer auf, sich von den Begriffen Kommunismus und Sozialismus nicht die Augen vor der Realität vernebeln zu lassen, dass auf russischem Boden heute - ganz gleich, welche Fehler gemacht oder welche Verbrechen begangen werden -

> zum ersten Mal in der Geschichte der Welt eine Bewegung besteht, die alle natürlichen Ressourcen für das Leben des einfachen Menschen zur Verfügung stellt."

Diese und ähnliche Reden veranlassten zweifellos viele Neger, sich in der Kommunistischen Partei zu engagieren. Dr. Johnson ist immer noch Präsident der Howard University, und seine oft bekundete Feindschaft mit Bankern steht nicht im Widerspruch zu seiner tiefen Freundschaft mit dem internationalen Bankier Senator Herbert Lehman.

Eleanor Roosevelt wirbt in ihrer landesweit verbreiteten Kolumne „My Day" für ihre Lieblingsüberzeugungen wie Atheismus, die Trennung von Kirche und Staat und andere marxistische Ideale. Sie findet Alkohol für junge Leute in Ordnung und hat selbst keine Vorurteile dagegen. Ihre Vorliebe für Alkohol am Steuer hat dazu geführt, dass sie an einem Abend ihre berühmten Backenzähne zertrümmert hat. Die amerikanische Presse drückte sich vor dieser Geschichte, aber George Richards, Besitzer von Radiosendern in Los Angeles und in anderen Städten, ließ seine Reporter die Umstände dieses Unfalls senden. Seine Senderlizenz wurde ihm von der Federal Communications Commission unter der Leitung von Wayne Coy entzogen, der persönlicher Assistent von Eugene Meyer bei der Washington Post war, bevor er zum Diktator des amerikanischen Rundfunks wurde. Drei Jahre lang kämpfte Richards erfolglos gegen diesen marxistisch inspirierten Eingriff in das verfassungsmäßig garantierte Recht auf freie Meinungsäußerung, bis sein Vermögen aufgebraucht und seine Gesundheit zerrüttet war. Er starb an einem Herzinfarkt, während er noch gegen die FCC kämpfte. Sex, Verbrechen und die Verderbnis amerikanischer Kinder stießen bei Meyers Boy Coy auf keinen Widerstand, aber niemand konnte über Eleanor Roosevelt sprechen und damit davonkommen.

Eleanors Jahre als First Lady waren die Blütezeit einiger der schmuddeligeren Elemente der kommunistischen Hierarchie, darunter so akzeptable Personen wie die Sozialarbeiter, die in den Schulen herumgingen und den Kindern allerlei sexuelle Gewohnheiten beibrachten, alles im Namen des „Selbstausdrucks" und der „Vermeidung von Frustration". Sex war eine der Hauptwaffen der Kommunistischen Partei. FKK-Lager, Konvertiten, die nichts anderes als Prostituierte waren, und die sexuelle „Erziehung" von Kindern standen bei den Bemühungen der Marxisten im Vordergrund.

Eleanor Roosevelt beherrscht ebenfalls die Technik der großen Lüge des Kommunismus, und trotz wiederholter Entlarvung ihrer öffentlich gedruckten Unwahrheiten verdreht sie weiterhin die Wahrheit, um sie ihrer Ideologie anzupassen. Im Congressional Record vom 12. August 1952 geht Senator Cain auf Seite A5003 detailliert auf ihre Verdrehung der Tatsachen im Zusammenhang mit dem Marsch der Veteranen auf Washington ein. Trotz eines Briefes des ehemaligen Kriegsministers Hurley an Mrs. Roosevelt im Januar 1950 erschien ihr Buch „This I remember", in dem sie die kommunistische Lüge wiederholte, General MacArthur habe den Truppen den Befehl gegeben, die Veteranen anzugreifen, eine Lüge, die von John Gunther und dem Time Magazine gestützt wurde. In seiner Kolumne vom 6. September 1952 nahm George Sokolsky sie aufs Korn, weil sie behauptete, die vorgeschlagenen Pakte der Vereinten Nationen enthielten „keine Bestimmungen, die von der amerikanischen Lebensweise in Richtung Kommunismus, Sozialismus, Syndikalismus oder Statismus abweichen". Sokolsky sagte, dass sie sich geirrt habe und dass er dies beweisen könne. In der Novemberausgabe 1952 des See Magazine bestritt Eleanor, dass es russische Spione bei den Vereinten Nationen gebe. An dem Tag, an dem das Magazin erschien, wurde in den Zeitungen bekannt gegeben, dass Valerian Zorin als Nachfolger von Jacob Malik zum UN-Delegierten Russlands ernannt worden war, und Zorin wurde als Drahtzieher des tschechischen Putsches bezeichnet. Wie Pegler sagt, ist es bedauerlich, dass man eine Dame in der Öffentlichkeit der Lüge bezichtigen muss, aber ihre bösartige Propaganda lässt einem ehrlichen Reporter keine andere Wahl, als sie in ihrem ganzen Verrat zu entlarven.

Es ist unmöglich, das Roosevelt-Regime zu erklären, ohne das Kommunistische Manifest von 1848 zu kennen, aus „The Official Version of the Communist Manifesto in English", gedruckt von Kerr Co. Chicago, 1917. Seine zehn Punkte lauten wie folgt:

> „In den fortgeschrittensten Ländern wird das Folgende ziemlich allgemein anwendbar sein:
>
> 1. Abschaffung des Eigentums an Grund und Boden und die Verwendung aller Bodenrenten für öffentliche Zwecke.
> 2. Eine stark progressive oder gestaffelte Einkommensteuer.
> 3. Abschaffung aller Erbrechte.
> 4. Konfiszierung des Eigentums aller Emigranten und Rebellen.

5. Zentralisierung des Kreditwesens in den Händen des Staates durch eine Nationalbank mit staatlichem Kapital und einem ausschließlichen Monopol.
6. Zentralisierung der Verkehrs- und Kommunikationsmittel in der Hand des Staates.
7. Ausweitung der Fabriken und Produktionsmittel, die sich im Besitz des Staates befinden; Kultivierung von Ödland und Verbesserung des Bodens im Allgemeinen nach einem gemeinsamen Plan.
8. Gleiche Verpflichtung aller zur Arbeit. Einrichtung von Industriearmeen, insbesondere für die Landwirtschaft.
9. Kombination von Landwirtschaft und verarbeitendem Gewerbe; allmähliche Aufhebung des Unterschieds zwischen Stadt und Land durch eine gleichmäßigere Verteilung der Bevölkerung auf dem Land.
10. Kostenlose Bildung für alle Kinder in öffentlichen Schulen. Abschaffung der Fabrikarbeit für Kinder in ihrer jetzigen Form".

Dieses kommunistische Programm, das vor mehr als einem Jahrhundert von Karl Marx, dem Sohn eines Frankfurter Bankiers, verfasst wurde, beweist, dass wir Amerikaner hier bereits den Kommunismus haben, ob wir ihn mögen oder nicht. Ein Teil davon wurde von Lenins Freund Woodrow Wilson in Kraft gesetzt, und den Rest bekamen wir von Franklin Roosevelt, der 1933 von einer so gefährlichen Gruppe von Revolutionären ins Amt gehoben wurde, dass sogar Bernard Baruch Angst vor ihnen hatte.

Punkt eins des Kommunistischen Manifests, die Abschaffung des Eigentums an Grund und Boden und die Verwendung der Pachten für öffentliche Zwecke, bedeutet, dass der Staat zum Vermieter wird. In den Vereinigten Staaten vergrößert die Regierung jedes Jahr ihren Grundbesitz, und bei den zahlreichen Versuchen, den sozialen Wohnungsbau zu fördern, tritt die Regierung als Mieter oder Hypothekenschuldner auf. Keiner der Missstände der Vermieterschaft soll beseitigt werden, aber sie sollen zentralisiert werden. Dieser Punkt wird erfüllt sein, wenn es in den Vereinigten Staaten illegal wird, Eigentum oder Immobilien zu besitzen. Wenn sich das absurd anhört, denken Sie daran, dass es in diesem Land illegal ist, Goldmünzen zu besitzen. Wer hätte 1930 geglaubt, dass ein solches Gesetz verabschiedet werden könnte?

Bevor wir weitergehen, ist es gut, den Staat zu definieren. Der Staat ist diejenige Diebesbande, die gerade an der Macht ist. Nicht mehr und nicht weniger. Der Kommunismus zielt darauf ab, eine Diebesbande an die Macht zu bringen und sie dort zu halten, indem er jede mögliche Opposition auslöscht. Unsere Republik beruht auf der Prämisse, dass das Volk das Recht hat, eine Bande loszuwerden und eine andere einzusetzen. Der Kommunismus verweigert dieses Recht, und das ist der Hauptunterschied zwischen Amerika und Russland. Der Kommunismus macht sich die Tatsache zunutze, dass die meisten Menschen die Verantwortung für die Wahl der Regierungsbeamten nicht übernehmen wollen und lieber eine schlechte Regierung hätten, als sich die Mühe zu machen, intelligent zu wählen.

Punkt zwei, eine stark progressive oder abgestufte Einkommenssteuer, wurde 1914 von Präsident Woodrow Wilson in Kraft gesetzt, nachdem Otto Kahn und Jules S. Bache sie für ihn geschrieben hatten, und der Prozentsatz der Steuer wurde von Franklin Roosevelt auf bis zu 98 % des persönlichen Einkommens erhöht.

Punkt drei, die Abschaffung des Erbrechts, die von der Roosevelt-Administration durch die Befugnis zur Besteuerung von Erbschaften erreicht wurde, ist ein Schlag gegen die Struktur der Familie, die ein Hauptziel des Marxismus ist. Der Vater kann nicht mehr ein Vermögen oder ein Haus für seinen Sohn aufbauen, ohne dass der Staat den größten Teil davon beschlagnahmt. Die Familien der herrschenden Clique können jedoch ihr Vermögen unter dem Deckmantel von „philanthropischen Stiftungen" wie der Guggenheim Foundation, der Rosenwald Foundation und der Rockefeller Foundation unangetastet lassen. Diese Stiftungen waren die Hauptfinanzierungsquelle für die Kommunisten in Amerika, durch „Stipendien" und „Forschungszuschüsse".

Punkt vier, die Konfiszierung des Eigentums von Emigranten und Rebellen, erfolgt durch juristische Verfolgung des Opfers, bis sein Vermögen weg ist. Die Aufwiegelungsprozesse von 1942 gegen dreiunddreißig Roosevelt-Kritiker und die Verfolgung von George Richards durch die Federal Communications Commission sind Beispiele für Hunderte von Fällen unter der „liberalen" demokratischen Regierung.

Punkt fünf, die Zentralisierung des Kredits in den Händen des Staates durch eine Nationalbank mit staatlichem Kapital und einem exklusiven Monopol, gibt der Bande die totale Macht über die Geld- und

Kreditressourcen des Volkes. Dies ist unser Federal Reserve System der Vereinigten Staaten, eine erfolgreiche Verschwörung von Kuhn, Loeb Co. und dem Haus Rothschild, die von Präsident Woodrow Wilson 1913 in Kraft gesetzt wurde, nachdem sie ihn zu diesem Zweck gewählt hatten. Es ist ein Monopol, hinter dem das Staatskapital, der Kredit unserer Regierung, steht, und es ist ein exklusives Monopol im Besitz seiner Aktionäre. Es ist eine Zentralisierung des Kredits, genau wie von Karl Marx beschrieben.

Punkt sechs, die Zentralisierung der Transport- und Kommunikationsmittel in den Händen des Staates, wurde von Wilson und Roosevelt in jedem der beiden aufeinanderfolgenden Weltkriege unter dem Deckmantel des Kriegsnotstands durchgesetzt. Die kommunistische Öffentlichkeitsarbeit, das Office of War Information, war ein Versuch, ein staatliches Informationsmonopol zu erlangen, und es lassen sich weitere derartige Einrichtungen aus beiden Kriegen anführen.

Der siebte Punkt, die Ausweitung der Fabriken und Produktionsmittel in staatlichem Besitz, wurde indirekt umgesetzt, indem die Regierung zum Hauptkunden der Schwerindustrie gemacht wurde, was dem Staat eine Kontrolle ermöglicht, ohne dass er sich um die Verwaltung kümmern muss. Der Haushaltsplan der Vereinigten Staaten für 1952 sieht Staatsausgaben in Höhe von 65 Milliarden Dollar bei einem Nationaleinkommen von 85 Milliarden Dollar vor.

Punkt acht, gleiche Arbeitspflicht für alle, ist die allgemeine Wehrpflicht. Das bedeutet, dass der Arbeiter keine Wahl hat, wo er arbeiten soll oder welche Arbeit er verrichten soll. Roosevelts Sozialversicherungsgesetz schuf die Bürokratie, um diesen Punkt zu verwirklichen. Das Komitee für wirtschaftliche Entwicklung und die Vereinten Nationen sind beide der Vollbeschäftigung verpflichtet, d. h. der allgemeinen Sklaverei und der gleichen Verpflichtung aller zur Arbeit nach staatlicher Anordnung.

Punkt 9: Die Zusammenlegung der Landwirtschaft mit der verarbeitenden Industrie und die Aufhebung des Unterschieds zwischen Stadt und Land wurden durch die landesweite Standardisierung der Produkte und noch direkter durch die Fabriken herbeigeführt, die auf der Suche nach billigen Arbeitskräften ins Hinterland zogen.

Punkt 10, kostenlose Bildung für alle Kinder in öffentlichen Schulen, ist ein ausgezeichnetes Programm, bis das Problem auftaucht, welche

Fächer gelehrt werden sollen, ob sie den schmierigen Trottel, der der Staatschef ist, verehren und demütig in Klassenzimmern sitzen müssen, bis sie alt genug für die Tötung sind. Der wichtigste Punkt ist, dass das Kind in einer Institution unterrichtet werden muss. Dies ist eine natürliche Entwicklung des atheistischen marxistischen Prinzips der Abschaffung der Familie. Die Kommunisten wollen eine allgemeine Bildung, um die Gedankenkontrolle über das Kind zu erlangen. Sie haben die Lehrer bereits fest in der Hand, wie man an den Tretmühlen sehen kann, die spöttisch als „Hochschulen" bezeichnet werden, den von Rockefeller und Guggenheim gestifteten Universitäten, die die achthundert College-Präsidenten und Professoren hervorgebracht haben, die 1933 den Appell an Roosevelt unterzeichneten, Sowjetrussland anzuerkennen.

Die katholischen kirchlichen Schulen waren der Kommunistischen Partei Amerikas ein Dorn im Auge, und Eleanor Roosevelt hat keine Gelegenheit ausgelassen, sie anzugreifen.

Die wichtigste Bestimmung des Kommunistischen Manifests ist natürlich die Einkommenssteuer. Der Besitz von Geld ist eine Unabhängigkeit, und die marxistische Einkommenssteuer zielt darauf ab, dem Bürger alles zu nehmen, außer dem Geld für die Notwendigkeiten des Lebens, und insbesondere sicherzustellen, dass er kein Geld hat, mit dem er sich der Diktatur des Staates widersetzen kann. Unsere Staatsbank, das Federal Reserve System, war eine weitere nützliche Entwicklung für die Kuhn, Loeb Co. und die Erbschaftssteuer war die dritte von Wilson und Roosevelt erlassene Bestimmung, die dem Staat die absolute Kontrolle über das Einkommen der Menschen gibt. Alle drei Maßnahmen wurden in einer Atmosphäre internationaler Intrigen von professionellen Verschwörern erlassen, die wussten, dass sie die rechtmäßige Regierung der amerikanischen Republik, die Verfassung der Vereinigten Staaten, untergraben würden.

Nikolai Lenin gab im Oktober 1917 eine Proklamation heraus, in der er erklärte, dass

> „Das Bankwesen wird hiermit zum Staatsmonopol erklärt; die Einlagen der Kleinanleger werden geschützt."

Roosevelt ahmte den von ihm am meisten bewunderten Politiker, Nikolai Lenin, nach, indem er 1933 umgehend ein Gesetz über die Federal Deposit Insurance Corporation erließ, das, nachdem seine Freunde von der Wall Street mehrfach dafür gesorgt hatten, dass die

Banken mit den Ersparnissen sparsamer Bürger geschlossen wurden, den Bankern einen dringend benötigten Schuss in den Arm gab, indem es die Einlagen von Kleinanlegern garantierte, a la Lenin. Es wurde ein Fonds von 150 Millionen Dollar eingerichtet, um Einlagen in Höhe von insgesamt fünfzehn Milliarden Dollar in Amerika zu garantieren, was also nicht sehr ernst gemeint gewesen sein kann. Allerdings erlaubte es der US-Regierung, Berichte von den kleinen Banken der Nation zu verlangen und ihren Aufsehern Zutritt zu gewähren. Für die Kommunisten ist alles, was die Bürokratie vergrößert, eine gute Sache.

Von dem 1917 von Lenin in „Die drohende Katastrophe" veröffentlichten Programm, das die Ursache für seinen Aufstieg zur Macht war (Kapitel 7), veranlasste Franklin Roosevelt die Verabschiedung der wichtigsten seiner Bestimmungen, nämlich den Zwang der Arbeiter, Gewerkschaften beizutreten. Das als Wagner-Gesetz bekannte Gesetz sah einen „closed shop" vor, d. h. niemand durfte arbeiten, wenn er nicht Mitglied der Gewerkschaft war. Es verwehrte dem amerikanischen Bürger das Recht, zu arbeiten und den Lebensunterhalt für seine Familie zu verdienen, wenn er nicht einem schäbigen Haufen von Gewerkschaftsgaunern Tribut zollte. Dass die Gewerkschaftsführung in hohem Maße von gewöhnlichen Kriminellen abhängt und dass das Gewerkschaftsgeschäft Hunderten von Verbrechern eine Beschäftigung bot, die durch Roosevelts Aufhebung der Prohibition aus dem Alkoholgeschäft verdrängt wurden (nachdem das Alkoholgeschäft von den Juden geschluckt worden war, was wohl das eigentliche Ziel der Prohibition war), wurde durch Hunderte von Seiten an Zeugenaussagen vor Regierungsausschüssen dokumentiert. Die Arbeiter wurden bedroht und geprügelt, um die neue Ordnung in Amerika zu akzeptieren, aber gelegentlich machten sie ihren Gefühlen gegenüber ihren Herren Luft, wie die Parodie der Walt-Disney-Melodie aus dem Film „Schneewittchen und die sieben Zwerge" beweist, die noch immer auf der Straße im Bekleidungsfabrikviertel in New York zu hören ist,

„Hohoho! Ho, ho, ho!
Wir treten der C.I.O. bei!
Wir zahlen unsere Beiträge
An die gottverdammten Juden,
Ho, ho! Ho, ho, ho!

Eines von Roosevelts ungeschriebenen Kapiteln der Geschichte war sein Einsatz für die Auswanderer aus Bagdad, die Familie Sassoon, die als die Rothschilds des Ostens bekannt geworden war. Die Sassoons hatten praktisch ein Monopol auf Silber, das die Grundlage für die Geldausgabe im Fernen Osten, insbesondere in Indien und China, bildete. Roosevelt manipulierte den Silberpreis, um den Sassoons bei der Vernichtung der kleinen Genossenschaftsbanken zu helfen, die als Reaktion auf Gandhis Appell an die Bauern, sich von der Ausbeutung durch die Sassoons zu befreien, überall auf dem Lande aus dem Boden schossen. Paul Einzig beschreibt in „World Finance 1935-1937", wie dies geschah,

> „Die unmittelbare Auswirkung des Beginns der Silberankaufspolitik von Präsident Roosevelt war ein starker Anstieg des Silberpreises durch spekulative Käufe. Dieser Anstieg wurde von den US-Behörden sogar noch gefördert, die ihren internen Ankaufspreis schrittweise anhoben, um zu zeigen, dass sie den Silberpreis wirklich auf den gesetzlich vorgeschriebenen Ankaufspreis von 1,29 $ anheben wollten. Im Dezember 1935 wurde das Finanzministerium in Washington müde, den Markt zu stützen, und ließ zu, dass der Preis sein Niveau erreichte. Es kam zu einem katastrophalen Einbruch von über 29d auf unter 20d."

Die Sassoons brachen ihre bäuerliche Konkurrenz in Indien, indem sie Roosevelt dazu brachten, den Weltmarktpreis für Silber in die Höhe zu treiben und ihn eine Zeit lang zu halten, so dass die Genossenschaftsbanker gezwungen waren, das Silber zu dem hohen Preis zu kaufen, um die Ernte zu finanzieren. Dann drückte der Silberexperte des Finanzministeriums Harry Dexter White (Weiss) den Preis wieder nach unten und ließ die Bauernbankiers ruiniert zurück. Diese Manipulationen führten zu großen Hungersnöten in Indien und China und beschleunigten die Entstehung des Kommunismus im Fernen Osten erheblich.

Das am meisten gescheiterte Kapitel unserer Wirtschaftsgeschichte ist die National Recovery Administration. Ihr Ursprung ist typisch. Hoover schildert ihren Hintergrund in seinen Memoiren, Band 3. Hoover berichtet, dass Gerard Swope, Präsident der von Baruch kontrollierten General Electric Corporation, im September 1931 eine Rede hielt, in der er die „Reorganisation der amerikanischen Industrie durch Wirtschaftsplanung" vorschlug, und mit diesem Plan zu Hoover kam. Hoover kommentiert dies wie folgt

> „Ich legte den Plan dem Generalstaatsanwalt vor mit dem Vermerk: „Das ist der gigantischste Monopolvorschlag, der je in der

> Geschichte gemacht wurde." Der Generalstaatsanwalt kommentierte lediglich, dass er völlig verfassungswidrig sei."

Hoover bezeichnet den Swope-Plan, aus dem die NRA hervorging, als „präzises Muster des Faschismus". Die ganze schmutzige Geschichte besteht darin, dass Hoover eine zweite Amtszeit versprochen wurde, wenn er den Swope-Plan, der natürlich direkt vom Baruch-Brain-Trust stammte und in der Presse mit einer Milliarde Dollar bedacht wurde, zu Fall bringen würde. Hoover fürchtete aus nicht näher erläuterten Gründen diese neue Masche und weigerte sich, etwas damit zu tun zu haben. Die Befürworter gingen zu Roosevelt, der dem zustimmte, wie er in seiner kranken Machtgier allem zustimmte, und Hoover war erledigt. Der meiste Schmutz über ihn wurde öffentlich gemacht, und Roosevelt wurde zum neuen Vorkämpfer für die Menschlichkeit.

Der Swope-Plan, ein seltsames Gebräu aus Kommunismus und Faschismus, enthielt die Bestimmungen der National Recovery Administration, mit marxistischen Bestimmungen für die geschlossene Werkstatt und ein komplettes „Sozialversicherungs-" und „Arbeitslosenprogramm". Roosevelt setzte den gesamten Plan in ein Gesetz um, jede verfassungswidrige Phase davon, und schüchterte den Kongress so lange ein, bis er Baruch gab, was er wollte. Als der National Recovery Act 1934 in Kraft trat, schickte Baruch einen seiner engsten Vertrauten als dessen Leiter, General Hugh Johnson, der auch nach seiner Ernennung zum Chef der NRA mit 1.000 Dollar pro Monat auf Baruchs Gehaltsliste stand. Die NRA versuchte, eine Diktatur über die amerikanische Wirtschaft und Industrie zu errichten, mit Preisfestsetzung, Lohnfestsetzung, Zuteilung von Produktionsquoten, all den von Baruch bevorzugten polizeistaatlichen Kontrollen, von denen er viele während des Ersten Weltkriegs eingeführt hatte und die er während des Zweiten Weltkriegs wieder einführte, als sein Geschöpf Byrnes Direktor der Kriegsmobilisierung war. Baruch begründete diese Diktatur 1934 damit, dass sie in Kriegszeiten funktioniert habe und auch in Friedenszeiten hilfreich sein würde. Während des Krieges hatte sie funktioniert, weil die Menschen bereit waren, einen Diktator für den Notfall zu akzeptieren, aber sie wollten keinen Diktator in Friedenszeiten. Außerdem ist die Kriegsproduktion für die Zerstörung bestimmt, während die Friedensproduktion für den konstruktiven Einsatz gedacht ist. Die Erfordernisse der Kriegsproduktion und die Notwendigkeiten des zivilen Konsums ließen sich niemals in ein einziges Wirtschaftssystem integrieren. Die NRA war ein gewaltiger Flop und wäre für jeden, der nicht die unübertroffene Frechheit eines

Roosevelt besaß, ein Rückschlag gewesen. Er hat nie zurückgeblickt, und wenn er es getan hätte, hätte er sicherlich das Schicksal von Los erlitten und wäre zu einer Salzsäule geworden.

Carter Field schreibt in seiner Biografie über Baruch,

> „Baruch war nicht nur ein geschätzter Berater in persönlichem Kontakt mit der Moley-Gruppe von Intelligenzbestien um Roosevelt, sondern er stellte auch die Dienste von Experten auf seiner Gehaltsliste zur Verfügung, insbesondere Hugh Johnson, dessen scharfe und eindringliche Reden von enormem Wert waren."

Johnson, der in Baruchs New Yorker Büro 10.000 Dollar im Jahr verdiente, bezog auch nach der Übernahme der NRA noch 1000 Dollar im Monat, was von der Presse als noble Geste Baruchs interpretiert wurde, damit Johnson sich die finanziellen Opfer eines öffentlichen Amtes leisten konnte.

Carter Field schreibt über die Londoner Wirtschaftskonferenzen,

> „Baruchs rechte Hand, Herbert Bayard Swope, ging mit Moley, während Baruch während Moleys Abwesenheit Moleys Stelle einnahm. Zwei ehemalige Untergebene von Swope, Charley Michelson und Elliott Thurston, Direktor und stellvertretender Direktor der Öffentlichkeitsarbeit der amerikanischen Delegation, hatten beide unter Swope bei der New York World gearbeitet, als Moley zurückkehrte, fand er Benjamin Cohen an seiner Stelle vor."

Dies war der Benjamin Cohen, der als Rechtsberater der Zionisten auf der Pariser Place-Konferenz fungierte und später der eigentliche Chef der Vereinten Nationen wurde. Elliott Thurston war der Washingtoner Reporter der New York World und Leiter der Öffentlichkeitsarbeit des Federal Reserve Board.

Field erzählt uns auch, dass sowohl Wilson als auch Roosevelt Baruch das Amt des Finanzministers angeboten haben, aber Baruch stellte für solche Aufgaben normalerweise andere Männer ein.

Der literary Digest vom 8. Juli 1933 simulierte, dass

> „Bernard Baruch, der Superberater der USA, hält weiterhin dieses inoffizielle Ressort in der New Deal Administration. Jeder Präsident seit den Tagen von Wilson hat sich an diesen grauhaarigen Riesen gewandt, um sich beraten zu lassen. Er war der Vertraute aller

> führenden Politiker, der Republikaner und der Demokraten ... Er ist regelmäßig jährlicher Dozent am War College."

Wie alle Internationalen, die sich mit ausländischen Krediten und dem Wert von Währungen befassen, steht Baruch über der Parteipolitik. Seine jährlichen Besuche an der Kriegsakademie geben ihm die Gelegenheit, die neuen Generalstabsoffiziere zu inspizieren, um zu sehen, welche von ihnen potenzielle Eisenhowers oder Marshalls sind, die die Baruch-Führung nicht in Frage stellen werden.

Roosevelt beachtete die Warnung von Oberst House nicht und umgab sich mit einer Schar von Ausländern. Wie in der Wilson-Administration klingen auch in den nachfolgenden Roosevelt-Administrationen die Namen von Frankfurter, Warburg, Meyer, Baruch - alles Überbleibsel von Wilson - sowie von Benjamin Cohen, Victor Emanuel, Mordecai Ezekiel, Henry Morgenthau und Leo Pasvolsky sowie von Hunderten von Keyserlings und kleineren Kreaturen. Roosevelt war der erste Präsident, der eine zionistische Innere Mission im Weißen Haus einrichten ließ, der in den frühen 1930er Jahren Richter Brandeis, Felix Frankfurter und Rabbi Wise angehörten. Nach dem bedauerlichen Tod von zwei dieser Personen besteht sie nun aus Felix Frankfurter, David Niles, der früher den Namen Neyhus trug, und Max Lowenthal. Lowenthal schrieb ein Buch, in dem er versuchte, das FBI zu verleumden, und ließ es von dem linksgerichteten Verlag William Sloane Associates veröffentlichen. Sechstausend Exemplare dieses 5.00-Dollar-Bandes wurden in Washington kostenlos verteilt, mehr als der Gesamtumsatz des Buches. Interessant ist, dass der derzeitige österreichische Botschafter in den USA Baron Max von Lowenthal ist.

Roosevelt brachte Brandeis nicht nur einen guten Gewinn mit seinem alten Buch ein, sondern war auch ein ständiger Bewunderer des großen Zionisten und mosaischen Gesetzgebers. Alpheus T. Mason sagt in seiner Biographie von Brandeis,

> „Rabbi Wise berichtet in einem Memo vom 5. Oktober 1936, dass der Präsident über Brandeis sagte: „Großartiger Mann! Weißt du, Stephen, wir vom Inneren Kreis nennen ihn Isaiah."„

Der innere Kreis war natürlich eine alttestamentarische Angelegenheit. Nach den Bewohnern während des Roosevelt-Regimes zu urteilen, muss das Weiße Haus für den zufälligen Besucher wie eine nahöstliche Synagoge ausgesehen haben. Mason bemerkt auf Seite 615 seiner Biographie von Brandeis,

> „Während der hektischen einhundert Tage im Frühjahr 1933 und danach war Frankfurter Tutor der neuen Regierung. Mehrere der wichtigsten Verwaltungsbeamten während der Gründungsjahre waren Schüler von Brandeis - Tom Corcoran, Ben Cohen, A. A. Berle Jr., Dean Acheson, James M. Landis. Selbst nachdem die Ernennungen beschlossen waren, sorgte Frankfurter dafür, dass der Kandidat unter Brandeis' Einfluss gebracht wurde."

Mason erzählt uns, dass Brandeis am 13. Februar 1939 aus dem Obersten Gerichtshof ausschied und durch den Wall-Street-Hacker William O. Douglas ersetzt wurde, der Frankfurter seither in Verlegenheit gebracht hat, weil er ein glühenderer Zionist ist als jeder andere Jude in Washington. Douglas, der in der Börsenaufsichtsbehörde nicht gesehen wurde, war ein Beweis für Roosevelts Boshaftigkeit am Obersten Gerichtshof. Mit der Ernennung von Douglas leitete Roosevelt den Reigen der Nichtigkeiten ein, der in der traurigen Visage des demokratischen Wasserträgers Fred Vinson gipfelte, der uns aus der Kopfbedeckung des Obersten Richters anschaut.

Richter Douglas wurde wiederholt für die Nominierung als Präsidentschaftskandidat vorbereitet. Seit 1950 erscheint in der New York Times ein künstlicher Applaus für ihn, als er als Opferziege vorgeschoben wurde, um die Reaktion der Öffentlichkeit auf die Anerkennung von Rotchina zu testen. Der Aufschrei der Empörung des amerikanischen Volkes schickte Douglas zurück in die Enge des Gerichtshofs, aus dem er gelegentlich wieder auftaucht, um für ein ebenso unverantwortliches Ziel zu werben. Bei der Anerkennung Rotchinas wurde er von denselben niederträchtigen Leuten unterstützt, die 1933 die Anerkennung Russlands gefordert hatten und die immer noch davon träumen, einen kommunistischen Botschafter aus China zu feiern, während amerikanische Jungs in Korea abgeschlachtet werden.

Teil der millionenschweren Kampagne für die Präsidentschaftskandidatur von Douglas war die Verteilung seines Buches „Strange Lands and Friendly People" von Harry Scherman als Book-of-the-Month-Club-Auswahl, was bei einem solchen Programm zum Standard gehört, wie auch Eisenhowers riesiger Gewinn aus „Crusade in Europe", das so ergreifende Sätze wie „The din was incessant" enthielt. Douglas schwärmt in seinem Buch, dass der größte Nervenkitzel seines Lebens darin bestand, dass er am Obersten Gerichtshof Israels saß. Es gibt keinen Grund, an seiner Aufrichtigkeit zu zweifeln. Es kann keinen Nervenkitzel bedeuten, am Obersten

Gerichtshof der Vereinigten Staaten zu sitzen, wenn man sein Herz an Israel hängt. Mit der beruhigenden Anwesenheit von Frankfurter an seiner Seite kann Douglas jedoch so tun, als sei unser Gericht das Oberste Gericht Israels.

Richter Brandeis verstand die marxistische Einkommenssteuer. Mason erzählt uns, dass dieser millionenschwere Verteidiger des einfachen Mannes sein Vermögen Hadassah, der zionistischen Frauenorganisation, vermachte, damit die Zionisten ihr Geld doch noch bekamen.

Felix Frankfurter, der Wiener Import, den Roosevelt in den Obersten Gerichtshof berief, hatte am 26. August 1919 vor einer zionistischen Versammlung öffentlich erklärt, dass sie alle von einem gemeinsamen Gefühl beseelt seien - dem Wohl Israels und dem Wohl Zions. Sein späterer Werdegang bestätigt seine Aussage über seine Zugehörigkeit.

Bundy's Biographie von Stimson stellt auf Seite 616 fest, dass

> „Die Arbeit der Suche nach einem Unterstaatssekretär wurde von zwei alten Freunden, Felix Frankfurter und George Roberts, geteilt. Bundy macht sich nicht die Mühe, uns darüber zu informieren, dass Frankfurter, Roberts und Stimson Anwaltspartner waren, aber man kann nicht alles in eine Biographie packen. Auf Seite 334 sagt Bundy
>
> „Keine Erörterung von Stimsons Beziehungen zur Verwaltung wäre vollständig ohne einen weiteren Namen, nämlich den von Mr. Justice Frankfurter. Ohne auch nur im Geringsten von seiner anspruchsvollen Hingabe an die hohen Traditionen des Obersten Gerichtshofs abzuweichen, machte sich Frankfurter zu einer ständigen Quelle des Trostes und der Hilfe für Stimson. Obwohl er nie ein Wort von Frankfurter hörte, glaubte Stimson, dass seine eigene Anwesenheit in Washington in gewisser Weise das Ergebnis von Frankfurters engeren Beziehungen zum Präsidenten war. Immer wieder, wenn sich kritische Fragen ergaben, wandte sich Stimson an Frankfurter."

Die Amerikaner konnten ruhig schlafen, denn ihre Regierung war in guten Händen, in Händen, die dem Wohl Israels und dem Wohl Zions verpflichtet waren. Frankfurters Karriere als professioneller Zionist beeinträchtigte natürlich nicht seine Hingabe an die Traditionen des Obersten Gerichtshofs, denn, wie es scheint, musste man Zionist sein, um für eine Berufung an den Obersten Gerichtshof in Frage zu kommen. Was den Zionismus betrifft, so sind die 150 Jahre des Obersten Gerichtshofs nichts im Vergleich zu den Tausenden von Jahren an Tradition, die die Zionisten für ihre Ideologie beanspruchen.

Rabbi Stephen Wise berichtet in „Herausfordernde Jahre" stolz, dass

> „Am 8. September 1914 schrieb ich zum ersten Mal an Franklin D. Roosevelt und bot ihm meine Unterstützung in Bezug auf das US-Senatorenamt an.

Von diesem Tag an war Wise eine dieser rabbinischen Vogelscheuchen, die vor dem Weißen Haus im Winde flatterten. Wir suchen vergeblich nach einem einzigen christlichen Einfluss in der Nähe von Roosevelt in seinen Jahren als Präsident. Stets von einer Horde entschlossener Zionisten umgeben, zeigte Roosevelt nie ein aufrichtiges Interesse an der Religion, in der er getauft worden zu sein behauptete, und auch in den Dutzenden von Büchern, die von seinem kriecherischen Kreis von Zionisten-Anhängern über ihn geschrieben wurden, finden wir nicht, dass er jemals Hilfe von Geistlichen des Evangeliums gesucht oder angenommen hätte. Als sich in den letzten Monaten des Jahres 1944 abzeichnete, dass er nicht mehr lange zu leben hatte, suchte er, wie Eleanor Roosevelt in „This I remember" berichtet, Zuflucht in Baruchs Anwesen in South Carolina, Hobcaw Barony. Sein böser Geist hatte gespürt, wie er dem deformierten Körper entglitt, und der Antichrist flüchtete zu seinem Führer Bernard Baruch, um seine letzten Tage zu verleben.

Der bösartige alte Krüppel, der die Hand des Todes über sich spürte, unternahm noch einen letzten Versuch, sein Volk in die Sklaverei zu verkaufen. In diesen Wochen billigte er die Pläne für die Vereinten Nationen. Die Verwirklichung dieses Ziels erfreute ihn sehr, und er zog in das Hauptquartier seines millionenschweren Wohltätigkeitsprojekts, Warm Springs, Georgia. Dort, weit weg von seiner Familie und allen, die vorgaben, ihn zu lieben, starb er plötzlich unter mysteriösen Umständen. Der Leichnam wurde sofort in einem Sarg versiegelt, und weder seine Familie noch andere Personen durften ihn sehen. Das war eine seltsame Wendung, denn seine Unterstützer hatten vor, ihn einzubalsamieren und in einem Schrein im Hyde Park auszustellen, in offener Nachahmung der Zurschaustellung des Leichnams von Lenin vor den Gläubigen im Kreml.

Dr. Emanuel Josephson hat in „The Strange Death of Roosevelt" einige interessante Beobachtungen über diese Kreatur gemacht, die besagen, dass Roosevelt nie an einer Kinderlähmung litt, sondern an einer anderen bösartigen Krankheit, die sein Nervensystem lähmte und seinen Geist beeinträchtigte. Josephsons Arbeit ist solide und sollte von jedem gelesen werden, der mehr Informationen über diese alptraumhafte Sache wünscht, die das Erbe des amerikanischen Volkes aussaugte.

Franklin Roosevelt umgab sich von Anfang an mit den Kriegstreibern und Munitionsherstellern des internationalen Kapitals. Sein Finanzminister William H. Woodin von der Remington Arms Co. schied bald aus und überließ diesen Posten dem Sohn des Harlemer Slumkönigs, Henry Morgenthau jr. Der junge Morgenthau wurde im Finanzministerium bald belächelt. Er war mehrmals das Opfer antisemitischer Stare geworden, als er das Finanzministerium feierlich verließ. Er eilte hinaus, ließ seinen Hut reinigen und kam mit einer Kriegserklärung zurück. Die darauf folgende Kampagne belebte die Cocktailpartys in Washington für das nächste Jahrzehnt. Morgenthau versuchte alles. Er ließ Ballons steigen, heuerte Männer an, die ihr Leben riskierten, um die Vögel von ihren Simsen zu schießen, er legte Gift aus, das die sensiblen Vögel ignorierten, und monatelang amüsierte er die Vögel und die Washingtoner Bürokratie mit seinen Possen und seiner wachsenden Frustration. Als er schließlich seine Niederlage eingestand, mied er das Gebäude monatelang und erledigte einen Großteil der Geschäfte des Finanzministeriums in Roosevelts Büros.

Es ist bedauerlich für unser Land, dass die Vögel nicht die gesamte Intelligenz von Morgenthau in Anspruch genommen haben. Er arbeitete zusammen mit Roosevelt am Gold Reserve Act von 1934, der es den Amerikanern verbot, Gold zu besitzen, und seine anderen Manipulationen werden vielleicht erst in einigen Generationen ans Licht kommen. Seine größte Schandtat, die Demoralisierung des Bureau of Internal Revenue, führte zu den Skandalen von 1951 und der Bestechung von Einkommensteuereintreibern im großen Stil, eine Untersuchung, die mit so klangvollen Namen wie Abraham Teitelbaum verbunden war.

Morgenthaus direkte Verantwortung für diese Korruption wurde vom *Washington Times Herald* vom 18. Januar 1952 aufgedeckt, der Trumans komische Bemerkung kommentierte, dass das Bureau of Internal Revenue reformiert werden sollte. Dieser Leitartikel führte in der Ausgabe vom 24. Januar 1952 zu einem Brief mit folgendem Wortlaut:

> „Vor 1938 war das Bureau of Internal Revenue die bei weitem effizienteste Behörde der Bundesregierung. Seit 1938 hat sich das Bureau ständig verschlechtert. Was, wenn überhaupt, war an der Verwaltung des Bureau of Internal Revenue vor der Reorganisation des Bureau durch Minister Morgenthau im Jahr 1938 falsch? Wie wirkte sich die Dezentralisierung und Reorganisation durch Minister Morgenthau auf die Festlegung der Zuständigkeiten und Verantwortlichkeiten bei der Bearbeitung von Steuerfällen aus? Wurde Dr. Yntema, der der Hauptautor von Morgenthaus dezentraler Reorganisation war, von fast allen Beamten des Bureau of Internal Revenue schriftlich darauf hingewiesen, dass das Dezentralisierungsprogramm von 1938 eine ordnungsgemäße Verwaltung des Bureau of Internal Revenue unmöglich machen und zu Chaos und mangelnder Kontrolle in den verschiedenen dezentralisierten Abteilungen führen würde? Solange das effiziente Verwaltungsverfahren nicht wiederhergestellt ist, wie es vom Bureau vor 1938 angewandt wurde, kann es nicht ordnungsgemäß verwaltet werden.

In diesem Brief, der von einem loyalen Mitarbeiter des Finanzministeriums verfasst wurde, dessen Name nicht genannt werden kann, da dies den Verlust seiner Pension bedeuten würde, wird Dr. Yntema als Morgenthaus Gehirn in diesem Skandal erwähnt. Yntema ist ein Wirtschaftswissenschaftler, dessen letzte Großtat die Gründung der mit fünfhundert Millionen Dollar dotierten Ford Foundation war. Yntema ist der wirtschaftliche Kopf hinter dem jungen Henry Ford. Er ist wirtschaftlicher Vizepräsident von Ford Motors und ein Beamter der Stiftung.

Was war der Grund für die Demoralisierung des Bureau of Internal Revenue im Jahr 1938? Die Bande freute sich auf die fabelhaften Gewinne aus dem Ersten Weltkrieg. Die marxistische Einkommenssteuer würde diese Gewinne mitnehmen, wenn das Bureau nicht zerstört würde, und das wurde es.

Bei Roosevelt war 1933 der Spross von Kuhn, Loeb, James Paul Warburg, ein kommunistischer Propagandist, der sich selbst als einen von Roosevelts ursprünglichen geistigen Wegbereitern bezeichnet. Baruch setzte sein persönliches Beraterteam auf Roosevelt an: Raymond Moley, Gerard Swope, General Hugh Johnson, Elliott Thurston und Charley Michelson, der Roosevelts Redenschreiber während seiner Amtszeit war.

An Roosevelts Seite befand sich auch der Mitarbeiter von J. und W. Seligman, Norman H. Davis, der Präsident des Council On Foreign Relations. Sumner Welles schreibt in „Seven Decisions that Shaped History", Harpers 1950, auf Seite 20,

> „Norman H. Davis nahm in der Roosevelt-Administration eine einzigartige Stellung ein, obwohl sein einziges Vollzeitamt der Vorsitz des Amerikanischen Roten Kreuzes war. Roosevelt und er waren beide Mitglieder des Kleinen Kabinetts während der Wilson-Regierung gewesen. Der Präsident hatte großes Vertrauen in sein Urteilsvermögen und dachte darüber nach, ihn 1933 zum Außenminister zu ernennen. Norman H. Davis war bereits als amerikanischer Delegierter für die Brüsseler Konferenz über den Fernen Osten benannt worden, die in wenigen Wochen stattfinden sollte. Da er als amerikanischer Vertreter bei unzähligen anderen internationalen Konferenzen sowohl unter republikanischen als auch unter demokratischen Regierungen gedient hatte, verfügte er über ein außerordentlich umfassendes Verständnis für auswärtige Angelegenheiten und hatte sich in besonderem Maße den Respekt, das Vertrauen und die persönliche Sympathie der führenden europäischen Staatsmänner erworben."

Davis, der dem amerikanischen Volk unbekannt war, starb plötzlich im Jahr 1944. Als Zweiparteienpolitiker hat er sich nie in die Politik einer der beiden Parteien eingemischt, aber er vertrat die Vereinigten Staaten zwanzig Jahre lang bei internationalen Treffen. Was hat er gesagt, welche Versprechen hat er gemacht? Wir wissen es nicht. Wir wissen nur, dass er jahrelang Angestellter der J. and W. Seligman Co. war. Hätte er als Mitarbeiter von bekannten Bestechern und Revolutionären Versprechungen im Namen des amerikanischen Volkes machen sollen?

1938 entlarvte Roosevelt das Rote Kreuz als Farce, indem er Davis den Vorsitz übertrug, der ein Jahresgehalt von 25.000 Dollar, Limousinen mit Chauffeur und ein großes Spesenkonto erhielt, während die Sammler die Arbeiter der Nation durch „freiwillige Beiträge", die aufgrund gewerkschaftlicher Absprachen oft so freiwillig waren wie die deutschen Beiträge zum NS-Winterhilfswerk, zur Kasse baten.

Eine weitere geheimnisvolle Figur aus Roosevelts Umfeld war Mordecai Ezekiel, dem Marriner Eccles die Ernennung von Eccles zum Vorsitzenden des Federal Reserve Board zuschreibt.

Einer der Prinzen an Roosevelts Hof war Victor Emanuel. Die aktuelle Biographie von 1951 informiert uns, dass

> „Während er von 1927-34 in England lebte, war Emanuel in Börsengeschäften aktiv und wurde mit der Londoner Bankfirma J. Henry Schroder Co. verbunden. Alfred Loewenstein, der belgische Finanzier, der mit ihm die Gründung der U.S. Electric Power Co. plante, starb, bevor die Vorbereitungen abgeschlossen waren (er sprang oder stürzte aus einem Flugzeug, das den Ärmelkanal überflog), aber Emanuel, A.C. Allyn und anderen gelang es, die Kontrolle über ein Versorgungsimperium zu erlangen, das sich über zwanzig Bundesstaaten erstreckte und laut Time Magazine vom 7. Oktober 1946 eine Milliarde, einhundertneunzehn Millionen Dollar wert war. Emanuel reorganisierte Standard Gas and Electric und übergab den Posten des Vorstandsvorsitzenden an Leo Crowley, der später während des Zweiten Weltkriegs zum Alien Property Custodian wurde."

Deutsches Eigentum war in guten Händen, da Emanuel Crowleys Meister mit dem Bankhaus Schroder, Hitlers Bankiers, verbunden war. Emanuels Geschäftsadresse lautet 52 William St. New York, was zufälligerweise seit vielen Jahren die Adresse von Kuhn, Loeb Co. ist und war. Emanuel, der als „der geheimnisvolle Mann der Wall Street" bekannt ist, war Präsident von Republic Steel und Vorsitzender der Avco Corporation sowie Direktor in vielen großen Industrieunternehmen. Emanuel war einer der Lieblinge der Roosevelt-Regierung, oder sollte man sagen, dass Roosevelt ein Liebling von Emanuel war?

Einer von Roosevelts Helfern war Tommy Corcoran, der zusammen mit seinem Bruder Dave vom Justizministerium noch 1941 die I. G. Farben in Amerika vertrat. Auch Juan Trippe, Chef von Pan-American Airways und Schwager von J.P. Morgan-Partner Edward Stettinius, sonnte sich im Licht des berühmten Roosevelt-Lächelns.

Was auch immer die Launen des temperamentvollen Roosevelt gewesen sein mögen, die von Dr. Josephson auf Roosevelts „Krankheit" zurückgeführt werden, seine Hingabe an den Kommunismus blieb konstant. Aus der „Geschichte der diplomatischen Beziehungen zu Russland von 1933-1939" des Außenministeriums geht hervor, dass Roosevelt das Außen- und das Marineministerium angewiesen hatte, Russlands Projekt zum Bau von Kriegsschiffen 1938 „in jeder Hinsicht zu unterstützen". Ein Bericht der United Press im Miami Herald vom 25. Mai 1952 über diese Anweisung lautete wie folgt

> „Aus den Dokumenten geht nicht hervor, aus welchen Gründen Mr. Roosevelt den Russen helfen wollte.

Das sollte offensichtlich sein. Roosevelt wollte, dass Russland eine ebenso gute Marine wie die unsrige hat, oder, im Lichte dessen, was heute über ihn bekannt ist, eine bessere Marine als die unsrige. Eine der berüchtigtsten prokommunistischen Organisationen in den Vereinigten Staaten, die International Association for Labor Legislation, hatte unter ihren Mitgliedern Frances Perkins, von der man erstmals 1916 hörte, als sie ihre schrille Stimme zur Verteidigung von Richter Brandeis erhob. Roosevelt ernannte sie zur Arbeitsministerin, ein Amt, das während seiner Amtszeit nur von einer professionellen Kommunistin erfolgreich ausgeübt werden konnte. Weitere Mitglieder waren Harry Hopkins, Leon Henderson, Eleanor Roosevelt und die Spitzenfunktionäre der Communist Party of America.

An Roosevelts Seite war in den 1930er Jahren Sir William Wiseman, Partner von Kuhn, Loeb Co. und Leiter des britischen Geheimdienstes in den Vereinigten Staaten. Wiseman wurde in den Zeitungen nie erwähnt, und seine Anwesenheit im Weißen Haus war ein gut gehütetes Geheimnis. Dieser Autor hatte die Erfahrung gemacht, einen bekannten Korrespondenten des Weißen Hauses in jenen Jahren zu fragen, ob er dort jemals einen Mann namens William Wiseman getroffen habe. Ich beobachtete, wie er erbleichte und stotterte, und schließlich sagte er, dass er dies nicht getan habe. Sir William, ein Direktor der National Railways of Mexico und der United States Rubber Co., wurde von Oberstleutnant Thomas Murray in „At Close Quarters", einem in England gedruckten Buch, beschrieben, das Fotos von Wiseman und Roosevelt bei geselligen Picknicks auf dem Land in den späten 1930er Jahren enthält. Es ist möglich, dass Wiseman die fanatische Leidenschaft für Anonymität, die die Partner von Kuhn, Loeb Co. kennzeichnete, zu weit getrieben hat, denn seine Anwesenheit im Weißen Haus gab Anlass zu beträchtlichen Spekulationen.

Das letzte Vermächtnis Franklin Roosevelts an das amerikanische Volk ist die Erklärung des ehemaligen Außenministers Robert Lansing aus dem Jahr 1950,

> „Franklin Roosevelt ist der Schöpfer der kommunistischen Weltgefahr, indem er die Außenpolitik der Vereinigten Staaten gegenüber Sowjetrussland umkehrte, die von mir 1919 festgelegt und von allen meinen Nachfolgern bis 1933 beibehalten wurde."

KAPITEL 18

Die Geschichte der 1930er Jahre lässt sich in einem Satz zusammenfassen. Es war eine Zeit der weltweiten Wiederaufrüstung. Nach der Londoner Wirtschaftskonferenz von 1933 bewegten sich die modernen Industrienationen stetig und ohne eine einzige Abweichung in Richtung des Zweiten Weltkriegs. Eine Reihe von unparteiischen Beobachtern, darunter der Kongressabgeordnete George Holden Tinkham aus Boston, sagte die Ereignisse dieses Jahrzehnts Schritt für Schritt voraus. Für jeden, der die Machenschaften der internationalen Finanzwelt verstand, war der Weg dorthin offensichtlich.

Jede Annexion Hitlers wurde von einem Chor der Kassandras begleitet, einer vorbereiteten Hysterie, die von den internationalen Nachrichtendiensten aus Unsinn geschaffen wurde. Der Verleger, der aus dieser Hysterie am meisten Kapital schlug, war Luee von den Publikationen *Time* und *Life*. Im Fernsehen schrie Walter Winchell eine Hymne des Hasses von B'nai Brith, und all dieser Trubel wurde von einem so frenetischen Jonglieren an den Börsen der Welt begleitet, dass es schwer zu verstehen ist, warum die Betrogenen nicht klüger wurden und aus dem Spiel ausstiegen.

Der Spanische Bürgerkrieg lieferte ebenso wie der Krieg Japans gegen China einen Stierkampf, der den Blutrausch der Industrienationen für einen echten Weltkonflikt weckte. Die Wochenschauen und Bildzeitschriften waren voll mit Fotos von durch die Luft fliegenden Leichenteilen und Massakern an Frauen und Kindern. All das hat dazu beigetragen, die Jugendlichen auf ihre Rolle im Gemetzel vorzubereiten. Die Soziologen bezeichnen dies als „Konditionierung".

Paul Einzig, in „World Finance 1937-1938", sagt

> „Experten sind verblüfft über die Tatsache, dass die Regierungen Chinas und Japans in der Lage zu sein scheinen, die Kriegsführung zu finanzieren.

Es ist schwer zu verstehen, warum ein Wirtschaftswissenschaftler darüber verwundert sein sollte. Sowohl China als auch Japan hatten Zentralbanken, und wie ich in „The Federal Reserve" dargelegt habe, ist die Hauptfunktion einer Zentralbank die Kriegsfinanzierung.

Der spanische Bürgerkrieg, eine tragische Angelegenheit, die von unsäglichen Grausamkeiten gegen Menschen gekennzeichnet war, wurde seinerzeit allgemein als Vorbote des Zweiten Weltkriegs dargestellt. Die Ereignisse haben bewiesen, dass dem nicht so war. In Wirklichkeit war er ein Vorbote des Dritten Weltkriegs. Der Spanische Bürgerkrieg war ein Kampf auf Leben und Tod zwischen Kommunismus und Christentum, und die amerikanischen „Liberalen" haben Franco nie verziehen, dass das Christentum gewonnen hat. Der Kampf schwächte Spanien so sehr, dass es kaum in der Lage war, seine nationale Existenz wiederherzustellen - ein Schicksal, das wahrscheinlich alle Teilnehmer des Dritten Weltkriegs ereilen wird.

Die Themen des Spanischen Bürgerkriegs hatten wenig mit dem Zweiten Weltkrieg zu tun. Das Christentum war im Roosevelt-Krieg nicht vertreten, denn der Zweite Weltkrieg war ein Kampf zwischen dem von Hitler vertretenen jüdischen Nationalsozialismus und dem von Stalin angeführten internationalen marxistischen Sozialismus. Amerika, England und Frankreich kämpften auf der Seite von Marx, während Deutschland und Frankreich die politische Philosophie von Syrkin verteidigten. Der Nationalsozialismus fiel vor den verbündeten Kräften des internationalen Sozialismus, und der Dritte Weltkrieg wird zwischen den verbündeten Kräften des Christentums und der muslimischen Welt gegen die atheistischen Doktrinen des internationalen sozialistischen Zionismus stattfinden.

Spanien befand sich 1934 in einer ähnlichen Situation wie Amerika im Jahr 1950. Spaniens Universitäten waren nach dem Ersten Weltkrieg von Kommunisten infiltriert worden, so dass es eine Generation von Fachleuten, Lehrern, Regierungsbeamten, Medizinern und Juristen hervorgebracht hatte, die überzeugte Kommunisten waren. Sie waren keine Spanier mehr, sondern Anhänger des sozialistischen Weltstaates.

Ihnen gegenüber stehen die Bewahrer des Status quo in Spanien, die Großgrundbesitzer und die Priester. Der Konflikt wurde dadurch verkompliziert, dass England sicher sein musste, von Spanien Nachschub für den Zweiten Weltkrieg zu erhalten, und Deutschland musste sicher sein, dass Spanien seine Lieferungen wie im Ersten Weltkrieg abwickeln würde. Das Haus Rothschild besaß die riesigen

Eisenwerke in Orconera und die Docks in Bilboa sowie die Rio Tinto Co. mit der größten Kupfermine der Welt. Die riesigen Bergwerke von Pennaroya hatten als Direktoren Baron Antony de Rothschild aus Paris, seinen Schwager Pierre Mirabaud, den ehemaligen Direktor der Bank von Frankreich, Charles Cahen und Humbert de Wendel von der Suez Canal Co. und der Bank von Frankreich. (Aus Ruckers „The Tragedy of Spain" N.Y. 1945).

Es war offensichtlich, dass die Kommunisten viele Spanier angeworben hatten, die Reformen wünschten und deren Wünsche eine Bedrohung für die ausländische Vorherrschaft der Hand Rothschilds darstellten, die den nationalen Reichtum Spaniens an sich riss. Als die Rothschilds sahen, dass das Land hoffnungslos gespalten war, riefen sie „Havoc" und ließen die Hunde des Krieges los. Wenn die Kommunisten gewannen, würden die Rothschild-Besitztümer verstaatlicht werden, und sie würden sie wie zuvor verwalten. Wenn Franco gewann, würde sich für die Rothschilds nichts ändern. Lasst die Hunde sich gegenseitig die Kehle durchbeißen!

Die Karten waren für Franco gestapelt, der ausländische Investitionen garantierte. Wie er von der Bank of England unterstützt wurde, wird von Paul Einzig in „World Finance 1937-1938" beschrieben,

> „Gegen Ende des Jahres 1935 mussten die britischen Exporteure zehn Monate auf Zahlungen aus Spanien warten. Die spanische Regierung schloss ein Abkommen mit der französischen Regierung, nach dem französische Handelskredite durch den Verkauf von Gold bezahlt wurden. Als der Bürgerkrieg ausbrach, war der Betrag der ausstehenden Bankkredite in Spanien außergewöhnlich hoch. Dennoch wäre der Aufstand vielleicht nie zustande gekommen, wenn er nicht gleich zu Beginn von Italien unterstützt worden wäre, was auf den Sieg der Sozialisten in Frankreich zurückzuführen war. Die spanischen Kredite waren Anfang 1937 in London fällig. Die spanische Regierung überwies eine Viertelmillion Pfund auf das Londoner Konto der Bank von Spanien bei der Martin's Bank. Die Martin's Bank weigerte sich, den Betrag auszuzahlen. Es ist anzunehmen, dass die Zahlungen aus den Goldreserven der Bank von Spanien erfolgten. Über das Schicksal dieser Goldreserve liegen keine gesicherten Informationen vor. Mysteriöse Personen sollen Gold angeboten haben, das niemand auf dem Markt anzufassen bereit war. Ein großer Teil des Goldes muss für Waffenkäufe im Ausland verwendet worden sein. Ein großer Teil des Goldes muss

> in den Händen von unehrlichen Zwischenhändlern im Rüstungshandel verschwunden sein.

Hinter dem Spanischen Bürgerkrieg standen zwei Faktoren: Gold und Waffen. Einzig fährt mit der Enthüllung fort, dass Franco zum Sieger gekürt wurde, weil die Franco-Peseta an den Weltbörsen einen höheren Preis hatte. Das Schicksal der Nationen wird durch den Anstieg oder Fall des Wertes ihrer Währungseinheiten an den Börsen bestimmt.

> „Die Franco-Peseta war die ganze Zeit über viel günstiger als die (kommunistische) Peseta der Regierung, was auf eine bessere wirtschaftliche Organisation und industrielle Disziplin zurückzuführen war, die es dem von den Aufständischen kontrollierten Spanien ermöglichte, frei zu exportieren. Die spanische Erfahrung erinnert daran, dass es in der modernen Kriegsführung praktisch keine finanziellen Grenzen mehr gibt. Moderne Kriegsführung kann auch dann in großem Maßstab betrieben werden, wenn keine ausreichenden finanziellen Mittel vorhanden sind."

Obwohl Einzig seine Aussage nicht erklärt, ist es eine Tatsache, dass eine Nation für alles bezahlen kann, was sie produzieren kann. Weder Gold noch irgendeine andere Form von Geld wird durch einen Krieg verbraucht. Güter und Arbeitskräfte verschwinden in der Zerstörung des Krieges und hinterlassen die Goldstandard-Schulden, die aus den Krediten der Zentralbanken zur Kriegsfinanzierung entstanden sind. Die Auferlegung von „Kriegsschulden" und die Idee, „für einen Krieg zu bezahlen", stellen ein gigantisches Betrugssystem dar. Die Aktionäre der Zentralbank, die in Amerika unser Federal Reserve System ist, geben vor, Kredite für die Kriegsproduktion zu gewähren, und dieser mythische Kredit, mit entsprechenden Zinsen, ist die Kriegsschuld, die sie verlangen, wenn das Töten beendet ist, ein Umstand, der zu der Feststellung führt, dass das Töten, eine Form der Wohltätigkeit, zu Hause beginnen sollte.

Franco hat seinen Sieg errungen, weil er seinen Krieg gegen die kommunistische Regierung fortsetzte und gleichzeitig hinter der Front die Fabriken wieder in Betrieb nahm und Waren im Gegenzug für Rüstungsgüter exportierte. In „World Finance 1938-1939" sagt Einzig, dass

> „Zu Beginn des Bürgerkriegs standen die Sympathien ausländischer Unternehmen, die in Spanien tätig waren, ganz auf der Seite von General Franco, und der Einmarsch der aufständischen Armeen

> wurde von den betroffenen Finanz- und Industrieinteressen in Spanien stets sehr begrüßt ... Als die Krise auf ihrem Höhepunkt war, statteten drei amerikanische Kriegsschiffe Plymouth in England einen mysteriösen Besuch ab. Man geht davon aus, dass sie das amerikanische Gold abholten, das sie in London unter einer Vormerkung aufbewahrten. Die Atmosphäre an den Börsen war alles andere als panikartig. Überall herrschte ein dumpfer Ton.“

Der Spanische Bürgerkrieg wurde zwar weithin als potenzieller Weltkrieg angekündigt, verkaufte sich aber an den Börsen nicht allzu gut. Die Anwesenheit russischer Waffen und Truppen auf der Seite der Kommunisten in Spanien sowie die deutsche und italienische militärische Unterstützung für Franco lösten in London und New York kaum Befürchtungen aus. Im Gegensatz dazu ließ jede Bewegung Hitlers die Aktienkurse in die Höhe schnellen, ein Prozess, der im Herbst 1938, als er das Sudetenland in der Tschechoslowakei annektierte, unglaubliche Ausmaße erreichte. Einzig beschrieb in „World Finance 1938-1939“, wie die Warburgs und die Baruchs aufgrund ihres Insiderwissens über Hitlers Schachzüge schnelle Gewinne in Millionenhöhe erzielten.

> „Oberflächlich betrachtet schien ein europäischer Weg fast unvermeidlich. Am 18. September 1938 erreichten die Spannungen auf den Finanzmärkten ihren Höhepunkt. Es gab so etwas wie einen Erdrutsch auf dem Devisenmarkt, und die Behörden ließen zu, dass das Pfund Sterling am frühen Nachmittag auf 4,61 abwertete. Dies geschah mit dem vollen Einverständnis der amerikanischen Behörden. Ungeachtet der Mobilisierung der britischen Marine zeigte sich das Pfund Sterling am Nachmittag bemerkenswert widerstandsfähig. Verkaufsaufträge gab es zwar immer noch reichlich, aber sie wurden leicht durch Käufe in großem Umfang aufgefangen. Ein sehr großer Teil dieser Transaktionen konnte auf bestimmte Bankquartiere zurückgeführt werden, von denen man wusste, dass sie aufgrund eines führenden Politikers, der gut über die Vorgänge hinter den Kulissen Bescheid wusste, tätig waren. Ab 14.30 Uhr wurden von dort aus in großem Umfang Dollars verkauft. Die Marktteilnehmer warteten gespannt auf die Einzelheiten der Erklärung von Herrn Chamberlain. Anderthalb Stunden lang schien diese Erklärung darauf hinzudeuten, dass es kaum Hoffnung gab, den Krieg zu vermeiden. Gegen halb fünf machte er jedoch die dramatische Ankündigung, dass Signor Mussolini intervenieren würde, und passenderweise wurde das Telegramm, in dem Hitlers Entscheidung, einer Konferenz in München zuzustimmen, bekannt

> gegeben wurde, ebenfalls zu diesem Zeitpunkt übermittelt, etwa zwei Stunden nachdem gut informierte ausländische Kreise begonnen hatten, auf dem Devisenmarkt in der Annahme zu handeln, dass es doch keinen Krieg geben würde. Das Pfund Sterling sprang innerhalb weniger Minuten um zehn Punkte nach oben."

Die Farce der modernen Regierungen war noch nie so offenkundig wie heute. Flotten und Armeen werden mobilisiert, Hunderte von Kommentatoren gehen auf Sendung, um Millionen von Menschen in Panik zu versetzen, und scheinbar allmächtige Diktatoren springen auf, wenn bestimmte Zocker die Peitsche schwingen, und das alles, um ein paar Millionen Dollar Gewinn aus der Schwankung der britischen Währungseinheit zu ziehen.

Einzig fährt fort, dass

> „Die Börsianer und Devisenhändler waren als hartgesottene Geschäftsleute realistisch genug, um zu erkennen, dass das Münchener Abkommen höchstens eine vorübergehende Erleichterung gebracht hatte, aber sie profitierten dennoch zynisch von dem 'Frieden in unserer Zeit'-Boom.

Noch mehr Vorkriegsjonglage enthüllt Einzig mit der Geschichte der von M. Paul Reynaud durchgeführten Mendelssohn-Refinanzierung der französischen Eisenbahnanleihen, die, obwohl sie damals als großer finanzieller Erfolg gefeiert wurde, einige Monate später, als die Mendelssohn Co. in Konkurs ging, die Presse auf den Plan rief. Einzig sagt

> „Als die Mendelssohn-Gesellschaft in Amsterdam nach dem Tod ihres führenden Kopfes, Dr. Fritz Mannheimer, in Konkurs ging, waren mehrere Banken in Frankreich und den Vereinigten Staaten in erheblichem Maße beteiligt. Dank der Politik der französischen Regierung, den Pariser Kurs der Mendelssohn-Anleihen beizubehalten, konnten die Banken ihre Engagements jedoch ohne katastrophale Verluste abwickeln. Paul Reynaud wurde in gewissen Kreisen dafür getadelt, dass er die Eisenbahnumbaukredite mit Mendelssohn und Co. abgeschlossen hatte. Es spricht für den bemerkenswerten Wandel, der sich in Frankreich vollzogen hat, dass in der französischen Presse kein Versuch unternommen wurde, Reynaud in diesem Punkt anzugreifen."

Meines Erachtens spricht das sehr schlecht für die französische Presse. Ein Regierungschef schließt mit einem Bankhaus, das so wackelig ist, dass der Tod eines einzigen Mannes ausreicht, um es in den Konkurs zu stürzen und eine internationale Währungskrise auszulösen, eine riesige Finanztransaktion ab. Die Presse unterlässt es freundlicherweise, ihn dafür zur Rechenschaft zu ziehen, während die Regierung großzügig den Preis für die ausgefallenen Anleihen hochhält, damit die Banken nichts verlieren. Das amerikanische Volk sollte die Tatsache zur Kenntnis nehmen, dass unser Finanzministerium seit Jahren dasselbe für die privaten Aktionäre des Federal Reserve Systems getan hat.

Bis 1939 hatten die Zentralbanken in ihren jeweiligen Ländern eine hervorragende Kontrolle. Einzig sagt uns, dass

> „Der Anstieg der Arbeitslosigkeit ist darauf zurückzuführen, dass es Herrn Montagu Norman gelungen ist, Sir John Simon davon zu überzeugen, ihn zu ermächtigen, den Leitzins zu erhöhen. In seiner Haushaltserklärung gab Sir John ganz offen zu, dass der Zweck seiner drakonischen Steuermaßnahmen darin bestand, den zivilen Verbrauch zu verringern. Die Haltung von Norman und Simon in der Frage der Übergabe des Goldes der tschechoslowakischen Nationalbank an Deutschland löst im offiziellen Paris heftigen Unmut aus. Das französische Schatzamt und die Bank von Frankreich waren sehr darauf bedacht, die Übergabe des Goldes zu stoppen, während die Bank von England sich weigerte, etwas zu unternehmen."

Die französischen Bankiers wussten, dass Deutschland das Gold für Rohstoffe zur Herstellung von Waffen ausgeben würde, die gegen Frankreich abgefeuert werden sollten. Das französische Debakel lässt sich auf dieses Goldgeschenk an Deutschland zurückführen, das natürlich nie an Deutschland ging, sondern lediglich vom tschechischen Tresor in den englischen Tresor der Bank für Internationalen Zahlungsausgleich transferiert wurde. Das Verschieben eines Stapels Goldbarren um ein paar Meter in einer unterirdischen Kaverne entscheidet über das Schicksal von Nationen.

England spielte noch immer Deutschland gegen Russland aus. Einzig erzählt uns in „World Finance 1939-1940", dass

> „Im März 1939 trafen sich Vertreter der Federation of British Industries und der Reichsgruppe Industrie in Düsseldorf. Wenige Tage danach trat die tschechoslowakische Krise in ihre entscheidende Phase. Als die Nachricht von der Besetzung Düsseldorfs eintraf, rechneten die Deutschen fest damit, dass die Konferenz abgebrochen werden würde. Nach Rücksprache mit

> London verblüfften die britischen Delegierten jedoch ihre deutschen Kollegen, indem sie ihre Absicht ankündigten, die Konferenz fortzusetzen und das eilig ausgearbeitete Vorabkommen zu unterzeichnen, das tatsächlich am Tag von Hitlers triumphalem Einzug in Prag unterzeichnet wurde.

Die Rolle von Franklin Roosevelt in den 1930er Jahren war schändlich. Jahr für Jahr spielte er schamlos die Rolle des großen Friedensstifters, während er sich auf den Krieg vorbereitete. Sein sozialistisches Programm war ein verhängnisvoller Fehler. Das sofortige und absurde Scheitern der National Recovery Administration, die entsetzliche Verschwendung der kommunistisch geführten Works Progress Administration, der weit verbreitete Unmut über seine diktatorischen Versuche, die amerikanischen Farmer einer sowjetischen Form der kollektivierten Landwirtschaft mit Produktionsquoten zu unterwerfen - all diese Fiaskos ließen Roosevelt ungerührt. Er hatte eine Lösung, die Amerika sein völliges Versagen als Präsident vergessen lassen würde. Diese Lösung war der Zweite Weltkrieg. Hoover weist im dritten Band seiner Memoiren ätzend darauf hin, dass Roosevelt am Ende seiner beiden Amtszeiten im Weißen Haus in jeder Hinsicht ein katastrophaler Flop gewesen sei und dass sein Ruf durch den wirtschaftlichen Aufschwung der Wiederbewaffnung gerettet worden sei. Einzig, in „World Finance 1939-1940" sagt,

> „Wann immer Präsident Roosevelt eine Intensivierung der Aufrüstungsbemühungen der Vereinigten Staaten ankündigte, reagierte die Wall Street positiv."

Es gab genügend Kredite, damit die Regierung so viele Kriegsgüter kaufen konnte, wie die Industrie produzieren konnte. Kein Wunder, dass die Wall Street positiv gestimmt war. Einzig schließt mit dem Urteil über Roosevelt, das von Hoover, Tinkham und anderen Beobachtern bestätigt wird,

> „Was Präsident Roosevelts New Deal und die Reflationspolitik nicht zu erreichen vermochten, wurde in wenigen Monaten durch den europäischen Krieg erreicht."

KAPITEL 19

Der düsterste Kommentar zum Scheitern der modernen Zivilisation wird durch das Schicksal der kleinen Nationen hervorgerufen. Woodrow Wilson verkündete, dass die Rechte der kleinen Nationen geschützt werden müssen, und zwar genau zu dem Zeitpunkt, als er diese kleinen Nationen dazu zwang, die schrecklichen Bestimmungen des Versailler Vertrags zu akzeptieren, die den Zweiten Weltkrieg zur Gewissheit werden ließen. Als die Armeen Hitlers und Stalins in Europa aufmarschierten und sich immer wieder neu formierten, spielte sich eine Tragödie ab, die der Zivilisation dieses Kontinents den Todesstoß versetzte. Diese Tragödie war die systematische Vernichtung der anständigen Teile der europäischen Bevölkerung.

Die Feinde der Nazis und die Feinde der Kommunisten waren die gleichen Menschen, die Feinde der Tyrannei. Die Männer, deren stärkste Leidenschaft die Freiheit war, die Männer, deren Credo Wahrheit und Gerechtigkeit war, waren zum Aussterben verurteilt, wenn die Nazis in einer Stadt einmarschierten. Wenn sie die Nazi-Besetzung überlebten, wurden sie gesucht und inhaftiert oder getötet, als die Kommunisten kamen. Dies geschah in Polen, in der Tschechoslowakei, in Österreich, in ganz Europa. Die vorsätzliche Vernichtung der Klassen, von denen die moralische Struktur dieser Nationen abhing, führt zu der Frage: „Wer ist in Europa noch zu retten?" Die gegenwärtigen Ereignisse beweisen, dass es in diesen Ländern niemanden mehr gibt, der gegen Korruption, Brutalität und die Ignoranz ihrer Führung protestiert. Das Beste von Europa ist tot, und der Geruch der Überreste reicht aus, um unser Interesse zu dämpfen. Die Sklavenrevolution, die im Rom der Cäsaren begann, hat ihren erfolgreichen Abschluss gefunden, und die nächste Epoche der Geschichte wird von den dummen und arroganten Unterschichten geschrieben werden, die ihre Herren getötet haben.

Die Ursache für den Tod der kleinen Nationen ist auf England zurückzuführen, das in den internationalen Beziehungen die moralische Fahne hochgehalten und die Pax Britannica erfüllt hatte. Das angelsächsische England, an das sich die kleinen Nationen als ihren Bannerträger erinnerten, war jedoch verschwunden. Sie vertrauten einem England, dessen Außenpolitik in den Händen von N. M. Rothschild und Söhnen lag. Während anständige Engländer entsetzt zusahen, lieferten die internationalen Bankiers Polen nicht nur an einen, sondern an beide seiner schlimmsten Feinde gleichzeitig aus. England hatte sich verpflichtet, Polen zu helfen, aber als die deutschen Armeen von der einen Seite und die russischen Armeen von der anderen Seite in Polen einmarschierten, wo waren da die englischen Armeen? Hundert Jahre Rothschild-Dynastie hatten England so geschwächt, dass es nicht einmal in der Lage war, Frankreich zu retten, eine Nation, die nicht gerettet werden wollte und die sehnsüchtig auf Hitlers Versprechen wartete, Frankreich von den jüdischen internationalen Bankiers zu befreien.

Hitler scheint 1939 in den Zweiten Weltkrieg hineingezogen worden zu sein. Man hatte ihm erlaubt, viel größere Ziele, nämlich Österreich und die Tschechoslowakei, ohne Widerstand einzunehmen, und der Münchener Pakt muss für Hitler bedeutet haben, dass er seinen gesamteuropäischen Bund ohne weitere Einmischung durchführen und die Vorbereitungen für einen totalen Angriff auf Russland abschließen konnte, wie es England wünschte. Daher scheint die Kriegserklärung Englands die Nazis überrascht zu haben. Paul Einzig schreibt in „World Finance 1939-1940", dass

> „Einer der Gründe, warum bezweifelt wurde, dass Großbritannien in Erfüllung seines Versprechens gegenüber Polen wirklich einen größeren Krieg beginnen würde, waren die sechsunddreißig Millionen Pfund an deutschen kurzfristigen Krediten, die die Londoner Bankengemeinschaft in große Verlegenheit bringen würden. Die Behörden würden mehrere Bankhäuser unterstützen müssen. Die britischen Banken zögerten nach wie vor, ihre deutschen Engagements zu liquidieren. Ihre Haltung war auf Sympathie und Bewunderung für deutsche Bankiers und ‘Deutschland im Allgemeinen’ zurückzuführen."

Hitler konnte sich aufgrund der wohlwollenden Haltung der Londoner Bankengemeinschaft sicher sein, dass England ihm nicht den Krieg erklären würde. Leider hat er in seinen wütenden Reden die Doppelzüngigkeit der internationalen Bankiers nie angemessen aufgedeckt. Oberst Joseph Beck gibt eine weitere Bestätigung von Hitlers Haltung in „Dernier Rapport", Editions La Baconière, Neufchatel, Paris, 1951. Auf Seite 211, Fußnote, finden wir Folgendes

> „Am 22. August 1939 äußerte Hitler auf einer Konferenz mit seinen Generälen die Überzeugung, dass Großbritannien seine Verpflichtungen gegenüber Polen nicht ernst nehme, sonst würde es sich nicht um ein Darlehen von 8 Millionen Pfund Sterling an Polen kümmern, nachdem es eine halbe Million in China investiert habe.

Was Adolf Hitler am 22. August 1939 nicht zu wissen schien, war die Tatsache, dass die Zionistische Weltorganisation eine Woche zuvor, am 16. August 1939, ihren einundzwanzigsten Weltkongress in Genf (Schweiz) eröffnet hatte. Es ist bezeichnend, dass eine Woche nach der Eröffnung dieser Konferenz Hitler und Stalin ihren Nichtangriffspakt unterzeichneten und gemeinsam in Polen einmarschierten. Wie ein Jude bemerkte, war jeder, der nach dem 23. August 1939 Kommunist blieb, wirklich ein Kommunist. Sicherlich haben viele Juden an diesem Tag in sich gekehrt, denn sechzehn Jahre lang hatten sie die Hitler-Regierung hysterisch beschimpft, und man hatte ihnen beigebracht, dass die stalinistische Regierung die einzige in der Welt war, die die Rechte der Juden garantierte, wobei auf Antisemitismus die Todesstrafe stand. Diese plötzliche Kombination war für die jüdischen Nationalisten schwer zu akzeptieren, aber sie akzeptierten sie.

Der nationalsozialistisch-sowjetische Pakt störte die intellektuelle Elite des Council On Foreign Relations und der Communist Party of America nicht, die ein ineinandergreifendes politisches Direktorium aus Hiss, Lattimore, Currie und Frederick Vanderbilt Field bildeten. Sie wussten, dass Hitler von seinem Finanzminister, Hjalmar Schacht, sabotiert wurde. K.L. Treffetz erklärte in der American Economic Review vom März 1948, dass

> „Die Erklärung für das Versäumnis Deutschlands, sich in viel größerem Umfang vorzubereiten, ist im Wesentlichen eine finanzielle. Die deutsche Führung hat nicht verstanden, dass ‘eine Nation alles finanzieren kann, was produziert werden kann’. Deutschland hätte in viel größerem Umfang aufrüsten können, wäre da nicht Schacht gewesen, der Hitler 1937 mitteilte, dass zusätzliche Kredite für die Aufrüstung nicht zu bekommen seien. Er bekam zwar drei Milliarden mehr, aber keine nach März 1938."

Das ist der Dr. Hjalmar Schacht, der zu Recht darauf hingewiesen hat, dass „Geld, das nicht gegen benötigte Güter ausgegeben wird, nur

Papier ist." Man könnte es auch so ausdrücken: „Es kann so viel Geld ausgegeben werden, wie zur Herstellung der benötigten Güter erforderlich ist." Er war auch der Dr. Schacht, der kein Faschist war.

Der März 1938 gilt als der Höhepunkt von Hitlers Macht. Danach wurden ihm die internationalen Kredite gestrichen. Er glaubte, dass er stark genug war, um sich danach zu nehmen, was er brauchte, aber er konnte nicht glauben, dass Amerika ihn jemals angreifen würde, und das war seine fatale Fehleinschätzung. Es ist bezeichnend, dass Schacht der einzige Wirtschaftswissenschaftler in der Führungsriege der Nazis war. Hitler war ein Redner, Göring ein Stratege, Hesse ein Schriftsteller, Rosenberg ein Geopolitiker, Goebbels ein Journalist und Himmler ein Polizist, aber außer Schacht gab es niemanden, der sagen konnte, wie viel Geld gedruckt werden konnte. Als Hitler 1933 mit einer radikal neuen Partei antrat, behielt er den Leiter der von Warburg kontrollierten Reichsbank, Dr. Schacht, als sein Finanzgenie bei. Alles war neu bei den Nazis, außer Gold. Es war dasselbe Gold, und es wurde von denselben jüdischen internationalen Bankiers geliehen, die manchmal auch als internationale jüdische Bankiers bezeichnet wurden und die Zielscheibe von Hitlers Hetzreden waren.

Als die Bankiers entschieden, dass Hitler weit genug gegangen war, sagte Schacht: „Keine weiteren Kredite", und dieser Diktator, vor dem ganz Europa Angst hatte, akzeptierte Schachts Verdikt. Hätte Hitler die Aufrüstung in dem Umfang seiner Vorbereitungen von 1935 bis 1938 fortgesetzt, hätte er Russland erledigen können, bevor die amerikanische Produktion bereit war, Stalin zu retten. Es sollte nicht vergessen werden, dass die einzigen, die in Amerika gegen Hitler waren, die Juden und ihre Satelliten waren. Es gab viele Amerikaner, die nicht zu der genannten Gruppe gehörten und aufrichtig glaubten, dass Hitler ein schlechter Mensch war, aber sie glaubten nicht, dass er eine Bedrohung für die Vereinigten Staaten darstellte, und sie haben Recht behalten. In all den Tonnen von erbeuteten Nazi-Dokumenten wurde nie auch nur ein einziges Memorandum gefunden, in dem Hitler militärische Aktionen gegen die Vereinigten Staaten in Erwägung zog oder plante.

England verschenkte Polen, die eine Hälfte an Deutschland als Bestechung, um Russland zu bekämpfen, und die andere Hälfte an Russland als Bestechung, um Deutschland zu bekämpfen. Dann wurde von der liberalen Boulevardpresse in den Vereinigten Staaten eine Propagandakampagne gestartet, dass Ostpolen schon immer von

Russen bewohnt gewesen sei und dass die Polen antisemitisch seien, was wahrscheinlich stimmte. Dies war die Voraussetzung für die schlimmste Gräueltat des Krieges, die Ermordung von 10.000 gefangenen polnischen Armeeoffizieren durch die russische Geheimpolizei im Wald von Katyn. Dies ist die schlimmste bekannte Gräueltat des Zweiten Weltkriegs. Es wird vermutet, dass die Nazis noch mehr ermordet haben. In den Jahren 1942-43 empfahl der Beratende Ausschuss für die Nachkriegsaußenpolitik des Außenministeriums unter dem Vorsitz von Summer Welles der US-Regierung, ganz Ostpolen an die Sowjetregierung abzutreten (aus: Post-War Foreign Policy Preparation 1939-1945, Department of State Publication 3580, Seiten 69-166 und 459-512).

Im April 1943 brach Russland die Beziehungen zur polnischen Exilregierung ab, die sich damals in London befand, und bildete eine kommunistische Regierung Polens, die sich Union der Polnischen Patrioten nannte. Im Dezember 1943 versprach Roosevelt in Teheran Ostpolen an Stalin, ohne die polnische Exilregierung zu konsultieren oder zu informieren. Wäre diese Nachricht veröffentlicht worden, hätte sie den polnischen Widerstand gegen die Nazis gebrochen. Die antipolnische Propaganda in der kommunistischen „liberalen" Presse in den Vereinigten Staaten erreichte zu dieser Zeit ihre größte Intensität. Es wurde behauptet, dass die Polen schlimmer seien als die Nazis, dass sie noch antisemitischer seien und so weiter. Als unmittelbare Folge dieser Propaganda konnte die kommunistische Regierung Russlands ihre Büros in Lublin einrichten, ohne dass die Vereinigten Staaten oder England protestierten. Im Februar 1945 trat Roosevelt in Jalta mit dem Kommunisten Alger Hiss als Berater Ostpolen formell an Russland ab und akzeptierte die Regierung in Lublin, womit er die polnische Regierung in London ablehnte. Die gefühllose Auslieferung Polens an die Kommunisten war der Höhepunkt von Roosevelts Karriere des Verrats. Das Außenministerium, angeführt vom Apologeten George Kennan, behauptet noch immer, Roosevelt habe in Jalta nichts verraten. Roosevelt verdammte das tapfere polnische Volk, das gegen die Nazis und die Kommunisten gekämpft hatte, in die Hände seines rücksichtslosesten Feindes, der russischen Geheimpolizei, und die Anwaltskanzlei von Dean Acheson verschaffte ihm den Kredit, um diese Verfolgung durchführen zu können. Einer der seltsamsten Faktoren war das Schweigen der römisch-katholischen Kirche. Polen war eine der größten katholischen Nationen der Welt, aber der Vatikan ließ Polen ohne Protest ziehen.

Sofort entsandte die kommunistische Regierung Polens Oscar Lange, der die amerikanische Staatsbürgerschaft besaß und gerne darauf verzichtete, um Bürger des kommunistischen Polen zu werden, als Botschafter nach Washington. Oscar Lange war Professor für Wirtschaftswissenschaften an der Universität von Chicago gewesen. Sein guter Freund und Kollege dort war ein anderer Wirtschaftsprofessor, Paul Douglas, heute Senator von Illinois. Lange wurde später polnischer Delegierter bei den Vereinten Nationen.

Es scheint müßig, über den Zweiten Weltkrieg zu schreiben, denn er ist eine Wiederholung des Ersten Weltkriegs. Dieselben zwielichtigen Leute, die schon beim ersten Mal in Washington waren, Roosevelt, Frankfurter, Baruch usw., hatten auch 1941 das Sagen. Wir müssen die Namen einiger der Verbrecher aufschreiben, die sich in diesem Krieg selbst zur Geschichte verdammt haben, denn sie sind immer noch an der Macht in der ganzen Welt. Die folgenden Enthüllungen über den Rat für Auswärtige Beziehungen sollten uns vor seinen Mitgliedern warnen.

Die Machenschaften, mit denen die Vereinigten Staaten in diesen Schlamassel hineingezogen wurden, sind weder originell noch besonders einfallsreich. Das Jahr 1941 war genau wie 1916. 1941 wurde ein Komitee zur Verteidigung Amerikas durch Unterstützung der Alliierten gegründet, das sich aus demselben alten Haufen internationaler Bankiers und Anwälte zusammensetzte, darunter Henry L. Stimson, der von Roosevelt zum Kriegsminister ernannt wurde. Stimson war ein lebenslanger Republikaner, aber Roosevelt nahm die Anpassung vor.

Die Werbemaschine lief auf Hochtouren. Walter Winchell schrie den Krieg aus vollem Halse und wetterte jeden Sonntagabend vor einem Publikum von zwanzig Millionen Amerikanern gegen Hitler. Noch wichtiger war die Tatsache, dass Luce, der Herausgeber von Time, Life und Fortune, Deutschland im Februar 1941 den Krieg erklärt hatte. Mutig stellte er sich an die Front der Kriegstreiberei, winkte mit seinen schrägen Depeschen und schimpfte über Hitlers Bedrohung für Amerika. In jenem Monat veröffentlichte er ein Buch, „The American Century", Farrar, Rinehart, New York, 1941, das im Februar 1941, zehn Monate vor Pearl Harbor, auch im Life Magazine vollständig abgedruckt wurde. Luce sagte auf Seite 25,

> „Wir selbst haben es nicht geschafft, die Demokratie erfolgreich zum Funktionieren zu bringen. Unsere einzige Chance, sie zum

> Funktionieren zu bringen, besteht in einer vitalen internationalen Wirtschaft und in einer internationalen moralischen Ordnung.

Der Internationalist Henry Luce verkündet hier die internationalistischen Doktrinen von Nikolai Lenin. Luce war Vorsitzender des Finanzausschusses des Institute of Pacific Relations, der die Mittel für den Ausverkauf Chinas bereitstellte. Luce war nicht zögerlich, sich in der Presse als Revolutionär zu bekennen. Auf den Seiten 10 und 11 seines Buches schreibt er,

> „Wir befinden uns in einem Krieg zur Verteidigung und sogar zur Förderung, Ermutigung und Aufstachelung der so genannten demokratischen Prinzipien in der ganzen Welt."

Im Februar 1941 befand sich Luce bereits im Krieg, aber es bedurfte zehn Monate ständiger und vehementer Kriegshetze durch seine Zeitschriften, um das amerikanische Volk dazu zu bringen, sich ihm anzuschließen. Wäre er gescheitert, hätte Luce zweifellos ein Boot gechartert und wäre losgesegelt, um auf der Festung Europa zu landen und zu sterben. Auf Seite 26 dieses Buches offenbart sich der Geist von Luce in seiner ganzen Tiefe und Klarheit,

> „Unsere Aufgabe ist es, um unseretwillen und um unserer Kinder willen auf jede erdenkliche Weise dazu beizutragen, dass Präsident Roosevelt zu Recht als der größte Präsident Amerikas gefeiert wird."

Es ist bedauerlich, dass das vorliegende Werk den Auftrag von Luce so eklatant missachtet. Es ist jedoch nicht meine Schuld, dass Roosevelt Amerika und die Menschheit in Teheran und Jalta verraten hat.

Als Deutschland in Erfüllung all seiner politischen Vorhersagen und in Übereinstimmung mit den veröffentlichten Werken Hitlers und der Nazipartei seine Politik des Drangs nach Osten durchführte und Russland am 22. Juni 1941 angriff, erhob sich ein Aufschrei des Schmerzes und der Wut im Weltjudentum. Man kann sagen, dass an diesem Tag der eigentliche Zweite Weltkrieg begann, der Kampf gegen die wucherische Unterdrückung begann wirklich.

Russland überlebte den Winter 1941, und zu diesem Zeitpunkt erreichten bereits genügend amerikanische Lastwagen und Panzer das Land, so dass seine Armeen der Hitler-Offensive standhalten konnten.

Russland wurde durch die von zwei Männern, Tito von Jugoslawien und Averell Harriman von New York, ausgelöste Halteaktion gerettet.

Im Life Magazine, einem Forum für kommunistische Schriftsteller, erzählt der kommunistische Diktator Tito in der Ausgabe vom 5. Mai 1952 unter dem Titel „Tito Speaks" seine Geschichte. Über den deutschen Angriff auf Russland schreibt Tito

> „Am 22. Juni griffen die Nazis Russland an. Wir trafen uns noch am selben Tag und verfassten eine Resolution, in der wir das Volk zum Aufstand gegen seine Feinde aufriefen. Wir, das Zentralkomitee der Kommunistischen Partei Jugoslawiens, entwarfen eine Fahne, die jugoslawische Nationalflagge mit dem darüber liegenden Roten Stern."

Während Draja Mihailovich und seine tapferen Tschetniks gegen die Nazis kämpften, versteckte sich Tito in Moskau. Im Frühjahr 1941 kehrte Tito nach Jugoslawien zurück, um sich auf einen möglichen deutschen Angriff auf Russland vorzubereiten. Nach seiner eigenen Aussage begannen die Kommunisten unter Tito erst mit dem Kampf gegen die Deutschen, als Russland angegriffen wurde, obwohl die Tschetniks bereits seit vielen Monaten kämpften. Als der Krieg zu Ende war, ließ Tito Mihailovich hinrichten, weil er pro-amerikanisch war. Zu dieser Zeit schoss Tito amerikanische Flugzeuge ab, und Mihailovich hatte während des Krieges vielen amerikanischen Fliegern Schutz vor den Nazis gewährt.

Militärstrategen sind sich heute einig, dass die kommunistische Armee von Tito, eine neue und unbekannte Kraft, die Nazis dazu veranlasste, mehrere Divisionen vom russischen Blitzkrieg abzuziehen, und die deutsche Offensive gegen Moskau im Winter 1941 schwächte.

Der andere Retter Stalins, Averell Harriman, ist jetzt Verwalter der gegenseitigen Sicherheit. Sein Partner von Brown Brothers Harriman, Robert Lovett, ist Verteidigungsminister, obwohl nicht klar ist, vor wem er uns verteidigt. Im September 1941 flog Averell Harriman im Rahmen einer Lend-Lease-Mission nach Russland. Sein Vater war E.H. Harriman, Frontmann für Jacob Schiff, als dieser die Union Pacific Railroad für Kuhn, Loeb erwarb. Harriman selbst besaß großen Grundbesitz für das Haus Rothschild. Das Investmenthaus Brown Brothers Harriman ist ein nützliches Bindeglied zwischen Kuhn, Loeb und ihren Versicherungsinteressen in England.

Harriman fand heraus, welche Rüstungsgüter und Vorräte Stalin am dringendsten benötigte, und ließ sie in einer der erstaunlichsten Operationen des Krieges von den Vereinigten Staaten nach Russland einfliegen, ein Projekt, für das Harry Hopkins verantwortlich war. Diese entscheidenden Vorräte erreichten die russischen Armeen genau zu dem Zeitpunkt, als sie am dringendsten benötigt wurden, um die deutsche Offensive aufzuhalten. Der deutsche Generalstab hatte nicht damit gerechnet, dass Russland eine solche materielle Hilfe erhalten würde, und dank der titoistischen Ablenkung in Jugoslawien wurden Moskau und Stalin vor den Nazis gerettet. Tito und Harriman können zu gleichen Teilen das Verdienst für sich beanspruchen, die stalinistische Regierung vor der sicheren Niederlage bewahrt zu haben. Dennoch werden sowohl Tito als auch Harriman jetzt als Anti-Stalinisten dargestellt. Wir müssen abwarten, ob sie ebenso entschlossene Feinde Stalins sein werden, wie sie hingebungsvolle Freunde seiner Regierung waren.

Nun, da Harriman uns verpflichtet hatte, den Weltkommunismus zu retten, stellte Roosevelt das industrielle Potenzial Amerikas hinter die russischen Armeen. Die Agentur dafür war der Lend-Lease Act, H.R. 1776, der besser H.R. 1917 hätte heißen sollen, das Jahr der russischen Revolution. Sein Befürworter, der das Gesetz im Eiltempo durch den Kongress brachte, war der Vorsitzende des Ausschusses für auswärtige Beziehungen des Repräsentantenhauses, Sol Bloom. Bloom hatte sich durch seine Erfahrung als Manager von Burlesk-Theatern in New York City als Experte für Außenbeziehungen qualifiziert. Wieviel Rußland im Rahmen der Lend-Lease-Bestimmungen erhalten hat, ist nicht bekannt, aber man schätzt, daß von den Gesamtkosten des Zweiten Weltkriegs für den amerikanischen Steuerzahler, die sich auf dreihundert Milliarden Dollar beliefen, Rußland ein Drittel, also hundert Milliarden Dollar, erhalten hat. Es ist zweifelhaft, ob der Kommunismus das wert ist.

Admiral Zacharias, ehemaliger Chef des Geheimdienstes der Marine, schreibt in seinem Buch „Behind Closed Doors", Putnams, 1950, auf Seite 209, dass

> „Kein Instrument veranschaulicht das gigantische Ausmaß dieses Kalten Krieges besser als eine geheimnisvolle Funkstation namens Stalin-Transmitter. Er wurde mit Lend-Lease-Material gebaut, das von der (David Sarnoff) Radio Corporation of America nach Kuybyshev geliefert wurde. Es handelt sich um die fünffach stärkste Funkstation der Welt."

Die amerikanischen Steuerzahler werden jetzt geschröpft, weil sie Stalin einen Funksender gekauft haben, der fünfmal so stark ist wie unserer. Bundy bemerkt in seiner Biographie über den verstorbenen Stimson auf Seite 360,

> „Der Lend-Lease Act gab dem Präsidenten die Befugnis, 'jeden Verteidigungsartikel für die Regierung eines Landes herzustellen oder zu beschaffen, dessen Verteidigung der Präsident für die Verteidigung der Vereinigten Staaten für lebenswichtig hält, und jeden Verteidigungsartikel an eine solche Regierung zu verkaufen, zu übertragen, zu tauschen, zu leasen, zu verleihen oder anderweitig darüber zu verfügen'. Dies war ein weiterer großer Triumph von Roosevelt. Stimson nannte es 'eine Erklärung des Wirtschaftskriegs'."

Ich nenne es den größten Betrug der Geschichte. Ein einziger Mann wurde ermächtigt, die Produkte der amerikanischen Schwerindustrie ganz oder teilweise an jede Regierung der Welt abzugeben, selbst wenn diese Produkte von den amerikanischen Truppen benötigt wurden. Während des gesamten Krieges mussten MacArthurs Truppen im Pazifik auf Nachschub verzichten, während General Marshall und Harry Hopkins unsere Rüstungsgüter nach Russland lieferten.

Die Mitglieder des Kongresses, die für den Lend-Lease Act gestimmt haben, verdienen die ehrliche Verachtung eines jeden amerikanischen Bürgers. Es blieb ihnen nur eine letzte Degradierung, und das war der Tag, an dem der Senat die Charta der Vereinten Nationen verabschiedete.

Die Durchführung von Lend-Lease war eine komische Zurschaustellung der Inkompetenz von Roosevelt. Bundy schreibt auf Seite 359 der Stimson-Sache,

> „Durch ein Versehen wurde in dem endgültigen Abkommen mit Großbritannien, wie es veröffentlicht wurde, ein Teil der amerikanischen Verpflichtung ausgelassen - 250.000 Enfield-Gewehre mit 30.000.000 Schuss Munition und fünf B-17-Bomber. Dies war natürlich höchst peinlich. Während des gesamten Sommers und Herbstes 1940 bemühte sich Stimson um die Beschleunigung des Transfers von Militärgütern. Britische Missionare gingen im Büro des Kriegsministers ein und aus, und im Laufe der Wochen entwickelte sich eine enge und intelligente Zusammenarbeit. Das Finanzministerium unter Morgenthau war besonders eifrig und effektiv bei der Suche nach Wegen zur Finanzierung dieser Transaktionen."

Es ist das erste Mal, dass ich von Morgenthau höre, dass er für irgendetwas eifrig ist, obwohl ihm nachgesagt wird, ein glühender Zionist zu sein. Auf jeden Fall ist dies nur ein Beispiel für die schlampige Buchführung bei der großen Verschenk-Show von Amerikas Milliarden, dem größten Betrugsspiel aller Zeiten. Dennoch gerieten Roosevelt und seine schrullige Schar in hysterische Wut, sobald jemand vorschlug, dass es eine gewisse Aufsicht über Lend-Lease geben solle. Glücklicherweise hat McGeorge Bundy einen kühnen Bericht über die Verachtung der Roosevelt-Bande für die repräsentative Regierung zu Papier gebracht. Auf Seite 360 von „On Active Duty in Peace and War" finden wir einen Eintrag vom 9. September 1940 aus Stimsons Tagebuch, der wie folgt lautet

> „Diese unbedeutenden, lästigen Kontrollen, die dem Oberbefehlshaber auferlegt werden, schaden immens mehr als sie nützen, und sie schränken die Macht des Oberbefehlshabers in einer Weise ein, in der der Kongress unmöglich vernünftig eingreifen kann. Sie wissen nicht genug."

Die Kongressabgeordneten sind zu dumm, spottet Kuhn, Loeb-Anwalt Stimson, der alles weiß. Natürlich tat Roosevelt sein Bestes, um den Kongress davon abzuhalten, etwas herauszufinden. Eine Regierung nach Gutsherrenart will nicht in Frage gestellt werden, was sie tut.

Gegen die Ernennung von Stimson zum Kriegsminister durch Roosevelt hatte es einigen Widerstand gegeben. Bundy stellt fest, dass

> „Am 2. Juli 1940 erschien Stimson vor dem Ausschuss für militärische Angelegenheiten, an den sein Name verwiesen worden war. Viermal zuvor war sein Name dem Senat vorgelegt worden, und in keinem dieser früheren Fälle war seine Eignung ernsthaft in Frage gestellt worden. Fast zwei Stunden lang wurde er mit Unterstützung von zwei Senatoren, die dem Ausschuss nicht angehörten, Vandenberg und Taft, befragt. Die Mehrheit des Ausschusses war wohlwollend, ihre wenigen Fragen waren einfach und freundlich.... War er ein Mitglied von Winthrop, Stimson, Putnam und Robert Nun, er war als Berater aufgeführt. Das ist ein euphemistischer Ausdruck für einen Gentleman, der in einem Büro sitzt, ohne an den Gewinnen teilzuhaben. (Gelächter). Hatte diese Anwaltskanzlei Kunden mit internationalen Investitionen? Er glaubte nicht, aber er wusste es nicht, weil er kein Partner war. Hatte er selbst solche Klienten? Nein."

Stimsons Name stand an der Tür, aber er wusste nicht, was drinnen vor sich ging. Er war einer der einflussreichsten Anwälte der Wall Street in Amerika, aber er war weder in internationale Investitionen verwickelt, noch wurde er von seiner eigenen Anwaltskanzlei bezahlt. Vielleicht hätte man ihn wegen Landstreicherei verhaften können, da er keine sichtbaren Mittel zur Unterstützung hatte. Sicherlich wäre auch eine Verhaftung wegen Meineids angebracht gewesen. Auf jeden Fall wurde der Wall-Street-Vagabund Kriegsminister. Die vom Ausschuss veröffentlichten Anhörungen sind wenig hilfreich, da der größte Teil der Diskussion inoffiziell geführt wurde, eine Gefälligkeit für den schüchternen Stimson. Die Partner und Satelliten von Kuhn und Loeb sind äußerst zurückhaltende Leute.

Einen Monat nach Hitlers Kriegserklärung an Russland erklärte Roosevelt Japan den Krieg. Am 25. Juli 1941 fror Roosevelt alle japanischen Vermögenswerte in den Vereinigten Staaten ein, eine feindliche Handlung, die der Entsendung von Truppen gegen das japanische Festland gleichkam. In den folgenden Monaten versuchte Japan verzweifelt, einen Krieg mit den USA zu vermeiden, und bereitete den Angriff auf Pearl Harbor vor, in der Hoffnung, die Vereinigten Staaten dadurch aus Asien zu vertreiben und Japan die Möglichkeit zu geben, seine „Greater East Asia Co-Prosperity Sphere" zu entwickeln, ein hemisphärisches Wirtschafts- und Militärbündnis, das gemäß der Entwicklung der modernen Strategie, der so genannten Geopolitik, konzipiert wurde. Es ist bezeichnend, dass Japan trotz Roosevelts verzweifelter Aufforderungen nie das amerikanische Festland angegriffen hat. Nach Pearl Harbor titelte die nationale Presse mehrere Wochen lang, dass die Westküste nicht verteidigt werden könne, dass wir nur ein paar Küstenbatterien, keine Flugzeuge oder Schiffe hätten und dass die Japaner Kalifornien leicht einnehmen könnten. Für weniger als das, was im Januar 1942 auf der Titelseite einer Großstadtzeitung zu lesen war, wurde man wegen Hochverrats erschossen. Roosevelt wollte einen japanischen Angriff auf das Festland der Vereinigten Staaten, damit er unser Land unter Kriegsrecht stellen und alle, die sich seiner „Regierung durch Kumpanei" widersetzten, in die Konzentrationslager werfen konnte, die er in den Wüsten von New Mexico und Arizona errichtete. Hopkins gab später zu, dass

> „Roosevelt wäre von einem japanischen Angriff auf San Francisco nicht überrascht gewesen. Er glaubte, dass dies zur Einigung des Landes beitragen würde."

Zum Unglück für Roosevelts Traum von der Diktatur wollte Japan nicht Kalifornien. Es wollte Asien, und seine Armeen hatten nur ein Ziel: die Verwalter der Rockefeller- und Rothschild-Anwesen zu vertreiben. Deshalb blieb Kalifornien unverteidigt und wurde nicht angegriffen. Verbittert vor Enttäuschung befahl Roosevelt, alle Japaner an der Westküste in seine Konzentrationslager zu werfen. Dies ist eines der schmutzigsten Kapitel unserer Geschichte. Es handelte sich um ein bösartiges Verbrechen, das nichts anderes war als der Beweis für die Gehässigkeit eines Mannes gegenüber einer rassischen Gruppe. Kein einziger dieser amerikanischen Bürger hatte eine den Vereinigten Staaten feindliche Handlung begangen. Roosevelts verachtenswerte Behandlung dieser Bürger steht in schockierendem Gegensatz zu der Art und Weise, in der die offenen und erklärten Feinde unserer Republik, die Mitglieder der Kommunistischen Partei, während des Zweiten Weltkriegs vom Weißen Haus aus operierten. Roosevelt wurde 1941 vor Alger Hiss gewarnt. Er machte ihn daraufhin zu seinem persönlichen Vertrauten und Assistenten. Nach zwei Jahren wurden einige der jungen Amerikaner japanischer Abstammung aus den Konzentrationslagern entlassen und in die Armee eingezogen. In Italien zeichneten sie sich als das nie zu vergessende 442d-Regiment aus.

Ein weiteres Beispiel für Roosevelts Entschlossenheit, die Rechtsordnung der Vereinigten Staaten dauerhaft zu entehren, war seine arrogante Verfolgung von dreißig loyalen Amerikanern, die gegen den Kommunismus geschrieben oder gesprochen hatten. Kaum hatte man Japan dazu verleitet, Pearl Harbor anzugreifen, und Roosevelt die Möglichkeit gegeben, Deutschland zu unserem Todfeind und das atheistische Russland zu unserem festen Verbündeten zu erklären, begann er eine landesweite Terrorkampagne gegen alle, die sich gegen kommunistische Verschwörer gewandt hatten. Die Haftbefehle gegen diese Patrioten wurden am Tag nach Pearl Harbor ausgestellt. Der Anstoß zu dieser Verfolgung soll zuverlässig von der Washington Post des Regierungsanleihenmanipulators Eugene Meyer gekommen sein. Einer seiner „Reporter" sammelte die so genannten „Beweise" gegen diese Feinde des Kommunismus, die schließlich vor Gericht verworfen wurden. Meyers Washington Post war natürlich von allen gelben liberalen Zeitungen am lautesten in ihrer Kampagne gegen diese verfolgten Amerikaner.

Es ist bezeichnend, dass Roosevelt bei dieser Hexenjagd die Strafverfolgung in die Hände derjenigen legte, die dem Kommunismus am positivsten gegenüberstehen. Generalstaatsanwalt Francis Biddle ist seit langem die Hauptfigur in der American Civil Liberties Union, die sich der Verteidigung kommunistischer Spione widmet. Der Ankläger der Regierung war O. John Rogge. Herbert Philbrick, der Kommunisten vor dem FBI entlarvte, schrieb in seinem Buch „I Led Three Lives", dass immer, wenn das FBI eine Razzia gegen Kommunisten plante, O. John Rogge den Roten einen Tipp gab, dass eine Razzia bevorstand. Rogges stellvertretender Staatsanwalt war der große Amerikaner T. Lamar Caudle, der aufgrund seiner Verdienste bei dieser Verfolgung befördert wurde, bis ihm seine kommunistisch inspirierten Ehren entzogen wurden, als er aufgefordert wurde, aus dem Justizministerium auszutreten, weil er eine Reihe von Gefälligkeiten angenommen hatte, die mit Fällen von Einkommenssteuervergehen zusammenhingen.

1944, nach zwei Jahren Verfolgung durch die Regierung, wurde diesen dreißig Patrioten der Prozess gemacht. Dieser Prozess endete mit dem Tod des Richters Eichler, den Roosevelt für diese besonders schmutzige Aufgabe aus den Tiefen seines sozialistischen Sumpfes hervorgeholt hatte. Eichlers Nachfolger, Richter Proctor, erklärte, dass die Regierung keine Gründe für ein Verfahren habe und auch nie gehabt habe, und weigerte sich, den Fall fortzusetzen. Der Berufungsrichter Bolitha Laws bestätigte im Juli 1947 Proctors Entscheidung, das Verfahren nicht fortzusetzen, und bezeichnete sie als „Hohn auf die Justiz". Sechs Jahre und sechs Monate lang waren diese Patrioten von der Regierung ihres Heimatlandes verfolgt worden. Die meisten von ihnen waren 1947 gesundheitlich angeschlagen und hatten den Großteil ihrer Mittel für die Prozesskosten ausgegeben. Trotzdem haben sie sich seitdem durch ihren fortgesetzten Kampf gegen die Ausbreitung des Kommunismus in Amerika ausgezeichnet. Senator William Langer bemühte sich monatelang um die Verabschiedung eines Gesetzes, mit dem ihnen die Kosten für diesen Justizskandal erstattet werden sollten, aber der Senat lehnte es ab, ihnen zu helfen. Es erübrigt sich zu erwähnen, dass die Presse über den Prozess nie genau berichtet hat. Die Nachrichtendienste bezeichneten die Angeklagten kollektiv als „Antisemiten", was ihrer systematischen Diffamierung durch die Kreaturen der Anti-Defamation League, Winchell und Pearson, Tür und Tor öffnete. Der Mitarbeiter von Pearson, der über den Prozess berichtete, war ein bekanntes Mitglied der Kommunistischen Partei, Andrew Older.

Das finstere Motiv hinter Amerikas Eingreifen in den Zweiten Weltkrieg war bald offensichtlich. Maxim Litvinoff traf am Tag von Pearl Harbor in Washington ein, um Roosevelt bei der Kriegsführung zu unterstützen, und am 1. Januar 1942, eine Woche nach Pearl Harbor, verkündeten Churchill, Litvinoff und Roosevelt gemeinsam von Washington aus die Erklärung der Vereinten Nationen. Wir waren nicht länger die amerikanische Republik.

Als Roosevelt Amerika erfolgreich in den Zweiten Weltkrieg verwickelte, holte er sich die schlimmsten Elemente des Landes ins Boot, um ihm zu helfen, den Laden zu schmeißen, während unsere anständigen Jungs abgeschlachtet wurden, um den Kommunismus zu retten. Als Litvinoff am Tag von Pearl Harbor eintraf, wurde er auf dem Nationalen Flughafen von Generalstabschef George Marshall mit offenen Armen empfangen, der seine Anweisungen stets über den Kreml zu erhalten schien. Es bedurfte des Mutes von Senator McCarthy, um diese Kreatur zu entlarven, die Truman als „den größten lebenden Amerikaner" bezeichnete. Senator Jenner legte nach und nannte Marshall „eine lebende Lüge" und „einen Strohmann für Verräter". Marshall hat auf keinen dieser Vorwürfe je geantwortet. Ein Gerichtsverfahren würde wahrscheinlich noch mehr Fakten in der düsteren Geschichte von Marshalls Zusammenarbeit mit den Kommunisten ans Licht bringen. Es sind diese Kollaborateure, die gefährlicher sind als die Mitglieder der Kommunistischen Partei, die McCarthy aus der Truman-Administration zu vertreiben versuchte, aber ihr Anführer, Dean Acheson, ehemaliger Rechtsberater der Sowjetunion, bleibt Außenminister.

In seinem Buch „Retreat from Victory" (Rückzug vom Sieg) schreibt Senator Joseph McCarthy, dass eine der ersten Maßnahmen nach Marshalls Ernennung zum Stabschef der Versuch war, alle Unterlagen der Armee über kommunistische Aktivitäten zu vernichten. Senator Styles Bridges erfuhr von diesem Verrat und verhinderte, dass das Army Counter Intelligence Corps ihn durchführte. Wie viele der Akten vernichtet wurden, wird nie bekannt werden.

Marshall war von Roosevelt zum Stabschef ernannt worden, weil er einen tiefen Groll gegen General Douglas MacArthur, den Befehlshaber unserer Streitkräfte im Pazifik, hegte. Während seiner Zeit als Stabschef hatte Douglas MacArthur sich geweigert, Marshall vom Oberst zum Brigadegeneral zu befördern, nachdem Marshall seine mangelnde Führungsqualität unter Beweis gestellt hatte. Roosevelt brauchte einen Mann, der es mit MacArthur aufnehmen konnte. Litvinoff hatte Roosevelt davon überzeugt, dass alle verfügbaren Vorräte für die nächsten sechs Monate nach Russland geschickt werden müssten, wenn Russland gerettet werden sollte, und das bedeutete,

MacArthur in seinem Kampf gegen die japanischen Armeen Waffen und Flugzeuge vorzuenthalten. Marshalls Abneigung gegen MacArthur war so groß, dass er sich gerne an dieser Verschwörung gegen unsere Truppen beteiligte. Während unsere Jungs im Pazifik von der japanischen Luftwaffe bombardiert und abgeschossen wurden, verteidigten die Flugzeuge, die sie eigentlich hätten schützen sollen, Moskau. Die Tragödie unserer Halteaktion im Pazifik im Jahre 1942 ist auf die Absprache zwischen Roosevelt, Litvinoff und Marshall zurückzuführen, die darauf abzielte, der amerikanischen Armee den Nachschub zugunsten Russlands zu entziehen. Auf diese Weise verdammten sie viele Tausende amerikanischer Soldaten zu Verstümmelung, Gefangenschaft oder Tod durch die Japaner.

Zur gleichen Zeit, als Marshall unsere Waffen nach Russland schickte, hatte er offenbar das Ziel, so viele amerikanische Jungs wie möglich abschlachten zu lassen. Anfang 1942, so Senator McCarthy auf Seite 19 seines Buches, stellten Marshall und sein Planungsassistent, Oberst Dwight Eisenhower, ihren Plan für eine zweite Front fertig und drängten Roosevelt, ihn sofort in die Tat umzusetzen. Alle Militärexperten des Landes, einschließlich Hanson Baldwin von der New York Times, prangerten diesen Plan an. Wir konnten im Frühjahr 1942 kaum genug Waffen produzieren, um Russland zu verteidigen, geschweige denn, um eine Invasion in Europa zu starten. Die zweite Front war die offizielle Linie der Kommunistischen Partei in den Jahren 1942 und 1943. Jeder, der sie in diesen Monaten unterstützte, als wir offensichtlich nicht in der Lage waren, eine zweite Front zu eröffnen, war prokommunistisch. Hätten wir vor 1944 eine zweite Front eröffnet, so Baldwin, wären wir wahrscheinlich zurückgeworfen worden, und es hätte Jahre gedauert, bis wir uns von einer solchen Katastrophe erholt hätten. Die Kommunisten weigerten sich, auf die Vernunft zu hören. Stalin selbst hatte das Diktum der „zweiten Front" aufgestellt, und Marshall und Eisenhower schlossen sich ihm loyal an. Vielleicht ist das der Grund, warum Dwight Eisenhower der erste Ausländer war, der während der jährlichen Sportparade neben Stalin auf Lenins Grab stand (Entscheidung in Deutschland von General Lucious Clay).

Wenn einer seiner Günstlinge, wie z.B. Averell Harriman, Moskau besuchte, war Stalins erste Frage immer: „Wann werden Sie die zweite Front eröffnen?" Kein Wort der Dankbarkeit für die Lieferungen, die seine Regierung gerettet hatten, denn Dankbarkeit ist ein bürgerliches und schwächendes Gefühl für den Kommunisten. Als Lenin 1917 die Macht in Russland übernahm, war seine erste Tat, Helphand Parvus, der ihn sicher durch Deutschland gebracht hatte, als „Opportunisten" zu denunzieren.

Das amerikanische Volk wurde nicht über die einfache Tatsache informiert, dass Russland nicht beschwichtigt werden kann. Jegliche Kritik an Russland während des Krieges zu veröffentlichen, bedeutete eine mögliche Anklage wegen Hochverrats, und sie war gerechtfertigt, da wir kämpften, um den Kommunismus zu retten. Eisenhower hatte in seinem Hauptquartier in London die Anweisung, dass im Interesse der „Harmonie" kein Russe kritisiert werden dürfe.

General Marshall hätte während des Zweiten Weltkriegs durchaus der Militärkolumnist des Daily Worker sein können, so sehr folgte er der Linie der Kommunistischen Partei. Als energischster Verfechter der Absurdität einer zweiten Front sprach sich Marshall stets lautstark gegen einen Mittelmeerfeldzug aus, der die kommunistischen Errungenschaften in Mitteleuropa gefährden würde. Er hatte wenig Sympathie für den Italienfeldzug, der ständig unter Nachschubmangel und spärlicher Verstärkung litt. Italien war der Schauplatz einiger der schlimmsten Gemetzel an Amerikanern im Zweiten Weltkrieg, unter der Führung von General Mark Clark, der sie in die Todesfallen von Anzio und Salerno trieb. Seine eigenen Offiziere versuchten, ihn nach ihrer Rückkehr in die Vereinigten Staaten vor Gericht zu bringen. Dies mag erklären, warum Clark die Verantwortung für die koreanischen Blutriten übertragen wurde. Clarks Kriegsführung in Italien war gekennzeichnet durch die massenhafte Zerstörung von katholischen Heiligtümern und Kunstwerken. Das schlimmste Verbrechen war die vorsätzliche Zerstörung des Klosters von Monte Cassino aus dem 16.th Jahrhundert durch Sättigungsbombardements, eine Entwicklung der totalen Kriegsführung, die uns in die Zeit der Barbarei zurückversetzte. Nach der Bombardierung verfügten die deutschen Truppen über eine perfekte Festung in den Trümmern von Monte Cassino, und es kostete viele Amerikaner das Leben, sie zu vertreiben. Clarks Mutter und seine Frau sind beide jüdisch. Wir hatten natürlich keine katholischen Generäle, die das Kommando über den Italienfeldzug hätten übernehmen können. Als wir in Italien vorrückten, wurde Herbert Lehman eilig zum Generalgouverneur des besetzten Gebietes ernannt.

Es ist interessant, dass die beiden großen katholischen Nationen, Polen und Italien, während des Zweiten Weltkriegs Schauplätze solch mutwilliger Zerstörung waren. Trotz der Regierung von Herbert

Lehman weigerte sich Italien, nach dem Krieg kommunistisch zu werden.

Mit der Kriegserklärung Roosevelts im Jahr 1941 übernahm Baruch offen die Macht in Washington. Zumindest wusste er, was er tat. Sieben Jahre zuvor hatte er dem Nye-Komitee Schritt für Schritt seine vollständigen Pläne für die Rationierung von Lebensmitteln und Öl, die Einberufung von Arbeitskräften und andere Aspekte dessen, was als Roosevelt-Diktatur bekannt wurde, dargelegt. Baruchs Handlanger in Washington war sein langjähriger Favorit, Jimmy Byrnes aus South Carolina, wo Baruch sein palastartiges Anwesen, die Hobcaw Barony, besaß. Byrnes war einer der schweigenden Kongressabgeordneten bei den Pujor-Anhörungen 1913 gewesen. Er lässt sich am besten beschreiben, indem er auf ein bei Kindern beliebtes Spielzeug verweist, einen schwarzen Handschuh mit einem aufgemalten Affengesicht. Der Handschuh wird über die Hand gestülpt, die Finger werden bewegt, und der Affe zieht eine Grimasse und scheint zu sprechen. Das Gesicht in Washington war Byrnes, aber die Hand war Baruch. Das letzte Mal, dass Byrnes von Baruch benutzt wurde, war 1948, als Byrnes die Dixiecrat Party gründete, um den demokratischen Süden zu spalten und Trumans Niederlage zu sichern. Baruch hasste Truman zu dieser Zeit abgrundtief, und es wird heute allgemein angenommen, dass Baruchs Gehässigkeit bei einer politischen Feier geweckt wurde, bei der Truman in einem Moment bourbonbedingter Ausgelassenheit den großen Amerikaner scherzhaft als „Hey, Jewboy!" ansprach.

Man sagt, dass die bissige Art der Kampagne gegen Truman im Jahr 1948 ihn wiedergewählt hat. Andere behaupten, das amerikanische Volk würde Dewey niemals wählen, selbst wenn er Ike hieße, und das stimmt wahrscheinlich auch. Dewey kann sich jedoch jederzeit auf einen guten Platz im internationalen Drogenhandel zurückziehen, solange Lucky Luciano frei ist.

Carter Field sagt in seiner Biographie über Baruch

> „Als junger Politiker in South Carolina hatte Byrnes Baruch Jahre zuvor kennen und schätzen gelernt.

Vielleicht muss man Baruch kennen, um ihn zu mögen. Über Tom Dewey wurde gesagt, dass man ihn kennen muss, um ihn nicht zu mögen.

Sicherlich war Washington von 1941 bis 1945 mit gefährlichen Leuten in Positionen besetzt, in denen sie unserer Republik unabsehbaren

Schaden zufügen konnten und dies auch taten. Bundy erzählt uns, dass Stimsons drei Assistenten John J. McCloy von Cravath and Henderson, Robert A. Lovett von Brown Brothers Harriman und Arthur Palmer von seiner eigenen Anwaltskanzlei Winthrop and Stimson waren. Stimson gelang es immer, für seine Anwaltspartner wichtige Jobs in Washington zu finden. Auf Seite 494 des Stimson-Meisterwerks berichtet Bundy, dass

> „Zunächst hoffte Stimson, dass Donald Nelson durch die Ernennung starker Assistenten gestärkt werden könnte, und er holte Charles E. Wilson und Ferdinand Eberstadt im September 1942 in das War Production Board. Im Februar 1943, als sich Nelson als unfähig erwies, ein so temperamentvolles Team zu führen, forderten Stimson und andere Verwaltungsbeamte den Präsidenten auf, ihn durch Bernard Baruch zu ersetzen."

Donald Nelson war ein Mitarbeiter von Sears Roebuck, und Sears Roebuck ist natürlich im Besitz der Familie Rosenwald, die Nelson freundlicherweise für einen Dollar pro Jahr an die Regierung auslieh.

Einer der abscheulichsten Betrügereien des Krieges war der Plan der umlagefinanzierten Einkommenssteuer, ein Produkt des fruchtbaren Gehirns von Beardsley Ruml, dem Vertreter der Familie Strauss, der die Macy Co. in New York gehört. Der Abgeordnete Wright Patman prangerte den Ruml-Plan an, da er ausdrücklich zum Schutz der ersten Ernte von Kriegsmillionären gedacht war, deren Rasse wir uns gut vorstellen können. I. F. Stone stellte in der Zeitung PM, die inzwischen an einer Überdosis Kommunismus gestorben ist, fest, dass der Ruml-Plan ein hervorragendes Ausweichmanöver für die „Get-Rich-Quick-Gang" darstellte, weil er ungeteilte Gewinne nicht besteuerte. Um die Einkommensteuer zu vermeiden, konnten die Partner das Geld im Unternehmen belassen. Dies bedeutete jedoch wenig für den Arbeiter, der jede Woche in den Genuss der Steuer kam. Der Ruml-Plan war ungerecht, da er den Arbeitnehmer um sein Geld brachte, sobald er es verdient hatte. Vor dem Ruml-Plan konnte der Arbeiter zumindest über sein Geld verfügen, bevor der Staat es ihm wegnahm. Jetzt nimmt der Staat das Geld, sobald es verdient ist, und wenn zu viel genommen wird, was oft der Fall ist, hat der Arbeitnehmer einen interessanten Kampf von einem bis zu zehn Jahren, um es zurückzubekommen.

Als General Marshall Stabschef war, hat die amerikanische Armee einige interessante Techniken von den Kommunisten übernommen. Es ist nicht allgemein bekannt, dass auch wir während des Zweiten

Weltkriegs unsere „politischen Berater" bei unseren Truppen in Übersee hatten. General Dwight Eisenhower hatte in seinem Hauptquartier in London als Berater James Paul Warburg, Organisator und Leiter der Londoner Abteilung des Office of War Information. Sein Cousin Edward M. M. Warburg von Kuhn, Loeb Co. stand Eisenhower mit dem offiziellen Titel eines politischen Beraters zur Seite. Lt. John Schiff, Partner von Kuhn, Loeb. Und Enkel des Finanziers der kommunistischen Revolution in Russland, war Eisenhowers Marineattaché. Richter Simon Rifkind war Eisenhowers Berater in jüdischen Angelegenheiten, die natürlich äußerst wichtig sind. Dieser Stab bildete den Kern der Eisenhower-for-President-Bewegung.

An der Heimatfront herrschten die Kommunisten. Roosevelt, der durch seine schlanke Mannschaft kommunistischer Agitatoren von den schmuddeligen amerikanischen Bürgern abgeschirmt war, beförderte Lauchlin Currie und Alger Hiss rasch an die Spitze seines persönlichen Stabes. Der berüchtigte kommunistische Jugendorganisator Joe Lash kehrte zwischen Streiks und Unruhen oft für eine schnelle Mahlzeit und eine Rasur im Weißen Haus ein, und fast jeden Tag sah man den sowjetischen Kommissar Maxim Litvinoff in seiner Limousine mit Chauffeur die Auffahrt zum Weißen Haus hinauffahren, um mit Roosevelt zu Mittag zu essen.

Im Jahr 1943 ließ Arthur Upham Pope seine Biografie über Litvinoff bei Louis Fischer Co. veröffentlichen. New York. In diesem Buch werden einige rätselhafte Aspekte der russischen Außenpolitik erläutert. Auf Seite 451 beleuchtet Pope den Russisch-Deutschen Pakt von 1939 wie folgt:

> „Russland hatte noch eine letzte Hoffnung: Wenn es dieses militärische Abkommen mit Frankreich und England ablehnte und einen Nichtangriffspakt mit Deutschland schloss, könnte der Krieg auf Deutschland und Polen beschränkt werden, und Europa bliebe der Holocaust erspart. Das russisch-deutsche Abkommen war das Ergebnis dringender Notwendigkeiten, die weder durch die Dringlichkeit des Augenblicks noch durch gegenseitige Interessen vollständig überwunden werden konnten. Die Russen wurden heftig der Doppelzüngigkeit bezichtigt. Wie John Whittaker sagt: „In Wirklichkeit war es das Versagen der Demokratien, mit Sowjetrussland zusammenzuarbeiten, das dieses mächtige Volk gezwungen hatte, sich dem Isolationismus und einem Pakt mit Nazideutschland zuzuwenden. Auch Walter Lippmann verteidigte Stalin in diesem Fall."

Es ist nicht überraschend, dass Lippmann irgendwo Stalin verteidigt. Sicherlich würde Lippmann die Russen niemals der Doppelzüngigkeit bezichtigen, nur weil sie ihre gesamte Außenpolitik umgestellt und einen Pakt mit ihrem ärgsten Feind geschlossen haben. Jedenfalls haben die Demokratien laut Papst nicht mit Russland kooperiert.

Der Nichtangriffspakt sorgte für einige seltsame Szenen. Das russische Außenministerium hatte einen komplett jüdischen Mitarbeiterstab, von Litwinoff an abwärts, und nun mussten sie die antisemitischen Nazis zu Tisch bitten. Ein solches Bankett wird von Pope beschrieben;

> „Lazar Kaganovich, Kommissar für Eisenbahnwesen, der Jude ist, erschien nicht zum Staatsbankett zu Ehren von Ribbentrop; aber es war Kaganovich selbst, der sich weigerte zu gehen, nicht Stalin, der dies verlangte; und ein anderes jüdisches Mitglied der Regierung, Solomon Lozovsky, Vizekommissar für Auswärtige Angelegenheiten, erschien nicht nur zum Bankett, sondern saß neben Ribbentrop."

Nachrichtenfotos von diesem Ereignis sind nie erschienen. Jedenfalls waren diese sozialen Spannungen nur von kurzer Dauer. Russland nutzte den Pakt auch, um das kleine Finnland anzugreifen. Pope berichtet auf Seite 455 über die Hintergründe dieses Ereignisses;

> „Am 2. November 1939 überfiel Russland Finnland. Die Welt im Allgemeinen wusste wenig über das faschistische Element in Finnland und war sich nicht bewusst, dass Mannerheim, ein Schwede, der ein zaristischer General gewesen war und eine erschreckende Liste von Grausamkeiten aufzuweisen hatte, mit anderen Mitgliedern der Militärclique mit Hitler kollaborierte. Die breite Öffentlichkeit in der westlichen Welt war sich der Gefahr für Russland nicht bewusst."

Unter der Führung des zaristisch-faschistischen Terroristen Mannerheim, so Pope, hätte das kleine Finnland Russland wahrscheinlich innerhalb weniger Tage überrennen können. Kein Wunder, dass der demokratische und sanfte Stalin seine Armeen nach Finnland schicken musste, bevor die Finnen Moskau eroberten. Dieses idiotische Argument ist typisch für die kommunistische Propaganda, mit der die Kommunisten Amerika überschwemmten, während wir das atheistische Russland gegen Deutschland verteidigten. Das Schlimmste kommt in Popes Beschreibung des Bankräubers und Massenmörders Stalin. Pope schreibt, dass

> „Stalin hat braune Augen, ‘überaus freundlich und sanft’, und schöne Hände. Sein Auftreten ist freundlich, sein Benehmen fast herablassend einfach, seine Persönlichkeit und sein Ausdruck von zurückhaltender Stärke sehr ausgeprägt, mit einer einfachen Würde. Er hat eine sehr große Mentalität. Er ist scharfsinnig, scharfsinnig und vor allem weise. Er hat einen schlitzohrigen Humor, ist über eine beträchtliche Anzahl von Themen gut informiert und kritzelt gerne, während er nachdenkt. Quentin Reynolds zitiert einen britischen Korrespondenten, der einmal über Stalin schrieb: „Er sieht aus wie der freundliche italienische Gärtner, der zweimal in der Woche kommt“. Eine bessere Beschreibung des sowjetischen Führers kann man nicht finden. Sein Werdegang zeugt von Beharrlichkeit, Entschlossenheit, Geduld, Ausdauer und Mut, sowohl von körperlicher Tapferkeit als auch vom moralischen Mut, eigene Fehler einzugestehen, worauf er besonderen Wert legt, und dabei von einer gewissen Flexibilität, die dazu führt, dass man sich über Slogans oder doktrinäre Verlautbarungen hinwegsetzt, die eher ideologisch als realistisch sind. Die Kollektivierung der Landwirtschaft war eine seiner größten Errungenschaften, die durch die Hartnäckigkeit bestimmter Teile der Bauernschaft noch schwieriger und folglich grausamer wurde.“

Wir zitieren so ausführlich, um die fanatische Ergebenheit der Kommunisten im Ausland gegenüber ihrem Führer zu unterstreichen. Quentin Reynolds, ehemals oberster Auslandskorrespondent von Collier’s, ist jetzt Herausgeber von United Nations World. Dieser nette alte italienische Gärtnertyp hat es geschafft, zwölf Millionen russische Bauern der Mittelklasse verhungern zu lassen, um ihre Betriebe zu kollektivieren. Pope hat ein vielleicht zu einfühlsames Wortporträt des rücksichtslosesten Führers der Welt gezeichnet.

In diesem klassischen Werk der kommunistischen Propaganda, „Maxim Litvinoff“, von Arthur Upham Pope, finden wir wenig Sympathie für amerikanische „Reaktionäre“, so

> „Lindberghs antirussische, antiasiatische und pro-nazistische Ansichten sind inzwischen offenkundig geworden und sind nun diskreditiert. In ihrem Widerwillen, antirussische Vorurteile aufzugeben, hatten die Amerikaner die Änderung der Politik unter Stalin keineswegs vollständig begriffen, eine geänderte Ausrichtung, die Lenin von Anfang an befürwortet hatte; die Ersetzung der internationalen Revolution und ihrer Förderung in anderen Ländern durch ein Programm für die volle Entwicklung der eigenen Ressourcen Russlands, das das russische Volk zu immer

> größeren Anstrengungen anspornte und die Grundlage für einen neuen Internationalismus legte, der herzlichere Beziehungen zu anderen Nationen ermöglichte."

Die letzten fünf Jahre haben uns gezeigt, wie wahr dies ist. Russland träumte davon, seine illegalen Spione bei den Vereinten Nationen durch legale zu ersetzen, findet aber derzeit eine Kombination aus beidem befriedigender. Lindbergh wurde natürlich verleumdet, weil er gegen Amerikas Eintritt in den Krieg zur Rettung des Kommunismus war.

Einer der unermüdlichsten kommunistischen Propagandisten Amerikas ist James Paul Warburg, Spross der Firma Kuhn, Loeb Co. und Sohn von Paul Warburg. James Paul Warburg schrieb „Foreign Policy Begins at Homes" (Außenpolitik beginnt zu Hause), Harcourt Brace, 1941, der Herausgeber der endgültigen Ausgabe der Briefe Lenins und anderer kommunistischer Bücher. Auf Seite 1 sagt Warburg,

> „Wir führen nicht nur einen, sondern zwei Kriege, den militärischen Krieg gegen Deutschland und Japan und den Krieg gegen den Faschismus, der ein weltweiter Bürgerkrieg ist, der alle nationalen Grenzen überschreitet. Der Krieg gegen den Faschismus wird nicht enden, wenn die Armeen von Hitler und Hirohito kapituliert haben.

Die Verwendung des Wortes „Faschismus" ist ein Schlüsselwort in der kommunistischen Propaganda. Es bedeutet alle Opposition gegen den sozialistischen Weltstaat. Die Kommunisten bezeichnen alle Gegner als „Faschisten".

Auf den Seiten 19 und 20 erklärt Warburg, dass

> „Der Kommunismus zielt darauf ab, den Staat zum gemeinsamen Verwalter von Eigentum und Macht zum Nutzen des gesamten Volkes zu machen. Der Kommunismus in Russland hat seinen Ursprung in einem ausgebeuteten und unterdrückten Volk, das weder politische noch wirtschaftliche Demokratie genossen hat. Er versuchte, eine Wirtschaftsdemokratie durch eine politische Diktatur zu errichten, die er nun abzuschaffen versucht. Der Kommunismus begann 1918 als eine weltweite Revolution der Arbeiterklasse gegen ihre Ausbeuter. Der russische Kommunismus hat die Weltrevolution aufgegeben und ist zu einem rein nationalen Experiment des Staatssozialismus geworden. Der Kommunismus macht keinen Unterschied zwischen Rasse, Nationalität oder Religion. Er betont die Brüderlichkeit der Menschen."

Obwohl Warburg behauptet, dass Russland die Weltrevolution aufgegeben hat, hat es China und Mitteleuropa zu seinem Herrschaftsbereich hinzugefügt. Er erklärt weder genau, wie die politische Diktatur in Russland abgeschafft wird, noch nimmt er in späteren Werken darauf Bezug. Eigentlich war dieser Dünger natürlich nicht dazu gedacht, zehn Jahre später gelesen zu werden. Wie die meiste Propaganda hatte er ein vorübergehendes Ziel, nämlich das amerikanische Volk davon zu überzeugen, dass es eine glorreiche Sache sei, bei der Verteidigung des Kommunismus zu sterben. Die Amerikaner zögerten, Tausende von Meilen zu reisen, um einen atheistischen terroristischen Polizeistaat zu verteidigen. Es brauchte Roosevelt, um sie dazu zu bewegen.

Der Rat für Auswärtige Beziehungen dominierte die US-Regierung während des Zweiten Weltkriegs. Seine Mitglieder hatten nicht nur Einfluss auf das Außenministerium, sondern bildeten auch die obersten Ränge der streng geheimen Regierungsbehörde, des Office of Strategic Services, sowie unserer offiziellen Propagandaagentur, des Office of War Information. Das Office of War Information (OWI) wurde von James Paul Warburg organisiert, der den müden Zeitungsmann Elmer Davis zu seiner Front wählte. Die pazifische Abteilung des OWI wurde in die Hände von Owen Lattimore und William Holland vom Institute of Pacific Relations gelegt.

Das Office of War Information bot einen guten Platz für so berüchtigte Mitläufer wie Alan Cranston, der aus dem Nichts zum Leiter der Fremdsprachenabteilung des OWI ernannt wurde. Cranston ist heute Präsident der United World Federalists, zu denen James Paul Warburg den größten finanziellen Beitrag leistet. Cranston war der Protegé des professionellen kommunistischen Schriftstellers Louis Adamic, der 1951 in seinem Haus in New Jersey ermordet wurde, vermutlich von Titoisten. Cranston schrieb für Adamic's Magazin Common Ground, eine Publikation, an der auch David Karr, auch bekannt als Katz, ein Autor des Daily Worker, der später als Chefreporter von Drew Pearson auftauchte, beteiligt war. Cranston wurde zur Armee eingezogen und schrieb Propaganda für die Armee-Publikation Army Talk, die so nützliche kommunistische Ideen wie das Pamphlet 373 veröffentlichte, in dem vorgeschlagen wurde, den Panamakanal unter internationale Kontrolle zu stellen. Der Armed Forces Information and Education Service war auch ein strategischer Ort, an dem sich das kommunistische Ungeziefer verstecken konnte, während die Kämpfe stattfanden.

Stanislaw Mikolajczyk schreibt in „Rape of Poland", Whittlesey House, auf Seite 25, dass

> „Das Kriegsinformationsbüro folgte ständig der kommunistischen Linie und war von Radio Moskau nicht zu unterscheiden. Die Polen waren entsetzt, dass sie vom Kriegsinformationsamt nur kommunistische Propaganda erhielten."

Mikolajczyk wies auch darauf hin, dass das Office of War Information jeden Bericht der polnischen Exilregierung in London als streng geheim abstempelte und in den Akten vergrub, während das OWI nichts als kommunistische Propaganda verbreitete. Dies wurde auch von Hon. Charles A. Wolverton, Congressional Record, 12. August 1952, Seite A4963, hervorgehoben. Das Office of War Information wurde 1946 von William Benton, jetzt Senator, als Voice of America reorganisiert und enthält die gleichen Kreaturen wie die alte Warburg-Einrichtung.

Das Office of Strategic Services wurde vollständig von Mitgliedern des Council On Foreign Relations dominiert. Der Wall-Street-Anwalt General William Donovan war ihr Chef, und sechsundzwanzig ihrer Spitzenbeamten gehörten dem Rat an, darunter Männer wie Allen W. Dulles, der Präsident des Rates, der sich während des gesamten Krieges mit deutschen Vertretern im neutralen Gebiet der Schweiz traf, und Konteradmiral William Standley, der 1941 mit Harriman an der Lend-Lease-Mission nach Moskau teilnahm und Direktor der mit Rothschild verbundenen Rüstungsfirma Electric Boat Co. ist, die kürzlich den Navy-Vertrag für das Atom-U-Boot erhielt.

Der Rat war während des Krieges in allen Beratungsgremien vertreten. Das U.S. Air Corps Strategic Bombing Survey, das Ziele in Deutschland und Japan auswählte, hatte Elihu Root Jr. als Hauptberater, der von Elmo Roper von Spiegel, Inc. und Theodore Paul Wright, allesamt Ratsmitglieder, unterstützt wurde, um industrielle Ziele für unsere Flieger auszuwählen.

In Jugoslawien ereignete sich eine der traurigsten Tragödien des Krieges. General Draja Mihailovich führte von Beginn des Krieges an eine Armee von Patrioten gegen die Nazis. Als Deutschland Russland angriff, tauchte Tito plötzlich mit einer kommunistischen Armee auf, und Churchill und Roosevelt verweigerten Mihailovich die Versorgung und ließen zu, dass die Deutschen seine patriotischen Kräfte auslöschten, während sie der kommunistischen Armee Militärmissionen und Nachschub schickten. Fitzroy MacLean vertrat

Churchill in Titos Hauptquartier, und in seinem Buch „Flucht ins Abenteuer" erwähnt er nicht ein einziges Mal den Mann, mit dem er viele Monate lang aß und schlief, Oberst Ellery C. Huntingdon, Leiter der US-Militärmission in Jugoslawien. Huntingdon und David Milton, der Schwiegersohn von John D. Rockefeller, kontrollieren gemeinsam die Morris Plan Banks und die Equity Corporation, ein riesiges Netz von Holdinggesellschaften und Banken. Sie kontrollieren auch das Rückversicherungsgeschäft in Amerika, auf das sie ein Monopol haben. Huntingdon und Milton leiten die General Reinsurance Corporation und die North Star Reinsurance Corporation, die mit dem Direktorium der Jugoslawisch-Amerikanischen Elektrizitätsgesellschaft verflochten sind.

Die Zionistische Weltorganisation setzte sich während des Krieges unermüdlich für die Gründung der Vereinten Nationen ein, die die Errichtung des Staates Israel garantierten, weshalb eine Woche nach dem Pearl-Harbor-Tag, dem 1. Januar 1942, die Litvinoff-Churchill-Roosevelt-Erklärung der Vereinten Nationen verabschiedet wurde. Am 21. März 1944 leitete Rabbi Wise eine Kundgebung des American Zionist Emergency Council im Madison Square Garden in New York City. Wise sagte,

> „Wir vertrauen auf einen bewährten und wahren Freund des Zionismus, Winston Churchill, und wir vertrauen auf den führenden demokratischen Führer der heutigen Welt, Franklin Roosevelt.

In den Schützengräben fragten sich die amerikanischen Jungs: „Wofür kämpfen wir?", aber das kommunistische Kriegsinformationsbüro verhinderte, dass sie erfuhren, dass sie den Kommunismus verteidigten und die Gründung des Staates Israel ermöglichten. Stattdessen schrieben die Informations- und Erziehungsprogramme, treu unterstützt von amerikanischen Werbefachleuten, schwärmerisch vom kleinen roten Schulhaus, von Mama und Apfelkuchen und anderen Symbolen ihrer Verachtung für die Intelligenz der Jungen, die in die gewinnbringende Schlachtung geschickt werden sollten. In Hollywood erhoben sich blondgefärbte Filmköniginnen widerwillig aus den Betten jüdischer Filmmagnaten, stiegen in ihre Limousinen, rollten hinunter zur U.S.O., wo sie einen Matrosen vor einer Batterie von Wochenschaukameras küssten, stiegen wieder in ihre Limousinen und gingen zu Bett.

Douglas Reed, in „Lest We Regret", Jonathan Cape Co. London, 1943, schreibt

> „Max Ausnit wurde 1940 in Rumänien für sechs Jahre wegen Betrugs und Devisenvergehen inhaftiert. Als die Deutschen kamen, ließen sie ihn frei. Görings Neffe wurde Direktor von Ausnits großem Eisen- und Stahlwerk Resitza. Ausnit wurde freigelassen und offiziell entlastet."

Nicholas Halasz schrieb am 26. Juli 1944 in der Zeitung PM,

> „Einundzwanzig Personen flogen in drei Lufthansa-Maschinen von Ungarn nach Lissabon. Es handelte sich um die Familie und den Hofstaat des verstorbenen ungarischen Rüstungskönigs Baron Manfred Weiss. Zu der Gruppe gehörten die Barone Eugene und Alphonse Weiss, Ritter Oscar Wahl und Baron Moric Kornfeld, der Vorstandsvorsitzende der ungarischen Allgemeinen Kreditbank, die die Rothschild-Interessen im Donautal vertritt. Die Familie Weiss ist Eigentümerin der riesigen Csepel-Rüstungswerke und hat Berichten zufolge zehn Millionen Dollar in New Yorker Immobilien investiert. Es bleibt die Tatsache, dass trotz der strengsten Judengesetze in Ungarn die tatsächliche Leitung der Weiss-Interessen unverändert blieb. Viele von ihnen sind jedoch Kinder von Konvertiten zum Christentum."

Den Weisses und Ausnits schien es unter der Naziherrschaft gut zu gehen. Botschafter Dodd und George Sokolsky wiesen darauf hin, dass die Warburgs von Hitler nicht behelligt wurden. Wie antisemitisch waren die Nazis? Auf jeden Fall bereiteten die Juden eine schreckliche Rache am deutschen Volk vor. Das Council On Foreign Relations veröffentlichte im Juli 1944 „American Interests in the War and Peace" (Amerikanische Interessen in Krieg und Frieden), das als vertraulich eingestuft und 1946 freigegeben wurde. Es wurde von verschiedenen Persönlichkeiten verfasst, unter anderem von Jacob Viner und Benjamin Cohen. Es trug den Untertitel „Nachkriegskontrollen der deutschen Wirtschaft". Auf Seite 1 finden wir

> „Bei der Erwägung der wirtschaftlichen Maßnahmen, die auf ein besiegtes Deutschland anzuwenden sind, sollten die Siegerländer die folgenden Grundsätze berücksichtigen:
>
> 1. Entschädigung der Opfer der deutschen Aggression für die erlittenen Verluste.
> 2. Ergänzung der Abrüstungsmaßnahmen.
> 3. Schaffung der Grundlagen für den Wiederaufbau auf internationaler Ebene und für einen dauerhaften Frieden.

4. Die Einfuhr von Nahrungsmitteln und Materialien, die knapp sind, sollte von der United National Relief and Rehabilitation Administration (UNRRA) Deutschland zugeteilt werden, wobei die Bedürfnisse anderer Länder, die infolge des Krieges verarmt sind, zu berücksichtigen sind. Solange Engpässe bestehen, sollte die UNRRA knappe Lebensmittel und Vorräte nur mit einer von den Vereinten Nationen erteilten Genehmigung für den Verbrauch in Deutschland freigeben. Die Kosten für die Besatzungsarmee sind von Deutschland zu tragen.
5. Alle Industrie- und Produktionsanlagen, die für militärische Zwecke bestimmt sind, sollten abgebaut werden.
6. Es darf keine staatlichen Hilfen für die deutsche Kunststoffindustrie geben."

Dieses vertrauliche Dokument, das vom Rat für Auswärtige Beziehungen ausgearbeitet wurde, war in Wirklichkeit der berüchtigte Morgenthau-Plan zur Auslöschung des deutschen Volkes. Er sah die Demontage der deutschen Industrie vor, da fast jede Industrieanlage als „für militärische Zwecke bestimmt" eingestuft werden konnte, sowie die Verweigerung von Nahrungsmitteln für das deutsche Volk im Rahmen von Lehmans UNRRA-Organisation. Der Plan wurde zum ersten Mal bei einem Abendessen im Hause des Barons de Rothschild in London erörtert, wo Israel Moses Sieff, Leiter der Political and Economic Planning Organization, dem Äquivalent unserer NRA, und Rothschild dem zu Besuch weilenden Feuerwehrmann Henry Morgenthau Jr. den Plan vorstellten. Er wurde dann als Morgenthau-Plan veröffentlicht. Umgesetzt wurde er durch die Roosevelt-Forderung nach „bedingungsloser Kapitulation", die den deutschen Truppen im Winter 1944 übermittelt wurde, als sie zum Rückzug bereit waren. Diese berüchtigte Tat führte zum Tod Tausender amerikanischer Soldaten in der Ardennenoffensive im Dezember 1944, nachdem die Deutschen beschlossen hatten, weiterzukämpfen, anstatt bedingungslos zu kapitulieren. Roosevelts „bedingungslose Kapitulation" verlängerte den Zweiten Weltkrieg um mindestens sechs Monate.

Der Morgenthau-Plan würde die gesamte deutsche Schwerindustrie demontieren und dem deutschen Volk keine Möglichkeit lassen, sich selbst zu versorgen oder seinen hohen Lebensstandard zu halten. Es war ein misslungener Versuch des Völkermords oder der Massenvernichtung einer rassischen Gruppe, der scheiterte.

Völkermord war schon immer die Spezialität der Juden. Der große Historiker Gibbon schrieb in seinem gewaltigen Werk „The Decline and Fall of the Roman Empire" (Der Untergang des Römischen Reiches) in Band 2, Seite 83, dass

> „Von der Herrschaft Neros bis zu der des Antoninus Pius entdeckten die Juden eine wilde Ungeduld gegenüber der Herrschaft Roms, die sich immer wieder in den wildesten Massakern und Aufständen entlud. Die Menschheit ist schockiert über die schrecklichen Grausamkeiten, die die Juden in den Städten Ägyptens, Zyperns und Kyrene verübten, wo sie in verräterischer Freundschaft mit den ahnungslosen Einheimischen lebten. In Kyrene massakrierten sie 210.000 Menschen, in Ägypten eine sehr große Zahl. Viele ihrer unglücklichen Opfer wurden nach einem Präzedenzfall, den David durch sein Beispiel gebilligt hatte, zersägt."

Die Amerikaner haben noch viel vor sich.

Das Schicksal Deutschlands soll eine Warnung für jede Nation sein, die im Zeitalter des sozialistischen Weltstaates nach nationaler Selbstbestimmung strebt. Das Netz, das das Gewebe des Internationalismus zusammenhält, wurde von Frankfurt nach Amsterdam, Paris, London und New York gesponnen. Am Ende des Zweiten Weltkriegs eilte die Spinne mit ihren Untergebenen in das besiegte Deutschland. Im Mai 1945 wurde ein deutscher Konzernkontrollrat dorthin entsandt, der sich aus den folgenden Mitgliedern des Council On Foreign Relations zusammensetzte:

Wallace R. Deuel, Graeme K. Howard, Oberst Thomas C. Betts, Calvin B. Hoover, der Chefwirtschaftsberater der Fraktion, und Deweitt C. Poole, der die Russische Revolution miterlebt hatte. Weitere Ratsmitglieder in der deutschen Militärregierung waren Generalmajor Lyman Lemnitzer. Lyman Lemnitzer, der die Kapitulationsverhandlungen führte (die Vereinigten Staaten waren sehr darauf bedacht, dass dieser Jude die deutsche Kapitulation akzeptierte, als ob die Deutschen nicht wüssten, wer sie geschlagen hatte); Raymond Sontag, der den Titel eines Sidney Hillman Professors für Europäische Geschichte an der Universität von Kalifornien trug, war 1946 als Leiter des German War Documents Project des Außenministeriums für alle erbeuteten deutschen Dokumente zuständig; und Walter Lichtenstein, der von 1945 bis 1947 aus dem Nichts heraus mit der Leitung aller deutschen Finanzinstitute betraut wurde. Dies machte ihn zum Aufseher über die Unterlagen des J. M.

Stein Bankhauses, der Zweigstelle der J. Henry Schroder Banking Co., die Hitlers persönliches Konto verwaltet hatte. General William H. Draper Jr. von Dillon Read war ebenfalls sehr darauf bedacht, als Erster das eroberte Deutschland zu betreten.

Die deutsche Militärregierung stand unter dem Kommando von General Eisenhower, der sich in der Zusammenarbeit mit Stalin bewährt hatte. Im Life Magazine vom 9. April 1951 war zu lesen, dass Eisenhower Stalin über die US-Militärmission in Moskau per Funk mitgeteilt hatte, er werde an der Elbe anhalten und den Russen die Einnahme Berlins überlassen. Stalin revanchierte sich, indem er Eisenhower mit der russischen Ehrenmedaille, dem Suworow-Orden, auszeichnete. Kein anderer amerikanischer General wurde von den Kommunisten mit solcher Begeisterung betrachtet oder so ausgezeichnet wie Ike Eisenhower.

Der Kongressabgeordnete Carroll B. Reece erklärte am 19. März 1951, dass

> „Wir hätten leicht zuerst nach Berlin kommen können. Aber unsere Truppen wurden zunächst an der Elbe aufgehalten. Von dort wurden sie in einem weiten Kreis weit genug nach Westen abgezogen, um Stalin die großen optischen und feinmechanischen Zeiss-Werke in Jena, das wichtigste V-1- und V-2-Raketenlabor und die Produktionsstätte in Nordhausen sowie das wichtige unterirdische Düsenflugzeugwerk in Kahla zu schenken. Überall übergaben wir den Sowjets unversehrt Tausende von deutschen Flugzeugen, darunter große Mengen montagebereiter Düsenjäger, sowie Forschungszentren, Raketenentwicklungen, wissenschaftliches Personal und andere militärische Schätze. Als alles vorbei war, trug ein großer Teil des gewaltigen russischen Militarismus von heute die deutliche Aufschrift „Made in America" oder „von Amerika aus Deutschland gespendet". Doch wo Roosevelt aufhörte, nahm Truman wieder auf."

Truman war in der Tat ein erbitterter Anwärter auf den Titel des weltweit größten Wohltäters des Kommunismus, der durch das Ableben Roosevelts frei geworden war. Das deutsche Volk war am Ende des Krieges in guten Händen. Fred Smith gibt Eisenhower in der United Nations World vom März 1947 das Verdienst, den Plan des „harten Friedens" gegen Deutschland umgesetzt zu haben. Eisenhower hatte während seiner Monate als Oberbefehlshaber der Alliierten Expeditionsstreitkräfte die zierliche Kay Summersby bei sich, von der es heißt, sie sei seine Chauffeurin. Was auch immer ihre Aufgaben waren, sie war Tag und Nacht bei Ike, während Mamie Eisenhower in Washington saß und die gehässigen Bemerkungen anderer Armeefrauen ertragen musste, deren Ehemänner männliche Chauffeure hatten. Kein Mann hätte dem kriegsmüden Ike ein so aufmunternder Begleiter sein können wie die warmherzige Kay Summersby. Nach dem Krieg schrieb sie ein sehr interessantes Buch mit dem Titel „Eisenhower Was My Boss" (Eisenhower war mein Boss), in dem sie schildert, wie sie und Ike sich amüsierten, während amerikanische Jungen im Krieg zur Rettung des Kommunismus massakriert wurden. Dieses Buch ist inzwischen aus den Läden verschwunden. Es ist eine schamlose Enthüllung von Sauforgien und der Verachtung, die Eisenhowers Vertraute für die schmutzigen Soldaten empfanden. Auf Seite 230 zitiert sie Ike über die Schenkung von Berlin an Russland wie folgt,

> „Die allgemeine Idee, erklärte Ike, war, die Russen zu treffen und Deutschland in zwei Hälften zu teilen. In einer Nachricht aus Moskau wurde Stalin zitiert, der mit der Eisenhower-Direktive völlig einverstanden war; er versprach detaillierte Pläne zur Koordinierung der erwarteten Verbindung."

General Lucius Clay wurde von Eisenhower zum Chef der deutschen Militärregierung ernannt. Natürlich nahm er sein Hauptquartier im I.G.-Farben-Gebäude auf, das bei den Angriffen unbeschädigt geblieben war, und die I.G.-Farben unterhielten ihre Büros weiterhin nur wenige Türen von seinem eigenen. Er importierte von Kuhn, Loeb Co. eine erlesene Auswahl an Mitarbeitern, die ihm bei der Leitung Deutschlands helfen sollten. An erster Stelle stand Max Lowenthal, der Leutnant des Kommunisten Sidney Hillman und der Mann, der Truman 1944 in Chicago die Vizepräsidentschaft verschaffte. Lowenthal zog bei Truman als Leiter der zionistischen Inneren Mission im Weißen Haus ein. Als gesetzlicher Vertreter des riesigen Eisenbahnbesitzes von Kuhn und Loeb wurde Lowenthal beschuldigt, die Interstate Commerce Commission in seinem Sinne zu führen. Er war ein mächtiger Lobbyist in der Nähe der Interstate Commerce Commission des Senats.

Max Lowenthal hatte einen Auftrag in Deutschland. Er wurde Clays Assistent, und sein eigener Assistent war George Shaw Wheeler, der plötzlich die Vereinigten Staaten denunzierte und in die kommunistische Tschechoslowakei ging, um dort zu leben. Lowenthals Machtübernahme in Deutschland war gekennzeichnet durch das plötzliche Auftauchen kommunistischer Agitatoren in westdeutschen Städten, wo ihnen zuvor der Mund verboten worden war.

Kuhn, Loeb wurde auch von einem ihrer Partner, dem stellvertretenden Hochkommissar Benjamin Buttenweiser, vertreten, dessen Frau, eine Nichte von Senator Lehman, Alger Hiss bei seinem ersten Prozess verteidigte; Hiss war während dieses Prozesses in der Wohnung der Buttenweisers in der Park Avenue untergebracht. Der US-Hochkommissar für Deutschland war John J. McCloy, Partner der Anwaltskanzlei Cravath and Henderson, die Kuhn, Loeb Co. vertrat. McCloy trat die Nachfolge von Eugene Meyer als Präsident der Weltbank an und wurde dann nach Deutschland entsandt.

Aufgrund der freundlichen Intervention von Henry Morgenthau hatten die Russen unsere Platten für den Druck von Besatzungsmarken erhalten und einige Milliarden zusätzlich erbeutet, was die deutsche Wirtschaft weiter in Schwierigkeiten brachte. Es wurde weithin berichtet, dass auch Druckplatten für den Druck von US-Dollars an Russland übergeben worden waren und dass viele Millionen Dollar gedruckt und im Besitz von „Flüchtlingen", die mit einem Vermögen im Gepäck landeten, nach Amerika geschickt worden waren. Dieses Geld wurde für den Kauf von Wohnhäusern verwendet. Es verschaffte den „Flüchtlingen" eine beherrschende Stellung in der amerikanischen Wirtschaft gegenüber den glücklosen Einheimischen, die nun für sie arbeiten. Dies ist ein hervorragendes Beispiel dafür, wie man eine Nation durch die Macht der Druckerpresse erobern kann. Amerika hat noch nie einen Krieg verloren, aber wir haben eine Besatzungsarmee auf unserem Boden, und diese Armee hat die ganze Arroganz und Macht der Cäsaren in Großbritannien.

General William H. Draper Jr., Partner bei Dillon Read, dem Bankhaus, das Hitler finanzierte, war Wirtschaftsberater von General Clay in Deutschland. In „Decision In Germany", Doubleday 1950, Seite 47, schreibt Clay

> „Kurz darauf folgte Eisenhowers offizielle Reise nach Moskau als Gast der sowjetischen Regierung. Der Besuch fand zwischen dem 10. Augustth und dem 15. Augustth statt. Eisenhower nahm einen alten Freund aus unseren Tagen in Manila, General T. J. Davis, seinen Sohn, Lt. John Eisenhower, und mich mit. Marschall Schukow begleitete uns in Eisenhowers Flugzeug und fungierte als seine Eskorte. Eisenhower und Marschall Schukow tauschten ihre Ansichten über den Einsatz von Truppen aus.

Clay zeigte kein Mitgefühl für die Leiden des deutschen Volkes, das von einem Mann in den Krieg geführt wurde, der ihm von den Bankern der Wall Street aufgezwungen worden war. Auf Seite 100

> Ich war schockiert über eine deutsche Empfehlung, die Ration der Vertriebenen auf das deutsche Niveau zu senken. Diese Empfehlung kam vom Laenderrat (Parlament).'

Clay war entsetzt, dass das deutsche Volk so viel zu essen haben sollte wie die privilegierte Klasse der Vertriebenen unter der Herrschaft von Lowenthal und Buttenweiser. Auf Seite 235 schreibt Clay

> „Auf meine Bitte hin hat unser Nationaler Rat der Christen und Juden Vertreter in Deutschland, die daran arbeiten, das Wiederaufleben des Antisemitismus zu verhindern."

Auf Seite 31 von „Entscheidung in Deutschland" heißt es,

> „Um sicherzustellen, dass das Vermögen der in Deutschland getöteten Juden, die keine Erben hinterlassen hatten, nicht deutschen Besitzern zugute kam, wurde eine jüdische Nachfolgeorganisation, die von den wiedereingeladenen jüdischen Organisationen gebildet wurde, ermächtigt, deren Vermögen zu beanspruchen und zu erhalten."

Freda Utley hat in ihrem Buch „The High Cost of Vengeance" (Henry Regnery Co.) eine scharfe Anklage gegen die amerikanische Besatzung Deutschlands verfasst und darauf hingewiesen, dass der amerikanische Steuerzahler Deutschland mit Milliarden von Dollar unterstützen musste, weil die Juden den Plan ausgeführt haben, die deutsche Industrie zu entwurzeln und nach Russland zu schicken.

Die Hinrichtung des deutschen Führers nach den Nürnberger Prozessen hat die Deutschen so eingeschüchtert, dass nur der schlimmste Abschaum der Nation es wagte, ein öffentliches Amt anzustreben. Seitdem haben wir uns verpflichtet, nie wieder eine Regierung nach Art der Nazis in Italien oder in Deutschland aufkommen zu lassen, was bedeutet, dass die ersten Versuche in diesen Ländern, die zerstörerischen Aktivitäten der Juden einzuschränken, uns zwingen werden, ihnen erneut den Krieg zu erklären. Die Nürnberger Prozesse wurden nach jenen Prinzipien der Gerechtigkeit geführt, die Stalin der Welt erstmals in den berüchtigten Moskauer Säuberungsprozessen von 1937/38 vor Augen geführt hat. Brutalität und erzwungene Geständnisse kennzeichneten die Durchführung dieser Prozesse. Der

Mann, dessen Name in den Horrorgeschichten über die Nürnberger Folterkammern immer wieder auftaucht, ist der damalige Leutnant William R. Pearl, der Rechtspartner des verstorbenen Senators McMahon, der Vorsitzender des Gemeinsamen Ausschusses für Atomenergie war. Die Nürnberger Prozesse wurden von den Justizbehörden in der ganzen Welt mit Empörung aufgenommen. Das Gesetz, nach dem die Naziführer verurteilt wurden, war ein Ex-post-facto-Gesetz, ein Gesetz, das geschrieben wurde, nachdem das „Verbrechen" begangen worden war. Ex-post-facto-Gesetze hatten in unserem Rechtssystem nie einen Platz, aber die Russen, die über ihre ehemaligen Partner, die Nazis, zu Gericht saßen, verabschiedeten Gesetze, die dem Verbrechen entsprachen. Sie verurteilten die Nazis für das, was die Russen getan hatten und immer noch tun, nämlich aggressive Handlungen gegen kleine Nationen. Montgomery Belgion und andere Beobachter schrieben Bücher, in denen sie die Nürnberger Prozesse verurteilten. Heute wird zugegeben, dass sie unserem weltweiten Ruf als faire Rechtsprechung einen schweren Schlag versetzt haben.

Freda Utley wies in „The High Cost of Vengeance"[3] darauf hin, dass wir die Nazis nach dem Prinzip „guilt by association" verurteilt haben, d.h. Familien und Bekannte von Nazis wurden verurteilt und bestraft. Doch Mitglieder vieler kommunistischer Frontorganisationen in den Vereinigten Staaten beschweren sich, wenn sie enttarnt werden, dass sie nach dem Prinzip „guilt by association" angegriffen werden.

Der Chefankläger bei den Nürnberger Prozessen war General Telford Taylor, ein Partner in der Wall-Street-Kanzlei von Richter Simon Rifkind, Weiss, Paul und Rifkind. Taylor ist jetzt Small Defense Plants Administrator in Washington.

Bei den Nürnberger Prozessen wurde trotz der erzwungenen Geständnisse der Perle die Anklage, dass sechs Millionen Juden tot waren, ernsthaft verschleiert. Bei den berühmten Öfen, die seither die Grundlage der jüdischen Hysterie bilden, handelte es sich um Krematorien, die die Nazis als hygienische Methode zur Beseitigung der in den Konzentrationslagern verstorbenen Häftlinge nutzten. Es wurden keine Beweise dafür vorgelegt, dass lebende Personen verbrannt wurden. Die Gräueltaten in den Konzentrationslagern wurden

[3] „The High Cost of Vengeance", von Freda Utley, Omnia Veritas Ltd, www.omnia-veritas.com.

nachweislich von kommunistischen Häftlingen begangen, die von den Nazis mit der Leitung der Lager betraut worden waren. Deutsche wurden an der Front gebraucht, und in den letzten beiden Kriegsjahren standen die Lager unter der Leitung kommunistischer Treuhänder, die freie Hand bei der Ermordung antikommunistischer Gefangener hatten. Die Gräueltaten in den Gefangenenlagern auf der Insel Koje in Korea waren eine Wiederholung dessen, was in den deutschen Konzentrationslagern geschah. Die Russen haben diesen Teil der Zeugenaussagen in Nürnberg eilig übergangen.

Die Behauptung, Hitler habe sechs Millionen Juden ermordet, wird durch ihre eigenen Zahlen im Weltalmanach widerlegt. Unmittelbar nach der Kapitulation Deutschlands wurde eine Flugzeugladung amerikanischer Redakteure und Korrespondenten in die Konzentrationslager geflogen, wo man ihnen riesige Haufen von Knochen zeigte. Es handelte sich um die sterblichen Überreste amerikanisch-russischer Kriegsgefangener, die jedoch gefilmt und überall in den Vereinigten Staaten als „jüdische Knochen" gezeigt wurden - einer der abscheulichsten Versuche, die öffentliche Meinung zu beeinflussen, die es je gab. Viele Kinobesucher wurden bei diesem grausigen Anblick krank, und bei Loews und anderen Besitzern von Kinoketten wurde dagegen protestiert, Frauen und Kindern diese schrecklichen Dinge zu zeigen, aber die jüdischen Propagandisten waren entschlossen, niemandem diese schreckliche Erfahrung zu ersparen, und monatelang danach waren unsere Zeitungen und Zeitschriften mit den schauerlichen Knochenbildern gefüllt.

Der Zustrom von mehr als sechs Millionen Juden in die Vereinigten Staaten während des Krieges macht es den Amerikanern schwer, die Anschuldigungen gegen die Nazis zu glauben. Alle Beschränkungen für die Einreise von Juden in die Vereinigten Staaten wurden auf persönlichen Befehl von Präsident Roosevelt aufgehoben. Heute schätzt man, dass zwischen 1940 und 1946 fünf bis acht Millionen Juden in die Vereinigten Staaten kamen. Sie stellen nun ein ernsthaftes wirtschaftliches Problem dar, da sie im Einzelhandel immer stärker vertreten sind und die einheimischen Amerikaner in weniger einträgliche Berufe drängen.

Der Hintergrund der Nürnberger Prozesse ist derselbe wie der des Zweiten Weltkriegs, die gleichen internationalen Einflüsse, die darauf abzielten, der Achtung einer Regierung vor den Beamten einer anderen ein Ende zu setzen.

Auf Seite 587 von Bundys Biografie über Stimson heißt es

> „Stimson stand der Verurteilung von Kriegsverbrechern wegen eines Angriffskrieges skeptisch gegenüber, als sein Partner William Chanler ihm dies erstmals vorschlug. Er war der Meinung, dass es „dem internationalen Denken ein wenig vorauseilte" (Memo an McCloy, 28. November 1944), und erst nach weiteren Überlegungen wurde er ein glühender Verfechter des Prinzips."

Zweifellos beriet er sich mit seinem ehemaligen Partner Frankfurter, der Gründe für ein Ex-post-facto-Gesetz finden konnte.

Die Nürnberger Gesetze wurden vom Rat für Auswärtige Beziehungen als großer Fortschritt in der Rechtsprechung angesehen. In „Foreign Affairs", Juli 1947, schrieb William E. Jackson einen Artikel „Putting the Nuremberg Law to Work", Zitat

> „Es scheint besonders wichtig zu sein, dass die Nürnberger Grundsätze, die eine für alle Nationen verbindliche Rechtsordnung begründen, weiterhin Bestand haben, solange die Vereinten Nationen ihre Befugnisse noch nicht voll ausschöpfen können.
>
> Seit einiger Zeit wird vorgeschlagen, dass das Nürnberger Gesetz auf Initiative der Generalversammlung der Vereinten Nationen kodifiziert werden sollte. Ein entsprechender Vorschlag von Paul Bul, amerikanisches Mitglied des Internationalen Militärgerichtshofs, wurde von Präsident Truman gebilligt. Wenn wir das Nürnberger Gesetz wirksam aufrechterhalten wollen, müssen wir unsere Energie nicht darauf verwenden, es zu erneuern, sondern wir müssen jetzt Verfahren einführen, die gewährleisten, dass es schnell angewendet werden kann, wenn es jemals wieder notwendig sein sollte.

John Foster Dulles wäre ein guter Kandidat für einen Prozess, wenn die Nürnberger Gesetze für den Beginn des Krieges in Korea herangezogen werden sollten.

Der Jüdische Weltkongress in New York City gibt ein Blatt mit dem Titel „Jewish Comment" heraus. In der Ausgabe vom 29. Mai 1943 dieses Blattes wird erklärt, dass

> Es besteht allgemein Einigkeit darüber, dass die völkerrechtlichen Definitionen von Kriegsverbrechen, die formuliert wurden, bevor die Methoden der „totalen Kriegsführung" der Achsenmächte bekannt waren, sich als unzureichende Grundlage für die Bestrafung

> einiger der krassesten deutschen Verbrechen gegen die Menschlichkeit erweisen könnten. Ganz anders verhält es sich, wenn man die Frage der Vergeltung in engem Zusammenhang mit der Taktik der Kriegsführung betrachtet. Wenn die Kriegsverbrecher, die verräterischen Kollaborateure und ihre Helfershelfer ihren Teil zum Gelingen des Krieges beitragen sollen, müssen sie in jedem neu eroberten Gebiet sofort abgeurteilt und bestraft werden. Öffentliche Prozesse sollten in jedem neu eroberten Gebiet abgehalten werden, ohne den endgültigen allgemeinen Frieden abzuwarten. Es sollte eine aktive Kommission der Vereinten Nationen eingerichtet werden, die die Verbrecher der Achsenmächte und der Satellitenstaaten vor Gericht stellt, sobald sie den Vereinten Nationen ausgeliefert werden. Mehrere ähnliche Gremien, mehr oder weniger informell und unkoordiniert, haben bereits ihre Arbeit aufgenommen, als Ergebnis einer Konferenz im St. James' Palace am 13. Januar 1942. Die sowjetische Kommission führt bereits jetzt ein Gerichtsverfahren durch.'

Nach diesen Rechtsgrundsätzen wurden in den letzten Kriegsmonaten mindestens 10.000 französische Bürger von kommunistischen Partisanenkommissionen hingerichtet, während die sowjetische Kommission beim Einmarsch in Deutschland 1.500.000 Opfer dieser UN-Bestimmungen hingerichtet haben soll. Mussolini, das rechtmäßige Oberhaupt Italiens, wurde von einer Bande, die diese Grundsätze umsetzte, brutal ermordet. Bei den öffentlichen Prozessen, die von den vorrückenden Truppen abgehalten wurden, handelte es sich natürlich um Kriegsgerichte, die nichts mit der Zivilgerichtsbarkeit zu tun hatten. Die amerikanische und die englische Armee weigerten sich, an diesen Massenhinrichtungen teilzunehmen, und ihre Gefangenen wurden der Kommission der Vereinten Nationen übergeben, die die juristische Farce der Nürnberger Prozesse durchführte.

Der schlimmste Massenmord des Krieges, das Massaker im Wald von Katyn an 10.000 polnischen Offizieren durch die russische Geheimpolizei, wurde bei den Nürnberger Prozessen totgeschwiegen. Diese Gräueltat wurde im „Jewish Comment", Ausgabe vom 21. Mai 1943, wie folgt kommentiert:

> „Nach dem sensationellen Erfolg der Geschichte von den 10.000 polnischen Offizieren, die angeblich von den Sowjets getötet wurden, ist das deutsche Propagandaministerium offensichtlich entschlossen, weitere Möglichkeiten zur Spaltung der Alliierten zu erkunden.

Das Massaker von Katyn wurde in Washington durch die Bemühungen von Elmer Davis, der Warburgs Handlanger im OWI war, und von W. Averell Harriman vertuscht, wie aus den Aussagen vor dem Senatsausschuss hervorgeht, der die Geschichte 1952 verspätet untersuchte. Die Voice of America, der Nachfolger des OWI, weigerte sich bis Mai 1951 standhaft, die Geschichte zu erwähnen, nachdem Kongressabgeordnete wiederholt versucht hatten, sie dazu zu bringen, die Geschichte aus dem Wald von Katyn zu verwenden, um Mitteleuropa wissen zu lassen, was es von den Sowjets zu erwarten hatte. In der Tat hat die Voice of America bis heute keine starke antikommunistische Propaganda betrieben.

General Clay versuchte schließlich, Ordnung in das wirtschaftliche Chaos in Deutschland zu bringen. Die durch die zusätzlichen Milliarden aus den Morgenthau-Tafeln verursachte Inflation machte die Wiederherstellung einer stabilen Wirtschaft unmöglich, aber am 2. August 1948 führten die Amerikaner eine Währungsreform mit der Westmark B ein, die die aufgeblähte sowjetische Deutsche Mark ersetzen sollte. Diese Währungsreform, ein offener Kampf zwischen den Russen und den Amerikanern um das Recht, Geld auszugeben, veranlasste die Sowjets, die „Blockade von Berlin" zu errichten. Clay reagierte darauf mit seiner berühmten „Luftbrücke", die von der Presse als großer Erfolg dargestellt wurde. Nach seiner Rückkehr in die USA übertrug ihm Lehman Brothers die Präsidentschaft von Continental Can, einen Direktorenposten beim Marine Midland Trust und einen Direktorenposten bei General Motors.

Im Fernen Osten wussten unsere Generäle bereits im Frühjahr 1945, dass Japan besiegt war. Amerikanische Flugzeuge überflogen Tokio nach Belieben von Flugplätzen in Okinawa und von Flugzeugträgern, die vor der japanischen Küste operierten. MacArthur hatte dies mit den wenigen Vorräten getan, die ihm Marshall geschickt hatte, während die sowjetischen Armeen Vorrang vor dem Pazifikfeldzug hatten. Senator McCarthy schreibt in „Retreat from Victory", der traurigen Bilanz von Marshalls Zusammenarbeit mit den Kommunisten, dass Marshall nachdrücklich auf eine Landinvasion in Japan drängte, obwohl Japan bereits geschlagen war. Die Ölvorräte waren aufgebraucht, die Tankerflotte versenkt, die Schwerindustrie vernichtet, die Städte in Schutt und Asche gelegt, und dennoch erwartete Marshall, dass Tausende amerikanischer Soldaten bei einer sinnlosen Invasion Japans sterben würden. Trotz des Widerstands von General MacArthur und den Admirälen Nimitz und Leahy beharrte er weiterhin auf diesem

Punkt. Schließlich sah sich Marshall gezwungen, nachzugeben, und zwar in Ungnade. Viele Amerikaner sind heute noch am Leben, weil Marshall sich nicht durchsetzen konnte. Leahy riet Marshall auch, dass es für Russland keinen Grund gäbe, gegen Japan einzugreifen, aber er hätte sich den Atem sparen können. Marshall und Truman waren aus noch nicht geklärten Gründen entschlossen, Russland zum Angriff auf Japan zu bewegen und ihm damit ein Mitspracherecht in der Nachkriegsverwaltung in Tokio zu verschaffen. Russland griff in den letzten Wochen des Krieges an, nachdem Japan vergeblich um Frieden gebeten hatte. Eine japanische Streitmacht von zwei Millionen Mann wurde von den Russen in der Mandschurei gefangen genommen und zur kommunistischen Indoktrination nach Sibirien geschickt. Die politisch zuverlässigen Männer wurden zu Revolutionären ausgebildet und nach Japan zurückgeschickt, um den Kern der kommunistischen Agitation zu bilden. Von den übrigen hat man nie wieder etwas gehört. Riesige japanische Waffenlager wurden erbeutet und den chinesischen Kommunisten übergeben. Zusammen mit amerikanischen Waffen, die durch den Einfluss von Stilvalls kommunistischen Beratern verräterisch an Maos Armee gegeben wurden, eroberten diese Waffen China für die Kommunisten.

Als Befehlshaber der Besatzungsarmee in Japan war General Douglas MacArthur ein herausragender Erfolg. Selbst die internationalen Nachrichtendienste waren gezwungen, seine ausgezeichneten administrativen Fähigkeiten anzuerkennen. Dennoch wurde er zu Beginn seines Dienstes in Tokio fast abberufen. Er schickte zwei der freimütigsten kommunistischen Revolutionäre, die damals für die Tokioter Ausgabe von Stars and Stripes schrieben, nach Hause, und der daraus resultierende Protest der liberalen Boulevardpresse ermutigte Truman zu dem Entschluss, MacArthur zurückzurufen. Zu diesem Zeitpunkt war Truman jedoch noch unsicher, und er verlor die Nerven. Hätte er MacArthur damals zurückgerufen, wäre Japan heute ein kommunistischer Staat. Allein der Einfluss MacArthurs hielt die kommunistische Bewegung in Japan in Schach. Es ist bemerkenswert, dass es unmittelbar nach der Abberufung MacArthurs zu weit verbreiteten kommunistischen Aufständen in Japan und zu Angriffen auf amerikanisches Personal kam.

Der Zweite Weltkrieg brachte nicht den Angriff auf das Festland der Vereinigten Staaten, den sich Roosevelt so sehr wünschte, um eine Militärdiktatur zu errichten und sich seiner Kritiker zu entledigen. Roosevelt gab diesen Traum nie auf, und er und Hopkins gingen sogar so weit, dass Senator Warren Austin 1944 ein Gesetz zur allgemeinen Sklaverei einbrachte, das als Bill No. 666 bekannt wurde.

Dieser auch als Roosevelt National Service Act bekannte Gesetzentwurf hatte seinen Ursprung in Lenins Zwangsarbeitsgesetz für beide Geschlechter. Es hätte Roosevelt die Befugnis gegeben, alle erwachsenen Männer und Frauen in Amerika einzuziehen und sie entweder auf dem Kontinent oder im Ausland arbeiten zu lassen. Senator Austin wurde für diesen Versuch der Versklavung mit der Ernennung zum US-Vertreter bei den Vereinten Nationen belohnt. Der Gesetzentwurf, der vom Kongress nie ernsthaft in Erwägung gezogen wurde, wurde von einigen Beobachtern als Beweis für einen der schrecklichen Kater des Präsidenten angesehen, als er noch jeden hasste, und von anderen als Hinweis auf den geschwächten Zustand seines Geistes. Auf jeden Fall war es ein Beweis für seinen wahnsinnigen Wunsch, sich vor seinem Tod als absoluter Herr über jede lebende Seele in Amerika zu sehen, ein bösartiger Ehrgeiz, den er nie verwirklichte. Nichtsdestotrotz gab es während des Krieges genug staatliche Regulierung unseres Lebens, um auch nur die unersättlichsten Kommunisten zufrieden zu stellen. Das Office of Price Administration unter Leon Henderson versuchte, jeden Amerikaner dazu zu bringen, seinen Nachbarn zu bespitzeln, und versuchte sogar, den alten kommunistischen Brauch einzuführen, dass Kinder ihre Eltern bespitzeln. Senator Benton verteidigt eine solche Regelung in Fortune, Oktober 1944. Auf Seite 165, unter dem entwaffnenden Titel „The Economics of a Free Society", sagte er

> Unsere staatliche Regulierung war notwendig und im Interesse der Erhaltung des freien Unternehmertums. Nach dem Krieg wird und muss die Rolle der Regierung in der Wirtschaft in vielen Bereichen verringert, in anderen übertragen und in wieder anderen verstärkt werden. Es müssen angemessenere staatliche Fähigkeiten entwickelt werden, um zum Beispiel dazu beizutragen, die Wirtschaft gegen die Auswirkungen des „Konjunkturzyklus" zu stabilisieren ... Arbeit, Landwirtschaft und Regierung sowie die Wirtschaft müssen sich von allen Praktiken trennen, die die Ausweitung der Produktion bremsen oder die Produktion einschränken.'

Benton sagt, dass das „freie Unternehmertum" nur durch staatliche Regulierung bewahrt werden kann, ein interessantes Argument, das er nicht weiter ausführt. Die Ausweitung der Produktion über alle vernünftigen Bedürfnisse hinaus ist ein beliebtes kommunistisches Ziel.

Der Überschuss wird zu einer hervorragenden Waffe, um die Wirtschaft zu zerstören. Es lässt sich nicht leugnen, dass die Überschussproduktion der Schwerindustrie der Hauptfaktor für unsere anhaltende Beteiligung an ausländischen Kriegen ist. Der „Konjunkturzyklus" ist natürlich ein alter Witz, über den die Wirtschaftswissenschaftler, die ihn an den Universitäten lehren, immer noch lachen. In „The Federal Reserve" habe ich gezeigt, wie die Banker „Konjunkturzyklen" nach ihrem Gutdünken starten und beenden.

KAPITEL 20

Mit der Gründung der Vereinten Nationen zeigte sich, dass der Zweite Weltkrieg doch einen Sinn hatte. Der Beitritt der Vereinigten Staaten zu dieser Organisation wurde durch einen Umstand herbeigeführt, der normalerweise nur in sensationellen Abenteuerromanen vorkommt: die Verführung eines dummen alten Mannes zum Verrat an einer Nation. Das Opfer war Senator Arthur Vandenberg, Vorsitzender des Senatsausschusses für auswärtige Beziehungen, ein Verleger aus Michigan und ein hoch angesehener Mann, der jahrelang den pro-amerikanischen Block im Kongress während der Ära von Roosevelts Internationalismus angeführt hatte. Er folgte Borah als „isolationistischer Senator", und Vandenberg war der einzige Senator, der 1933 gegen die Anerkennung Sowjetrusslands stimmte. Im Jahr 1944 geriet er in die Fänge einer Zauberin, der Frau eines britischen Handelsattachés. Es war bald klar, dass sie nur aus einem einzigen Grund nach Washington gekommen war, und ihre Verbindung mit Vandenberg wurde zum Gegenstand des Cocktail-Klatsches in den Salons.

Zu diesem Zeitpunkt, im Herbst 1944, behielt Vandenberg noch seine Position als Führer der isolationistischen pro-amerikanischen Gruppe. Der Kongress hatte wenig Interesse an der Gründung der Vereinten Nationen. Die Politiker wurden mit teuren Broschüren und dem Output einer gut ausgebildeten und hoch bezahlten Werbeorganisation, der American Association for the United Nations, bombardiert, die von der Adresse des Council On Foreign Relations, 45 East 65th St. New York City aus operierte. Samuel Untermeyers Anwaltspartner, der Zionist Philip Amram, war ihr Vertreter in Washington. Aufgrund der bekannten Opposition Vandenbergs gegen diese Intriganten waren die anderen Senatoren der Ansicht, dass die Vereinten Nationen kaum eine Chance hatten, ratifiziert zu werden.

Auch die internationalen Bankiers waren sich dieser Tatsache bewusst. Folglich wurde Vandenberg das Hauptziel ihres Einflusses. Evalyn

Patterson traf in Washington ein, und der Rest ist Geschichte. Im November 1944 war die Freundschaft allgemein bekannt, und im Januar 1945 schockierte er seine Kollegen und sein Land mit einer Rede im Senatssaal, in der er energisch auf die Ratifizierung der Charta der Vereinten Nationen drängte. Der Grund für diesen Gesinnungswandel war für niemanden in Washington ein Geheimnis. Im Washington Times-Herald wurde wiederholt angedeutet, dass Vandenberg durch die weiblichen Reize von Evalyn Patterson zur Ratifizierung der Charta überredet worden sei. Ohne damit andeuten zu wollen, dass zwischen Patterson und Vandenberg irgendetwas Unangemessenes stattgefunden hat, bleibt die Tatsache unausweichlich, dass ihr schwuler Charme der entscheidende Faktor war, der ihn von einem Patrioten und einem anständigen Amerikaner zu einem sabbernden alten Mann auf seinem letzten armseligen Seitensprung machte. Der Preis, den er bezahlte, war die Freiheit seines Heimatlandes. Senator Vandenberg hatte seinem Volk viele Jahre lang gedient, aber er hatte seinen Namen ruiniert, bevor er starb. Die schmutzige Geschichte lastete auf dem republikanischen Parteitag von 1948, als die Banker ihn mit einem sicheren Sieg über den Helden der Unterwelt von Kansas City, Harry Truman, zum Präsidenten machen wollten. Der Name Evalyn Patterson wurde bei diesen verzweifelten und verrauchten Konferenzen in den Hotelzimmern immer wieder genannt, bevor die Freunde des Senators der Presse mitteilten, dass der Senator nicht kandidiere, weil er ein Herzleiden habe. Ob das Wortspiel beabsichtigt war, kann ich nicht sagen. Politiker sind für ihren vulgären Humor bekannt.

Obwohl er die Belohnung der Präsidentschaft nicht einheimsen konnte, leistete Vandenberg hervorragende Arbeit, indem er seine inzwischen demoralisierten Kollegen davon überzeugte, ihm bei der Ratifizierung der Charta der Vereinten Nationen zu folgen. Senator Taft gab später zu, dass er gerne einige Änderungen an der Charta gesehen hätte, aber nur Senator Pat McCarran hatte den Mut, öffentlich zu sagen, dass er wünschte, er hätte nie dafür gestimmt. Es ist nicht unwahrscheinlich, dass jeder Senator, der die nationale Souveränität der Vereinigten Staaten an eine skrupellose Bande internationaler Revolutionäre verschenkt hat, zu einem ähnlichen Eingeständnis seines Irrtums bewegt werden wird.

Die Urheberschaft an der Charta der Vereinten Nationen reicht aus, um sie für jedes Amerika zu verdammen. Professor de Madariaga ist seit langem einer der schärfsten Beobachter Europas. In Spanien war er in den 1920er Jahren ein Funktionär der spanischen republikanischen

Regierung, aber als die russischen Generäle nach Spanien kamen, verließ er die kommunistische Partei. In seinem Buch „Victors Beware!" warnte er Amerika vor den Idealen der Vereinten Nationen, Seite 270)

> „Die Charta der Vereinten Nationen ist im Wesentlichen eine Übersetzung des russischen Systems in ein internationales Idiom und seine Anpassung an eine internationale Gemeinschaft ... Die überwältigende Masse des politischen Einflusses Russlands hat die Entwicklung des Weltgeschehens gebremst und führt uns jetzt zu einer unheiligen Allianz der Großmächte zurück, die sich auf Gewalt und sehr wenig anderes stützt. Die UNO trug von Anfang an das Zeichen Moskaus auf ihrer Stirn."

Mit der Ausarbeitung der Charta beauftragte das Außenministerium einen russischen Juden, Dr. Leo Pasvolsky vom Council On Foreign Relations. Die Chicago Tribune wies darauf hin, dass

> „Leo Pasvolsky, ein in Russland geborener, leidenschaftlicher Internationalist, weiß mehr über den neuen Völkerbund zur Erhaltung des Friedens als jeder andere Mensch auf der Welt. Das liegt daran, dass er den ersten Entwurf der Charta der Weltfriedensliga verfasst hat und vom ersten Tag der Dumbarton Oaks-Konferenz bis zum letzten Tag der San-Francisco-Konferenz an ihrer Überarbeitung und Erweiterung beteiligt war. Er bewirbt sich um den Ruhm als Vater der Charta... Präsident Truman hat Stettinius zum Vertreter der USA in der Hauptstadt der Liga ernannt, wenn diese ausgewählt wird, um den amerikanischen Delegierten durch das Labyrinth der Charta zu führen und ihm die Antworten auf die Fragen zu geben, die sich stellen werden. Denn Pasvolsky kennt alle Antworten und kann sie geben, bevor die Fragen gestellt werden ... Er wurde als Wirtschaftswissenschaftler in die Abteilung aufgenommen und stieg sukzessive in die höchsten Ränge außerhalb der Positionen auf, die durch Ernennung durch den Präsidenten besetzt werden und vom Senat bestätigt werden müssen. Pasvolsky, inzwischen eingebürgerter amerikanischer Staatsbürger, wurde 1893 in Pawlograd, Russland, geboren und kam 1905 mit seinen Eltern in dieses Land. Er hat mehrere Werke über Russland veröffentlicht, darunter „The Economics of Communism".

Paswolski aus Petrograd war Direktor für internationale Studien bei der mysteriösen Brookings Institution, die unseren Präsidenten in Sachen Wirtschaftspolitik berät. Es handelt sich dabei um eine weitere dieser „Smoking"-Einrichtungen ohne sichtbare Mittel zur Unterstützung und mit großem politischen Einfluss. Ihr Hauptsitz befindet sich gleich um die Ecke des Weißen Hauses in Washington. Pasvolsky hatte zuvor die Dokumente für die amerikanische Delegation auf der Londoner Wirtschaftskonferenz von 1933 vorbereitet.

Die Lobbyarbeit für die Vereinten Nationen begann 1943 mit der Gründung des State Department's Committee on International Organization unter der Leitung von Sumner Welles, dem amtierenden Außenminister. Weitere Mitglieder waren Senator Tom Connall, Senator Warren Austin, Mrs. Anne O'Hare McCormick, eines dieser Geschöpfe der New York Times, Myron C. Taylor von United States Steel, Hamilton Fish Armstrong, Herausgeber von „Foreign Affairs", Norman H. Davis, Präsident des Council On Foreign Relations, Dr. Isaiah Bowman, von der Pariser Friedenskonferenz und Präsident der Johns Hopkins University, und der zionistische Anwalt Benjamin V. Cohen. Cordell Hull hatte mit dieser Bande von Intriganten nichts zu tun. Er war so angewidert davon, nur dem Namen nach Außenminister zu sein und Eugene Meyers Washington Post lesen zu müssen, um herauszufinden, was unsere Außenpolitik war, dass er nicht mehr viel mit dem Ministerium zu tun hatte. Die meisten Männer hätten genug Charakter gehabt, um zurückzutreten.

Die Organisation der Vereinten Nationen war genau nach dem Muster des Internationalen Sekretariats der Kommunistischen Partei aufgebaut. Die Einteilung und Auswahl der Räte, das gesamte Verfahren und die Terminologie entsprachen denen Moskaus, angefangen beim Leiter der UNO, der Generalsekretär genannt wird, was in Russland Stalins Titel ist, und sich durch alle Einzelheiten der UNO zieht.

Die amerikanische Delegation für die Konferenz der Vereinten Nationen in San Francisco im Jahr 1945 bestand aus sechsunddreißig Mitgliedern des Rates für Auswärtige Beziehungen. Es handelte sich um John Foster Dulles, Philip C. Jessup, Hamilton Fish Armstrong und dreiunddreißig andere, die auf diesen Seiten eine wichtige Rolle gespielt haben. Der Charakter und die Loyalität dieser Männer lassen sich am besten anhand der Geschichte ihres Anführers, des Generalsekretärs der Konferenz von San Francisco, des inhaftierten kommunistischen Spions und Verräters Alger Hiss, erkennen.

Jeder Kommunist in Amerika strahlte an dem Tag, als sein Held Alger Hiss auf dem Nationalen Flughafen in Washington landete und die Tasche mit der unterzeichneten Charta der Vereinten Nationen trug. Das waren große Zeiten im Jahr 1945, als der Kreis der treuen Verräter nach dem Tod von Roosevelt weitermachte, um seinen Traum vom Kommunismus zu erfüllen. Die Berufsrevolutionäre hatten das Ziel erreicht, auf das sie so lange hingearbeitet hatten: ein Forum, das jedem Land der Welt etwas vorschreiben würde. Alger Hiss wurde zum Präsidenten der Carnegie League for the Endowment of International Peace ernannt, ein Posten, der mit zwanzigtausend Dollar pro Jahr und Spesen dotiert war. Kaum hatte sich Hiss niedergelassen, um die Früchte seines Verrats zu genießen, wurde er von seiner Vergangenheit eingeholt. Ein ehemaliger Kommunist namens Whittaker Chambers war im kriegsgeplagten Washington von Büro zu Büro gegangen und hatte Regierungsbeamten erzählt, Hiss sei ein kommunistischer Spion. Diese Berichte erreichten Roosevelt, der mit den Achseln zuckte und anordnete, dass Hiss befördert werden sollte. Chambers setzte seinen Kampf fort, um Hiss aus dem politischen Stab des Außenministeriums zu verdrängen, aber das einzige Ergebnis war, dass Roosevelt Hiss auf der berüchtigten Konferenz von Jalta zu seinem persönlichen Sekretär machte.

Schließlich brachte Chambers Hiss vor das House Un-American Activities Committee, wo Hiss alles abstreiten musste. Nachdem Chambers' Geschichte durch umfangreiche FBI-Untersuchungen bestätigt worden war, wurde Hiss wegen Meineids vor Gericht gestellt. Er wurde verurteilt, weil er leugnete, geheime Dokumente aus dem Außenministerium für einen sowjetischen Spionagering gestohlen zu haben. Die internationalen Nachrichtendienste gingen von Anfang an davon aus, dass Hiss unschuldig war, und starteten eine bösartige Hetzkampagne gegen Chambers. Das voreingenommenste der gelben liberalen Blätter zu Hiss' Gunsten war Eugene Meyers Washington Post.

Der Fall Hiss bewies, dass man einen Kommunisten nicht schlagen kann, ohne einen Juden zu treffen. Hiss war ein hochbezahlter Geheimagent für die Kommunisten, und hinter ihm lauerte die finstere Gestalt von Benjamin Buttenweiser, Partner von Kuhn, Loeb Co. New York. Buttenweisers Frau war Hiss' Anwältin, und die Hiss' nisteten sich während des Prozesses in der Wohnung der Buttenweisers in der Park Avenue ein.

Eine beeindruckende Liste von Angeklagten und Leumundszeugen erschien für Hiss Jeder, aber die offiziellen Führer der Kommunistischen Partei Amerikas kamen herunter, um für ihn zu bürgen. Roosevelt war tot, sonst wäre er für ihn aufgetreten. Der aufgeblasene Zionist, Richter Felix Frankfurter, dessen Bruder Otto ein Gewohnheitsverbrecher gewesen war, sagte für Hiss aus. Gouverneur Adlaie Stevenson aus Illinois schwor für ihn. Stevenson hatte seinen Einstieg in die Politik über den Chicagoer Zweig des Council On Foreign Relations gefunden. Außenminister Dean Acheson, der frühere Rechtsvertreter der Sowjetunion, trat für Hiss ein und sagte, dass er ihm niemals den Rücken zukehren würde.

Präsident Truman empfand die Strafverfolgung von Hiss als persönliche Beleidigung und geriet in Rage, wenn er dazu befragt wurde. Er bezeichnete die Angelegenheit als „Ablenkungsmanöver", eine Formulierung, die ihn noch lange verfolgen sollte. Einige Zeit lang hatte das Justizministerium auf Anweisung des Weißen Hauses nicht die Absicht, Hiss strafrechtlich zu verfolgen, und erst das entschlossene Handeln mehrerer Kongressabgeordneter brachte Hiss schließlich vor Gericht. Die Verhaftung von Hiss war ein schwerer Schlag für die zionistische Innere Mission im Weißen Haus. Vielleicht wachte das amerikanische Volk langsam auf. So mancher Verräter in Washington verbrachte schlaflose Nächte, bevor klar wurde, dass Hiss ein Opferbock sein sollte, der das amerikanische Volk besänftigen sollte. Nachdem Hiss im Gefängnis saß, kehrten die Amerikaner zu ihrer alten Gewohnheit zurück, Steuern zu zahlen, um Russland durch den Marshallplan und das Point Four-Programm zu unterstützen, und die Kommunisten in der Regierung nahmen ihre verräterischen Aktivitäten wieder auf.

Ein Beispiel für einen Internationalisten findet sich in der Biografie von Clark Eichelberger im Who's Who In America, der seit 1922 ein komfortables Einkommen aus dem Weltstaatsgeschäft gezogen hat. Eichelberger, der Ehemann von Rosa Kohler, gehört seit 1929 der American Association for the League of Nations an, die 1944 in die American Association for the United Nations umgewandelt wurde und ihre Büros seit jeher im Stadthaus des Council On Foreign Relations in 45 East 65th St. New York hat. Eichelberger führt sich selbst als Direktor der Commission to Study the Organization of Peace von 1939-1948 auf. Noch bevor wir in den Krieg eingetreten sind, hat er uns gesagt, was wir danach tun werden. Er ist jetzt Vorsitzender dieser Kommission und auch Vorsitzender der Menschenrechtskommission des Weltbundes, er war Direktor des verräterischen Committee to Defend America by Aiding the Allies, das dafür verantwortlich gemacht wird, dass die Vereinigten Staaten in den Zweiten Weltkrieg gezogen sind. Eichelberger hat eine Reihe von Berühmtheiten auf dem

Gewissen. Er war sogar Mitglied der Konferenz der Vereinten Nationen in San Francisco im Jahr 1945 zusammen mit Alger Hiss.

Tatsache ist, dass das Personal der Vereinten Nationen eine Ansammlung von kommunistischen Spitzenrevolutionären aus der ganzen Welt umfasst. Dies wurde am 30. Juni 1949 bewiesen, als Senator Pat McCarran an Admiral Hillenkoetter, den nominellen Leiter der Central Intelligence Agency, die in Wirklichkeit von Allen Dulles geleitet wurde, schrieb und fragte, ob kommunistische Spione als Delegierte in die Vereinten Nationen kämen. Hillenkoetter schickte Senator McCarran umgehend eine Liste mit einhundert hochrangigen Vertretern der Kommunistischen Partei und der Geheimpolizei aus verschiedenen Ländern zurück. Zweiunddreißig von ihnen waren Beamte der Geheimpolizei, und alle diese hundert waren als lebenslange Revolutionäre bekannt. Kurz darauf wurde Admiral Hillenkoetter abberufen und für eine Dienstreise in den Pazifik geschickt. Senator McCarthy brachte diese Episode in „Retreat from Victory" ans Licht.

Angesichts dieser und anderer veröffentlichter Enthüllungen über die Spionage der Vereinten Nationen setzte Eleanor Roosevelt ihre prokommunistische Propaganda fort. In der Novemberausgabe 1952 des See Magazine leugnete sie, dass es bei den Vereinten Nationen russische Spione gäbe, und bestand darauf, dass die Geheimdienste bessere Orte für die Arbeit ihrer Agenten finden würden. Als ranghöchste Vertreterin der USA bei den Vereinten Nationen sollte sie wissen, ob es dort eine kommunistische Geheimpolizei gibt. Am 28. August 1952, dem Tag, an dem diese Ausgabe von „See" erschien, meldete AP, dass Valerian Zorin Jacob Malik als russischen UN-Vertreter ablösen würde, und identifizierte Zorin als Drahtzieher des tschechischen Putsches von 1948.

Die arme Eleanor hat seit dem Ableben der großen Kommunistin einen langen Weg zurückgelegt. Früher wetteiferten unsere raffiniertesten Zeitschriften darum, ihre Artikel abzudrucken, doch jetzt erscheint ihre Propaganda zwischen den spärlich bekleideten Schönheiten des See Magazine, einer Publikation, die sich kaum an ein intellektuelles Publikum wendet. Auch ihre Vortragshonorare sind nicht mehr das, was sie einmal waren. Vielleicht erzielt linke Propaganda auf den Vortragsplattformen keine Spitzenpreise mehr.

Am 22. Juni 1952 berichtete die Washington Times-Herald, dass die Vereinten Nationen Eugene Wallach und Irving Kaplan, einen

Wirtschaftswissenschaftler, wegen falscher Angaben über ihre früheren Arbeitsverhältnisse entlassen hatten. Ein Sprecher der Vereinten Nationen betonte, dass die beiden nicht wegen subversiver Aktivitäten entlassen worden seien, da, so der Sprecher, Loyalität kein Kriterium für die Qualifikation der Vereinten Nationen sei.

Loyalität würde sicherlich nicht als Qualifikation für die Aufnahme in die größte Ansammlung von Verrätern und Revolutionären der Welt, die Vereinten Nationen, gelten. Jeder Vertreter, der eine chauvinistische Vorliebe für sein Heimatland gegenüber den Interessen Liberias oder Israels an den Tag legen würde, würde entlassen werden. Kaplan und Wallach wären niemals wegen subversiver Aktivitäten entlassen worden, denn das ist die eigentliche Arbeit der Vereinten Nationen. Sie haben es sich zur Aufgabe gemacht, jede Regierung und jede Religion der Welt zu unterwandern.

Der Generalsekretär der Vereinten Nationen ist der Beweis dafür; die große Lüge ist typisch für den Weltkommunismus, Genosse Trygvie Lie, der dieses Amt als Belohnung für frühere Gefälligkeiten gegenüber seinem Nachbarn Joseph Stalin erhielt. So ließ der dicke Lie als norwegischer Justizminister Trotzki deportieren, damit Stalin ihn weiter weg von Russland ermorden konnte. Trotzki sagte, dass er sich an Lie als Mitglied der Kommunistischen Internationale erinnerte. England hatte einen Kandidaten für den Posten bei den Vereinten Nationen, einen Paul Henri-Spaak, einen Agenten der Amsterdamer Bankiers, aber wie üblich setzte sich die überlegene Weisheit des ehemaligen Bankräubers Josef Stalin durch, und die große Lüge erhielt den Posten.

John D. Rockefeller Jr. stellte ein Grundstück in Manhattan im Wert von 1.500.000 Dollar für das Gebäude der Vereinten Nationen zur Verfügung, und die russische Delegation wurde auf dem Anwesen von J.P. Morgan in Glen Cove, Long Island, untergebracht, was einen gewissen Hintergrund für die Farce der Vereinten Nationen liefern sollte.

Noch bevor die Vereinten Nationen ihre Arbeit aufnahmen, hatten sie eine ganze Reihe revolutionärer Organisationen ins Leben gerufen, deren Ziel es war, das Leihgeschäft mit anderen Mitteln fortzusetzen, allen voran die United Nations Rehabilitation and Relief Administration. Die dafür verantwortlichen Weltpatrioten waren Senator Herbert Lehman vom Bankhaus Lehman Brothers und der Agent des Council On Foreign Relations, Laurence Duggan, der sich aus einem hohen Fenster in New York City stürzte, bevor er von einem Kongressausschuss befragt werden konnte.

Herbert Lehman, Direktor zahlreicher Unternehmen und einer der Gründer und Leiter der Palestine Economic Corporation, hat sich für eine Anleiheemission Israels in Höhe von 500.000.000 Dollar eingesetzt. Diese Finanzoperation hat weder seine Pflichten als Senator beeinträchtigt, noch hat irgendjemand seine Korrektheit in Frage gestellt. Außerdem ist er zusammen mit Alger Hiss Direktor der Woodrow Wilson Foundation.

In Current Biography, Band 1943, Seite 438, heißt es über Lehman, den damaligen Leiter der UNRRA, er sei

> „in einer Position, in der er an der Neugestaltung der Wirtschaft der ganzen Welt mitwirken kann.

Dies ist ein altes kommunistisches Ideal. Auf Seite 439,

> „Lehman gewann das Amt des Gouverneurs von New York 1938 mit Unterstützung der American Labor Party und der Kommunisten".

Die Kommunisten unterstützen in der Regel nur diejenigen, die auf ihrer Seite sind.

Der ungarische Patriot Stephen J. Thuransky, Führer der antikommunistischen Bewegung in Ungarn, schrieb in „How American Financed Hungarian Communism",

> „Die ungarische kommunistische Partei gewann ihre erste große Stärke durch die amerikanische Finanzhilfe, die über die UNRRA geleistet wurde, die Waren und Ressourcen im Wert von Millionen von Dollar in die Hände der kommunistischen Partei schüttete. Diese Gelder und Ressourcen wurden nicht zur Ernährung der ungarischen Massen, sondern zur Stärkung der Kommunistischen Partei verwendet. Da nur Parteimitglieder Anspruch auf die UNRRA-Hilfe hatten, verbreitete die Kommunistische Partei den folgenden Slogan: „Treten Sie der Kommunistischen Partei bei und erhalten Sie Ihr UNRRA-Hilfspaket". Amerika half der ungarischen kommunistischen Partei erneut durch die angeblich antikommunistische Voice of America. Deren Sprecher taten so, als ob sie nicht wüssten, dass sie mit ihrer Verherrlichung der siegreichen russischen Armee und ihrer kommunistischen Philosophie in den Köpfen der Amerikaner jeglichen Respekt für die

> Vereinigten Staaten zerstörten. Einmal, im Dezember 1946, hatte ich dreißig Gäste in meinem Haus, als zu unserem Entsetzen das Programm von Voice of America mit der Kommunistischen Internationale begann, die der Sprecher als ungarische Hymne bezeichnete."

Jetzt haben wir die ungarische Jüdin Anna Rosenberg als stellvertretende Verteidigungsministerin, während wir gegen das kommunistische Ungarn sind. Ist das intelligent?

Herbert Lehman heiratet Edith Altschul, Tochter von Charles Altschul, einem Partner des Bankhauses Lazard Freres. Lehman ist der Schwager von Frank Altschul, der in einer Reihe mysteriöser Interessengruppen, wie dem Committee on the Present Danger, sehr aktiv ist. Niemand scheint zu wissen, was diese Gruppen tun oder wofür sie stehen.

Lehmans Assistent bei der UNRRA, Laurence Duggan, war der Sohn von Stephen Duggan, dem Leiter des bizarren Institute of International Education, das einer der seltsamen Ableger des Council on Foreign Relations war. Stephen Duggan war in den 1920er Jahren auch Partner von James MacDonald bei der pro-russischen Propaganda. In Current Biography von 1947 heißt es auf Seite 181

> „Laurence Duggan trat im Juli 1944 von der Abteilung für lateinamerikanische Angelegenheiten des Außenministeriums zurück, um zur UNRRA zu gehen. PM stellte damals fest: „Sein Rücktritt ist für die gewerkschaftlichen und liberalen Kräfte in Lateinamerika wie auch in den Vereinigten Staaten zutiefst beunruhigend. Er war ein Verfechter der loyalistischen Sache gegen Franco, ein früher Befürworter eines fairen Umgangs mit Russland und ein unmissverständlicher Gegner der vichyistischen und darlanistischen Politik von Minister Hull."

Dies ist eine Miniaturbiographie eines führenden kommunistischen Mitarbeiters im Außenministerium. Das leuchtende Rot seiner Ansichten zur Außenpolitik war selbst dort spürbar. Am Abend, bevor Duggan vor dem House Committee on Un-American Activities aussagen sollte, wurde seine Leiche auf dem Bürgersteig unterhalb seines New Yorker Büros gefunden. Sumner Welles sagte, er glaube nicht, dass Duggan Selbstmord begangen habe, ebenso wenig wie jeder andere, der ihn vor seinem Tod gesehen hatte, aber so lautete das Urteil. Wie so viele kommunistische Kollaborateure bekam auch Duggan seine Belohnung, als man ihn unter Druck setzte: eine helfende Hand aus dem Fenster.

Jewish Comment zitiert die New York Herald Tribune vom 30. November 1943 mit den Worten,

> „Bei der Verteilung von Hilfsgütern wird die UNRRA keine Diskriminierung aufgrund von Rasse, Glauben oder politischer Überzeugung vornehmen. Allerdings werden diejenigen, die Opfer der Verfolgung durch die Nazis geworden sind - Juden und in geringerem Maße auch andere Einheimische der besetzten Länder - aufgrund ihrer besonderen Bedürfnisse besonders berücksichtigt."

Es wird keine Diskriminierung geben, aber Juden werden bevorzugt. Dies ist eine wunderbare Aussage. Es scheint, dass selbst Juden nicht bevorzugt wurden, es sei denn, sie waren Kommunisten. Vielleicht könnte Senator Lehman dies für uns aufklären. Der amerikanische Steuerzahler zahlte für die Ausbreitung des Kommunismus in Europa durch Lehman's Leitung der UNRRA. New Republic beschwert sich am 22. Oktober 1945,

> „Der Erfolg der Weltorganisation ist heute in Gefahr, weil die Vereinigten Staaten mit ihren Rechnungen im Rückstand sind. Präsident Truman hat dem Kongreß mitgeteilt, daß die Hilfsmaschinerie in Kürze zusammenbrechen wird, wenn er nicht die restlichen 550 Millionen Dollar bewilligt, die wir 1945 zu zahlen versprochen haben. Sechsundvierzig andere Nationen folgten unserem Beispiel und schlossen sich offiziell zusammen, um ein kooperatives Programm zu verwalten, und vereinbarten, dass die nicht überfallenen Länder ein Prozent ihres Nationaleinkommens für die Kosten aufbringen sollten. Der Anteil der Vereinigten Staaten auf dieser Grundlage belief sich auf 1.350 Millionen Dollar. Die Vereinigten Staaten werden aus reinem Eigeninteresse von der UNRRA profitieren. UNRRA muss ein Erfolg werden, wenn eine echte internationale Zusammenarbeit eine Chance haben soll. Sollte sie scheitern, würde die gesamte Idee einer Weltregierung einen gewaltigen Rückschlag erleiden."

Der Joker im UNRRA-Abkommen war, dass die überfallenen Länder, also Russland, keinen Cent zahlen mussten. Am Ende zahlten die Vereinigten Staaten fast die gesamte Rechnung, so wie wir die Rechnung für das luxuriöse Leben der kommunistischen Spione bei den Vereinten Nationen zahlen. Das UNRRA-Abkommen war eine typische Hintertreppenveranstaltung, bei der ein paar Mitglieder des Council On Foreign Relations zusammenkamen und den amerikanischen Steuerzahler zu einer Milliarde dreihundertfünfzig Millionen Dollar für die kommunistische Expansion in Europa verpflichteten. Unter Lehmans Führung war die UNRRA dafür berüchtigt, Kirchen, Schulen und Waisenhäusern die Hilfe zu verweigern. Das war rein politisch.

Der erbärmliche Eifer der demokratischen Regierung, die Regierung der Vereinigten Staaten einem Haufen plappernder Zulus und kommunistischer Agenten zu überlassen, ist ein Beweis für die Untauglichkeit dieser Partei, in Amerika zur Wahl gestellt zu werden. Es wäre besser, für Kommunisten zu stimmen als für geheime kommunistische Kollaborateure. Mark, Lenin und Trotzki haben zusammen nicht so viel zur Förderung des Weltkommunismus beigetragen wie Franklin Roosevelt. Betrachten Sie die Erklärung der Vereinten Nationen zur Vollbeschäftigung, eine Kopie von Punkt 8 des Kommunistischen Manifests, der gleichen Verpflichtung aller zur Arbeit:

> „Alle Mitglieder der Vereinten Nationen haben sich verpflichtet, ein hohes Beschäftigungsniveau zu sichern. Eine Ausweitung des Welthandels ist ohne Vollbeschäftigung unmöglich. In diesem Bereich zu versagen ist ein ebenso großer Verstoß gegen die Charta der Vereinten Nationen wie die Unterlassung, die in Korea kämpfenden Streitkräfte der Vereinten Nationen zu verstärken. Die Aufrechterhaltung der Vollbeschäftigung in den Vereinigten Staaten und Großbritannien würde sehr viel dazu beitragen, sie auch anderswo aufrechtzuerhalten."

Vollbeschäftigung bedeutet natürlich allgemeine Sklaverei, die vom Staat geregelt wird. So sollen alle Amerikaner für die Herstellung von Traktoren für Rußland eingesetzt werden, die über das Point Four Programm und andere Agenturen, die Lend-Lease auf andere Weise nach Rußland verlängert haben, dorthin geschickt werden. Trotz weit verbreiteter Berichte über die Lieferung von Waren des Marshall-Plans nach Russland und ganzer Kraftwerke, die im Rahmen der ECA (unter der Leitung von Milton Katz) nach Europa geliefert wurden und über Ostdeutschland nach Russland gelangten, arbeitet das amerikanische Volk weiterhin daran, seinen ärgsten Feind aufzurüsten.

Die internationale kommunistische Propaganda zeichnet sich stets durch bestimmte Schlüsselbegriffe aus. Einer dieser Schlüsselbegriffe, der seit 1938 ständig verwendet wird, ist „kollektive Sicherheit". Der Rat für Auswärtige Beziehungen hat große Geldsummen für Studien über kollektive Sicherheit zur Verfügung gestellt, und sein wichtigster Autor zu diesem Thema ist Philip C. Jessup. Die Vereinten Nationen wurden gegründet, um „kollektive Sicherheit" zu fördern, und Jessup ist stellvertretender US-Delegierter bei den Vereinten Nationen. James Paul Warburg schreibt in „Put Yourself in Marshall's Place", Simon and Schuster, 1948, Seite 8, dass

> „Von 1935 bis 1938 lähmte sich die westliche Diplomatie selbst, indem sie die faschistische Aggression zunehmend beschwichtigte, während die sowjetische Diplomatie im Großen und Ganzen fest für die kollektive Sicherheit und den Widerstand gegen den Faschismus eintrat."

Russlands entschlossene Haltung gegen den Faschismus nach 1938 wurde durch seine eigene Beschwichtigung Hitlers, den Nichtangriffspakt von 1939, bewiesen. Das stört einen kommunistischen Propagandisten wie Warburg, den Spross von Kuhn, Loeb und den Direktor der Bank of Manhattan, nicht. Auf derselben Seite schreibt er, dass

> „So wie das zeitweilige Bündnis Russlands mit Deutschland durch die großartige Leistung der Roten Armee gegen die Hitlerianer zeitweise zunichte gemacht wurde, so haben die kommunistischen Parteien Europas ihre frühere Sabotage der Kriegsanstrengungen durch ihren späteren mutigen und wirksamen Beitrag wettgemacht."

Die Vereinigten Staaten haben nie einen Nichtangriffspakt mit Hitler geschlossen, doch die kommunistische Partei behauptet, wir hätten Hitler beschwichtigt, Russland aber nicht. Tatsächlich hatte Stalin große Angst vor Hitler, und der Nichtangriffspakt war 1939 seine einzige Rettung. Dies war ein größeres Appeasement als jedes andere, das die westlichen Nationen gemacht haben, aber das bedeutet James Paul Warburg nichts.

Die Vereinten Nationen sind vielleicht besser zu verstehen, wenn man einen ihrer radikaleren und verrückteren Ableger, die United World Federalists, betrachtet, bei denen James Paul Warburg der Hauptfinanzier ist. Sein Cousin Edward M. M. Warburg, der früher im Stab von General Eisenhower tätig war, ist ebenfalls ein großer Geldgeber in dieser Sache. Warum eigentlich nicht? All dieses Geld, das zur Unterwanderung der Regierung der Vereinigten Staaten gespendet wird, wird von derselben Regierung von der Einkommenssteuer abgezogen, und die Warburgs haben ein so hohes Einkommen, dass diese Dinge einen ziemlichen Unterschied machen. United World Federalists besteht aus Mitgliedern des Council On Foreign Relations und anderen so offensichtlichen Amerikanern wie A.

Philip Randolph, dem Gewerkschaftszar der Pullman Porters, der die Neger aufforderte, sich der Einberufung zu entziehen, bis die Rassentrennung in den Streitkräften beendet sei. Ich dachte, Eleanor Roosevelt hätte dem schon vor langer Zeit ein Ende gesetzt, aber anscheinend sind noch nicht alle Neger Offiziere, so dass es noch viel zu tun gibt, um unsere Armeen nach kommunistischem Muster zu reorganisieren.

Zu den United World Federalists gehört auch Richter William Douglas, der Anführer der Bewegung „Recognize Red China". Am 14. Mai 1952 sprach Douglas vor den CIO Amalgamated Clothing Workers in Atlantic City. Wie im Daily Worker und im Daily Compass berichtet, sagte er

> „Revolution ist unsere Sache. Wir wollen die Anerkennung Chinas durch die Vereinten Nationen und amerikanische Hilfe für Mao (Führer des kommunistischen China)."

Er sagte auch, dass alle Europäer aus China rausgeschmissen werden sollten, und andere solche Äußerungen. Douglas war ein Klassenkamerad von Bob Hutchins in Yale.

Andere Mitglieder der United World Federalists sind eine schäbige Auswahl von der University of Chicago und der Columbia University, deren Akten im FBI viel Interessantes für jeden Studenten der kommunistischen Bewegung enthalten. Die Kongressabgeordneten Adolph Sabath und Emanuel Celler sind Mitglieder (anscheinend stört es sie nicht bei der Ausübung ihres Anwaltsberufs), ebenso wie Norman Cousins, Herausgeber der Saturday Review of Literature, den das Außenministerium kürzlich nach Indien schickte, um zu sehen, wie die Kommunisten vorankommen. Diese Aufgabe hat nun Luther Evans, der Bibliothekar des Kongresses, auf einem anderen Spesenkonto der Regierung übernommen.

Die Vereinten Nationen sind sich darüber im Klaren, dass die nächste Generation von Amerikanern ihre Abneigung gegen die Arbeit zur Unterstützung der rückständigen Rassen der Welt in einem Stil zeigen könnte, an den sie sich gerne gewöhnen würden, und deshalb unternimmt sie entschlossene Anstrengungen zur „Internationalisierung" der Ansichten amerikanischer Schulkinder. Die Organisation der Vereinten Nationen für Erziehung, Wissenschaft und Kultur, bekannt als UNESCO, hat neun Bände von Lehrbüchern veröffentlicht, die unter dem Titel „Towards World Understanding" bekannt sind, von der Columbia University gedruckt wurden und zu einem sehr niedrigen Preis erhältlich sind, um unseren jüngeren Schulkindern die Vorteile des sozialistischen Weltstaates zu vermitteln. In Buch Fünf, „In the Classroom with Children Under 13 Years of Age", heißt es auf den Seiten 58-60

> „Wie wir bereits erwähnt haben, ist es häufig die Familie, die das Kind mit extremem Nationalismus infiziert. Die Schule sollte daher die oben beschriebenen Maßnahmen nutzen, um familiäre Einstellungen zu bekämpfen.

Wenn der Vater anfängt, seinem Sohn zu erzählen, dass Abraham Lincoln ein großer Amerikaner war, kann der Sohn den Hurrapatriotismus seines Vaters melden, und der Lehrer wird erklären, was für ein rückständiger und engstirniger Mensch der Vater ist. Dies entspricht dem kommunistischen Plan, die Autorität des Vaters abzuschaffen und die Familie in eine Gruppe von Atheisten aufzulösen, die keine andere Autorität als den Staat anerkennen. Um eine Generation von Sklaven zu erziehen, ist es notwendig, „die Einstellung der Familie zu bekämpfen", wie die UNESCO betont. Unser Bibliothekar des Kongresses, Luther Evans, ist Exekutivmitglied der UNESCO, und man kann davon ausgehen, dass er mit diesen Zielen voll und ganz einverstanden ist, da er sich ihnen nie widersetzt hat.

Auf Seite 16 von Buch Fünf wird vorgeschlagen, dass die Lehrkraft alle Anstrengungen unternimmt, um zu erklären

> „die Methoden, um die Ressourcen des Globus allen Menschen zur Verfügung zu stellen".

Man kann dies auch so beschreiben, dass das amerikanische Nationaleinkommen Asien und Afrika zur Verfügung gestellt wird, wie es die UNRRA und die UNESCO zu tun versuchen.

Das sechste Buch dieser Reihe trägt den Titel „Der Einfluss von Elternhaus und Gemeinschaft auf Kinder unter 13 Jahren", in dem es heißt, dass Kinder vom Lehrer über die sexuellen Gewohnheiten ihrer Eltern befragt werden sollten. Dies würde die Eltern in den Augen des Kindes diskreditieren und eine internationalere und rassenübergreifende Einstellung des Kindes zum Sex bewirken. Die Sexualerziehung war schon immer ein Bestandteil des kommunistischen Programms. Senator William Benton ist Eigentümer der Encyclopaedia Britannica Films, die Filme zur Sexualerziehung an unseren Schulen vertreibt. Die Reporter Lait und Mortimer waren so unfreundlich, in „U.S. Confidential" einen schiefen Hinweis auf Bentons eigene sexuelle Vorlieben zu geben.

The United Nations World wird von einem glühenden Verehrer Stalins, dem ehemaligen Collier-Korrespondenten Quentin Reynolds, herausgegeben. United Nations News wird von der Woodrow Wilson Foundation herausgegeben, deren Direktoren Herbert Lehman und Alger Hiss sind. Ihre redaktionelle Voreingenommenheit ist ziemlich offensichtlich.

Die Vereinten Nationen haben mehrfach versucht, ein „Völkermordgesetz" zu verabschieden. Das vorgeschlagene, für alle Nationen verbindliche Gesetz sieht vor, dass „Personen, die der direkten und öffentlichen Anstiftung zum Völkermord beschuldigt werden, vor ein internationales Gericht gestellt werden." Wenn jemand Sie beschuldigt, eine bestimmte Rasse oder Gruppe zu kritisieren, sind Sie ohne den Schutz Ihres Heimatlandes und werden von einer Gruppe von Ausländern verurteilt. Ein Amerikaner, der erwähnt, dass ein verhafteter kommunistischer Spion ein Jude ist, wird nicht von einem amerikanischen Gericht verurteilt, sondern von einem Gericht, das aus den kommunistischen Revolutionären der Vereinten Nationen besteht. Unsere Verfassung, die früher das Leben und die Freiheit der Amerikaner garantierte, wurde zu einem wertlosen Fetzen Papier, als der Senat die Charta der Vereinten Nationen ratifizierte. Es war alles legal, auch die Verführung von Senator Vandenberg.

Das Völkermordgesetz besagt, dass Völkermord nur dann verboten ist, wenn er sich gegen eine nationale, ethische, rassische oder religiöse Gruppe als solche richtet. Dies gilt nicht für die Nation, die für ihre völkermörderischen Verbrechen am meisten bekannt ist, nämlich Sowjetrussland, das systematisch ganze Stämme in Südrussland und ganze Bevölkerungsschichten in ganz Russland vernichtet hat, darunter zunächst die Aristokratie, dann die mittelständischen Bauern, die ihre Höfe besaßen, und die mittelständischen Kaufleute und Händler. Diese Gruppen wurden jedoch im Interesse der Solidarität und des Wohlergehens aller Gruppen in Russland ausgelöscht. Die Argumentation wird unscharf, aber jeder gut ausgebildete Kommunist kann sie Ihnen erklären.

KAPITEL 21

Die tragischste Entwicklung in der amerikanischen Geschichte war die ständige Unterwanderung unserer Regierung durch einen schäbigen Haufen kommunistischer Agitatoren und zionistischer Geschäftemacher. Mit Tom Pendergasts Sohn Harry Truman als Präsident, dem ungarischen Flüchtling Anna Rosenberg als stellvertretende Verteidigungsministerin und dem ehemaligen Rechtsvertreter der Sowjetunion Dean Acheson als Außenminister, ganz zu schweigen von dem Zionisten Felix Frankfurter als Richter am Obersten Gerichtshof, könnten sich anständige Amerikaner durchaus nach anderen Ländern umsehen, um ihre Häuser zu bauen und ihre Kinder aufzuziehen. Die Geschichte von Trumans lebenslanger Loyalität gegenüber dem Kansas-City-Gauner Tom Pendergast ist schon oft erzählt worden, aber die Geschichte von Anna M. Rosenberg ist nicht erzählt worden, außer in den Senatsanhörungen zu Anna M. Rosenberg, Government Printing Office, 1950.

Anna M. Rosenberg, eine ungarische Jüdin namens Lederer, die einen Teppichhändler namens Rosenberg heiratete, stammte aus Ungarn, dem Land, das sich des Terroristen Bela Kuhn und seines jüdisch-kommunistischen Polizeistaats rühmte. Sie wurde in diesem Land willkommen geheißen, wo sie eine hoch bezahlte Spezialistin für Arbeitsbeziehungen wurde. Sie wurde auch in kommunistischen Kreisen bekannt, wie eine Reihe von Zeugen bei diesen Anhörungen aussagte. Am 8. November 1950, dem Tag, an dem die Wahlnachrichten alles andere von den Titelseiten der Zeitungen verdrängten, und während sich der Kongress in den Ferien befand, ernannte Truman Rosenberg zur stellvertretenden Verteidigungsministerin, um den Chef der Kommunistischen Partei, Verteidigungsminister General George C. Marshall, zu unterstützen.

Dennoch haben einige Patrioten die Ernennung bemerkt, und sie waren entsetzt. Zu ihnen gehörte Benjamin Freedman, der die jüdische Minderheit in Amerika seit Jahren davor warnt, dass sie sich unweigerlich den gerechten Zorn des amerikanischen Volkes zuziehen muss, wenn sie die Kommunistische Partei hier weiterhin aktiv unterstützt. Freedman ist ein Jude, der nicht glaubt, dass die erste Pflicht eines amerikanischen Juden gegenüber Russland oder Israel besteht. Er wird ständig von solchen Kreaturen wie Winchell denunziert. Im Fall Anna Rosenberg setzte sich Freedman erneut den hysterischen Beschimpfungen der Anhänger des kommunistischen Lagers aus, indem er nach Washington ging und vom Senat verlangte, die Rosenbergs zu untersuchen. Nach einem Monat der Verzögerung hielt der Unterausschuss für Streitkräfte in der letzten Dezemberwoche 1950 eine Anhörung zum Fall Anna Rosenberg ab. Ein Zeuge wies sie von Angesicht zu Angesicht als Mitglied der streng geheimen politischen Organisation der Kommunistischen Partei, dem John Club, aus. Andere traten vor, um sie zu identifizieren, aber die Senatoren waren so offensichtlich zu Rosenbergs Gunsten voreingenommen und so entschlossen, nichts gegen sie zu hören, dass diese Zeugen bedauerten, dass sie gekommen waren, um auszusagen. Die Senatoren hatten die Anhörungen nicht gewollt, und sie mochten die Zeugen nicht, die gegen Rosenberg auftraten.

Der mächtigste Einfluss zugunsten der Bestätigung Anna Rosenbergs als stellvertretende Verteidigungsministerin war Senator Harry Byrd aus Virginia, ein Mitglied des Unterausschusses. Er hielt Reden gegen die „Verleumdung" der Rosenbergs, und hier ist ein Beispiel dafür, wie er Zeugen einschüchterte, um sie dazu zu bringen, zu Gunsten der Rosenbergs auszusagen. Seite 296 der veröffentlichten Anhörungen lautet wie folgt:

> „BYRD: Offensichtlich gibt es zwei Anna M. Rosenberg. Wenn man davon ausgeht, dass diese Anna M. Rosenberg diese Aussagen nicht unterschrieben hat, muss es eine andere Anna Rosenberg geben. Haben Sie eine Akte über diese andere Anna Rosenberg oder wissen Sie etwas über sie?
>
> KIRKPATRICK: Wir haben keine Informationen über die Anna Rosenberg ohne die mittlere Initiale M.
>
> BYRD: Gibt es nicht noch eine Anna M. Rosenberg?
>
> KIRKPATRICK: Ich habe keine Ahnung, ob es mehr als eine Anna M. Rosenberg gibt".

Zur Debatte standen eine Reihe kommunistischer und prokommunistischer Manifeste, die Anna M. Rosenberg unterzeichnet hatte. Theodore Kirkpatrick vom FBI sagte aus, dass Anna M. Rosenberg diese Erklärungen unterschrieben habe, woraufhin Byrd einen Angriff auf ihn startete, um ihn dazu zu bringen, zu sagen, dass das FBI eine andere Anna M. Rosenberg habe und dass die Anna M. Rosenberg von Byrd und Baruch nicht die Kommunistin sei, um die es ging. Byrds Argumentation wäre untermauert worden, wenn er diese andere Anna M. Rosenberg vorgelegt oder eine Vorstellung davon gegeben hätte, wo sie zu finden war und woher er sie so gut kannte, aber das hat er nicht getan, und er hat es auch nicht nach den Anhörungen getan. Byrd holt sich oft „Rat" bei Bernard Baruch, und 1951 ernannte Lewis Lichtenstein Strauss, Partner von Kuhn, Loeb Co. den Staatssenator Harry F. Byrd Jr. zum Direktor der wohlhabenden Industrial Rayon Corporation.

Die internationalen Nachrichtendienste behaupteten, die Ernennung von Anna Rosenberg werde abgelehnt, weil sie Jüdin sei. Antisemitische und reaktionäre Kräfte des Faschismus versuchten, die liberale Anna M. Rosenberg von diesem hohen Regierungsamt fernzuhalten; das war die Geschichte, die dem amerikanischen Volk erzählt wurde. Tatsächlich waren die Zeugen gewöhnliche amerikanische Bürger, die ihre Pflicht erfüllten, und in den veröffentlichten Anhörungen wurde Rosenbergs Rasse nicht erwähnt. Die Presse unterließ es, das amerikanische Volk darüber zu informieren, dass Anna M. Rosenberg als prominente kommunistische Mitarbeiterin in New York identifiziert wurde. Sie war als Autorin der kommunistischen „New Masses" bekannt, leugnete jedoch bei den Anhörungen, jemals Schriftstellerin gewesen zu sein oder etwas geschrieben zu haben, und machte sich damit der Anklage des Meineids schuldig. Es scheint, dass man ein Meineidiger oder Perverser sein muss, um in die demokratische Verwaltung zu gelangen. Otto Frankfurter kam über das Staatsgefängnis von Anamosa hinein. Jedenfalls wurde Anna Rosenberg vor diesem Ausschuss eindeutig nachgewiesen, dass sie Kommunistin ist, und der Senat bestätigte ihre Ernennung zur stellvertretenden Verteidigungsministerin. Die Presse schützte diesen Verrat, indem sie Rosenbergs kommunistischen Hintergrund vertuschte.

Anna M. Rosenberg, eine der ursprünglichen New Dealers, die Franklin Roosevelt kennenlernte, als er Gouverneur von New York war, reiste 1944 als seine persönliche Vertreterin nach Frankreich, um die dortigen Bedingungen zu untersuchen. Siebzehn Tage später schockierte sie unsere Generäle mit der Erklärung, dass unsere Soldaten in Übersee nicht in der Lage seien, ihr Leben zu Hause wieder aufzunehmen, bevor sie nicht „Neuorientierungskurse" absolviert hätten. Ihre bösartigen Äußerungen über unsere kämpfenden Männer erregten in der Truppe eine solche Empörung, dass sie sofort nach Hause beordert werden musste. Dennoch wurde diesem Geschöpf die Macht über Leben und Tod jedes amerikanischen Jungen übertragen, der das Pech hatte, das achtzehnte Lebensjahr überschritten zu haben. Sie verfasste das Gesetz über die Wehrpflicht, das als Public Law 51 bekannt ist und am 19. Juni 1951 vom Kongress verabschiedet wurde, und sie hat sich seither dafür eingesetzt, dass das Gesetz über die allgemeine militärische Ausbildung in Kraft tritt, bisher ohne Erfolg.

Trumans erstaunlicher Sieg im Jahr 1948 war kein Geheimnis für die Kommunisten, die ihn wegen des Fair-Deal-Programms wiedergewählt hatten. Es ist nicht allgemein bekannt, dass die Grundlage und der Name des Fair-Deal-Programms von Truman „fair-dealing" mit Russland war. „Fair-Dealing" wurde 1946 zu einem Schlüsselwort in der kommunistischen Propaganda. Fair-Dealing mit Russland war der Grund für die Ernennung von Dean Acheson zum Außenminister. Sein Assistent in diesem Programm war George Kennan, jetzt Botschafter in Russland. Ausgehend von der Idee eines fairen Umgangs mit Russland, d. h. der Fortsetzung der Leihgaben an die Kommunisten nach dem Krieg mit allen Mitteln, baute Truman ein ganzes sozialistisches Programm mit obligatorischer sozialisierter Medizin, fairen Beschäftigungspraktiken, kollektivistischer Landwirtschaft (bekannt als Brannan-Plan) und anderen unamerikanischen Maßnahmen auf. Die Kommunisten waren beruhigt und wählten den „Fair Deal"-Truman erneut.

Was ist gefährlicher, ein Kommunist oder ein von den Kommunisten angeheuerter Agent, der die Ware liefern muss, wenn er bezahlt wird? Außenminister Dean Acheson war der bezahlte Rechtsvertreter der Kommunisten, als wir 1933 Russland anerkannten, und hat ihnen seither gedient. Er weigert sich, anzugeben, wie viel Geld er von der stalinistischen Regierung erhalten hat. Er wurde von Senator Millard Tydings, dem Schwiegersohn des offenkundigen Bewunderers des modernen Russlands, Joe Davies, für das Amt des Unterstaatssekretärs des Finanzministeriums vorgeschlagen. Tydings unterlag 1950 bei seiner Kampagne zur Wiederwahl in den Senat, nachdem er die von Senator McCarthy dokumentierten Anschuldigungen gegen Kommunisten im Außenministerium beschönigt hatte. Acheson war lange Zeit Partner der Washingtoner Anwaltskanzlei Covington,

Burlington, Rublee und Shorb, die sich auf die Vertretung ausländischer Regierungen spezialisiert hat. Acheson scheint immer mit der Vertretung Sowjetrusslands betraut gewesen zu sein. Sein Kanzleipartner George Rublee war lange Zeit ein prominentes Mitglied des Council On Foreign Relations. Der Bruder von Alger Hiss, Donald Hiss, ist Mitglied von Achesons Anwaltskanzlei, und D. Hiss vertritt die Sowjetunion, während Acheson vorübergehend im Dienst der Regierung ist.

Einer von Achesons engsten Freunden in Washington war der Kommunist Lauchlin Currie, persönlicher Berater von Roosevelt. Currie wurde von Whittaker Chambers und Elizabeth Bentley unter Eid als sowjetischer Agent identifiziert. Lauchlin Currie, der wie Achesons Bruder Edward Campion Acheson die London School of Economics absolviert hatte, wurde von der Internationalen Bank zum Finanzberater der kolumbianischen Regierung ernannt und erhielt ein Jahresgehalt von 150.000 Dollar. Als sein Name in den Anhörungen des Kongresses als sowjetischer Agent auftauchte, floh er aus dem Land und lebt nun dauerhaft in Kolumbien. Nach der Revolution wird er jedoch zurückkehren.

Acheson ist es zu verdanken, dass Kommunisten im Außenministerium geschützt werden. Unter seiner Aufsicht hat der Loyalitätsausschuss des Außenministeriums nie einen einzigen Kommunisten gefunden, obwohl Kreaturen verschiedener roter Schattierungen öffentlichkeitswirksam kündigen durften.

Zu unseren prominentesten Senatoren gehört Paul Douglas, einer der bedeutendsten intellektuellen Lumpensammler der Universität von Chicago, wo er in dieser Brutstätte des Kommunismus oft mit seinem Wirtschaftsprofessor-Kollegen Oscar Lange, dem heutigen kommunistischen Delegierten Polens bei den Vereinten Nationen, über Weltwirtschaft sprach.

Auf Seite 540 von „Tammany Hall", M.R. Werner, Doubleday Doran 1928, steht, dass Herbert Lehman und Jacob Schiff die Kampagne von Gouverneur William Sulzer finanzierten, dem einzigen Gouverneur, der jemals im Staat New York angeklagt und aus dem Amt geworfen wurde. Robert S. Allen, „The Truman Merry-Go-Round", berichtet, dass Senator Lehman ein ganzes Stockwerk eines Hotels in der Innenstadt für seinen siebenundfünfzigköpfigen Stab belegte, als er nach Washington kam. Nur wenige Senatoren können sich einen solchen Stab leisten, aber nur wenige Senatoren haben so viele

Interessen wie Senator Lehman, zum Beispiel die Palestine Economic Corporation.

Der Höhepunkt in der kulturellen Entwicklung der schönen neuen Demokratie wurde vielleicht 1950 erreicht, als ein prominenter Neger-Evangelist mit Truman in Streit geriet. Bezeichnenderweise rächte sich der Evangelist, indem er am Sonntagmorgen um acht Uhr mit einer Schar fröhlich gekleideter Anhänger die Pennsylvania Avenue hinunterlief und aus voller Kehle eine Ballade namens „We're On Our Way To Haven" schmetterte. Truman war nicht in der Lage, eine solche Störung zu ertragen, und er schrie nach seinen Ohrenschützern.

W. Averell Harriman und seine vierzig Millionen Dollar waren Gegenstand einer erbärmlichen Werbekampagne im *New Yorker Magazine,* mit der versucht wurde, ihn vor dem Parteitag der Demokraten im Jahr 1952 als Präsidentschaftskandidaten aufzubauen. Harrimans Rolle bei der Rettung Stalins und seine ebenso wichtige Rolle bei der Vertuschung der Geschichte des Massakers von Katyn lassen sich besser verstehen, wenn wir die enge Verbindung seiner Familie mit Kuhn, Loeb Co. betrachten. Sein Vater, ein zwielichtiger Wall-Street-Spekulant, wurde von Jacob Schiff aufgegriffen und als Strohmann benutzt, um die Union Pacific Railroad für Kuhn, Loeb Co. zu sichern. In der Biografie des Präsidenten der National City Bank, „James Stillman", von A. R. Burr, Duffield 1927, heißt es

> „Mr. Schiff war von Harrimans brillanten Fähigkeiten sehr beeindruckt, und die so begonnene Verbindung sollte viele Jahre andauern, viele große Transaktionen umfassen und die Firma Kuhn, Loeb als Harrimans Unterstützer und Bankiers voranbringen. Zeitgleich mit Harrimans Auftreten war das Auftreten der Standard Oil-Kapitalisten, die so in ein Bündnis mit einer neuen Macht gebracht wurden. Die Umstrukturierung der Union Pacific verlief auf bemerkenswert effiziente Weise. Finanziert durch die Ressourcen der Standard Oil Interessen und durch die Firma Kuhn, Loeb Co. wurde sie mit einer Gründlichkeit durchgeführt, die Vertrauen erweckte."

In „E.H. Harriman", von George Kennan, Seite 368, heißt es

> „Unter den Männern, die mit Mr. Harriman bei seinen verschiedenen Eisenbahnunternehmen zusammenarbeiteten, spielte keiner eine wichtigere Rolle als Jacob Schiff, Seniorpartner im Bankhaus Kuhn, Loeb Co."

Es liegen viele zusätzliche und umfangreiche Beweise vor, die belegen, dass Standard Oil und die Union Pacific sowie die kommunistische Revolution von 1917 Schöpfungen von Jacob Schiff und Aufträge für Kuhn, Loeb Co. waren.

KAPITEL 22

1945 lag ganz Europa unter den Folgen des Krieges in Schutt und Asche, und kein Land hatte mehr Zerstörung erlitten als Sowjetrussland. In jenem Jahr schien es zweifelhaft, ob Russland seine zerstörte Wirtschaft, seine zerbombten Städte und seine gesprengten Dämme wieder aufbauen könnte.

1950 befand sich ganz Europa in panischer Angst vor Russland. Die mitteleuropäischen Länder waren nach und nach zu sowjetischen Satelliten geworden, die von Moskau aus gesteuert wurden. Halb Deutschland war dank Eisenhower und Roosevelt ein kommunistischer Satellit. Die westlichen Nationen rüsteten verzweifelt gegen die Bedrohung durch eine sowjetische Aggression auf. Wie war es dazu gekommen?

Das Forum der kommunistischen Diplomaten in New York, bekannt als die Vereinten Nationen, hatte ein schützendes Nachhutgefecht gegen die antikommunistischen politischen Kräfte geführt, während Russland mit amerikanischem Geld und Material wieder aufgebaut wurde. Eine Reihe von Verschwörungen, die darauf abzielten, die Sowjetunion mit amerikanischer Hilfe wieder aufzubauen, wurden von Kommunisten in unserer Regierung verübt. UNRRA, der Marshall-Plan, die Economic Co-Operation Administration, das Point-Four-Programm - all diese gut beworbenen Idyllen des Weltfriedens hatten zum Ziel, Russland indirekt mit Nachschub zu versorgen, um es wieder aufzurüsten.

Diese Programme konnten durchgeführt werden, weil sie von der amerikanischen Presse nicht kritisiert wurden. Im Jahr 1951, nachdem genügend Zeit verstrichen war, wurden einige sensationelle Enthüllungen über Lieferungen von Marshall-Plan-Gütern nach Russland gemacht, insbesondere Kraftwerke, Werkzeugmaschinen und andere Grundausrüstungen für die Schwerindustrie. Zu diesem Zeitpunkt war der Schaden bereits angerichtet, und Russland war wieder aufgerüstet, wenn man den Sensationsmeldungen der Presse über russische Panzer und Flugzeuge Glauben schenken darf, die allesamt ihre Wirkung auf die Aktienmärkte haben.

Professionelle Kommunisten, kommunistische Kollaborateure und bezahlte Vertreter der Sowjetunion haben diese Hilfe für Russland eingefädelt, und niemand war aktiver als Außenminister Dean Acheson, der jahrelang als Russlands Rechtsberater in Washington hohe Honorare erhalten hatte. Felix Wittmer schrieb in The American Mercury, April 1952, dass

> „1946 beantragte die sowjetische Satellitenregierung Polens bei den Vereinigten Staaten ein Darlehen von 90 Millionen Dollar. Acheson war damals Unterstaatssekretär im Außenministerium. Und welche Anwaltskanzlei beauftragten die Roten, um das Darlehen zu erhalten? Die Kanzlei Acheson, der Donald Hiss direkt zugeordnet war ... Am 24. April 1946 gab der amtierende Außenminister Acheson bekannt, dass der Kredit, der über die Export-Import-Bank gewährt werden sollte, genehmigt worden war. Das Honorar, das die Kommunisten an die Kanzlei Acheson zahlten, betrug 51.653,98 Dollar."

Mit diesem Kredit wurde die UB, die russische Sicherheitspolizei, ausgerüstet, die dann ihre Schreckensherrschaft in Polen antrat. Wittmer weist auch darauf hin, dass

> „Im Juni 1947 bestand Acheson gegen den Widerstand des Kongresses darauf, dass die Vereinigten Staaten nach dem Krieg Lend-Lease-Lieferungen im Wert von 17 Millionen Dollar an Russland liefern."

Dabei handelte es sich um das so genannte Programm „Fairer Umgang mit Russland", das von der Kommunistischen Partei Amerikas gefördert wurde. Wie andere Geschichten dieser Art wurden auch Wittmers Enthüllungen mit einem Aufschrei des Außenministeriums begrüßt. Der vertraute Schrei der „Verleumdung" wurde ausgestoßen. Fakten sind entweder wahr oder falsch. Die kommunistischen Kollaborateure wagen es nie zu leugnen, dass diese in einem angesehenen Organ veröffentlichten Fakten falsch sind, also behaupten sie, es sei eine „Verleumdung", was sie tun können, ohne verklagt zu werden.

Am 14. November 1945, schreibt Wittmer, erschien Acheson im Madison Square Garden, um den berüchtigten kommunistischen Propagandisten, den Roten Dekan von Canterbury, England, zu empfangen, der später 1952 mit seiner Behauptung, die Vereinigten Staaten setzten in Korea bakterielle Kriegsführung ein, in die Schlagzeilen kam, wobei sein einziger Beweis Radio Moskau war. Das sind die Freunde von Acheson. Andere, die in diesem Programm sprachen, waren Amerikas freimütigste kommunistische Kollaborateure, Paul Robeson, der heute von den meisten Negern abgelehnt wird, Corliss Lamont, Sohn eines J.P. Morgan-Partners, Joseph E. Davies, der dadurch geehrt wurde, dass Maxim Litvinoff seinen Enkel nach ihm benannte, und Dr. William Howard Melish, ein christlicher Geistlicher, der den sowjetischen Atheismus befürwortet. Bei diesem Treffen in New York sagte Acheson,

> „Wir verstehen und stimmen mit der sowjetischen Führung darin überein, dass befreundete Regierungen entlang ihrer Grenzen sowohl für die Sicherheit der Sowjetunion als auch für den Frieden in der Welt von wesentlicher Bedeutung sind."

Damit gab Acheson den gefangenen Nationen Russlands zu verstehen, dass sie nichts anderes als kommunistische Versklavung zu erwarten hätten. In seiner Eigenschaft als Regierungsvertreter warnte er, dass Amerika ihnen nicht helfen würde.

Die Haltung der demokratischen Regierung zur Fortsetzung des Leihgeschäfts mit Russland nach dem Krieg wird am besten vom Chef des Marinegeheimdienstes, Admiral Zacharias, in „Behind Closed Doors", Seite 309, zum Ausdruck gebracht,

> „Die willkürliche Abschaffung des Lend-Lease war ein Fehler, dessen Ausmaß damals nicht abzuschätzen war. Sie führte zu den meisten Übeln der Nachkriegswelt, zu einer raschen Entfremdung der sowjetischen Zuneigung."

Indem wir uns weigerten, weitere Milliarden an Waren und Geld kostenlos nach Russland zu schicken, zogen wir uns die Feindschaft der sowjetischen Führung zu. Ein Mann, der ein führendes Mitglied unseres Geheimdienstes war, bekennt sich im Druck zu dieser Meinung. Amerika ist immer im Unrecht, sagen diese Kreaturen. In den Washington Daily News vom 30. Mai 1952 wurde berichtet, dass W. Averell Harriman bei seiner öffentlichen Zeremonie am Grab des großen Kommunisten im Hyde Park (Harriman kandidierte vom Grab aus für das Amt des Präsidenten, eine schaurige Vorstellung) sagte, er habe am Tag von Roosevelts Tod in den Straßen von Moskau Männer und Frauen weinen sehen. Er sagte

> „Sie weinten ohne Scham, weil sie den verstorbenen Präsidenten als Symbol der Nation betrachten, die sie vor der Unterdrückung durch die Nazis gerettet hat".

Die Einwohner Moskaus weinten, weil der „gravy-train" mit dem Tod Roosevelts zu Ende war, sein persönlicher Triumph, das Lend-Lease, beendet wurde und sie zur Arbeit gehen mussten. Kein Wunder, dass sie weinten. In Harriman hatten sie jedoch noch einen Freund. Als Mutual Security Administrator hat er Milliarden zum Wegwerfen. So hat er zum Beispiel eine Reihe von großen Darlehen aus MSA-Mitteln an Israel vergeben, falls Sie sich als Steuerzahler fragen, warum Sie höhere Steuern zahlen.

Die Hingabe des Außenministeriums an seine Kommunisten wird durch die Besetzung seiner politischen Ausschüsse veranschaulicht. Der Beratende Ausschuss für die Außenpolitik der Nachkriegszeit hatte seit 1942 als Hauptmitglieder Harry D. White (Dorn Weiss), Morgenthaus Berater, der plötzlich starb, nachdem er als Kommunist identifiziert worden war, und den bekennenden Kommunisten Julian Wadleigh. Alger Hiss war ein leitender Angestellter des Ausschusses. In der Tat war er in jedem wichtigen Ausschuss des Außenministeriums in beratender Funktion vertreten. Dennoch behauptete Warburgs Handlanger Elmer Davis in einem Artikel in Harper's Monthly, Hiss sei im Außenministerium nie von Bedeutung gewesen.

1943 wurden zwölf Sonderausschüsse des Ausschusses für die Wirtschaftspolitik der Nachkriegszeit gebildet. Dem Sonderausschuss für Arbeitsnormen und soziale Sicherheit gehörten Isador Lubin, der während des Ersten Weltkriegs Baruchs rechte Hand gewesen war, Herbert Feldman, David Dubinsky und A.A. Berle Jr. an, der sechs dieser Ausschüsse angehörte. Alger Hiss, Donald Hiss und Julian Wadleigh waren beratende Mitglieder in allen zwölf dieser Ausschüsse. Berle ist heute Vorsitzender der Liberal-Demokratischen Partei von New York, die von Senator Lehman vertreten wird. Der Sonderausschuss für private Monopole und Kartelle hatte als Vorsitzenden Dean Acheson; seine Mitglieder waren der geheimnisvolle Mordecai Ezekiel, Louis Deomartzky, Sigmund Timberg, Walter S. Louchheim Jr. vom Security Exchange Committee und Moses Abramovitz vom Office of Strategic Services.

Der Sonderausschuss für Migration und Ansiedlung des Außenministeriums hatte Arthur Schoenfeld als Vorsitzenden und die

Mitglieder A. A. Berle Jr., John D. Rockefeller 3d, Herbert Lehman und Laurence Duggan.

Die Hingabe der obersten Ebene der demokratischen Regierung an die Sache des Weltkommunismus zeigte sich 1946, als ein Symposium kommunistischer Propaganda, „The Great Conspiracy Against Russia", von Seghers und Kahn, von der Steinberg Press, N.Y., gedruckt wurde. Senator Claude Pepper schrieb eine glühende Einleitung zu diesem kommunistischen Manifest, Joseph E. Davies und Professor Frederick Schuman schrieben lobende Absätze, die auf den Umschlägen abgedruckt wurden. Viele führende Demokraten beteiligten sich daran, diese offen kommunistische Propaganda im ganzen Land zu verbreiten. So wurde zum Beispiel Woodrow Wilson sehr wohlwollend erwähnt, und seine Botschaften des Trostes für das bolschewistische Regime wurden in diesem Buch abgedruckt, das sich bei seiner Dokumentation stark auf Veröffentlichungen des International Publishers, New York, und aus Moskau stützte. Die russische Aristokratie, die vertrieben oder ermordet und deren Eigentum von fanatischen Revolutionären beschlagnahmt wurde, wurde wie folgt beschrieben:

> „Wo immer die Weißen Emigranten hingingen, befruchteten sie den Boden für die Weltkonterrevolution, den Faschismus. Mit dem Debakel der Weißen Armeen von Koltschak, Judentitsch, Wrangel und Semjonow strömten die rücksichtslosen Abenteurer, die dekadenten Aristokraten, die Berufsterroristen, die Banditensoldaten, die gefürchtete Geheimpolizei und all die anderen feudalen und antidemokratischen Kräfte, die die Weiße Gegenrevolution ausgemacht hatten, nun wie ein schlammiger, stürmischer Strom aus Russland heraus. Er floss westwärts, ostwärts und südwärts und brachte den Sadismus der Generäle der Weißen Garde, die pogromistischen Doktrinen der Schwarzen Hundertschaft, die grimmige Verachtung des Zarismus für die Demokratie, den dunklen Hass, die Vorurteile und die Neurosen des alten kaiserlichen Russlands mit sich. Die Protokolle von Zion, die antisemitischen Fälschungen, mit denen die Ochrana zu Massakern an den Juden aufgestachelt hatte, und die Bibel, mit der die Schwarzen Hundert alle Übel der Welt mit einem internationalen jüdischen Komplott erklärten, wurden nun in London, Paris, New York, Buenos Aires, Shanghai und Madrid öffentlich verbreitet."

Wie üblich prangern die Kommunisten die Protokolle von Zion als Fälschung an, ohne ins Detail zu gehen, denn das würde Henry Fords

Feststellung bestätigen, dass „die Protokolle von Zion die Geschichte des zwanzigsten Jahrhunderts erklären".

In dem Buch von Seghers-Kahn, einer phantastischen Zusammenstellung perverser Tatsachen und unmöglicher Fiktion, wird behauptet, Trotzki sei bei einem Streit über eine Freundin in Mexiko ermordet worden, Hitler, Trotzki und Trotzkis Sohn Leon Sedow hätten ein dunkles Komplott zum Sturz Stalins geschmiedet, das Stalin gezwungen habe, in den Moskauer Säuberungsprozessen Gerechtigkeit walten zu lassen, und das House Un-American Activities Committee sei eine Bande von Faschisten. Wie üblich werden Antikommunisten als Antisemiten abgetan. Der Artikel schließt in typischer Daily Worker-Manier:

> „Die erste große Erkenntnis aus dem Zweiten Weltkrieg war, dass die Rote Armee unter Marschall Stalin die fähigste und stärkste Kampftruppe auf der Seite des Weltfortschritts und der Demokratie war. Das Bündnis der westlichen Demokratien mit Sowjetrussland eröffnete die realistische Aussicht auf eine neue internationale Ordnung des Friedens und der Sicherheit für alle Menschen. Doch nach der Gründung der Vereinten Nationen, die auf dem Konzept der vollständigen Beseitigung des Faschismus beruhte, bedrohte ein neuer Aufschwung der antisowjetischen Propaganda die Grundlagen des Friedens."

Dies ist die beste Definition der Vereinten Nationen, einer Organisation, die sich der Ausrottung des Faschismus verschrieben hat. Da Seghers und Kahn vorhin den Faschismus als Weiße Gegenrevolution definiert haben, besteht der einzige Zweck der Vereinten Nationen darin, den Widerstand gegen den kommunistischen Weltstaat auszulöschen. Die Weiße Gegenrevolution ist der letzte Versuch der weißen Rasse, sich gegen die antijüdischen Marxisten zu verteidigen. Engels erklärte in „Der Ursprung der Familie", dass die Kommunisten die Absicht haben, die nichtjüdische Familie zu zerstören.

Dieses Buch war eine Pflichtlektüre für Regierungsangestellte und erhielt fantastische Kritiken in der nationalen Presse. Senator Pepper wurde daraufhin bei der Wiederwahl in den Senat besiegt. Es gab nicht genug Kommunisten in Florida.

Einer der günstigsten Propagandisten der chinesischen Kommunisten, Edgar Snow, hat nach dem Beginn des Koreakrieges seine Meinung geändert. In der Saturday Evening Post vom 7. März 1952 erörtert er den wahrscheinlichen Nachfolger Stalins und kommt zu dem Schluss, dass es Malenkow sein wird, weil dieser ein Protegé des Juden Lazar Kaganowitsch, Kommissar für Schwerindustrie, ist. Snow erklärt den Sowjet wie folgt:

> „Betrachtet man die UdSSR als ein Monopol, in dem der Staat jeden Produktionszweig besitzt und jeden Markt kontrolliert, so entspricht das Politbüro dem Vorstand einer gigantischen Holdinggesellschaft. Es verfügt über die Vollmachten von sechs Millionen Parteimitgliedern, die als Aktienbesitzer der Tochterorganisationen betrachtet werden können. Sie sind ihrerseits die Klasse der Manager und Verwalter".

Die Außenpolitik der Vereinigten Staaten gegenüber Russland für die letzten fünf Jahre und anscheinend auch für die nächste Generation wurde von George Kennan festgelegt, einem prominenten Mitglied des Rates für auswärtige Beziehungen (Council On Foreign Relations) und Chefberater für langfristige Politik des Außenministers Dean Acheson sowie Leiter des Ausschusses für langfristige Politikplanung des Außenministeriums. In der Juli-Ausgabe 1947 von „Foreign Affairs" veröffentlichte Kennan anonym den „Plan X", der seither unsere Politik ist. Die Korrespondenten in Washington protestierten heftig dagegen, dass unsere offizielle Politik auf einem derartigen Umweg an die Öffentlichkeit gelangen sollte. Der Autor war der Neffe und Namensvetter des weltberühmten kommunistischen Agenten George Kennan.

„Plan X" ist die berüchtigte „überparteiliche" Außenpolitik, die vom Rat für auswärtige Beziehungen gefördert wird. Es ist die Politik des Ausgebens und Verschenkens unseres nationalen Reichtums in der ganzen Welt, bis wir bankrott und demoralisiert sind, eine leichte Beute für Russland. Es überrascht nicht, dass dies mit der offiziellen sowjetischen Politik übereinstimmt, schreibt Zacharias in „Behind Closed Doors" auf Seite 10,

> „Laut der maßgeblichen sowjetischen ‘Einschätzung der Lage’,
>
> 1) die USA werden zwischen 1954 und 1956 eine Depression größeren Ausmaßes erleben; 2) die USA werden dann in den Krieg ziehen, um die katastrophalen Auswirkungen der Depression auf ihre Volkswirtschaft und ihre Moral abzuwehren. Stalin erwartet eine letzte kumulative massive Gegenoffensive gegen einen militärisch, moralisch und wirtschaftlich erschöpften Feind."

Kennans Programm erschöpft uns nach sowjetischer Einschätzung. Es hat uns bereits mehr als hundert Milliarden Dollar gekostet, und wir haben fast zweihunderttausend amerikanische Jungen als Opfer in Korea verloren, während Russland keinen einzigen Mann verloren hat. Doch das war nur ein kleiner Teil dessen, was die Kollaborateure mit uns vorhatten. Sie hatten geplant, uns in einen umfassenden Krieg mit dem kommunistischen China zu verwickeln, der uns ausbluten lassen sollte, während Russland zum Angriff auf uns rüstete. Dieser Plan ist gescheitert, aber die Politik der „Eindämmung" wird wie üblich fortgesetzt. Man könnte sie als den Kennan-Plan bezeichnen, der darauf abzielt, uns in den Ruin zu treiben und unsere Stärke in einer Reihe von Kleinkriegen zu schwächen, während Russland auf die letzte Runde wartet. Kennan argumentierte erfolgreich, dass wir Armeen unterhalten und Geld und Nachschub in jede Nation schicken müssen, auf die sich Russland zubewegen KÖNNTE. Der Neffe des kommunistischen Agenten George Kennan schrieb in der Juli-Ausgabe 1947 von Foreign Affairs,

> „Es wird sich deutlich zeigen, dass der sowjetische Druck auf die Institutionen der westlichen Welt durch den geschickten und energischen Einsatz von Gegengewalt an einer Reihe von ständig wechselnden geographischen und politischen Punkten, die den Verschiebungen und Manövern der sowjetischen Politik entsprechen, eingedämmt werden kann.

Kennans Plan macht deutlich, was schon lange der Fall war, nämlich dass unser Außenministerium zu einer Zweigstelle des sowjetischen Außenministeriums geworden ist. Wir hetzen unsere Truppen hierhin und dorthin, wo immer Russland den Anschein erweckt, es könnte etwas unternehmen, und wir gewähren Ländern, die eine sowjetische Aggression befürchten, hohe Kredite. Unsere Beamten im Außenministerium folgen blindlings, wohin uns das Politbüro führt. Eine schändlichere, verräterischere und lächerlichere Politik kann man sich kaum ausdenken.

Kennans Plan ist besonders sympathisch für Stalins gehegten Plan, Russland im Innern aufzubauen, während die Revolutionäre ständig Ausbrüche in anderen Ländern fördern, und zwar zu geringen Kosten für die Sowjetunion. Kein Wunder, dass Kennan 1952 als US-Botschafter in Russland so gut aufgenommen wurde.

Interessanterweise folgt auf Kennans Artikel, in dem er den „Plan X" vorstellt, in der Juli-Ausgabe 1947 von „Foreign Affairs" der Artikel

„Anglo-American Rivalry and Partnership-A Marxist View" von Eugene Varga, Russlands führendem Wirtschaftswissenschaftler und Direktor des Institute of World Economics and Politics in Moskau. Als er das Außenministerium verließ, um ein Buch zu schreiben, in dem er seine pro-sowjetische Politik verteidigte, ging Kennan zu einer ähnlichen Institution in Amerika, dem Institute for Advanced Studies in Princeton, wo hochrangige Intellektuelle der internationalen Elite, wie Emanuel Goldenweiser vom Federal Reserve Board, auf die Weide geschickt werden.

Ein weiterer Hinweis auf Kennans Artikel ergibt sich aus der Tatsache, dass die gesamte Rückseite der Juli-Ausgabe 1947 von „Foreign Affairs" eine bezahlte Anzeige des Bankhauses Lazard Freres aus New York, London und Paris ist. Lazard Freres, bekannt als das Bankhaus der Familie von Eugene Meyer, ist einer der wichtigsten finanziellen Unterstützer des Council On Foreign Relations und seiner Mitgliedsorganisationen. Lazard Freres war für die Nazis, für die Kommunisten und wahrscheinlich für alles, was Aussicht auf Erfolg hat. Politiker reden in Allgemeinheiten, aber sie handeln in Partikularismen, und das tun auch die internationalen Bankiers. Deshalb wird ein Bankhaus einer Bewegung, mit der es nicht einverstanden ist, Geld zukommen lassen.

Die derzeitige Linie der Kommunistischen Partei ist die „Koexistenz". Es überrascht nicht, dass George Kennan ein Anhänger der Koexistenz-Theorie ist, oder dass James Paul Warburgs neuestes Buch den Titel „How to Co-Exist" trägt, Beacon Press 1952. Die Idee der Koexistenz hat ihren Ursprung in Joseph Stalins Rede vor dem Sowjetkongress am 17. Mai 1948 und wurde als Pamphlet „For Peaceful Co-Existence", von Joseph Stalin, International Publishers, New York, 1952, veröffentlicht.

George Kennan, der Sprecher des Außenministeriums für die Anerkennung Rotchinas, Koexistenz, fairen Umgang mit Russland und Eindämmung, ist wahrscheinlich der ideologische Führer der kommunistischen Kollaborateure in Amerika. In seinem Buch „American Diplomacy 1900-1950", einer Schönfärberei von Roosevelts Hilfe für Stalin, das Kennan in luxuriöser Umgebung am Institute for Advanced Studies schrieb, sagte er,

> „Die am lautesten vorgetragenen Vorwürfe über Fehler im Krieg beziehen sich auf die Konferenzen von Moskau, Teheran und Jalta. Deren Bedeutung ist erheblich überschätzt worden. Wenn man nicht

> sagen kann, dass die westlichen Demokratien sehr viel gewonnen haben, so wäre es auch falsch zu behaupten, dass sie sehr viel verschenkt haben. Die Errichtung der Sowjetmacht in Europa und der Einmarsch der sowjetischen Streitkräfte in München war nicht das Ergebnis dieser Gespräche, sondern das Ergebnis der militärischen Operationen in der Endphase des Krieges."

So ignoriert Kennan schlichtweg die Tatsache, dass Roosevelt auf der Konferenz von Jalta Polen an Stalin übergab, mit Alger Hiss an seiner Seite. Es ist Kennans Propaganda, dass Russland alles, was es hat, durch militärische Operationen erlangt hat, dass es durch die Stärke seiner Armeen gewonnen hat. Er erwähnt nicht, dass die Lend-Lease-Lieferungen aus Amerika dem Land die Macht gaben, die Nationen, die es unterwarf, zu überrennen. Auf jeden Fall war Roosevelt für das Politbüro mehr wert als alle russischen Armeen. Kennans Buch ist typisch für den gut gekleideten Brei, der unseren Universitätsstudenten als echte Kritik an der Außenpolitik aufgedrängt wird.

Präsident Truman musste sich in seiner Außenpolitik jedoch nicht ausschließlich auf George Kennan verlassen. Trumans Lieblingsprojekt ist sein „Point Four"-Programm zur Entwicklung rückständiger Gebiete in der Welt. Das Point-Four-Programm folgt Schritt für Schritt genau dem Programm, das Earl Browder, der Führer der Kommunisten, in seinem Buch „Teheran, Our Path in War and Peace", International Publishers, New York, 1945, niedergelegt hat.

Auf Seite 256 von Zacharias' Buch „Behind Closed Doors" heißt es

> „George Kennan verfasste einen politischen Bericht, der unter dem romantischen Pseudonym 'X' in der Juli-Ausgabe 1947 von 'Foreign Affairs' veröffentlicht wurde, und zwar unter unüberhörbarem Trara, das von einer Gruppe von 'diplomatischen Aktivisten' im National War College, unserem hochrangigen geopolitischen Institut, und im Außenministerium vorbereitet worden war. Unterstützt wurden sie dabei von Gleichgesinnten wie den Brüdern Alsop, den Mitgliedern des Council On Foreign Relations und den Redakteuren von Time und Life."

Es ist verständlich, warum Baruch immer wieder Vorträge vor dem National War College hält, das sich nicht oft als unser geopolitisches Institut zu erkennen gibt. Das Aufsehen, das der Kennan-Plan beim Council On Foreign Relations (Rat für auswärtige Beziehungen) erregte, war beträchtlich, denn zu den Mitgliedern des Rates gehören die Herausgeber und Redakteure der New York Times, der Washington Post, von Newsweek, Time und Life.

Zacharias' Buch „Behind Closed Doors" gibt weitere Einblicke in die sowjetischen Aktivitäten in den Vereinigten Staaten. Auf Seite 85 sagt er,

> „Es muss klar sein, dass Lomakin ein gewöhnlicher Konsul war. Bestimmte Informationen führten uns zu der Annahme, dass Lomakin der Leiter des russischen politischen Geheimdienstes in der gesamten westlichen Hemisphäre war. Er hielt sich von den amerikanischen Kommunisten und ihren Mitreisenden fern. Er bevorzugte die Gesellschaft von Wall-Street-Finanziers, Industriellen aus Pittsburgh, Detroit und Cleveland und anderen Vertretern unseres Großkapitals, die zu seinen Cocktailpartys im New Yorker Konsulat strömten."

Auf Seite 216 sagt uns Zacharias, dass

> „In seinem getarnten Posten als Gesandter Ungarns in Washington setzte Sik die Arbeit fort, die er für die Komintern begonnen hatte: die Untersuchung der Lage der Neger in den Vereinigten Staaten. Seine Karriere ist typisch für die geplante Infiltration des Kremls in den diplomatischen Apparat seiner Satelliten."

Eleanor Roosevelt beharrt jedoch unumwunden darauf, dass es keine russischen Spione bei den Vereinten Nationen gibt. Noch alarmierender ist die Unterstützung dieser ausländischen Agitatoren durch Männer in unserer eigenen Regierung. In dieser Neger-Agitation war zum Beispiel Senator Herbert Lehman einer der lispelnden Agitatoren für „home rule" im District of Columbia, das Wahlrecht für die dort lebenden Bürger. Die überwiegende Negerbevölkerung könnte einen Neger-Bürgermeister für unsere nationale Hauptstadt wählen. Die Gründer der amerikanischen Republik wollten, dass unsere Hauptstadt für immer frei von den billigen Intrigen der Parteipolitik bleibt, und setzten einen Kongressausschuss ein, der sie regieren sollte. Lehman, unterstützt von George Schuster vom Hunter College in New York, hat versucht, dies zu ändern, um Washington eine Stadtregierung zu geben, die genauso korrupt ist wie andere Städte, in denen es eine große Anzahl von Neger-Kriminellen gibt. Die Rassenproblematik zieht immer einen seltsamen Haufen von Selbstdarstellern an, zum Beispiel den Leiter der National Association for the Advancement of Colored People, Walter White. Walter White, der behauptet, ein Neger zu sein, ist mit einer weißen Frau verheiratet. Was er für Walter White getan hat, ist viel leichter festzustellen als das, was er für den amerikanischen Neger getan hat. Das Los unserer Neger hat sich mit der stetigen und landesweiten Anhebung unseres Lebensstandards im Laufe des zwanzigsten Jahrhunderts verbessert. Die Lehmans und die Weißen können das nicht für sich beanspruchen.

KAPITEL 23

Franklin Roosevelt erlebte kein schlimmeres Verbrechen als den Ausverkauf der freien Nation Polen in Jalta, aber diese letzte seiner Schandtaten wurde bald durch die Sabotage der nationalistischen chinesischen Regierung durch die Gruppe entschlossener Kommunisten, die das Institut für pazifische Beziehungen leiteten, und durch ihre Mitarbeiter im Außenministerium übertroffen. Das Ergebnis war, dass wir unseren einzigen starken Verbündeten in Asien verloren und der Kommunismus die vorherrschende politische Ideologie eines anderen Kontinents wurde.

Auf der Konferenz von Jalta ebnete Roosevelt den Kommunisten den Weg zur Eroberung Chinas, indem er Russland die Dairen- und die Port-Arthur-Eisenbahn sowie die chinesische Ost- und die Südmandschurei-Eisenbahn abtrat. Roosevelt überließ Russland auch den chinesischen Staat Mandschurei, der als Texas von China bekannt ist, seine reichste Provinz, die Russland im Russisch-Japanischen Krieg von 1905 zu erobern versucht hatte. Aufgrund einer Verschwörung gewann es sie nun kampflos.

Die kommunistischen Kollaborateure gingen während des Zweiten Weltkriegs im Pazifik ihren eigenen Weg. General Stilwell schien gegen Chiang Kai-Shek viel härter zu kämpfen als gegen die Japaner. Das mag an den Kommunisten und Pro-Kommunisten gelegen haben, die seinen Stab bildeten. Als Oberbefehlshaber des China-Burma-Indien-Theaters wurde Stillwell von Agnes Smedley beraten, einer Kommunistin auf Lebenszeit, deren Asche heute in Peiping beigesetzt ist, sowie von Dean Achesons jüngerem Bruder, Edward Campion Acheson, der 1936 die London School of Economics absolviert hatte. Who's Who in American listet ihn 1943 als Wirtschaftsberater der Lend-Lease Administration, 1944 als Finanzberater von Stilwell und 1945 als Mitarbeiter des Office of Strategic Services. Er ist heute Professor für Finanzen an der George Washington University; sein Reisegefährte John Paton Davies; der prokommunistische Marinesoldat

Evans Carlson, der in dem Hollywood-Film „Carlson's Raiders" verherrlicht wurde, und Clare Boothe Luce, die Frau von Henry Luce. Selbst die ungewöhnlich innige Freundschaft zwischen Madame Chiang Kai-Shek und Präsident Roosevelt konnte den Schaden, den diese Stilwell-Crew bei Chiang angerichtet hatte, nicht wieder gutmachen.

Owen Lattimore war während des Krieges für das Office of War Information im Pazifikraum tätig und vermittelte William L. Holland, dem Herausgeber der Zeitschrift „Pacific Affairs" des Institute of Pacific Relations, eine Stelle beim OWI in Chungking.

General Stilwell hat seinen Hass auf Chiang in seinem Tagebuch festgehalten, das unter dem Titel „The Stilwell Papers" veröffentlicht wurde und das vom Daily Worker mit Begeisterung aufgenommen wurde. Stilwell leitete riesige Mengen amerikanischer Munition an die Rote Armee von General Mao um, die zusammen mit den erbeuteten japanischen Waffen, die Mao von den Russen übergeben wurden, es den Kommunisten ermöglichte, gegen Chiangs nationalistische Armee ins Feld zu ziehen. Gleichzeitig stellten die kommunistischen Kollaborateure im Außenministerium, angeführt von General George C. Marshall, jegliche Hilfe aus den Vereinigten Staaten für Chiang ein. Diese erstaunliche Geschichte des Verrats in Washington ist in den Senatsanhörungen über das Institut für Pazifische Beziehungen, in Freda Utleys Buch „The China Story" und in Senator McCarthys Entlarvung von General Marshall, „Retreat from Victory", ausführlich dokumentiert.

Die Kommunisten begannen ihre große Propagandaaktion gegen Chiang im Jahr 1946 mit einer dreitägigen Kundgebung, die am 18. Oktober 1946 in San Francisco begann und „Get Out of China, America" hieß. Der berüchtigte kommunistische Sympathisant aus Stilwells Stab, General Evans Carlson, führte den Vorsitz. Paul Robeson war stellvertretender Vorsitzender, Gunther Stein, Leiter eines Spionagerings in Japan, schaffte es, dorthin zu gelangen, Joe Curran, der Führer der Langarbeitergewerkschaft, Bartley Crum, der Anwalt mit dem treffenden Namen Wall Street, der versuchte, PM als New York Star wiederzubeleben, mit Hilfe des mitreisenden Joseph Barnes, Frederick V. Field, der jetzt als Kommunist im Gefängnis sitzt, der Kongressabgeordnete Vito Marcantonio, der inzwischen Edward G. Robinson besiegt hat, Paulette Goddard und Julius Garfinckel, der den Bobby-Soxers als John Garfield bekannt ist, ein Schauspieler, der auf mysteriöse Weise in der Wohnung einer weiblichen Bekannten in New York starb.

Im Jahr 1947 hielt das Institute of Pacific Relations seine berühmte Fernost-Konferenz ab, auf der die Pläne zur Beseitigung von Chiang geschmiedet wurden. Der Delegierte der Vereinigten Staaten für diese wichtige Mission war der kommunistische Propagandist James Paul Warburg.

Senator McCarthy behauptet auf Seite 171 des Buches „Retreat from Victory", dass Michael Lee und William Remington vom Handelsministerium 1948 den Gesetzentwurf über 125 Millionen Dollar für die China-Hilfe sabotierten. Remington ist inzwischen unter großem Geschrei der liberalen Boulevardpresse entlassen worden. Lee, Leiter der Fernost-Abteilung des Handelsministeriums, ist noch nicht sehr lange Lee. Als er 1932 als Ephraim Zinoye Liberman in die Vereinigten Staaten kam, war sein Hintergrund so zwielichtig, dass er neun Jahre brauchte, um die amerikanische Staatsbürgerschaft zu erhalten.

Der Boden, den Chiang Kai-Shrek während des Zweiten Weltkriegs verloren hatte, wurde rasch wiedergewonnen, als sein ärgster Feind in Washington, der kommunistische Parteiführer General George C. Marshall, die Hilfe aus Amerika einstellte. Freda Utley erzählt in „The China Story" die tragische Geschichte von General Marshalls Mission nach China im Jahr 1946, um Chiang zu sagen, dass Amerika auf der Seite der chinesischen Kommunisten steht. Missionare, die an den Konferenzen mit Marshall teilnahmen, kehrten zurück und berichteten, dass „Marshall Chiang an die Kommunisten verkauft hat". Die Marshall-Mission war der Wendepunkt des chinesischen Bürgerkriegs. Nachdem Marshall von dem Kommunisten Chou En Lai, jetzt Außenminister des Mao-Regimes, ausgiebig bewirtet worden war und als Marshall Chiang befahl, eine Koalitionsregierung mit den Kommunisten zu bilden, begriff das chinesische Volk, dass Chiang von den Vereinigten Staaten verraten worden war, und wandte sich Mao als neuem Führer zu. Das Koordinationskomitee des Außenministeriums, das sich aus Dean Acheson, John Carter Vincent und Alger Hiss zusammensetzte, jubelte über den Erfolg der Marshall-Mission und empfahl den Vereinigten Staaten, kommunistische Truppen auszubilden und die Rote Armee mit umfangreichem Nachschub zu versorgen, aber das war zu offensichtlich, und nachdem mehrere

Kongressabgeordnete sich über die Ursprünge dieses Projekts erkundigt hatten, wurde es fallen gelassen.

Freda Utley und Senator McCarthy identifizieren das Team Currie-Hiss-Lattimore als den stärksten Einfluss hinter den Kulissen, der für die chinesischen Kommunisten in Washington arbeitet, mit General Marshall als Frontmann für diese Verräter. Hiss sitzt im Gefängnis, Currie versteckt sich in Kolumbien, Lattimore wird höchstwahrscheinlich wegen Meineids vor dem McCarran-Ausschuss ins Gefängnis kommen, und General Marshall hat sich in Ungnade zurückgezogen. Dies waren die persönlichen Mitarbeiter von Franklin Roosevelt.

Auf Seite 86 von „The China Story" sagt Freda Utley, dass die Mitglieder des Außenministeriums in Chungking 1945 einstimmig für die Bewaffnung der chinesischen Kommunisten waren. Es waren John Paton Davies, John Stewart Service und George Atcheson. Sie fügt hinzu, dass

> „Später änderte Atcheson seine Ansichten und wurde politischer Berater von MacArthur in Tokio, aber er kam bei einem Flugzeugunglück ums Leben, bevor seine Ansichten die Politik der Vereinigten Staaten beeinflussen konnten."

Er hätte seine Ansichten nicht ändern dürfen.

Dean Acheson versuchte, mit den Hisses und Curies Schritt zu halten, indem er sich für die chinesischen Kommunisten einsetzte. Am 19. Juni 1946 wurde er von der Kongressabgeordneten Edith Nourse Rogers gefragt, ob er die Gefahr eines zukünftigen Angriffs auf uns durch die chinesischen kommunistischen Truppen sehe, die er so gerne ausbilden und ausrüsten wollte. Acheson war von dieser Vorstellung schlichtweg entsetzt. „Oh nein", trillerte er, „wir können sicher sein, dass die Chinesen das nicht tun werden."

Am 20. März 1947 erklärte Acheson, es bestehe nicht die geringste Gefahr eines kommunistischen Sieges über Chiang Kai-Shek. Diese Aussage vor dem Ausschuss für auswärtige Beziehungen des Repräsentantenhauses stand in krassem Widerspruch zu anderen Aussagen über die Lage in China. Nach diesem Debakel schreibt Zacharias in „Behind Closed Doors", Seite 288,

> „Es war kein Geheimnis in Washington, dass Mr. Acheson auf Drängen der Briten das Mao-Regime unbedingt anerkennen wollte

und dass das Weißbuch veröffentlicht wurde, um den Weg für die Anerkennung zu ebnen."

Das Weißbuch über China, das vom Außenministerium am 5. August 194 herausgegeben wurde, war ein derart verblüffendes Lügengewebe, dass selbst die New York Times sich gezwungen sah zuzugeben, dass es kaum unparteiisch war und nicht der Wahrheit diente. Der Hauptverantwortliche für dieses Geflecht von Unwahrheiten war Philip C. Jessup, Vorsitzender des American Council of the Institute of Pacific Relations. Jessup hatte eine so lange Liste von pro-kommunistischen Verbindungen, dass kein einziger Senator für ihn stimmte, als er von Truman als unser Delegierter bei den Vereinten Nationen nominiert wurde. Truman schickte ihn zur Unterstützung von Eleanor Roosevelt als stellvertretenden Delegierten der Vereinigten Staaten in den Brennpunkt der kommunistischen Infektion in Amerika, die Generalversammlung der Vereinten Nationen.

Eine verspätete Aufdeckung des kommunistischen Spionagerings in Washington erfolgte mit der Veröffentlichung von „Shanghai Conspiracy" von General Charles Willoughby, Dutton 1952. Willoughby, General MacArthurs Geheimdienstchef in Tokio während der Zeit der MacArthur-Führung, schrieb über den Sorge-Spionagering, der während des gesamten Zweiten Weltkriegs in Tokio operierte. Sein Drahtzieher war der deutsche Jude Gunter Stein, der bis 1944, als die japanische Polizei seinen Assistenten Sorge verhaftete und erhängte, streng geheimes Material nach Moskau schickte. Stein wurde von einem amerikanischen U-Boot aus Japan entführt und eilte über den Pazifik, um im Januar 1945 an einer wichtigen Konferenz des Institute of Pacific Relations in Hot Springs, Virginia, teilzunehmen. Diese Konferenz, bei der es um das Schicksal Asiens ging, war ein Treffen der wichtigsten kommunistischen Asienexperten, das für die Presse gesperrt war. Edward C. Carter, Generalsekretär des IPR, führte den Vorsitz. Er ist Träger des Ordens des Roten Banners der Arbeit von Stalin.

General Willoughby erzählt uns die Geschichte von Agnes Smedley. Der Sorge-Bericht war am 15. Dezember 1947 zur Freigabe durch die Armee bereit. Er wurde vom Kriegsministerium in Washington bis zum 20. Februar 1949 zurückgehalten. Kaum hatte das Kriegsministerium ihn freigegeben, begannen seine Beamten, den gesamten Bericht zu leugnen, weil er eine gewisse Agnes Smedley als kommunistische Spionin auswies. Heeresminister Royall gab eine öffentliche Erklärung ab, in der er den gesamten Bericht als Irrtum eines kleinen Angestellten abtat, obwohl er auf jahrelanger Arbeit der japanischen Polizei und unserer eigenen Spionageabwehr beruhte. Agnes Smedley drohte damit, General MacArthur einzuschalten, aber sie kam nie dazu. Sie beauftragte sogar den Lieblingsanwalt der Kommunisten, O. John Rogge, mit der Angelegenheit, aber sie hat die Klage nie eingereicht. Die gelbe liberale Presse stürzte sich jaulend auf die Verteidigung der Roten Agnes Smedley. Harold Ickes schrieb in seiner Kolumne in der New Republic, dass „Miss Smedley eine mutige und intelligente amerikanische Bürgerin ist". Sie hat ihr ganzes Erwachsenenleben damit verbracht, für die Kommunisten zu arbeiten. Im Jahr 1943 wurde ihr ein Urlaub in Yaddo gewährt. Yaddo, ein fabelhafter Ferienort, der von dem Wall-Street-Banker George Foster Peabody, einem Verwalter der Rothschild-Besitztümer in Mexiko, in Saratoga Springs, New York, eingerichtet wurde. Es ist ein luxuriöser Erholungsort für die obere Schicht der kommunistischen Schriftsteller und Künstler in Amerika, wo sie sich von den Spannungen der internationalen Spionage erholen können.

Agnes Smedley, die Vertraute von Ickes, Wallace, Lattimore usw., floh 1950 aus den Vereinigten Staaten, kurz bevor sie vor einem Kongressausschuss aussagen sollte. Sie ging nach London und starb dort plötzlich in einem „Pflegeheim". Sie vermachte ihre Asche und all ihre Besitztümer General Chu Teh, dem Führer der Kommunistischen Armee Chinas. Ihre Asche wurde im Mai 1951 in Peking beigesetzt, begleitet von weltweiten Ovationen der kommunistischen Presse.

Bei den Anhörungen des McCarran-Ausschusses wurde auf den Seiten 1217, 1236 und 1238 dargelegt, dass die Rockefeller-Stiftung und der Carnegie-Fonds dem Institute of Pacific Relations mehr als zwei Millionen Dollar zur Verfügung gestellt hatten. John D. Rockefeller 3d, Alger Hiss, Frederick V. Field, Owen Lattimore, Edward C. Carter und andere namhafte Amerikaner waren die führenden Mitglieder des Instituts. Nach der Veröffentlichung dieser vernichtenden Anhörungen schrieb Baruchs Freund Gerard Swope, Vorsitzender von International General Electric, einen Brief an die Kuratoren des Instituts, in dem er die Anhörungen als parteiisch und unfair verurteilte. Swope, der Vorsitzende des Kuratoriums des Instituts, drückte seine Genugtuung darüber aus, dass die großen Wall-Street-Konzerne ebenso viel Geld an das Institut spendeten, obwohl es als kommunistische Front entlarvt wurde.

Die Kommunisten hatten in den Vereinigten Staaten immer viel positive Publicity. Die Zeitungen, Zeitschriften und Bücher wetteiferten darin, Chiang anzuprangern und den Agrarführer Mao Tse Tung zu preisen. Chiang wurde als eine Mischung aus Himmler und Hitler dargestellt, während Mao, der jetzt damit beschäftigt ist, vier Millionen seiner ehemaligen Gegner in China zu ermorden, als harmloser Agrarier beschrieben wurde, der eine friedliche Lösung des Landproblems in China anstrebte.

Senator Brewster druckte im Congressional Record vom 4. Juni 1951 eine Tabelle mit Dutzenden von Büchern ab, aus der hervorging, dass die New York Times Sunday Book Review und die New York Herald Tribune Book Review, die beiden einzigen bedeutenden Wochenzeitungsrezensionen in Amerika, von Kommunisten kontrolliert wurden. Aus dieser Tabelle, die den Zeitraum 1945-1950 abdeckt, geht hervor, dass Bücher über die Politik Asiens immer an berüchtigte Kommunisten oder ihre Sprecher zur Rezension gegeben wurden. Pro-kommunistische Bücher erhielten begeisterte Kritiken, während Bücher, die nicht auf der Linie der Partei lagen, bösartig angegriffen wurden. Jede dieser Buchbesprechungsrubriken könnte als Literaturbeilage des Daily Worker bezeichnet werden. Einer von Dutzenden solcher Fälle war die Rezeption von Israel Epsteins „The Unfinished Revolution in China", Little, Brown Co., 1947. Epsteins Buch wurde von Owen Lattimore in der New York Times Book Review vom 22. Juni 1947 in den höchsten Tönen gelobt. Elizabeth Bentley hat unter Eid ausgesagt, dass Israel Epstein seit vielen Jahren ein hoher Beamter der russischen Geheimpolizei ist. Er ist jetzt Korrespondent des Daily Worker in Rotchina.

Little, Brown Co. veröffentlichte Lattimores Buch „Ordeal by Slander" in Rekordzeit, nachdem Senator McCarthy Lattimore als sowjetischen Agenten entlarvt hatte. Dieser Verlag schien sich um die Position des offiziellen kommunistischen Verlags in Amerika zu bewerben, eine Position, die jetzt von International Publishers, New York, gehalten wird. Der Chefredakteur von Little Brown, Angus Cameron, trat kürzlich angesichts der Veröffentlichung seines kommunistischen Hintergrunds zurück.

Epsteins Buch wurde von Samuel Siller im Daily Worker mit der Empfehlung begrüßt, es zu

> „Es steht an der Spitze der ausgezeichneten Bücher über China von Spitzenreportern wie Agnes Smedley, Theodore White und Annalee Jacoby."

Owen Lattimore wurde von Alfred Kohlberg öffentlich beschuldigt, der oberste sowjetische Agent in Amerika zu sein, in der Hoffnung, dass Lattimore Kohlberg verklagen würde, aber Lattimore ist vor der Beschuldigung geflüchtet.

Ein weiteres Beispiel ist Brewsters Auflistung von Gunter Steins Buch „The Challenge of Red China", das Stein unmittelbar nach seiner Landung in diesem Land schrieb, nachdem wir ihn im Winter 1944 vor der japanischen Polizei gerettet hatten. Steins Buch wurde in der New York Times Book Review vom 28. Oktober 1945 von Nathaniel Peffer sehr lobend besprochen, und zwei Wochen zuvor hatte es von Owen Lattimore in der New York Herald Tribune vom 14. Oktober 1945 die gleiche verständnisvolle Behandlung erfahren. Gunter Stein war der Korrespondent des Christian Science Monitor in China gewesen. Diese Zeitung ist in ihrer unverschämt internationalistischen (im Sinne Lenins) redaktionellen Ausrichtung weniger christlich und mehr wissenschaftlich geworden. Lattimore schrieb 1939 in „Pacific Affairs" über den sowjetischen Agenten Stein,

> „Gunter Stein ist der mit Abstand beste Wirtschaftsjournalist im Fernen Osten."

Dieser Wirtschaftsjournalist floh aus den Vereinigten Staaten, sobald der Sorge-Bericht 1949 von der Armee veröffentlicht worden war. Im Jahr 1950 wurde er von der französischen Polizei als kommunistischer Spion verhaftet und ist seitdem verschwunden.

Whittaker Chambers zeigt in seinem autobiografischen Buch „Witness", wie schwierig es war, im Journalismus voranzukommen, wenn man kein Kommunist war. Auf Seite 498 berichtet er, dass die Auslandskorrespondenten des Time Magazine, John Hersey, Charles C. Wertenbaker, Scott Nearing, Richard Lauterbach und Theodore White, einen Rundbrief unterzeichneten, in dem sie ihn wegen seiner redaktionellen Ansichten anprangerten, sobald er die Kommunistische Partei verlassen hatte. In diesem Rundschreiben wurde erklärt, dass Chambers für seine redaktionelle Position beim Time Magazine ungeeignet sei und entlassen werden müsse.

Scott Nearing ist für seine kommunistischen Ansichten berüchtigt; die anderen sind eher intellektuell in ihrem Kollektivismus. Wertenbaker setzt seine gute Arbeit für die Sache in „The Reporter" fort, einer Zeitschrift, die nie aufhören wird, Chiang zu bekämpfen, bis er tot ist. Diese Zeitschrift kann es sich heute nicht leisten, offen kommunistisch zu sein, aber sie ist internationalistisch im Sinne Lenins. Sie veröffentlichte in den Ausgaben vom 15. Aprilth und 29. Aprilth eine Geschichte von Wertenbaker, „The China Lobby", in der jeder angegriffen wurde, der jemals die Kommunisten in China kritisiert hatte. Am 3. Januar 1950 widmete „The Reporter" 24 Seiten dem Drängen der Amerikaner auf Anerkennung von Rotchina. Der Leitartikel wurde von Redakteur Max Ascoli geschrieben, der sagte,

> „Im Fall von Rotchina haben die neuen Machthaber ihren Bürgerkrieg gewonnen, weil sie leidenschaftliche Unterstützung in der Bevölkerung haben und weil die vorherigen Machthaber, denen wir leider geholfen haben, unfähig waren."

Dieses neue Mitglied der gelben liberalen Presse hat noch einen weiten Weg vor sich, bevor es mit den Führern auf diesem Gebiet, The Nation und The New Republic, mithalten kann. The Nation wurde viele Jahre lang von Maurice Wertheim, dem Seniorpartner der aus Frankfurt stammenden Wall-Street-Bank Hallgarten Co. finanziert, um seine Verluste zu decken. Wertheim war auch Direktor der Theatre Guild, deren Stücke fast ausschließlich von Marxisten geschrieben zu werden scheinen. The New Republic wird von Michael Straight herausgegeben, dem Sohn des J.P. Morgan-Partners Willard Straight. Das Straight-Vermögen bezahlt dieses leninistische Blatt. Alle diese Blätter verfolgen ein konsequentes Programm fast wahnsinniger Verunglimpfungen gegen die Senatoren McCarran und McCarthy. McCarran ist Demokrat, McCarthy ist Republikaner, aber beide sind Antikommunisten, und beide sind katholischen Glaubens. Arthur Goldsmith, Leiter der B'Nai Brith Anti-Defamation League, schickte große Geldsummen von New York nach Nevada in dem vergeblichen Versuch, McCarran bei seiner letzten Wahl zu schlagen.

Der Angriff von The Reporter auf die so genannte „China-Lobby" hatte seinen Ursprung in einem Brief von May Miller, der im Congressional Record abgedruckt wurde.

May Miller ist stellvertretende Organisationssekretärin der Kommunistischen Partei von New York. In dem Schreiben vom 1. März 1949 wird die konsequente Forderung der Kommunistischen Partei nach einer Untersuchung der China-Lobby in Washington dargelegt.

Wertenbakers Geschichte über die China-Lobby, die in The Reporter abgedruckt wurde, folgte dieser kommunistischen Richtlinie.

KAPITEL 24

Lügen gibt es viele, aber die Wahrheit ist eine. Gerade die Einzigartigkeit der Wahrheit führt manchmal dazu, dass sie durch das Gewicht der Zahlen, die von den Meistern der Technik der großen Lüge ausgesandt werden, erdrückt wird, und das hat unsere Verwicklung in den Koreakrieg verursacht. Wir kämpfen gegen die chinesischen Kommunisten, die Dean Acheson so gerne bewaffnen und ausbilden wollte, und das ist durch die Zusammenarbeit von Dutzenden von Männern zustande gekommen, von denen jeder Benedict Arnold um ein Hundertfaches übertroffen hat. Sie haben Millionen von Menschen verraten und Amerika Hunderttausende von Menschenleben und Milliarden von Dollar an neuen Schulden gekostet.

In der *Saturday Evening Post* vom 10. November 1951 veröffentlichte Beverly Smith, ihr Redakteur in Washington, eine offizielle Propagandaversion darüber, wie wir in den Koreakonflikt geraten sind. Smith hat den gleichen Bildungshintergrund wie Alger Hiss, einen Bachelor-Abschluss von Johns Hopkins und einen Abschluss in Jura von der Harvard Law School. Smith hat außerdem den Vorteil, ein Rhodes-Stipendiat zu sein. Er trat in die Anwaltskanzlei Chadbourne, Hunt, Jaeckel und Brown an der Wall Street ein und vertrat internationale Bankiers. Smith entdeckte dann, dass er nicht nur ein Anwalt, sondern auch ein guter Schriftsteller war. Er wurde Auslandskorrespondent der New York Herald Tribune, einer Zeitung, die seit langem für die vielen kommunistischen Mitläufer in ihrem Personal bekannt ist.

Smith sagt, dass unser Botschafter in Korea während des Ausbruchs der Feindseligkeiten John Muccio war, der in Italien geboren und in Amerika eingebürgert wurde, nachdem er die Reife erreicht hatte. Smith berichtet, dass Muccio das Außenministerium am 24. Juni 1950 über die Korea-Krise informierte und dass unsere Beamten zusammenkamen, um die amerikanische Position zu erörtern. Es handelte sich um Dean Rusk, stellvertretender Sekretär für fernöstliche

Angelegenheiten, John Dewey Hickerson, stellvertretender Sekretär für Angelegenheiten der Vereinten Nationen, und Philip C. Jessup, unseren Sonderbotschafter.

Der Rhodes-Stipendiat Dean Rusk war zuvor für die Angelegenheiten der Vereinten Nationen zuständig gewesen. Hickerson war Mitglied der berüchtigten Konferenz von San Francisco im Jahr 1945 und gehörte dem beratenden Ausschuss für internationales Recht an der Harvard Law School an. Jessup, der 1929 den Kuhn, Loeb-Anwalt Elihu Root zum Haager Gerichtshof begleitet hatte, war Lehmans stellvertretender Generalsekretär in der UNRRA gewesen, hatte die Vereinigten Staaten auf der Währungskonferenz von Bretton Woods vertreten und war 1945 der juristische Assistent von Alger Hiss auf der Konferenz der Vereinten Nationen in San Francisco gewesen. Jessup war Vorsitzender des Amerikanischen Rates und Vorsitzender des Pazifischen Rates des Kommunistischen Frontinstituts für Pazifische Beziehungen. Das Internationale Sekretariat des Instituts veröffentlichte im Frühjahr 1950 das Buch „Korea Today" von George McCune, in dem es auf Seite 180 heißt,

> „Die sowjetische Zivilverwaltung hielt sich gut im Hintergrund und vermittelte den Koreanern ein Höchstmaß an Erfahrung in der Selbstverwaltung. Die meisten Beobachter waren sich einig, dass sich das sowjetische System sehr gut an die koreanische Situation anpasste oder zumindest von den Koreanern viel leichter angenommen wurde als das westliche System, das vom amerikanischen Kommando gefördert wurde."

Dies war typisch für die kommunistische Propaganda des Instituts, für das Jessup der Frontmann war. Jessup ist Mitglied der millionenschweren Stotesbury-Familie (Stotesbury war Partner von J.P. Morgan) und Bruder des millionenschweren Bankiers John Jessup aus Wilmington, der Direktor zahlreicher Unternehmen wie Coca-Cola in Atlanta ist.

Dies war die Gruppe, die sich zusammenfand, um die Korea-Krise einzudämmen. Die Interessen Amerikas waren in der Tat in guten Händen. Sie brauchten nur noch Alger Hiss aus dem Gefängnis zu holen, um die Verbrüderung zu vollenden.

Smith berichtet, dass sich diese Gruppe mit Außenminister Acheson telefonisch beraten hat. Acheson hatte sich als Außenminister nicht nur als bezahlter Rechtsvertreter der Kommunisten in Amerika qualifiziert, sondern auch durch seine Unterwerfung unter zionistische Führer, die auf seine Erfahrung als Rechtsreferent von Richter Brandeis in den frühen 1920er Jahren zurückgeht, als Brandeis der anerkannte Führer des Zionismus in Amerika war.

Am nächsten Tag, so Smiths Bericht, kam ein Telegramm von John Foster Dulles, der einige Tage zuvor aus Korea nach Tokio zurückgekehrt war. In dem Telegramm stand,

> „Wenn sich herausstellt, dass die Südkoreaner den Angriff nicht abwehren können, sollten die Vereinigten Staaten unserer Meinung nach Gewalt anwenden.

Dieses Telegramm ist ein hinreichender Grund dafür, dass Dulles nach den Nürnberger Gesetzen als Kriegsverbrecher angeklagt wird. Dulles hatte kurz vor dem Ausbruch der Feindseligkeiten mehrere geheimnisvolle Missionen nach Korea unternommen und wurde damit dem Ruf von Sullivan und Crowell gerecht, Revolutionen und Kriege zu fördern.

sagt Smith,

> „Der Präsident landete am Sonntag um 7.15 Uhr in Washington." Er wurde von Louis Johnson, dem damaligen Verteidigungsminister, und Unterstaatssekretär James Webb empfangen."

Louis Johnson, ein Anwalt für Gesellschaftsrecht, war Präsident der General Dyestuff Corporation, einer Tochtergesellschaft von General Aniline and Film, dem amerikanischen Zweig der I. G. Farben, den Dulles' Kanzlei Sullivan and Cromwell vertrat. Webb war, bevor er zum Außenministerium kam, persönlicher Assistent von Thomas A. Morgan vom internationalen Bankhaus Lehman Brothers, Präsident von Sperry Gyroscope und Direktor von Vickers gewesen.

Als Truman an diesem Abend mit seinen Beratern im Weißen Haus zum Abendessen zusammenkam, war unter ihnen auch Luftwaffenminister Thomas K. Finletter, früher Partner der Anwaltskanzlei Kuhn, Loeb, Cravath und Henderson. Finletter, Mitglied der verräterischen Konferenz von San Francisco im Jahr 1945, war Treuhänder des kommunistischen Nestes, der New School of Social Research in New York, an der Anna M. Rosenberg unterrichtet hatte. Smith erzählt uns, dass beim Abendessen um acht Uhr an jenem verhängnisvollen Sonntagabend „die Unterhaltung allgemein war und keine Notizen gemacht wurden". Der Historiker wird oft durch die Tatsache verwirrt, dass die Delegierten auf Konferenzen, die die Zukunft der Welt gestalten, über nichts Bestimmtes reden, in vagen Allgemeinplätzen sprechen und keine Notizen machen. In Wirklichkeit werden natürlich genaue Handlungsabläufe festgelegt, aber um ihres eigenen Halses willen wagen es diese Verschwörer nicht, dass irgendjemand erfährt, was sie getan haben, selbst noch Generationen nach dem Ereignis.

Über die Entscheidung von Präsident Truman, an diesem herrlich vagen Abend den Vorhang über das Gemetzel an amerikanischen Jungen in Korea zu lüften, schreibt Smith

> „Praktisch alle großen Zeitungen des Landes stimmten zu, mit Ausnahme der *Chicago Tribune* und ihrer Tochtergesellschaft, dem *Washington Times-Herald"*.

Es ist ein furchtbares Armutszeugnis für die amerikanische Presse, dass nur ein einziger Verleger auf diesem Kontinent den Mut hatte, sich dem sinnlosen Gemetzel an unserer jungen Generation entgegenzustellen.

Zu den führenden Kongressabgeordneten, die Truman in dieser Krise unterstützten, gehörten Senator Scott Lucas aus Illinois, der später wegen der skandalösen Verflechtungen zwischen Chicagoer Gangstern und seiner Organisation nicht wiedergewählt wurde, und Senator Millard Tydings aus Maryland, der später nicht wiedergewählt wurde, weil er die von Senator McCarthy eingeleiteten Ermittlungen gegen Kommunisten im Außenministerium beschönigte. Truman selbst war ein Geschöpf des Kommunisten Sidney Hillman und seines Leutnants Max Lowenthal, die ihm 1944 in Chicago die Nominierung für das Amt des Vizepräsidenten verschafften. Als Vorsitzender des Senatsausschusses, der während des Zweiten Weltkriegs Kriegsverträge untersuchte, hatte Truman genug über die Rockefellers und Rothschilds erfahren, um sich an die Spitze zu setzen. Seine rechte Hand war George E. Allen, Direktor von General Aniline and Film und Hugo Stinnes Industries sowie von einem Dutzend anderer Großunternehmen. Truman ernannte Allen zum Vorsitzenden der Reconstruction Finance Corporation.

Smith berichtet, dass Truman am folgenden Donnerstag erneut mit seinen Beratern zusammentraf, darunter John Foster Dulles, der gerade aus Korea zurückgekehrt war, der eilig aus Paris herbeigerufene W. Averell Harriman, Stuart Symington und James Lay, der Leiter des Nationalen Sicherheitsrates. Harriman reiste damals in Begleitung des deutsch-jüdischen Ölexperten Walter Levy durch die Welt. Harrimans

Partner von Brown Brothers Harriman, Robert A. Lovett, ist heute Verteidigungsminister. Der Nationale Sicherheitsrat von Lay ist eine weitere jener geheimnisvollen Regierungsstellen, deren Aktivitäten eine Bedrohung für jeden Amerikaner darstellen. Er operiert unter größter Geheimhaltung und verdeutlicht die Tatsache, dass überall dort, wo Sicherheit im Titel einer Behörde erwähnt wird, die Sicherheit der internationalen Bankiers gemeint ist, die den Weltkommunismus finanziert und gefördert haben.

schließt Smith triumphierend ab:

> „Um 13:22 Uhr, fast genau sechs Tage nach Beginn der Kämpfe, waren die Befehle auf dem Weg zu MacArthur. Wir waren dabei."

In seinem Artikel „Why We Went To War In Korea" (Warum wir in Korea in den Krieg zogen) stellt Beverly Smith in etwa 5000 Worten fest, dass wir in den Krieg zogen, um die kommunistische Aggression zu stoppen. Die Beamten, die Truman bei dieser Entscheidung begleiteten, waren jedoch dieselben Personen, die in den vergangenen zehn Jahren eine konsequente und gut dokumentierte Politik des Pro-Kommunismus verfolgten, China an die Kommunisten verrieten und die Militärhilfe für Südkorea sabotierten. Dies wirft die Frage auf, ob unser Engagement im Koreakrieg uns oder Russland zugute kommt. Diese Frage lässt sich anhand der Zahl unserer Opfer in Korea und der Tatsache beantworten, dass Russland in Korea keinen einzigen Mann verloren hat.

Dass der Hauptzweck der gegenwärtigen Führung des Koreakrieges das Abschlachten amerikanischer Jugendlicher ist, wird durch Trumans standhafte Weigerung deutlich, die chinesischen nationalistischen Truppen auf Formosa nach Korea zu entsenden, um dort die chinesischen kommunistischen Armeen zu bekämpfen. Wie Freda Utley in „The China Story" darlegt, unterstützt Truman die Propaganda der Kommunistischen Partei, dass der Koreakrieg ein Krieg der Asiaten gegen die weißen Invasoren sei. Die Hilfe scheint beabsichtigt zu sein.

Die internationalen Nachrichtendienste bezeichnen die amerikanischen Toten in Korea übereinstimmend mit dem schändlichen Titel „Opfer der Vereinten Nationen". Die Vereinigten Staaten haben 96 % der Soldaten und den gesamten Nachschub für die Vereinten Nationen gestellt, aber ihre Toten sind keine Amerikaner mehr. Walter Trohan schreibt in der Washington Times-Herald vom 25. Januar 1952 über unsere abgeschlachteten Soldaten, die von den Kommunisten gefangen genommen und brutal massakriert wurden, dass

> „Die Hände der Gefangenen (beim Massaker von Katyn) waren mit einem merkwürdigen Knoten gefesselt, der fester wurde, wenn sie sich wehrten. Zehn Jahre später, im Schnee von Korea, wurden den Amerikanern in dem von den Sowjets überrannten Gebiet die Hände mit demselben seltsamen Knoten gebunden. Die Amerikaner wurden später gefunden, jeder mit einer Kugel im Gehirn. Sie wurden auf die gleiche Weise hingerichtet wie die polnischen Offiziere im Wald von Katyn."

Arthur Bliss Lane, ehemaliger US-Botschafter in Polen, schrieb in der Januar-Ausgabe 1952 des American Legion Magazine, dass

> „Vergessen wir nicht, dass die Hände unserer Armeeoffiziere, unserer Militärseelsorger, unserer Soldaten, als wir ihre kalten, blutüberströmten Leichen auf dem kommunistisch beherrschten koreanischen Boden fanden, auf dem Rücken gefesselt waren, genau wie die Hände der polnischen Armeeoffiziere in Katyn gefesselt waren; gefesselt mit demselben kniffligen Knoten, den die Kommunisten für die polnischen Offiziere verwendet hatten."

Hinter diesen Grausamkeiten gegen amerikanische Kriegsgefangene steht die finstere Gestalt von Dean Acheson, dem ehemaligen Rechtsvertreter der Sowjetunion und Anhänger des Zionismus, der unsere Jungs losschickte, damit sie von seinen ehemaligen Arbeitgebern, den skrupellosen sowjetischen Führern, massakriert werden. Acheson und Lattimore hatten den kommunistischen Angriff in Korea eingefädelt, indem sie den Kommunisten versicherten, dass wir die Regierung Rhee nicht unterstützen würden. Im August 1949 verfasste Lattimore, der nie eine offizielle Position im Außenministerium innehatte, aber offenbar jahrelang unsere Asienpolitik leitete, ein streng geheimes Memorandum mit dem Titel „For the Guidance of Ambassador-at-Large Philip C. Jessup", in dem empfohlen wurde, dass wir jegliche Unterstützung aus Südkorea abziehen und unsere Streitkräfte aus Japan evakuieren sollten. Als einer der wichtigsten Hintermänner in Washington, noch wichtiger als Alger Hiss, hatte Lattimore eine halbstündige Konferenz mit Truman, bevor dieser am 14. August 1945 nach Potsdam segelte. Am 31. März 1950 zollte Truman Acheson, Jessup und Lattimore auf einer Pressekonferenz in seinem Winterquartier in Key West, Florida, große

Anerkennung und verteidigte sie gegen die Aufdeckung ihrer kommunistischen Verbindungen durch Senator McCarthy.

Der *Daily Compass* veröffentlichte am 17. Juli 1949 eine Notiz, in der es hieß: „Wir müssen Südkorea fallen lassen, aber es darf nicht so aussehen, als hätten wir es gedrängt." Diese Notiz war mit O.L. unterzeichnet, was sich inzwischen als Owen Lattimore herausgestellt hat. Als unermüdlicher kommunistischer Propagandist schrieb Lattimore ständig einflussreiches Material für die Zeitschrift des Institute of Pacific Relations, „Pacific Affairs". Typisch für sein unbeirrtes Festhalten an der Linie der Kommunistischen Partei ist seine Haltung zu den Moskauer Säuberungsprozessen von 1937/38. Die Zustimmung zu diesen Prozessen ist ein überzeugender Beweis für die Ergebenheit einer Person gegenüber dem Kommunismus, ebenso wie die Zustimmung zum deutsch-russischen Nichtangriffspakt von 1939. Lattimore schrieb in „Pacific Affairs", September 1938, Seiten 404-504,

> „The American Quarterly on the Soviet Union", herausgegeben vom American-Russian Institute, April 1938. Diese vielversprechende Vierteljahresschrift hat sich aus dem ursprünglich vom ARI veröffentlichten Bulletin entwickelt und ist ein Zeichen für das gesunde Wachstum des amerikanischen Interesses an der Sowjetunion. Die erste Ausgabe beginnt mit einem Artikel von John Hazard, der drei Jahre lang in Moskau sowjetisches Recht studierte, über Veränderungen und Kontroversen in der Rechtstheorie in dem ersten Land, das versucht, die Theorien von Marx in die Praxis umzusetzen. Das Thema ist von großer Bedeutung, da es Laien ein Verständnis für die Rechtsphilosophie eröffnet, die die Rechtsprozesse in der Sowjetunion leitet. Der Artikel ist ein weiteres Indiz dafür, dass die Moskauer Prozessserie nicht den Höhepunkt eines Unterdrückungsprozesses darstellt, sondern im Gegenteil Teil eines neuen Fortschritts im Kampf um die Freisetzung der sozialen und wirtschaftlichen Möglichkeiten einer ganzen Nation und ihres Volkes ist."

John Hazard, Amerikas herausragender Experte für sowjetisches Recht und Mitglied des Rates für Auswärtige Beziehungen, billigte die Moskauer Prozesse, und sein Ratskollege Lattimore unterstützte seine Zustimmung. Ein weiteres Ratsmitglied, Generalmajor Lyman Lemnitzer, der die deutschen Kapitulationsverhandlungen leitete, gab vor einem Senatsausschuss seine persönliche Verantwortung für die Sabotage der Militärhilfe für Südkorea zu. Er war Leiter des Office of

Foreign Military Assistance. Newsweek vom 10. Juli 1950 berichtete, dass Senator Ferguson von Lemnitzer wissen wollte, wie viel von den 10.230.000 Dollar, die das MAP im Juli 1949 für Südkorea genehmigt hatte, geliefert worden waren. Lemnitzer gab widerwillig zu, dass die gesamte Hilfe, die wir Südkorea geschickt hatten, aus veralteten Signalgeräten im Wert von zweihundert Dollar bestand.

Bei der Führung dieses Krieges war es für die Südkoreaner schwierig zu erkennen, auf welcher Seite Washington steht. Die gelbe, liberale Presse geißelt ständig den „Reaktionär" Synghman Rhee, der rechtmäßiger Chef der südkoreanischen Regierung ist und den unser Außenministerium für einen dreckigen Faschisten hält. Die Vernichtung von Chiangs Armee auf Formosa scheint unserem Außenministerium mehr zu bedeuten als alles andere in Asien. William C. Bullitt sagte am 8. April 1952 vor dem McCarran-Ausschuss aus, dass Acheson der Siebten Flotte der US-Marine befohlen habe, vor der Küste Formosas zu patrouillieren und Chiangs Marine daran zu hindern, polnische Schiffe der Gdynia-Linie zu versenken, die auf ihrem Weg nach Nordkorea mit Munition für die chinesischen kommunistischen Armeen an Formosa vorbeisegelten. Bullitt sagte aus, dass Achesons Befehl die dritte und vierte kommunistische Armee Chinas für den Einsatz in Korea und für Aktionen gegen amerikanische Truppen freigab.

Die Propaganda der Voice of America gegen Rhee wurde so bösartig, dass er ihre Tätigkeit in Korea im Juli 1952 einstellte, ein schwerer Schlag für die kommunistischen Sympathisanten in Südkorea. Der Angriff auf Rhee wird von der New York Times, der Washington Post, dem Christian Science Monitor und ihren Satelliten fortgesetzt, die nur die marxistische Seite der Nachrichten zu sehen scheinen.

Die U.S. Army Information and Education Section, immer eine bequeme Unterkunft für Kommunisten und Mitläufer in der Armee, versorgte 80.000 nordkoreanische Kriegsgefangene auf der Insel Koje mit Material zur Herstellung kommunistischer Flaggen und Abzeichen, damit sie sich ausdrücken konnten, ohne frustriert zu werden. Die Grausamkeiten gegen antikommunistische Elemente in den nordkoreanischen Gefangenenlagern werfen ein besseres Licht auf die Bedingungen in den Nazi-Lagern während des Zweiten Weltkriegs, als rücksichtslose kommunistische Bosse in den Lagern systematisch alle ermordeten, die sich ihnen widersetzten.

Der Höhepunkt kam in Korea, als General MacArthur, der in seinem Feldzug viel zu erfolgreich war, die nordkoreanischen Kraftwerke bombardieren wollte, die die kommunistischen Kriegsanstrengungen ermöglichten. Der britische Verteidigungsminister Emmanuel Shinwell verlangte, dass MacArthur zurückgerufen wird, und Truman kam ihm gerne entgegen. Bestimmte Interessengruppen in Großbritannien hatten mit dem Verkauf des Nene-Düsentriebwerks an Russland sehr gute Geschäfte gemacht, so dass ihre Flugzeuge an den koreanischen Kriegsschauplätzen die anderen übertrafen. MacArthur schien den Krieg gewinnen zu können, und so rief Truman ihn nach Hause und entzog ihm das Kommando.

Der Held der Unterwelt von Kansas City, Harry Truman, hatte sich einmal zu weit vorgewagt. Das ganze Land war empört über Trumans Vorgehen, auch wenn die Hintergründe erst nach Monaten bekannt wurden. Der Senat hielt Anhörungen zu MacArthurs Rückkehr ab, und Marshall, der kommunistische Kollaborateur, den Truman als „den größten lebenden Amerikaner" bezeichnete, kam, um auszusagen. Er war in schlechter Verfassung. Die freundlichsten Kommentatoren bemerkten, dass sein Gedächtnis nachgelassen zu haben schien. Sein Verstand schien beeinträchtigt zu sein, und er wurde aus dem öffentlichen Dienst zurückgezogen. Seine Assistentin, Anna Rosenberg, machte tapfer im Verteidigungsministerium weiter, bis Robert A. Lovett aus den Büros von Brown Brothers Harriman geholt werden konnte.

Nach mehr als einem Jahr „Friedensverhandlungen" geht das Abschlachten amerikanischer Jungen in Korea weiter, sehr zur Zufriedenheit beider Seiten. Mit der Absetzung von General MacArthur könnte der Krieg auf unbestimmte Zeit fortgesetzt werden, mit dem Ergebnis, dass vielleicht eine Million unserer Jugendlichen ihre letzte Ruhestätte auf koreanischem Boden finden werden. Die Friedensunterhändler haben manchmal Mühe, einen Vorwand zu finden, um den Krieg fortzusetzen, aber bis jetzt hat ihr Einfallsreichtum ausgereicht.

Dieses Abschlachten amerikanischer Jungen schwächt unsere Macht angesichts der russischen Wiederaufrüstung erheblich. Es wurde der Vorschlag gemacht, dass, wenn unsere Politik der Tötung von Kommunisten aufrichtig ist, es nicht notwendig ist, unsere Jungen dreitausend Meilen weit weg zu schicken, um dies zu tun. Bestimmte Elemente in Amerika sind sehr besorgt über die Möglichkeit, dass sich unsere Jungs an das Töten von Kommunisten gewöhnen und dass sie den Wunsch haben könnten, diese Gewohnheit fortzusetzen, wenn sie nach Amerika zurückkehren. Um dieses Problem zu umgehen und aufzuschieben, hat das Verteidigungsministerium Pläne ausgearbeitet, um die derzeitigen Truppen für eine unbestimmte Anzahl von Jahren in Korea zu halten, falls die Friedensverhandlungen scheitern sollten, den Krieg fortzusetzen

KAPITEL 25

Eine Wirtschaft, die auf der barbarischen Aufopferung der Jugend auf dem Altar des Krieges basiert, hat wenig, was sie für den Wohlstand empfehlen könnte. Doch unter dem Federal Reserve System ist das genau die Wirtschaft, die wir haben. Das Abschlachten der amerikanischen Jugend wurde an der Wall Street mit der oft geäußerten, aber selten veröffentlichten Bemerkung gerechtfertigt, dass unsere Wirtschaft zusammenbrechen würde, wenn wir nicht aufrüsten würden. Aufrüsten heißt natürlich Krieg. Es hat noch nie eine Armee gegeben, die nicht eingesetzt wurde.

Diese Bemerkung zur Aufrüstung ist so viel Dünger für mehr Krieg. Wir haben ein Geldsystem, das zum Nutzen einiger weniger internationaler Bankiers und ihrer Satelliten betrieben wird. Das ist der Grund für Korea. Es wird keine Anstrengung unternommen, um eine Friedenswirtschaft aufzubauen, weil die Kriegswirtschaft für die Bande, die das Sagen hat, so viel mehr Attraktivität bietet. Eine Wirtschaft, die den Frieden zum Ziel hätte, würde nicht erfordern, dass unsere jungen Männer in fremden Kriegen massakriert werden.

Marriner Eccles, der damalige Gouverneur des Federal Reserve Board, erklärte bei den Anhörungen in Bretton Woods im Mai 1945, dass

> „Eine internationale Währung ist gleichbedeutend mit einer internationalen Regierung".

Die sogenannte „internationale Währung", die in Wirklichkeit ein Gleichgewicht zwischen verschiedenen nationalen Währungen darstellt, ist die Ursache der gegenwärtigen Währungskrise in Europa. Ein ganzer Kontinent ist in seiner Erholung vom Zweiten Weltkrieg steckengeblieben, weil die Währungsstruktur zu sehr von den Dollarlieferungen aus den Vereinigten Staaten abhängt. Westdeutschland hat den erstaunlichsten Aufschwung gemacht, weil es weniger Einmischung von Bankern gibt, die Investitionen zu schützen haben. England und Frankreich wurden von den „Besitzstandswahrern" zurückgehalten, die sich nicht an die Nachkriegswirtschaft anpassen konnten. Admiral Zacharias sagt in „Behind Closed Doors" auf Seite 323,

> „Großbritannien muss wieder an Macht und Einfluss gewinnen. Wir müssen ihm mindestens 10 Milliarden Dollar in bar und ohne Bedingungen zur Verfügung stellen".

So lächerlich diese Behauptung auch erscheinen mag, so wahr ist sie nach der derzeitigen internationalen Währungsstruktur. Großbritannien wird durch seine Abhängigkeit von der Dollarversorgung erdrosselt, was für die Banker, die Dollars an der Börse verkaufen müssen, sehr gut ist. Warum kann sich Großbritannien nicht selbst helfen? Die internationalen Bankiers lassen es nicht zu. Das von den Bankern subventionierte wirtschaftliche Gesabber wird durch die folgende Propaganda von einer ihrer bestbezahlten Autoren, Barbara West vom Rothschild-Hausorgan „The Economic" in London, verkörpert. Ihr Buch, „Policy for the West", Norton, 1951, ist eine Verteidigung der Eindämmungspolitik und behauptet, dass die Verteidigung Westeuropas die Verteidigung der westlichen Zivilisation sei. Warum „dämmen" wir die kommunistische Aggression in Korea ein? Sie rät allen Nationen in der westlichen Umlaufbahn, ihre Nicht-Verteidigungsausgaben zu kürzen. Das nationale Einkommen muss in die Kriegsproduktion fließen. Dies ist die „Waffen statt Butter"-Parole, die so lautstark angeprangert wurde, als die Nazis sie in Deutschland einführten. Die Kriegsproduktion hat eine höhere Gewinnspanne als die zivile Produktion, und es ist unmöglich, für den Kriegsmarkt zu viel zu produzieren. Barbara Wests Verstand wird durch diese Worte in seiner matratzenscharfen Schärfe offenbart,

> „Eine Staatsverschuldung ist nicht unbedingt inflationär. Sie bedeutet keine neue Belastung für die Gemeinschaft, sondern eine Umverteilung des Reichtums innerhalb der Gemeinschaft. Eine Gruppe von Menschen wird besteuert, um die Zinsen für die Schulden aufzubringen, eine andere Gruppe erhält die Zinsen."

Diese brillante Wirtschaftswissenschaftlerin sagt uns, dass Schulden keine neue Belastung sind. Offensichtlich hat sie noch nie Schulden gemacht. 150.000.000 Menschen werden besteuert, um die Zinsen für die Schulden aufzubringen, und ein paar Mitglieder des Council on Foreign Relations erhalten diese Zinsen. Das ist Umverteilung von Reichtum in großem Stil. Donald C. Miller stellt in seiner Studie

„Taxation, the Public Debt, and Transfer of Income" (Besteuerung, Staatsverschuldung und Einkommenstransfer) aus dem Jahr 1950 fest, dass der Nettoeffekt der erhöhten Besteuerung zur Bedienung oder Tilgung der Schulden in den Vereinigten Staaten darin bestand, dass Einkommen von denjenigen, die weniger als 5000 Dollar pro Jahr verdienen, an eine Gruppe mit höherem Einkommen übertragen wurde. Man nimmt also von den Armen, um die Reichen zu befriedigen. Drei Viertel der Staatsschulden sind im Besitz der großen Trusts, Banken und Versicherungsgesellschaften, die in ihren Führungsgremien bis zu den internationalen Bankhäusern zurückreichen. Im Mai 1951 teilte das US-Finanzministerium mit, dass die Steuerzahler fünf Milliarden neunhundert Millionen Dollar pro Jahr an Zinsen für die Staatsschulden zahlen, was einem durchschnittlichen Zinssatz von 2,2 % entspricht. Jemand kassiert sechs Milliarden pro Jahr als Gewinn dafür, dass er uns in den Zweiten Weltkrieg verwickelt hat. Kein Wunder, dass sie es sich leisten können, Universitäten zu stiften, an denen ihre Goldstandard-Zentralbank-Wirtschaftslehre gelehrt wird, und das Gefasel der schwindligen Barbara West zu veröffentlichen. Ihre „Politik für den Westen" bietet ein interessantes arithmetisches Problem, obwohl ihre Verleger sich geweigert haben, Anfragen dazu zu beantworten. Sie schreibt,

> „Das allgemeine persönliche Einkommen ist von 72 Milliarden im Jahr 1939 auf 171 Milliarden im Jahr 1945 gestiegen. Diese Zahlen können übrigens nicht als reine Geldinflation abgetan werden. Es gab reale Steigerungen des Verbrauchs. Zum Beispiel war der Lebensmittelverbrauch in Amerika 1950 elfmal höher als 1939."

Norton & Co. hat es versäumt, mir Statistiken zu schicken, aus denen hervorgeht, dass 1950 in Amerika elfmal so viel konsumiert wurde wie 1939. Doch genau das behauptet sie. Sie weist ausdrücklich darauf hin, dass der tatsächliche Verbrauch von Lebensmitteln durch die Amerikaner um das Elffache gestiegen ist, und zwar nicht das, was gelagert, an andere Länder verschenkt oder von einer wohlwollenden Regierung verbrannt wurde, um die Preise in die Höhe zu treiben, sondern das, was tatsächlich von den amerikanischen Bürgern verdaut wurde. Dies gibt uns zumindest einen Einblick in den Wert der Äußerungen von Barbara West. Sie schreibt häufig für den Atlantic Monthly und die *New York Times* und gilt als eine der intellektuelleren und wertvolleren Kommentatoren unserer Zeit. So soll es sein.

Die Art und Weise, wie die Banker Millionen ausgeben, um ihre zwielichtigen Pläne zu fördern, geht aus dem Bericht der Lobbyisten an den Kongress hervor, aus dem hervorgeht, dass die Niederlassung des Council On Foreign Relations in 45 East 65th St. New York, die American Association for the United Nations, mehr als eine Million Dollar in bar an drei mysteriöse Lobbygruppen in Washington verteilte, 352.000 Dollar an das Komitee für den Marshallplan zur Unterstützung des Wiederaufbaus Europas, 353.000 Dollar an das Komitee für die gegenwärtige Gefahr, das von Senator Lehmans Schwager geleitet wird, Frank Altschul von Lazard Freres, und 353.000 Dollar an das Atlantic Union Committee, was ein weiterer Beweis dafür ist, dass alle diese internationalistischen Organisationen vom Council On Foreign Relations abstammen, was durch die Verflechtung ihrer Exekutivausschüsse mit dem Council bestätigt wird.

Prof. J.H. Morgan, K.C., berichtet in der *Quarterly Review* vom Januar 1939, wie die Banker ihr Geld ausgeben,

> Als ich Lord Haldane einmal fragte, warum er seinen Freund Sir Ernest Cassel überredete, testamentarisch große Summen für die London School of Economics bereitzustellen, antwortete er: „Unser Ziel ist es, diese Institution zu einem Ort zu machen, an dem die Bürokratie des zukünftigen sozialistischen Weltstaates ausgebildet wird. „

Einer der Absolventen war der Bruder von Dean Acheson, Edward Campion Acheson, ein anderer der kommunistische Agent Lauchlin Currie. Das führende Genie der London School of Economics war der kommunistische Propagandist Harold Laski. Die Verwaltung der Mittel lag in den Händen von Israel Moses Sieff, dem Vorsitzenden der Kommission für politische und wirtschaftliche Planung in England und geschäftsführenden Direktor der Marks and Spencer Department Stores.

Die London School of Economics erhielt in drei Jahren, von 1926 bis 1929, mehr als eine Million Dollar an Zuschüssen von der Rockefeller Foundation. Die von amerikanischen Millionären gegründeten Stiftungen sind auf dem Gebiet des Internationalismus eng miteinander verflochten. So war Julius Rosenwald, der Millionär von Sears und Roebuck, Direktor der Rockefeller Foundation, während seine eigene Rosenwald Foundation Millionen zur Förderung der Rassenhetze in den Vereinigten Staaten ausgab. Nachdem er dreihundert Millionen Dollar im Versandhandel angehäuft hatte, ging Rosenwald in großem Stil in die Propaganda, mit Zuschüssen für die Universität von Chicago und mit dem Kauf der Encyclopaedia Britannica. Dann gründete er den

Rosenwald-Fonds, der, wie die Guggenheim-Stiftung und andere, seine Zuschüsse kommunistischen Intellektuellen für ihre Arbeit zur Verfügung stellte und die leninistisch-marxistischen Doktrinen der Weltrevolution durch eine ständige Förderung des Klassenkampfes finanzierte, indem er Gruppen gegen Gruppen ausspielte. Die geschickte und unablässige Ausnutzung der Minderheitenprobleme in den Vereinigten Staaten durch diese Stiftungen war ein wesentlicher Schritt auf dem Weg zur Einführung einer kommunistischen Regierung in Amerika. Indem sie Minderheiten gegeneinander und gegen die angelsächsische Mehrheit, die die amerikanische Nation aufgebaut hat, aufhetzen, geben diese Stiftungen jährlich eine Milliarde Dollar für Propaganda aus, und der größte Teil dieser Propaganda ist kommunistisch. Rassenhetze ist zu einem der einträglichsten Berufe in Amerika geworden, denn diese Stiftungen zahlen bis zu fünfzigtausend Dollar pro Jahr für einen erfahrenen Agenten. Als er als kommunistischer Spion verhaftet wurde, war Alger Hiss Präsident der Carnegie Endowment for International Peace, einer kommunistischen Spitzenposition, die mit 25.000 Dollar pro Jahr und Spesen bezahlt wird. Es gibt Dutzende solcher Stellen, die von den Stiftungen für die intellektuellen Führer der kommunistischen Bewegung in Amerika bereitgestellt werden.

Gegenwärtig ist die Propaganda der Stiftungen darauf ausgerichtet, die Neger-Minderheit in Amerika aufzuwiegeln, mehr Geld für den Staat Israel zu beschaffen und dieses Land durch erhöhte Ausgaben für „Auslandshilfe" in den Bankrott zu treiben, was natürlich alles in die Taschen der cleversten Gauner auf der anderen Seite des Ozeans fließt. Das vorgeschlagene Gesetz über faire Beschäftigungspraktiken, das dem Arbeitgeber vorschreibt, wen er einzustellen hat, ist nur ein Aspekt des ständigen Klassenkampfes, der in Amerika nach den Grundsätzen von Marx und Lenin geführt wird.

Senator McCarthy zählte Dutzende prominenter Kommunisten auf, die durch liberale Zuschüsse der Rosenwald-Stiftung und der Guggenheim-Stiftung finanziert worden waren. Bei Anhörungen im Kongress wurden viele andere aufgedeckt, die jahrelang in ihrer kommunistischen Agitation durch Stipendien und Geldgeschenke der Carnegie Foundation, der Rockefeller Foundation und anderer unterstützt wurden. John D. Rockefeller gründete 1903 das General Board. Dieses Gremium hat sich auf die Vergabe von Geldern an Lehrer-Colleges in den gesamten Vereinigten Staaten spezialisiert. Es kam erst 1915 richtig in Gang, als sein Programm in die Hände von

Abraham Flexner gelegt wurde, dessen Qualifikation für die Bestimmung der Zukunft des amerikanischen Bildungswesens allein darin bestand, dass er 1913 ein Buch mit dem Titel „Prostitution in Europa" geschrieben hatte.

Das Motto dieser Stiftungen war immer: „Millionen für Verräter, aber keinen Cent für Patrioten". Ich habe keinen einzigen Fall gefunden, in dem eine der oben genannten Stiftungen auch nur einen Cent für Studien über die US-Verfassung oder die Prinzipien, auf denen unsere Vorväter die amerikanische Republik gegründet haben, ausgegeben hätte. Sie präsentieren eine solide Front leninistischer internationalistischer Einweltler. Die moralischen Sympathien der Rockefeller-Stiftung lassen sich aus der Tatsache ableiten, dass sie viele Jahre lang keine Zuschüsse für religiöse Zwecke gewährte, bis sie 1947 der konfessionslosen Kirche der New Yorker Millionäre, der Riverside Church in New York City, 100.000 Dollar zukommen ließ. Der Bundesrat der Kirchen Christi erhielt 1949 100.000 Dollar von der Rockefeller Foundation. Diese Gruppe wird seit vielen Jahren vom Federal Bureau of Investigation als kommunistische Front geführt. John Foster Dulles war ein prominenter Funktionär dieser Organisation, die 1950 ihren Namen in Nationaler Rat der Kirchen Christi änderte, weil sie in den Anhörungen des Kongresses zu kommunistischen Aktivitäten in Amerika so häufig erwähnt wurde. Im Congressional Record vom 17. August 1935, Seite 13053, heißt es,

> „Der Bundesrat der Kirchen Christi in Amerika: Dies ist eine große radikalpazifistische Organisation. Sie vertritt wahrscheinlich zwanzig Millionen Protestanten in den Vereinigten Staaten. Ihre Führung besteht jedoch aus einer kleinen radikalen Gruppe, die ihre Politik diktiert. (Zitiert aus dem Bericht des U.S. Naval Intelligence Department: 1. April 1935)."

John D. Rockefeller 3d ist nicht nur ein Spender und Mitglied von kommunistischen Frontorganisationen wie dem Institute of Pacific Relations, sondern Nelson Rockefeller führt auch die Familientradition der Förderung des leninistischen Internationalismus fort. Elizabeth Bentley bezeugte, dass Nelson Rockefeller Bob Miller, den Herausgeber der notorisch prokommunistischen lateinamerikanischen Publikation The Hemisphere", als Leiter der politischen Forschungsabteilung für interamerikanische Angelegenheiten einstellte, als Nelson Rockefeller Leiter dieser Abteilung des Außenministeriums war. Als er das Außenministerium verließ, nahm Rockefeller die meisten seiner Mitarbeiter als Personal für seine

International Basic Economy Corporation mit, ein mysteriöses Unternehmen, das am Truman-Browder Point Four-Programm zur Entwicklung rückständiger Gebiete der Welt beteiligt ist.

Im Jahresregister der Universität Chicago für 1912-1913, Seite 4, heißt es,

> „Die in der Gründungsurkunde genannten Gründer waren John D. Rockefeller, F. Nelson Blake, Marshall Field, Frederick T. Gates, Francis E. Hinckley und T. W. Goodspeed. In Anerkennung der besonderen Beziehung von Herrn Rockefeller zu dieser Institution (er hat das Geld aufgebracht; EM) hat das Kuratorium beschlossen, dass auf den Siegeln und Briefköpfen sowie in allen offiziellen Veröffentlichungen der Titel 'The University of Chicago, founded by John D. Rockefeller' lauten soll."

Diese Universität, die persönliche Schöpfung von Rockefeller, der seinerseits eine Schöpfung von Jacob Schiff war, ist seit vielen Jahren ein Brennpunkt der kommunistischen Infektion Amerikas. Aus ihren Klassenzimmern kamen viele der hingebungsvollsten Revolutionäre, die den gewaltsamen Sturz der amerikanischen Regierung befürworten, und ihre Wirtschaftsprofessoren waren besonders nützlich bei der Förderung des Internationalismus, da die Wirtschaft eine der wichtigsten marxistischen Waffen ist. Das Fortune Magazine vom April 1947, Seite 2, berichtete, dass

> „Eine Kommission für Pressefreiheit wurde durch Zuschüsse von 200.000 Dollar von Time, Inc. und 15.000 Dollar von Encyclopaedia Britannica Inc. finanziert. Die Kommission, die von Kanzler Robert M. Hutchins von der University of Chicago ernannt wurde, setzt sich aus dreizehn Amerikanern von hohem intellektuellem Niveau zusammen."

Die Encyclopaedia Britannica gehört Senator William Benton, ebenso wie ihre Tochtergesellschaft Encyclopaedia Britannica Films, die mit dem Twentieth Century Fund des Pro-Kommunisten Edward Filene bei der Verbreitung von Filmen über Sexualerziehung an Amerikas Schulen zusammenarbeitet. Benton, Hutchins, Henry Luce und Paul Hoffman bilden ein ineinandergreifendes Direktorium, das einen Großteil unseres Presse- und Bildungssystems kontrolliert. Alle vier sitzen im Vorstand der Encyclopaedia Britannica Inc. und des Komitees für wirtschaftliche Entwicklung, Luce und Hoffman sind Direktoren von Time Inc., Benton und Hutchins sitzen im Vorstand der Universität von Chicago, und Hoffman und Hutchins kontrollieren die Ford Foundation.

Die Kommission für Pressefreiheit gab Hunderttausende von Dollar aus, bevor sie berichtete, dass es zu viel Pressefreiheit gibt, was ihre Sponsoren hören wollten. Die Kommission schlug eine Reihe von Möglichkeiten vor, einer zu kritischen Presse indirekt einen Maulkorb zu verpassen, von denen Eleanor Roosevelt versucht hat, sie Amerika über die Vereinten Nationen aufzuzwingen, und zwar mit der tatkräftigen Unterstützung von Professor Zechariah Chafee, Jr. Es ist unwahrscheinlich, dass diese Empfehlungen in Kraft treten werden, solange die Vereinten Nationen ihre Kontrolle über die inneren Angelegenheiten der Mitgliedsländer nicht erheblich verstärken.

Current Biography, Band von 1945, sagt über William Benton,

> „Benton wurde Vorstandsvorsitzender der englischen und kanadischen Gesellschaften der Britannica (nachdem Julius Rosenwald ihm diese übertragen hatte). Die einzige wichtige Änderung, die damals angekündigt wurde, bestand darin, dass die Fakultät der Universität Chicago zum offiziellen Beraterstab der Veröffentlichungen wurde, der die ständigen Überarbeitungen, denen die Bücher unterzogen werden, überwacht. Um sicherzustellen, dass die Lektüre für die Überarbeitung mit äußerster Sorgfalt durchgeführt wird, richtete die Britannica Co. an der Universität Chicago Stipendien ein, um die Vorarbeiten zu erledigen und den Fakultätsmitgliedern Empfehlungen zu geben, die wiederum die Überarbeitung durch Experten empfehlen. Zu der Gruppe, die die Richtlinien des Britannica-Projekts festlegte, gehörten neben Benton auch Robert Hutchins, Henry Luce, Präsident von Time, Inc. und Paul Hoffman von der Studebaker Corporation.“

Das Standard-Nachschlagewerk in allen amerikanischen Bildungseinrichtungen, die Encyclopaedia Britannica, wird seit 1938 in einer Brutstätte kommunistischer Revolutionäre, der Universität von Chicago, überarbeitet, deren Lehrkörper den derzeitigen kommunistischen Delegierten Polens bei den Vereinten Nationen, Oscar Lange, stellte. Whittaker Chamber wies in einer bereits zitierten Erklärung darauf hin, dass die meisten Auslandskorrespondenten von Time Kommunisten waren, und das war auch kein Zufall.

Das Time Magazine wurde 1923 von Henry Luce und Briton Hadden gegründet. Bennett Cerf schrieb in seiner Kolumne „Trade Winds" in der Saturday Review of Literature vom 25. Juni 1949,

> „Als sie ihren Abschluss in Yale machten, hatten Luce und Hadden Time so gut konzipiert, dass die Ausgabe vom Juni 1949 nicht mehr als 10 % vom ersten Prospekt von 1922 abweicht. Während sie genug Geld auftrieben, um das Magazin an die Börse zu bringen, nahm Hadden einen Aushilfsjob bei dem großen Lehrer Herbert Bayard Swope bei der New York World an; Luce sammelte unterdessen Erfahrungen bei den Chicago News, unter dem wissenden Auge von Ben Hecht."

Auf Seite 1574 des New York Co-Partnership Directory, 1923, E. L. Polk Co. sind die Direktoren von Time, Inc. aufgeführt: Briton Hadden, Präsident, Henry Luce, Sekretär, William T. Hincks, Harry P. Davison Jr., William V. Griffin und William Hale Harkness, mit einem Kapital von 150.000 Dollar. Time, Inc. war als Sprachrohr der größten Interessen an der Wall Street gedacht. Hadens Großvater war Präsident der Brooklyn Savings Bank, Harry P. Davison Jr. war Partner der J.P. Morgan Co., Harkness gehörte der wohlhabenden Familie Standard Oil an, und William V. Griffin war Direktor der Bank of Manhattan, die von der Familie Warburg kontrolliert wurde.

Wolcott Gibbs nannte im New Yorker Magazine vom 28. November 1935, Seite 21, folgende Personen, die das Anfangskapital für Time, Inc. aufbrachten: Harry P. Davison Jr. von J.P. Morgan Co. 4000 $; Mrs. David S. Ingalls, Schwester von William Hale Harkness, 10.000 $; William Hale Harkness, ihr Yale-Klassenkamerad, 5000 $; seine Mutter, Mrs. W. H. Harkness, 20.000 $. W. H. Harkness, 20.000 Dollar, und weitere Beträge von Dwight Morrow, einem Partner von J.P. Morgan, E. Roland Harriman, dem Bruder von W. Averell Harriman, dem Partner von Brown Brothers Harriman, sowie von William V. Griffin, dem Geldgeber und Direktor des Newsweek Magazine. Das Harkness-Vermögen stammte aus der Standard Oil Corporation von Rockefeller. Somit war Time von Anfang an das Sprachrohr von Standard Oil, J.P. Morgan und Kuhn, Loeb über Griffin und die Bank of Manhattan. Es versteht sich von selbst, dass Luce und mehrere seiner Redakteure prominente Mitglieder des Council On Foreign Relations sind.

1923 war Henry Luce auch Direktor der Saturday Review of Literature, die von Thomas Lamont von J.P. Morgan Co. finanziert wurde, um den

Verkauf von Büchern durch günstige oder ungünstige Rezensionen zu steuern. Die Saturday Review war berüchtigt für ihre freimütige Verteidigung von Personen, die in kommunistische Aktivitäten verwickelt waren, insbesondere von Owen Lattimore. Das Time Magazine kämpfte sich fünf Jahre lang durch, ohne Gewinn zu machen - ein Tribut an das Genie seiner Gründer, aber mit diesem riesigen Vermögen im Rücken konnte Luce nicht pleite gehen. Im Jahr 1929, einem Jahr der Katastrophe für die meisten Amerikaner, machte Time erstmals Gewinn. Es kletterte stetig nach oben, während seine Vorgänger, wie World's Work, die North American Review und der Literary Digest, auf der Strecke blieben. Das Scheitern des Literary Digest im Jahr 1936 verschaffte Luce ein fast freies Feld. Im Jahresbericht 1936 von Time, Inc. gibt Luce an, dass das Unternehmen 2.700.000 Dollar in Staatsanleihen und 3.000.000 Dollar in Aktien anderer Unternehmen besitzt.

Die Direktoren von Time, Inc., Herausgeber von Time, Life, Fortune und dem Architectural Forum, sind auf Seite 1210 des Poor's Directory of Directors von 1952 wie folgt aufgeführt:

Vorstandsvorsitzender Maurice T. Moore, verheiratet mit Elizabeth Luce und Partner in der Anwaltskanzlei Cravath, Swaine und Moore, Anwälte für Kuhn, Loeb Co. (früher Cravath und Henderson). Moore war 1948 ein besonderer Assistent von Paul Hoffman im Rechnungshof;

William V. Griffin, stellvertretender Vorsitzender; Direktor der Yale Publishing Co., Bank of Manhattan, Continental Oil, Manati Sugar, Inc. und vieler anderer. Früher war er zusammen mit Albert Strauss Direktor der J. and W. Seligman Co. in der Compania Cubana, der Cuba Railroad und den Consolidated Railways of Cuba.

Artemus L. Gates, Präsident der Union Pacific Railroad, einer der größeren, von Kuhn, Loeb Co. kontrollierten Eisenbahngesellschaften; Roy Larsen, Präsident von Time, Inc.; Henry Luce, Chefredakteur; Samuel W. Meek Jr., Vizepräsident von J. Walter Thompson, der größten New Yorker Werbeagentur; Charles Stillman, der 1948 die technische Mission der ECA in China leitete und Direktor der linksgerichteten Foreign Policy Association bei John D. Rockefeller 3d.

Der letzte der Time-Direktoren ist Paul Hoffman, Mitbegründer des Komitees für wirtschaftliche Entwicklung (Committee for Economic Development) zusammen mit William Benton, Direktor der Federal

Reserve Bank of Chicago, United Airlines und früherer Direktor des Marine Midland Trust. Er wurde von Lehman Brothers zum Präsidenten von Studebaker ernannt, dann wurde er Leiter der ECA, dann Direktor der Ford Foundation und schließlich Leiter der Bewegung „Citizens for Eisenhower".

Als stellvertretender Außenminister erbte William Benton das Office of War Information von James Paul Warburg, das er in die Voice of America umwandelte. Sein Werbepartner, Gouverneur Chester Bowles von Connecticut, ernannte Benton zum US-Senator von Connecticut in einem der unrühmlichsten politischen Geschäfte in der Geschichte dieses Staates.

Benton und Hoffman gründeten 1942 den Ausschuss für wirtschaftliche Entwicklung, eine hochrangige Wirtschaftsplanungsbehörde, die in unserer Nachkriegswirtschaft das Sagen hat. Es ist ein Buch für sich.

Time, Inc. hat seinen politischen Einfluss seit dem Zweiten Weltkrieg stetig ausgebaut. Sie bezahlte die Fernsehübertragung von General Eisenhowers „Kreuzzug in Europa", mit der Eisenhower für die Präsidentschaftskandidatur aufgebaut wurde, und sie bezahlte auch die Fernsehübertragung der Senatsanhörungen über Verbrechen, um Senator Estes Kefauer, einen Sprecher der Atlantischen Union, für die Präsidentschaft zu gewinnen.

Hoffman und Hutchins erbten gemeinsam die Ford Foundation, eine halbe Milliarde Dollar, deren einziger Zweck die Förderung der Weltregierung war. Robert Hutchins schrieb ein Pamphlet mit dem Titel „Die Atombombe und die Erziehung", das 1947 vom Nationalen Friedensrat in London veröffentlicht wurde und in dem er auf Seite 5 schreibt

> „Ich glaube an eine Weltregierung. Ich denke, wir müssen sie haben, und zwar bald... Ein Weltstaat erfordert eine Weltgemeinschaft, eine Weltgemeinschaft erfordert eine Weltrevolution."

Mit der Ford Foundation verfügt Hutchins über 500 Millionen Dollar von dem, was Revolutionäre immer brauchen: Geld. Im Fortune Magazine, Dezember 1951, Seiten 116-117, wird die Ford Foundation mit einem Vermögen von 493 Millionen Dollar beschrieben, das zum größten Teil aus stimmrechtslosen Ford-Aktien der Klasse A besteht, mit liquiden Mitteln von 68,8 Millionen Dollar. Paul Hoffman ist der leitende Direktor, die vier Direktoren für Politik und Planung sind Robert Hutchins, Chester C. Davis, der diese Position als so wichtig erachtete, dass er den Vorsitz der Federal Reserve Bank of St. Louis niederlegte, um sie zu übernehmen, R. Rowan Gaither, Vorsitzender der Rand Corporation, und Milton Katz, ehemaliger Europa-Botschafter für den Marshall-Plan, als die Lieferungen nach Russland gingen. Die Arbeitsmittel für 1951 waren ein 7-Millionen-Dollar-Fonds für die Förderung der Bildung unter der Leitung von Dr. Clarence Faust, Professor an der Universität von Chicago von 1930 bis 1947, dessen Vorsitzender Frank Abrams, Vorsitzender von Standard Oil of New Jersey, ist; ein 3-Millionen-Dollar-Fonds für die Erwachsenenbildung, dessen Präsident C. Scott Fletcher, ehemals Hoffmans Assistent bei Studebaker und von 1943 bis 1946 Direktor der Abteilung Field Development des Committee for Economic Development, Vorsitzender dieses Fonds ist Alexander Fraser, ehemals Präsident von Shell Oil; und ein Osteuropafonds, ursprünglich Free Russia Fund genannt, mit dem jetzigen Botschafter in Russland George Kennan als Präsident, der russischen Exilanten helfen soll, sich an das amerikanische Leben anzupassen, wobei 200.000 Dollar an nicht näher bezeichnete Einrichtungen in diesem Bereich vergeben werden.

Das war die Ford Foundation im Jahr 1951. Über ihre Aktivitäten im Jahr 1952 hat sie sich eher zurückgehalten. Hoffman trat zurück, um seine ganze Zeit der Sicherung der Präsidentschaft von Stalins Freund, General Eisenhower, zu widmen, und Robert Hutchins übernahm die Verantwortung für die 500 Millionen Dollar. Wenn auch nur ein einziger Dollar aus diesem Fonds für irgendeinen nützlichen, patriotischen Zweck ausgegeben wird, dann erst, nachdem der Weltrevolutionär Hutchins und seine von Adler angeführte Bande von Spinnern und Ein-Weltlern auf fruchtbarere Felder umgezogen sind.

KAPITEL 26

Richter Simon Rifkind, Eisenhowers Berater in Kriegszeiten, schrieb im World Jewish Congress Information Bulletin von 1946-1947, Band 2, Seite 20,

> „Das jüdische Problem ist nicht nur ein europäisches Problem, sondern ein Weltproblem".

Adolf Hitler hat das Gleiche gesagt. Die Errichtung einer jüdischen Heimstätte in Palästina war das Ergebnis des Ersten Weltkriegs. Die Gründung des Staates Israel war ein Hauptergebnis des Zweiten Weltkriegs. Sollten wir fragen, wem der Dritte Weltkrieg nützen würde?

Kaum waren die Juden nach dem Ersten Weltkrieg in Palästina angekommen, begannen sie einen systematischen Feldzug gegen die Einheimischen, der darin gipfelte, dass sie 600.000 Araber vertrieben, damit sie in der Wüste verhungern, während die Juden ihre Häuser einnahmen, und zwar unter der Autorität der Vereinten Nationen. Ein Beispiel dafür, wie die Juden dreißig Jahre lang Krieg gegen die Araber führten, bietet dieses Zitat aus dem Zionistischen Bulletin vom 4. Februar 1920,

> „Die arabische Zeitung Beit El Mekdas wurde unterdrückt. Die Regierung hat folgendes Rundschreiben herausgegeben: 'Ich bin angewiesen, Ihnen mitzuteilen, dass das Rundschreiben der folgenden Zeitungen verboten ist und alle gefundenen Exemplare beschlagnahmt und vernichtet werden. Al Ordun, Hermion, Al Hamara, Al Mufid Suria al Judida, Istikal al Arabi. Zitate in lokalen Zeitungen aus den oben genannten Zeitungen sind ebenfalls streng verboten, da die in den genannten Zeitungen enthaltenen Nachrichten ungenau sind."

Die Juden hatten ihre erste Schlacht gewonnen, nämlich die Unterdrückung der arabischen Zeitungen. Seit 1920 ist nur noch eine

Seite der Geschichte zu hören. Dieses Kapitel der Geschichte offenbart den philosophischen Hintergrund der Kommission für Pressefreiheit, nämlich die Unterdrückung jeglicher Kritik mit der Begründung der „Unrichtigkeit“. Aus unterdrückten Zeitungen darf nicht zitiert werden, und sie dürfen nicht verbreitet werden. In den Vereinigten Staaten wird seit Jahren ein ähnlicher Krieg geführt, um eine Reihe von patriotischen Zeitungen zu unterdrücken, eine bösartige Kampagne des Terrors und der Einschüchterung von Druckern. Conde McGinleys Zeitschrift „Common Sense“, die in Union, New Jersey, herausgegeben wird, ist eine christlich-amerikanische Zeitung, die sich den Hass der Anti-Defamation League zugezogen hat. Acht aufeinanderfolgende Druckereien mussten den Druck von „Common Sense“ aufgeben, und schließlich musste er sie in Florida drucken lassen. Andere kleine Wochenzeitungen, die die riesige Lücke in den von den internationalen Nachrichtendiensten unterdrückten Nachrichten füllen, haben ähnliche Erfahrungen gemacht.

Obwohl die Protokolle von Zion heute als Verleumdung und Fälschung angeprangert werden, wurden sie vor nicht allzu langer Zeit von den Juden als ihr Aktionsplan akzeptiert. Herman Bernstein schreibt in The American Hebrew vom 25. Juni 1920, dass die Protokolle von Zion das Vermächtnis des großen zionistischen Führers Theodore Herzl sind. Bernstein sagt uns, dass die Protokolle von Zion das Programm sind, das Herzl den Delegierten des Ersten Zionistischen Weltkongresses in Basel, Schweiz, 1897 übergab.

Zionismus und Kommunismus entwickelten sich von 1900 bis 1950 Seite an Seite. Jewish Voice, Ausgabe vom März April 1941, kritisiert die Verurteilung von Earl Browder wegen Passbetrugs wie folgt:

> „Der Führer der einzigen Partei, die für die Ächtung des Antisemitismus in der Welt gekämpft hat - die Kommunistische Partei - ist Earl Browder, der größte Freund des jüdischen Volkes in den Vereinigten Staaten. Die Inhaftierung von Earl Browder ist ein direkter Schlag gegen die Interessen des jüdischen Volkes. Die Verteidigung der Kommunistischen Partei, die Bewegung zur Befreiung von Browder und Weiner, ist eine lebenswichtige Notwendigkeit für jeden Juden. Die Verteidigung der Kommunistischen Partei ist die erste Verteidigungslinie für jeden Juden.“

In derselben Ausgabe, Seite 24, heißt es,

> „Der einzige Ausweg für die jüdischen Massen in den kapitalistischen Ländern ist der sozialistische Weg - die Unterstützung der Friedenspolitik der Sowjetunion und der Kampf gegen die imperialistischen Unterdrücker im eigenen Land."

Jüdische Stimme vom Mai 1941, sagt

> „Die Juden in den Vereinigten Staaten waren am aktivsten bei der Organisation der Gewerkschaftsbewegung und der fortschrittlichen Organisation. Trotz der Bemühungen der reaktionären und reformistischen sozialdemokratischen Führung sind die Juden zusammen mit ihren kommunistischen und kämpferischen Brüdern und Schwestern marschiert."

Die Mai-Ausgabe 1941 der Jewish Voice enthält auch einen Artikel von Rose Wortis, „Labor Is on the March", in dem es heißt

> „Wir Kommunisten haben eine besondere Verantwortung. Es ist die Aufgabe der Partei und ihrer Mitglieder, die Lehren aus den Streikbewegungen den Arbeitern in allen Branchen nahezubringen. Es ist unsere Aufgabe, den Arbeitern zu zeigen, dass die kämpferische Politik von John L. Lewis und den Progressiven in der Arbeiterbewegung den Sieg für die Arbeiter bringen wird. Eine besondere Verantwortung ruht auf uns, den jüdischen Kommunisten, die in sozialdemokratisch kontrollierten Gewerkschaften arbeiten."

Hunderte von ähnlichen Zitaten sind in jüdischen und marxistischen Publikationen zu finden. Ich erwähne diese, um den politischen Hintergrund des Staates Israel zu erläutern, der als sozialistische Nation bekannt ist. Admiral Zacharias, in „Behind Closed Doors", Seite 137, sagt

> „Auf der Weltarbeitskonferenz in London kündigte der sowjetische Delegierte an, dass seine Regierung die Unterstützung eines geplanten jüdischen Staates vorschlagen würde; am 26. November 1945 machte die UdSSR einen formellen Vorschlag, dass die Großen Fünf die Grundlagen für einen solchen Staat schaffen sollten. Ende 1946 war die Palästina-Politik in Stalins Kopf fest verankert und wurde im Politbüro diskutiert. Dies war die Entscheidung, die den Lauf der jüdischen Geschichte veränderte. Russische - und möglicherweise anglo-amerikanische - Geschichte."

Es ist nicht bekannt, dass der Vorschlag zur Gründung des Staates Israel aus Russland kam. In Wirklichkeit handelt es sich um einen marxistischen Polizeistaat nach dem Vorbild seines Sponsors, dem kommunistischen Russland. Ein Polizeistaat ist die einzige Art von Regierung, die die Juden wollen, die einzige Art, der sie gehorchen können. Auf Seite 134 sagt Zacharias

> „Derzeit dürfen kommunistische Parteien von allen Ländern des Nahen Ostens nur in Israel offen agieren."

Als die Juden, unterstützt von den Vereinten Nationen, ihren Krieg begannen, um die Araber zu vertreiben, wurde in Kairo eine Arabische Liga aus muslimischen Nationen gegründet und eine ägyptische Armee zum Kampf gegen die Juden entsandt. Diese Armee wurde zu Hause durch Einkaufsagenten sabotiert, die minderwertige oder gar keine Waffen schickten, und die ägyptische Armee wurde besiegt. Die Skandale, die diese Niederlage verursachten, brachten schließlich die Regierung von König Farouk zu Fall, und er dankte ab. Die jüdische Kriegsführung war von einigen der schlimmsten Gräueltaten der modernen Geschichte begleitet. Einer der schockierendsten Bände, die je veröffentlicht wurden, ist eine Geschichte dieses Kampfes, „Der Aufstand", geschrieben vom Anführer der jüdischen Terroristen, Menahem Begin. Seite für Seite wird kaltblütig von Taten wie dem Bombenanschlag auf das King David Hotel in Jerusalem durch seine Gruppe, die Irgun Zvai Leumi, am 22. Juli 1946 berichtet, bei dem zweihundert Zivilisten getötet oder verletzt wurden. Um die britischen Offiziere in Palästina zu zwingen, seinen Forderungen nachzukommen, erzählt Begin, wie er britische Soldaten gefangen nahm und sie folterte und tötete (manchmal ließ er sie nur erblinden und schickte sie als Warnung zurück, ein anderes Mal ließ er sie hängen). Solche Grausamkeiten sind seit den Indianerkriegen in Amerika nicht mehr aufgezeichnet worden. Auf Seite 274 sagt Begin, dass er

> „Veröffentlicht ein Kommuniqué, in dem die Einrichtung von Feldgerichten für jede Einheit der Irgun angekündigt wird. Sollten uns feindliche Truppen in die Hände fallen, werden sie mit dem Tod bestraft."

Auf Seite 314 von „The Revolt", das in Amerika vom Jewish Book Guil vertrieben wird, sagt Begin

> „Ich traf Quentin Reynolds nach der Eroberung von Jaffa. Er war ein alter Freund des kämpfenden Untergrunds."

Reynolds, ebenfalls ein Bewunderer Stalins, ist heute Herausgeber der United Nations World.

Die Irgun-Terroristen errangen ihren Sieg am 14. Mai 1948, als der Staat Israel proklamiert wurde. Begin berichtet, dass er über den Irgun-Radiosender in Tel Aviv sprach: „Eine Phase des Kampfes für die Freiheit ist beendet, aber nur eine Phase."

Über den Staat Israel, der im Marxismus geboren und von Terroristen genährt wurde, sagte Präsident Truman vor einem zionistischen Publikum,

> „Als ich am Freitag, dem 14. Mai 1948, um 18.12 Uhr Israel anerkannte, war das der stolzeste Moment meines Lebens." Selbst die Übernahme des Präsidentenamtes der Vereinigten Staaten bedeutete nicht so viel wie die Anerkennung Israels.

In der amerikanischen Presse wurde kein Wort über die Gräueltaten der Irgun gedruckt. Herausragend in ihrem Schweigen zu den Gräueltaten der Irgun war die Washington Post von Eugene Meyer. Im *Fortune Magazine* vom Dezember 1944, Seite 132, lesen wir, dass

> „Im Weißen Haus ist die Washington Post eine der sechs Zeitungen, mit denen der Präsident seinen Tag beginnt. Er schenkt den redaktionellen Seiten der Post besondere Aufmerksamkeit. In Washington ist der Eindruck weit verbreitet, dass Präsident Roosevelt sich Eugene Meyer nahe genug fühlt, um ihn telefonisch um redaktionelle Unterstützung bei Maßnahmen zu bitten, die dem Weißen Haus am Herzen liegen. Gelegentlich hat das Außenministerium Reporter auf die Leitartikel der Post verwiesen, um sie zu erleuchten."

Die meisten Schandtaten der Terroristen warteten darauf, dass Begin sie der Welt mit seiner Prahlerei präsentierte, aber über eine Gräueltat musste sogar die Washington Post berichten. Es handelte sich um die Ermordung des Vermittlers der Vereinten Nationen, Graf Folke Bernadotte, in Israel im Jahr 1948 durch jüdische Terroristen, die nie bestraft wurden. Angeblich wurde er ermordet, weil er einigen unverschämten jüdischen Forderungen nur langsam nachgeben wollte. In Wirklichkeit sollte Bernadotte ermordet werden, weil er im Winter 1944 als Vermittler für die Hitler-Regierung fungierte, als die sowjetische Führung den Nazis die Friedensfühler ausstreckte, um einen Separatfrieden zu schließen, der ihnen ganz Mitteleuropa einbringen sollte. Mit dem drohenden Zusammenbruch Deutschlands zog Russland das Angebot zurück, aber seitdem wurde das Politbüro zunehmend nervös, weil Bernadotte diese Verhandlungen möglicherweise aufgedeckt hatte, und als er sich in das Kriegsgebiet Palästina begab, wurde er angegriffen und ermordet. Er wurde durch den Neger Ralph Bunche ersetzt.

Der ehemalige kommunistische Propagandist James McDonald wurde als Belohnung zum ersten US-Botschafter in Israel ernannt. In „My Mission in Israel", Simon and Schuster, New York, 1951, schreibt McDonald,

> „Der Grund, warum Dr. Weizmann in der Schweiz und noch nicht im jüdischen Staat war, war, dass die israelische Regierung nicht bereit war, 400 bis 800 Männer bereitzustellen, um Dr. Weizmann vor der Ermordung durch jüdische Terroristen zu schützen."

Donald schreibt auch, dass

> „Wir hatten einen angenehmen Besuch von dem gefürchteten Will Bill Donovan, der zu Kriegszeiten für das Office of Strategic Services bekannt war. Er gab seinen Auftrag nicht preis, aber er stellte mir Fragen, die tiefgründiger waren, als man es von einem privaten Besucher erwarten würde. Ich antwortete freimütig, weil ich annahm, dass er den Behörden in Washington immer noch nahe stand." Auf Seite 263 sagt er

> „Einer meiner persönlichen Lieblinge unter den Beamten des israelischen Außenministeriums war Reuven Shiloah. Ausgebildet von den Briten und unter ihnen als Nachrichtendienst tätig, organisierte Shiloah den hervorragenden Nachrichtendienst der Haganah (jüdischer Untergrund). Während des Zweiten Weltkriegs gewann er das Vertrauen und die Zuneigung der alliierten Führer, mit denen er in Europa und im Nahen Osten zusammenarbeitete. General Donovan sagte mir vier Jahre nach dem Krieg, dass er Shiloah als einen seiner fähigsten Helfer und einen vertrauenswürdigen Freund betrachtete".

Menahem Begin sagt in „Der Aufstand", dass seine Irgun stets alle aktuellen Mitteilungen der Briten zur gleichen Zeit wie die britischen Truppen und auch deren geheime Anweisungen erhielt. Im Juni 1951 kam es zu einem Skandal in der Central Intelligence Agency in Washington, als entdeckt wurde, dass zwei Beamte geheime Informationen über arabische Truppenstärken an Israel weitergaben. Der Skandal wurde umgehend vertuscht.

sagt McDonald auf Seite 175 von „Meine Mission in Israel",

> „Das einzige von Juden verübte Massaker des Krieges war der Irgun-Überfall auf Deir Yassin am 9. April 1948, bei dem das Dorf Raba mitsamt seinen Bewohnern, Frauen und Kindern, zerstört wurde.

Auf Seite 190 schreibt McDonald, dass

> „In der Woche, bevor ich den Kardinal traf, aß ich mit zwei seiner Monsignores zu Mittag, von denen einer seine große Besorgnis darüber zum Ausdruck brachte, dass Israel damit begonnen hatte, russisches Kircheneigentum an seine sowjetisch kontrollierten Eigentümer zu übergeben."

Christliche Missionare haben in Israel das Zeichen „Nicht erwünscht" erhalten.

Mit der Gründung des Staates Israel wurde seine Regierung als sozialistischer Staat mit staatlich kontrollierten Gewerkschaften, Kolchosen und Land in Staatseigentum eingerichtet - alles marxistische Grundsätze. Die meisten Regierungsbeamten waren russische Juden, wie Eliezer Kaplan aus Minsk, Russland, der stellvertretender Ministerpräsident ist, und Golda Myerson. McDonald sagt auf Seite 268,

> „Wie viele ihrer israelischen Kollegen wurde Golda Myerson, die Arbeitsministerin, in Russland geboren. In ihrer Jugend wurde sie eine begeisterte Sozialistin und Zionistin und war in der Poale Zion Labor Party aktiv." Yarmolinsky sagt uns, dass die Poale Zion die jüdische kommunistische Partei war.

„The Jewish National Fund", von Adolf Bohn, herausgegeben vom Jewish Colonial Trust, London, 1932, sagt,

> „Das vom Jüdischen Nationalfonds erworbene Land darf weder verkauft noch mit einer Hypothek belastet werden und bleibt für alle Zeiten Eigentum des jüdischen Volkes."

Das ist das ewige Gemeinschaftseigentum an Grund und Boden, Punkt eins des Kommunistischen Manifests.

Dass die Rothschild-Interessen in Palästina nicht wohltätig sind, wird von Henry H. Klein, einem mutigen jüdischen Anwalt aus New York City, aufgedeckt, der seit Jahren über das Tote Meer schreibt, das buchstäblich Billionen von Dollar an Bodenschätzen enthält, die von den Rothschilds kontrolliert werden. In der Biographie „Edmond de Rothschild", von Isaac Naiditch, veröffentlicht von der Zionist Organization of America, 1945, heißt es auf Seite 68,

> Baron Edmond de Rothschild hörte aufmerksam zu und sagte dann zu mir: „Die Kalikonzession des Ingenieurs Novomevsky für das Tote Meer könnte für Palästina von großem Nutzen sein. Es ist möglich, dass das Unternehmen große Dividenden einbringen wird. Das muss über unsere Bank geschehen."

Moshe Novomevsky ist jetzt Chef der Palestine Potash, Ltd, die riesige Gewinne einfährt, während Israel bei der ganzen Welt bettelt, und sie hat Deutschland eingeschüchtert, ihr mehr als eine Milliarde Dollar für „Ansprüche" von nicht existierenden Juden zu zahlen. Die ständigen Bitten um immer mehr Milliarden für den Staat Israel werden von unserer demokratischen Regierung stets wohlwollend beantwortet. Die zionistische Innere Mission im Weißen Haus gibt diesen Bitten Vorrang, und Senator Herbert Lehman ist Direktor der Palestine Economic Corporation. Dean Acheson und W. Averell Harriman wetteifern miteinander, wenn es darum geht, sich um die Bedürfnisse Israels zu kümmern. Harrimans Vermögen lässt sich auf Jacob Schiff, einen Prinzen in Israel, zurückführen, und Acheson begann seine Karriere als Rechtsreferent des zionistischen Führers Justice Brandeis. Boris Smolar sagte in der California Jewish Voice vom 21. März 1952,

> „Die offizielle zionistische Führung in diesem Land ist davon überzeugt, dass Präsident Truman und das Außenministerium in diesem Jahr aufrichtig die maximale finanzielle Unterstützung der USA für Israel unterstützen werden.

Harriman schickt als Leiter der gemeinsamen Sicherheitsbehörde riesige Geldsummen nach Israel. Franklin D. Roosevelt Jr. bettelt um Dollar für Israel und freut sich darauf, eines Tages Präsident zu werden.

Die *New York Times* druckte am 18. Mai 1952 einen Bericht über die Schulden Israels mit dem Hinweis, dass der Kongress Israel gerade weitere 65 Millionen Dollar bewilligt hatte,

> „Amerikanische Beamte sind der Meinung, dass die israelischen Finanzbehörden mit größerer Voraussicht die alle sechs Monate wiederkehrenden Krisen vermeiden könnten. Israel antwortet darauf, dass der größte Teil der Staatseinnahmen, die Beiträge und der Verkauf von Anleihen, so beschaffen sind, dass eine genaue Budgetierung unmöglich ist."

Der Staat Israel existiert nicht durch die Produktion von Gütern oder die Ausübung von Handel, sondern ist für sein Nationaleinkommen auf Beiträge und den Verkauf von Anleihen angewiesen, die eine gute Tapete abgeben. Folglich ist der amerikanische Steuerzahler gezwungen, Milliarden von Dollar in die Wüste Palästinas zu stecken, die die kommunistische Verwaltung der russischen Juden nicht in ein Paradies verwandelt hat. Dennoch gibt es keinen einzigen Ausdruck der Dankbarkeit aus Israel für diese Geschenke. Stattdessen gibt es scharfe Anklagen gegen Amerika, wie etwa von Meier Wilner, einem Mitglied des israelischen Parlaments, der in einer AP-Meldung vom 6. März 1949 sagte

> „Niemand in Israel wird die Hand gegen die Rote Armee erheben, wenn die Welt erneut in einen Krieg stürzt."

Dass die Juden einander nicht vertrauen können, wenn es darum geht, ihr Geld zu verwalten, wurde in einer Meldung der Associated Press über die Bewegung von Nachschub im Kampf anschaulich dargestellt. Als wir auf dem Moskauer Flughafen ankamen, wurden wir von sowjetischen Truppen mit angemessenen Ehren empfangen und direkt zu unserer Botschaft gebracht, wo wir während unseres Besuchs als Gäste von Botschafter W. Averell Harriman untergebracht waren. Ich bin sicher, dass die Einladung von General Eisenhower zeitlich so abgestimmt war, dass er die jährliche Sportparade sehen konnte. Bei dieser Parade lud Generalissimus Stalin Eisenhower ein, mit ihm auf der Spitze des Lenin-Grabes zu stehen, während die Parade vorbeizog ... Die Herzlichkeit, mit der Eisenhower überall empfangen wurde, war ermutigend, besonders im Stadion, wo das Publikum sowohl ihm als auch Marschall Zhuvok Ovationen spendete. Wir speisten im Kreml bei einem Staatsdinner, das Generalissimus Stalin zu Eisenhowers Ehren gab und bei dem Molotow der Toastmaster war ... Es war ein angenehmer Abend, der den Wunsch der sowjetischen Regierung widerzuspiegeln schien, Eisenhower aufrichtigen Respekt zu zollen ... Bei unserer Ankunft in Berlin waren Eisenhower und ich uns einig, dass wir unsere Reise genossen und in Marschall Schukow einen aufrichtigen Freund gefunden hatten."

Das oft diskutierte Problem der Nachfolge Stalins als Führer der kommunistischen Weltbewegung hat sich immer darauf gestützt, dass kommunistische Funktionäre neben Stalin auf dem Lenin-Grabmal stehen, so dass Eisenhowers Platz neben Stalin während der jährlichen Sportparade sehr merkwürdig erschien. Eisenhower selbst rühmt sich, dass er der einzige Ausländer ist, der jemals auf Lenins Grabmal stehen durfte.

Clays Buch enthält noch weitere interessante Elemente, ein Bild auf Seite 62, das Clay und Dubinsky zeigt, wie sie sich angrinsen, und einen Hinweis darauf, dass Dubinsky seinen Anteil an der Leitung des Nachkriegsdeutschlands hatte. In der Bildunterschrift heißt es: „Clay konferierte häufig mit amerikanischen Arbeiterführern". Der polnische Zionist Dubinsky ist ein Typ, dem die Amerikaner noch nicht zu misstrauen gelernt haben. Clay baute die Gewerkschaften in Deutschland auf, und auch andere marxistische Gebote wurden von diesem amerikanischen General nicht ignoriert. Auf Seite 294 sagt er uns, dass

> „Die amerikanische Militärregierung richtete in der Zone der Vereinigten Staaten eine Zentralbank ein, vergleichbar mit unserer Federal Reserve Bank, eine staatliche Zentralbank."

Dies ist Punkt Fünf des Kommunistischen Manifests.

[Im Originalmanuskript fehlen mehrere Seiten, Anm. d. Verf.]

Doch die United Nations World, die von dem Stalin-Bewunderer Quentin Reynolds herausgegeben wird, bringt in ihrer Ausgabe vom November 1949 einen Artikel von Ellsworth Raymond mit dem Titel „How the Russians Got the Bomb" (Wie die Russen die Bombe bekamen), in dem nicht von Spionage die Rede ist, sondern dreist behauptet wird, die überlegenen Fähigkeiten der sowjetischen Wissenschaftler hätten die Atomenergie viel schneller entwickelt, als wir dachten. Amerikanische Steuergelder finanzieren diese kommunistische Propaganda, die in unseren Schulen verbreitet wird.

Die Atomspionage wurde jedoch von den höchsten Beamten der US-Regierung gebilligt. Ein Mann, der kein Kommunist war, konnte nicht erwarten, beim Manhattan-Projekt weit zu kommen. Die Autorität, die kommunistischen Spione zu schützen und ihnen zu helfen, das zu bekommen, was sie wollten, kam aus dem Weißen Haus. Major George Racey Jordan war der frühere Lend-Lease-Expediteur in Great Falls, Montana, von wo aus die US-Luftwaffe Material von hoher Priorität nach Russland flog, als unsere eigenen Truppen noch per Langsamboot versorgt wurden. Major Jordan trat in der Nachrichtensendung von Fulton Lewis und vor einem Untersuchungsausschuss des Repräsentantenhauses mit der Information auf, dass Roosevelts engster Berater, Harry Hopkins, ihn in Great Falls angerufen hatte, um die Lieferung von atomarem Nachschub nach Russland zu beschleunigen. Am 25. Oktober 1951 gibt er vor der National Society of New England Women im Waldorf-Astoria Hotel einen Rückblick auf seine Erlebnisse wie folgt:

> In den Jahren 1943 und 1944, als ich diese Lieferungen nach Russland vorantrieb, hatte ich keine Ahnung, wofür „Uran 92" verwendet wurde, als ich in einem der Hunderte von Lacklederkoffern, die in einem stetigen Strom nach Russland geflogen wurden, einen Vermerk darüber fand. Die Worte „Manhattan Engineering Project-Oak Ridge" sagten mir nichts, als ich sie auf einer Blaupause fand. Erst als sie sich in einer Mappe zusammen mit einem von Harry Hopkins unterzeichneten Brief auf dem Briefpapier des Weißen Hauses befanden, war meine Neugierde so weit geweckt, dass ich diese Worte in mein Tagebuch kopierte, zusammen mit dem Satz aus dem Brief, der lautete: „Hatte eine höllische Mühe, diese von Groves wegzubekommen". (General Leslie Groves, Verantwortlicher für das Manhattan-Projekt).

Als Major Jordan es ablehnte, einer Uranlieferung besondere Priorität einzuräumen, weil er der Meinung war, dass sie dies nicht verdiente, sagt er: „Oberst Potivok rief in Washington an, wandte sich an mich und sagte: 'Mr. Hopkins möchte mit Ihnen sprechen.' Harry Hopkins verlangte, dass ich diese spezielle Ladung atomarer Chemikalien in das nächste Flugzeug nach Moskau stecke. Ich befolgte seine Anweisungen, denn er war als Vorsitzender des russischen Protokollkomitees des Präsidenten für Lend-Lease mein Vorgesetzter."

Als Major Jordan dagegen protestierte, dass eine vom Außenministerium genehmigte Ladung von Filmen unserer Industrieanlagen nach Russland geflogen wurde, meldete er die Angelegenheit dem Army Counter-Intelligence Corps. Das CIC versuchte, die Aktion zu stoppen, aber es wurde blockiert und die Angelegenheit wurde von W. Averell Harriman vertuscht. Major Jordan wurde unerwartet in den Ruhestand versetzt und in Great Falls durch Lt. Walewski Lashinski ersetzt. Als Jordan diese Geschichte im Radio erzählte, beauftragte Drew Pearson seinen berüchtigten kommunistischen Assistenten David Karr, auch bekannt als David Katz, damit, Jordans Armeeakte zu prüfen, und versuchte auf jede erdenkliche Weise, Jordan zu verleumden - ohne Erfolg. Jordan wurde sogar als „antisemitisch" bezeichnet, obwohl er in seinen Enthüllungen nie eine Rasse erwähnt hatte.

Das Ehepaar Rosenberg, das wegen seiner Beteiligung an der Atombombenspionage zum Tode verurteilt wurde, lebt noch.[4] Ein anderer Spion, David Greenglass, wurde vom Lieblingsanwalt der Kommunisten, O. John Rogge, verteidigt. Wie Admiral Zacharias uns erinnert, wurde jedoch noch kein sowjetischer Atomspion ersten Ranges festgenommen.

Der Joint Congressional Committee on Atomic Energy wurde von dem verstorbenen Senator Brien McMahon aus Connecticut geleitet. Als Neuling im Senat wurde ihm sofort der Vorsitz in einem der wichtigsten Senatsausschüsse übertragen. Sein Anwaltspartner, der ehemalige Leutnant William R. Pearl, wurde als einer der Folterer identifiziert, die deutschen Kriegsgefangenen in Nürnberg erstaunliche Geständnisse entlockten.

Walter Isard schreibt im Quarterly Journal of Economics, Februar 1948, dass die Kosten für Elektrizität kontinuierlich gesunken sind, so dass sie heute nur noch die Hälfte dessen kosten, was sie im Jahr 1900 kosteten. Er sagt, dass, wenn die Atomkraft Elektrizität zu der Hälfte der gegenwärtigen Kosten erzeugen kann, dies keine wesentlichen Auswirkungen auf unsere Wirtschaft haben wird. Wenn die Nutzung der Atomenergie zu einer allgemeinen Senkung der Stromkosten führen kann, ist es logisch, dass ein höherer Energieeinsatz und eine höhere Produktionsrate pro Arbeitskraft zu erwarten sind. Isard geht nicht auf die Auswirkungen ein, die dies auf die derzeitigen Eigentümer von elektrischer Energie haben würde, wenn sie die Atomkraft nicht kontrollieren. Wenn Victor Emanuel von der milliardenschweren Standard Gas & Electric Corporation, die Partner von J. und W. Seligman Co., die die milliardenschwere Electric Bond and Share kontrollieren, und die Lehmans und Schoellkopfs, denen die riesigen Kraftwerke an den Niagarafällen gehören, die Atomkraft in heidnische Hände fallen lassen würden, wären sie ruiniert. Deshalb behielten sie die Kontrolle über das Atomprojekt, und deshalb bekam Russland die Bombe. Sobald in Amerika bekannt wurde, dass Russland eine

---

[4] Die Anspielung wurde im Originalmanuskript getilgt, aber die schriftlichen Notizen sind unleserlich. Der Autor deutet an, dass das Paar tatsächlich unverletzt war und auf ähnliche Weise wie Epstein verschwand... [Anm. d. Verf.].

Atombombe besaß, mussten wir die Entwicklung von Friedensanwendungen für die Atomenergie ignorieren und sie ganz dem Krieg widmen. Samuel Schurr schrieb im Jahresbericht der American Economic Review von 1947,

> „Auf der Grundlage vergleichbarer Kosten für die Erzeugung von Elektrizität aus atomaren und nicht-atomaren Quellen erscheint es möglich, dass atomare Brennstoffe die bestehenden Energiequellen in einigen Teilen der Welt zu einem frühen Zeitpunkt ersetzen können. Wenn es zu einem internationalen Wettrüsten kommt, wird die Atomkraft, wenn überhaupt, als Nebenprodukt der Produktion von Atomsprengstoffen entstehen."

Während unser Atomprogramm dem Krieg gewidmet ist, sind die milliardenschweren Aktien von Elektrounternehmen im Besitz der Emanuels, der Lehmans und der Schoellkopfs sicher. Die Tatsache, dass der Wirtschaftsberater der Lehman Corporation, Dr. Alexander Sachs, die größte Einzelperson in der atomaren Entwicklung ist, zeigt, dass, egal welchen Kurs das Atomprogramm nimmt, die Lehmans davon profitieren werden.

KAPITEL 27

Der Materialismus ist die Religion der modernen Gesellschaft. Das Maschinenzeitalter mit seiner enormen Zunahme des materiellen Wohlstands aller Klassen und der Vervielfachung der Menge an Gütern, Dienstleistungen und Geld, die allen Menschen zur Verfügung stehen, hat die spirituellen Werte verdunkelt, denn dieser materielle Reichtum ist nicht aufgrund eines Rituals entstanden, das Dankbarkeit gegenüber einem Gott erfordert. Das Christentum mit seinem Grundbekenntnis der Selbstverleugnung und seinen historischen Anklängen an die Askese, insbesondere seiner Betonung der Überwindung materieller Werte durch spirituelle Werte, war daher kaum in der Lage, eine angemessene Antwort auf die neue Gesellschaft zu geben. Der Kommunismus hingegen behauptet sich kühn als die Philosophie des Materialismus und verspricht, den enormen Zuwachs an materiellen Gütern an alle Menschen zu verteilen. Die Schriften von Marx und Lenin predigen einen selbsternannten „wissenschaftlichen Materialismus", der sich anmaßt, eine absolute Verteilungsgleichheit zu gewährleisten, zusammen mit ihrer Doktrin des Atheismus, die selbst eine Religion ist, die direkt auf die Niederlage ihres wichtigsten Rivalen, des Christentums, abzielt. An dieser Gleichverteilung mangelt es in Russland und seinen Satelliten aus zwei Gründen. Erstens ist der sozialistische Staat ineffizient, und es gibt auch keine vernünftigen Methoden, um seine Mängel in Produktion und Verteilung zu beheben. Zweitens sind die Kommunisten von Grund auf unehrlich. Sie haben nicht die Absicht, eine gerechte Verteilung vorzunehmen, die die Unterstützung der modernen, materialistischen Völker sichern soll. Der Kommunismus beabsichtigt in Wirklichkeit die Beseitigung der konservativen Mittelschicht und die Schaffung einer Zweiklassengesellschaft, einer Klasse von sklavischen Land- und Fabrikarbeitern und einer intellektuellen Elite, die mit despotischer Macht regiert. Das ist der Einsatz, um den Alger Hiss in Amerika gespielt und verloren hat.

In seinem Angriff auf das Christentum hat der Kommunismus den direkten atheistischen Angriff, mit dem er seinen Feldzug im späten neunzehnten Jahrhundert eröffnete, auf subtile Weise aufgegeben und bohrt nun innerhalb der Kirche selbst. Der Nihilismus des offenen Atheismus der frühen kommunistischen Intellektuellen ist im zwanzigsten Jahrhundert durch einen neuen „Universalismus" ersetzt worden. Jahrhundert durch einen neuen „Universalismus" ersetzt. Der Nihilismus verkündete seinen Glauben an nichts, der „Universalismus" hingegen verkündet seinen Glauben an alles, dass alle Glaubensbekenntnisse gleich attraktiv, gleich wertvoll und, in logischer Konsequenz, gleich wertlos sind. Die vorherrschende Stellung des Christentums in den Religionen der westlichen Nationen wurde durch das Eindringen der „Universalisten" und durch die Bildung von Gruppen, die sich als Sprecher des Christentums ausgeben und eindeutig prokommunistisch sind, stark geschwächt, insbesondere durch den Bundesrat der Kirchen Christi, einen der Brennpunkte der „universalistischen" Infektion. Die Nationale Konferenz der Christen und Juden ist eine weitere Hochburg der „Universalisten".

Die Zunahme des materiellen Reichtums hat unsere Einstellung zum Recht auf Eigentum verändert. Die alte und statische Auffassung vom Eigentum war ein wesentlicher Bestandteil der heidnischen Gesellschaft, die Marx und Engels zu überwinden vorschlugen. Der Hauptangriff des Kommunismus auf das Eigentum erfolgt über die hoheitliche Befugnis zur Besteuerung. Die Besteuerung war schon immer notwendig, um Mittel für die Ausübung der Regierungsgeschäfte zu beschaffen, und eine Überbesteuerung war nur ein Beweis für die Habgier der Regierenden. Überhöhte Steuern in der kommunistischen Wirtschaft, wie die gegenwärtige exorbitante Einkommenssteuer und die Erbschaftssteuer in den Vereinigten Staaten, sind jedoch Strafsteuern, die darauf abzielen, die Bürger zu brechen, die Vermögen und Besitz haben. Die Einkommenssteuer ist für das Funktionieren der Regierung der Vereinigten Staaten nicht notwendig. Selbst Trumans Wirtschaftsberater geben zu, dass, wenn sie das gesamte Einkommen bestimmter Gruppen besteuern würden, nicht genug zusätzliches Geld für die damit verbundene Buchhaltung zusammenkommen würde.

Wir leben in einem Zeitalter der Inflation, der Inflation von Waren, Geld und Bevölkerung. Aufgrund der Fortschritte in der Medizin und der Zunahme der Nahrungsmittelversorgung hat sich die Weltbevölkerung in den letzten hundert Jahren regelmäßig verdoppelt.

Das Abschlachten von zwölf Millionen Menschen im Ersten Weltkrieg und das Massaker an zwanzig Millionen Menschen im Zweiten Weltkrieg haben bei keiner Bevölkerungsgruppe zu einer nennenswerten Verringerung geführt. Trotz der Auslöschung von fünfhunderttausend Menschenleben in Hiroshima und Nagasaki durch zwei Atombomben ist die Bevölkerung Japans unter der amerikanischen Besatzung so stark angewachsen, dass das Land vor einer Wirtschaftskrise steht. Die offensichtliche Lösung für das Bevölkerungsproblem in Asien besteht darin, Japan zu bewaffnen und es das kommunistische China angreifen zu lassen. Der Überlebende dieses Konflikts könnte sich dann auf Indien stürzen. Dies war die Antwort auf Bevölkerungsüberschüsse von Dschingis Khan bis heute. Die Schwierigkeit besteht darin, dass die moderne Kriegsführung die produktivste Generation tötet, so dass die Lahmen und Alten von einer stark dezimierten jüngeren Generation versorgt werden müssen. In den vergangenen Jahrhunderten diente die Kriegsführung der Vermehrung der Rasse, indem man die Langsamsten und Schwächsten tötete, aber die moderne Kriegsführung vernichtet rücksichtslos die Spitze der Bevölkerung, die Heranwachsenden in ihren späten Teenagerjahren und frühen Zwanzigern. Der moderne Krieg ist ein Krieg gegen die Jugend.

Um den durch diese Bevölkerungszunahme verursachten Druck zu erfassen, entwickelten die Deutschen das Studium der Geopolitik. Aus dieser Studie ging der deutsche Plan für den Drang nach Osten für Lebensraum hervor, um das eurasische Kernland zu sichern, den reichen landwirtschaftlichen Teil, der als „Kornkammer Europas" bezeichnet wurde. Hitler kündigte an, dass er Russland angreifen wolle, um diesen Bereich für Jahre zu sichern, den Krieg, den er plante und den er führte. Seine Kriegserklärung an England und Frankreich war ein Versuch, seinen Rücken vor den kommunistischen Sympathisanten in diesen Ländern zu schützen. Als die kommunistischen Agenten mit Roosevelt uns in den Krieg verwickelten (und Pearl Harbor war nur ein kleiner Teil dieses Ereignisses), wusste Hitler, dass er seinen Krieg verloren hatte. Das Einzige, was ihn noch retten konnte, war eine Terrorwaffe, und er schaffte es nicht, die V-Bomben rechtzeitig in Massenproduktion zu bringen, um den Einmarsch der Alliierten in Europa zur Rettung der Kommunisten zu verhindern.

Die kommunistischen Verräter in Roosevelts innerem Kreis und im Außenministerium überredeten ihn auf den Konferenzen von Teheran und Jalta, das eurasische Kernland an Russland abzutreten. Doch

George Kennan kann ohne Umschweife schreiben, dass wir in Jalta nicht wirklich etwas verschenkt haben. Wir haben nur zwei Kontinente verschenkt, Europa und Asien. Das ist nicht viel für einen Tag Arbeit.

Dieselben Verräter lenken weiterhin unsere Außenpolitik. Der Rat für Auswärtige Beziehungen hat seine Position gestärkt, indem er beide großen politischen Parteien gezwungen hat, offen eine identische Außenpolitik anzunehmen, die „Zweiparteien-Außenpolitik", während zwei Mitglieder des Rates, Dwight Eisenhower und Adlai Stevenson, bei den Präsidentschaftswahlen 1952 gegeneinander antraten.

Die „überparteiliche" Politik schlägt vor, Europa zu verteidigen, obwohl unser eigener Generalstab und Winston Churchill davor warnen, dass wir die Russen nicht länger als sechzig Tage zurückhalten können. George Sokolsky schreibt, dass wir seit 1945 mehr als hundert Milliarden Dollar aus der US-Schatzkammer nach Europa gepumpt haben, und jeder Dollar davon wurde verschwendet.

Ein Faktor, der das Geschenk Roosevelts an die Kommunisten in Eurasien schmälert, ist die Abkehr von Europa als Zentrum der Weltmacht. Dieses Zentrum sind jetzt die Vereinigten Staaten. Die Kommunisten in Washington hoffen, es nach Moskau zu verlagern, was durch unsere Beteiligung an einem Dritten Weltkrieg erreicht werden kann. Es ist geplant, dass wir diesen Krieg durch die Sabotage unserer Kriegsanstrengungen und durch eine frühzeitige und verräterische Kapitulation vor Stalin verlieren werden. Das Ergebnis wird sein, dass die Vereinigten Staaten eine Provinz des sozialistischen Weltstaates werden, geleitet von derselben alten internationalen Bande, deren Hauptsitz wahrscheinlich in New York bleibt oder nach Tel Aviv verlegt wird. Die großen Konzerne in Amerika würden verstaatlicht und von denselben Leuten geführt werden, wie sie es jetzt schon tun. Die Mitglieder des Rates für auswärtige Beziehungen, unsere führenden internationalen Bankiers und Anwälte, müßten nicht mehr die lästige Farce mitmachen, Handlanger zu wählen, die das Land in ihrem Namen führen. Die Mitglieder des Rates würden eine offensichtlichere und absolute Macht in Amerika haben.

Es gibt zwei Beispiele, die diese Vorhersage rechtfertigen. Vor dem Ersten Weltkrieg war Deutschland eine der großen Nationen der Welt, mit einer Kultur und Industrie, die ihresgleichen suchte. Als es 1918 plötzlich vor den Alliierten kapitulierte, hatten seine Bankiers und Industriellen dadurch nichts verloren. Wir haben auch das Beispiel Russlands und der kommunistischen Revolution. Als sich der Staub gelegt hatte, wurde das landesweite Zuckermonopol von Baron Guinzberg zur Sowjetischen Zuckertreuhand unter der Leitung von Kommissar Guinzberg, und so war es auch mit anderen Interessen.

Der Dritte Weltkrieg ist erst in einigen Jahren zu erwarten. Die kommunistische Fünfte Kolonne ist nicht stark genug, um unsere Kriegsanstrengungen zu sabotieren, und Amerika ist durch die vom Rat für Auswärtige Beziehungen festgelegte Politik noch nicht so geschwächt, dass es von Russland besiegt werden könnte. Der Rat steuert das Ausbluten Amerikas durch die Politik der Eindämmung und der „Beendigung der kommunistischen Aggression", indem er die überschüssige chinesische Bevölkerung ausrottet. Die Hilfe für Europa und das Abschlachten amerikanischer Jungs in Asien sind keine leichtsinnigen Entscheidungen. Sie zielen darauf ab, unsere Arbeitskräfte und unsere finanziellen Ressourcen zu erschöpfen, hier eine wirtschaftliche Depression zu verursachen und unsere junge Generation zu dezimieren, bis wir den russischen Armeen keinen ernsthaften Widerstand mehr leisten können.

Die allgemeine militärische Ausbildung ist eines der dringendsten Ziele der Verschwörer. Wir haben Frau Anna Rosenberg, die die Einberufungsgesetze für uns schreibt. Unsere Vorfahren kamen nach Amerika, um der Zwangseinberufung und den exorbitanten Steuern zu entgehen. Die Bande kam am 4. März 1952 ohne ihre Masken zum Vorschein, als Eugene Meyers Washington Post eine ganzseitige politische Anzeige brachte, die vom National Emergency Committee of the Military Training Camps Association of the United States bezahlt wurde. Die Überschrift lautete „America Needs Universal Military Training Now" (Amerika braucht jetzt eine universelle Militärausbildung), und zwölf Männer lieferten im Folgenden Argumente dafür. Der Vorsitzende dieser Gruppe war Julius Ochs Adler, Herausgeber der New York Times. Weitere Namen auf dieser Liste waren Paul Hoffman, General Dwight Eisenhower, General George C. Marshall und Rabbi Rosenblum vom Temple Israel in New York City. Diese Gruppe beabsichtigt, aus jedem amerikanischen Jungen eine Leiche in Uniform zu machen.

Die Entsendung amerikanischer Jungs in Viehbooten zu den Schlachthöfen Koreas ist ein Verstoß gegen das Grundprinzip der Geopolitik, die Doktrin der hemisphärischen Solidarität. Nach dieser Doktrin wird die politische Strategie auf lange Sicht auf Kontinente und nicht auf Nationen ausgerichtet. Japan nutzte diese Theorie, um seine

„Greater East Asia Co-Prosperity Sphere" zu entwickeln, die es in einen Krieg mit den Vereinigten Staaten führte, weil wir die Investitionen von Standard Oil in China und Südostasien schützten.

Dass Großbritannien die Doktrin der hemisphärischen Solidarität anerkennt, zeigt die Tatsache, dass es 1952 alle seine Investitionen in China aufgegeben hat. Innerhalb weniger Jahre wird Asien von einer einzigen Macht, dem Kommunismus, beherrscht werden, weil es keine Alternative gibt. Es wird allgemein angenommen, dass Chester Bowles als US-Botschafter nach Indien in ähnlicher Mission wie General Marshall nach China geschickt wurde, um dem dortigen Volk den Beweis zu liefern, dass unsere Regierung prokommunistisch ist.

Robert Strausz-Hupe, der die geopolitischen Theorien für die Amerikaner adaptierte, schrieb in „The Balance of Tomorrow", Putnam, 1945, Seite 89,

> „Japan wurde zu einem Kriegsland, weil es die Techniken der westlichen Industrie erlernte. Unter einer Vielzahl von Unwägbarkeiten taucht nur eine mit ziemlicher Sicherheit auf: Die Einführung westlicher Techniken wird innerhalb von zwei oder drei Jahrzehnten asiatische Arbeitskräfte (in einem Krieg gegen die weiße Rasse) effektiv machen."

Das ist das Programm, das von Earl Browder von der Kommunistischen Partei festgelegt und von Präsident Trumans „Point Four"-Programm ausgeführt wurde, um die Rassen Asiens und Afrikas für einen gigantischen Angriff gegen die arische Rasse auszubilden, zu bewaffnen und auszurüsten, in Erfüllung des Befehls von Marx und Engels, die nichtjüdische Gesellschaft auszulöschen.

Wenn unser National War College an der Verteidigung der Vereinigten Staaten interessiert wäre, würden wir nicht Milliarden von Dollar und amerikanische Leben in Asien oder Europa verschwenden; wir würden Kanada und Mexiko und Südamerika bewaffnen. Das Auslandshilfeprogramm ist ein bitterer Witz.

Sollte der Rat für Auswärtige Beziehungen seine Kontrolle über Amerika verlieren, wie würde sich dann unsere Finanz- und Außenpolitik entwickeln? Die Antwort darauf findet sich in den Kräften, die um die Macht kämpfen, und in den zukünftigen Trends in unserer Wirtschaft. Die beiden Kräfte, die weltweit um die Macht kämpfen, sind der Welt-Zionismus und der Welt-Kommunismus. Sie arbeiten bei der Zerstörung von Religionen und Nationen zusammen, denn jede zerstörte Nation hilft ihnen, ihr Ziel zu erreichen. Der Zionismus, der Traum der jüdischen Rasse, basiert auf der alttestamentarischen Vorstellung von den Juden als Gottes auserwähltem Volk, das die Welt beherrschen wird. Der Kommunismus basiert auf dem Plan einer Zwei-Klassen-Gesellschaft mit Sklaven und Herren. Weder der Kommunismus noch der Zionismus scheinen jedoch in der Lage zu sein, ihre Errungenschaften zu konsolidieren, die sie durch Verrat und Verschwörung erreichen. Leider sind Verschwörer keine guten Verwalter, wie sie in Moskau und Tel Aviv erfahren haben. Stalin musste die gesamte Fraktion, die die russische Revolution von 1917 herbeiführte, liquidieren, und Israel wird seine russisch-jüdischen Beamten ins Tote Meer stoßen müssen, bevor es hoffen kann, sich auf eine solide Grundlage zu stellen. Bis 1940 litt Russland an einer derartigen Verhärtung der wirtschaftlichen Arterien, dass Hitler es innerhalb weniger Wochen fast erobert hätte. Israel lebt natürlich von Spenden und dem Verkauf von sehr zweifelhaften Anleihen. Als sie die 600.000 Araber vertrieben, gab es niemanden mehr, der die Arbeit verrichtete oder die Steuern zahlte, was die Wirtschaft des alten Palästina auf Jahre hinaus ruinierte.

Die zukünftige Wirtschaft Amerikas wird erkennen, dass die industrielle Revolution vorbei ist. Sie hat mit der Entwicklung der Atomenergie ihren logischen Abschluss gefunden. Das bedeutet, dass die Kapitalanlage von Geldern eine neue Wendung nehmen muss. In den nächsten Jahrzehnten sollten die Börsen abgeschafft und die langfristige Finanzierung von Industrien und öffentlichen Bauvorhaben durch den Verkauf von Anleihen beendet werden. Diese Art der Finanzierung war die Ursache für die meisten Übeltaten des zwanzigsten Jahrhunderts. Obwohl diese Methode dazu diente, die Entwicklung der Schwerindustrie und des modernen zentralisierten Staates zu finanzieren, wurde sie von den internationalen Bankiers benutzt, um mehr Macht auszuüben, als je ein Mensch besessen hat, so dass sie in der Lage waren, Währungspaniken, Kriege und Depressionen herbeizuführen, um ihre Gewinne zu erzielen. Mit oder ohne den Dritten Weltkrieg werden die Börsen und die Finanzierung durch langfristige Anleihen im zwanzigsten Jahrhundert verschwinden.

Was die Kräfte des Zionismus und des Kommunismus angeht, so birgt jede von ihnen ihre eigene Zerstörung. Sie sind wie tollwütige Hunde, die großes Leid verursachen können, aber sie werden vernichtet werden. Amerika hat eine Verfassung, die unsere Bürger vor solchen Gruppen schützt. Wir müssen nur dem politischen Erbe gerecht werden, das uns die Gründer der amerikanischen Republik hinterlassen haben, und Amerika wird weiterhin die Hoffnung der Welt sein.

Andere Titel

OMNIA VERITAS
OMNIA VERITAS LTD PRÄSENTIERT:
DIE WALL$TREET TRILOGIE
VON ANTONY SUTTON
"Professor Sutton wird für seine Trilogie in Erinnerung bleiben: *Wall St. und die bolschewistische Revolution, Wall St. und FDR* und *Wall St. und der Aufstieg Hitlers.*"
ANTONY SUTTON
DIE WALL $TREET TRILOGIE
Diese Trilogie beschreibt den Einfluss der Finanzmacht bei drei Schlüsselereignissen der jüngeren Geschichte

OMNIA VERITAS
EUSTACE MULLINS
DER FLUCH VON KANAAN
Eine Dämonologie der Geschichte
EUSTACE MULLINS
DER FLUCH VON KANAAN
Eine Dämonologie der Geschichte
Die große Bewegung der modernen Geschichte bestand darin, die Anwesenheit des Bösen auf der Erde zu verbergen

OMNIA VERITAS
Omnia Veritas Ltd präsentiert:
Hier sind die einfachen Fakten des großen Verrats...
DIE GEHEIMNISSE DER FEDERAL RESERVE
von
EUSTACE MULLINS
EUSTACE MULLINS
DIE GEHEIMNISSE DER FEDERAL RESERVE
Werden wir weiterhin durch das babylonische Schuldgeldsystem versklavt werden?

OMNIA VERITAS
Omnia Veritas Ltd präsentiert:
EUSTACE MULLINS
DIE WELTORDNUNG
UNSERE GEHEIMEN HERRSCHER
Eine Studie über die Hegemonie des Parasitismus
DIE AGENDA DER WELTORDNUNG: TEILEN UND HERRSCHEN

OMNIA VERITAS
Omnia Veritas Ltd präsentiert:
EUSTACE MULLINS
EUSTACE MULLINS
INJEKTIONSMORD
INJEKTIONSMORD
GEHEIMES NETZWERK DES MEDIZINKARTELLS ENTHÜLLT

OMNIA VERITAS
OMNIA VERITAS LTD PRÄSENTIERT:
EUSTACE MULLINS
NEUE GESCHICHTE DER JUDEN
Durch die gesamte Geschichte der Zivilisation hindurch hat sich ein bestimmtes Problem für die Menschheit als konstant erwiesen
NEUE GESCHICHTE DER JUDEN
VON
EUSTACE MULLINS
Ein einziges Volk irritierte die Nationen, die es in allen Teilen der zivilisierten Welt willkommen geheißen hatten

OMNIA VERITAS
OMNIA VERITAS LTD PRÄSENTIERT:
Der DROGENKRIEG gegen AMERIKA
Der Drogenhandel kann nicht ausgerottet werden, weil seine Direktoren nicht zulassen werden, dass ihnen der lukrativste Markt der Welt weggenommen wird...
VON JOHN COLEMAN
JOHN COLEMAN
Der DROGENKRIEG gegen AMERIKA
Die eigentlichen Förderer dieses verfluchten Geschäfts sind die "Eliten" dieser Welt

OMNIA VERITAS
OMNIA VERITAS LTD PRÄSENTIERT:
DIE DIKTATUR der SOZIALISTISCHEN WELTORDNUNG
In all diesen Jahren, während unsere Aufmerksamkeit auf die Untaten des Kommunismus in Moskau gerichtet war, waren die Sozialisten in Washington damit beschäftigt, Amerika auszurauben!
VON JOHN COLEMAN
"Der Feind in Washington ist mehr zu fürchten als der Feind in Moskau".

OMNIA VERITAS
OMNIA VERITAS LTD PRÄSENTIERT:
DIE ÖLKRIEGE
VON JOHN COLEMAN
Die historische Erzählung der Ölindustrie führt uns in die Windungen der "Diplomatie".
DIE ÖLKRIEGE
Der Kampf um die Monopolisierung der von allen Nationen begehrten Ressource

OMNIA VERITAS
OMNIA VERITAS LTD PRÄSENTIERT:
DIE ROTHSCHILD-DYNASTIE
JOHN COLEMAN
DIE ROTHSCHILD DYNASTIE
von John Coleman
Historische Ereignisse werden oft durch eine "verborgene Hand" verursacht...

OMNIA VERITAS
OMNIA VERITAS LTD PRÄSENTIERT:
FREIMAUREREI
von A bis Z
John Coleman
JOHN COLEMAN
FREIMAUREREI
von A bis Z
Im 21. Jahrhundert ist die Freimaurerei weniger ein Geheimbund als eine "Gesellschaft der Geheimnisse" geworden.
Dieses Buch erklärt, was Freimaurerei ist

OMNIA VERITAS
OMNIA VERITAS LTD PRÄSENTIERT:
JENSEITS der
VERSCHWÖRUNG
DIE UNSICHTBARE
WELTREGIERUNG
ENTLARVEN
von John Coleman
JOHN COLEMAN
Alle großen historischen Ereignisse werden im Geheimen von Männern geplant, die sich mit absoluter Diskretion umgeben
Hochorganisierte Gruppen haben immer einen Vorteil gegenüber den Bürgern

OMNIA VERITAS
OMNIA VERITAS LTD PRÄSENTIERT:
JOHN COLEMAN
TÄUSCHUNGSDIPLOMATIE
VON
JOHN COLEMAN
TÄUSCHUNGSDIPLOMATIE
EIN BERICHT ÜBER DEN VERRAT DER REGIERUNGEN
ENGLANDS UND DER USA
Die Geschichte der Gründung der Vereinten Nationen ist ein klassisches Beispiel für die Diplomatie der Täuschung.

OMNIA VERITAS
Omnia Veritas Ltd präsentiert:
Stephen Knight
"Jack the Ripper ... Ein Name, der im schwarzen Pantheon legendärer Krimineller glänzt - wahrscheinlich der bekannteste anonyme Mörder der Welt. Sein anhaltender Ruhm beruht auf seiner gut gehüteten Anonymität".
Jack the Ripper
die endgültige Lösung
von
Stephen Knight
Jack the Ripper
Die endgültige Lösung
Diese Lektüre bietet auf alarmierende Weise eine höchst überzeugende Endlösung...

OMNIA VERITAS
OMNIA VERITAS LTD PRÄSENTIERT:
DIE
ENTEIGNETE
MEHRHEIT
DIE
ENTEIGNETE
MEHRHEIT
DAS TRAGISCHE UND DEMÜTIGENDE SCHICKSAL DER AMERIKANISCHEN MEHRHEIT

OMNIA VERITAS
MK ULTRA
Ritueller Missbrauch
und Gedankenkontrolle
Instrumente der Beherrschung
der namenlose Religion
Zum ersten Mal wird in einem Buch versucht, die komplexe Thematik des traumatischen rituellen Missbrauchs und der daraus resultierenden Gedankenkontrolle zu erforschen...
ALEXANDRE LEBRETON
MK ULTRA
Ritueller Missbrauch
und Gedankenkontrolle
Wie ist es möglich, einen Menschen geistig zu programmieren?

OMNIA VERITAS
Omnia Veritas Ltd präsentiert:
DIE CHRONIKEN VON SVALI
SICH VON GEDANKENKONTROLLE BEFREIEN
ZEUGNIS EINER EHEMALIGEN ILLUMINATIN
Die Illuminaten sind eine Gruppe von Personen, die einer Philosophie folgen, die als "Illuminismus" oder "Illumination" bekannt ist.
DIE CHRONIKEN VON SVALI
Die Programmierung der Illuminatensekte verstehen

OMNIA VERITAS
OMNIA VERITAS LTD PRÄSENTIERT:
DIE VERBORGENEN AUTOREN
der
FRANZÖSISCHEN REVOLUTION
"Es scheint", sagte Robespierre einmal zu Amar, "dass wir von einer unsichtbaren Hand über unseren Willen hinaus fortgetragen werden..."
von HENRI POUGET DE SAINT-ANDRÉ
DIE VERBORGENEN AUTOREN
der
FRANZÖSISCHEN REVOLUTION
Je mehr man sich mit der Geschichte der Französischen Revolution beschäftigt, desto mehr Rätsel stößt man auf...

www.ingramcontent.com/pod-product-compliance
Lightning Source LLC
Chambersburg PA
CBHW072012270326
41928CB00009B/1630
* 9 7 8 1 8 0 5 4 0 1 6 0 5 *